北京商务年鉴

（2023）

北京市商务局　编

中国商务出版社
·北京·

图书在版编目（CIP）数据

北京商务年鉴 . 2023 / 北京市商务局编 . — 北京 :
中国商务出版社 , 2023.11
ISBN 978-7-5103-4891-4

Ⅰ . ①北… Ⅱ . ①北… Ⅲ . ①商务—北京— 2023 —年
鉴 Ⅳ . ① F727.1-54

中国国家版本馆 CIP 数据核字 (2023) 第 212311 号

北京商务年鉴（2023）

BEIJING SHANGWU NIANJIAN (2023)

北京市商务局　编

出　　版：中国商务出版社
地　　址：北京市东城区安外东后巷 28 号　　**邮　编：**100710
责任部门：教育事业部（010-64255862　cctpswb@163.com ）
责任编辑：刘　豪
直销客服：010-64255862
总 发 行：中国商务出版社发行部（010-64208388　64515150 ）
网购零售：中国商务出版社淘宝店（010-64286917）
网　　址：http://www.cctpress.com
网　　店：https://shop595663922.taobao.com
邮　　箱：cctp@cctpress.com
排　　版：德州华朔广告有限公司
印　　刷：北京建宏印刷有限公司
开　　本：889 毫米 × 1194 毫米　1/16
印　　张：24.5　　**字　数：**544 千字
版　　次：2023 年 11 月第 1 版　　**印　次：**2023 年 11 月第 1 次印刷
书　　号：ISBN 978-7-5103-4891-4
定　　价：150.00 元

《北京商务年鉴（2023）》编辑委员会

《北京商务年鉴（2023）》编辑部

编 辑 说 明

一、《北京商务年鉴（2023）》（以下简称《年鉴》）由北京市商务局《年鉴》编辑委员会编纂，是本市商务领域唯一的权威性、综合性年鉴。该书的前身——《北京商务概览》创刊于2003年，2004年分为外经贸卷和内贸卷。2005年将两卷合一，更名为《北京商务年鉴》，并由内部刊印改为公开出版发行。

二、《年鉴》全面、系统地记述了上年北京市商务领域的基本情况和取得的成就。封面年号“2023”表示本期《年鉴》于2023年出版，主要包括2022年1月1日至12月31日期间的工作成果、相关数据，并在重要文献中涉及2023年全市商务工作安排。

三、《年鉴》的内容由商务部门各单位和海关、天竺综合保税区等单位提供，内容广泛，资料详实，数据准确，逐年出版，具有宝贵的文献保存价值。

四、《年鉴》不仅能为政府机关领导决策提供参考依据，也可为国内外商务领域和其他各界人士提供相关的法规、政策和数据资料。

五、创刊以来，《年鉴》承蒙供稿单位的大力支持，受到有关人士的欢迎和鼓励，在此谨致谢意，并希望继续得到各界人士的关心和支持。

《北京商务年鉴》编辑委员会

二〇二三年八月

Editor's Notes

Ⅰ. *Beijing Commercial Yearbook* (2023) (hereinafter abbreviated as the *Yearbook*), compiled by the editorial committee of the *Yearbook* of Beijing Municipal Commerce Bureau, is the only authoritative and comprehensive yearbook in the commercial field in Beijing. The predecessor of the *Yearbook* is *Beijing Commercial Review* started publication in 2003. In 2004, the book was divided into two volume—Foreign Economy & Trade Volume and Domestic Trade Volume. In 2005, the two volumes were combined together as one book with the name *Beijing Commercial Yearbook*, which changed from a periodical for restricted circulation into a publicly published one.

Ⅱ. The *Yearbook* gives a comprehensive and systematic record of the basic situation and achievements in the commercial field in Beijing. "2023" in the cover means the *Yearbook* is published in 2023. The *Yearbook* mainly includes the achievements of work and related data from January 1 to December 31, 2022, and involves the commercial work arrangement of Beijing in 2023 in some important documents.

Ⅲ. The contents of the *Yearbook* come from various authorities of Commerce and other departments like the Customs and Beijing Tianzhu Free Trade Zone. With rich material, wide coverage and accurate data, the *Yearbook* is a valuable document.

Ⅳ. The *Yearbook* can not only provide reference for the leaders of government authorities to make decision but also provide the related materials of laws, regulations, policies and data for domestic and overseas personnel in the commercial field as well as other fields.

Ⅴ. We are deeply appreciative of the great support from the authorities providing articles, and the enthusiastic encouragement of the related personnel since the publication of the *Yearbook*. We hope we would be concerned and supported continuously in the future.

Editorial Committee of *Beijing Commercial Yearbook*

Aug. 2023

目　录

第一部分　重要文献

司马红副市长在2023年全市商务工作会议上的讲话 …………………………………………………… (3)
大力推进首都商务高质量发展　为新时代首都发展作出更大贡献
——北京市商务局党组书记、局长丁勇在2023年全市商务工作会议上的报告 ……………… (10)

第二部分　法规、文件选编

2022年国家制定修订的法律、法规目录（部分）……………………………………………… (17)
2022年商务部及其他有关部门规章、公告目录（部分）…………………………………… (19)
2022年国务院等有关部委和北京市相关文件目录（部分）……………………………… (20)
2022年北京市法规、规章目录（部分）……………………………………………………… (24)
2022年商务局规范性文件目录 ………………………………………………………………… (26)
中国（北京）自由贸易试验区条例 …………………………………………………………… (29)
北京市人民代表大会常务委员会关于促进国家服务业扩大开放综合示范区建设的决定………… (36)
北京市商务局　北京市邮政管理局关于印发《申报北京市末端共同配送创新试点点位》的通知 …… (39)
北京市商务局关于印发《对外劳务合作经营资格核准事项告知承诺实施意见（修订）》的通知　(41)
北京市商务局关于鼓励开展2022年网络促消费活动培育壮大网络消费市场的通知 ………… (44)
北京市商务局印发《关于进一步推进跨境电子商务创新发展的若干措施》的通知………………… (46)
北京市商务局关于鼓励企业创新开展“2022北京消费季”促消费活动的通知 …………………… (48)
北京市商务局　北京市财政局　北京海关　北京市税务局关于做好外资研发中心采购进口设备免税资格
审核有关工作的通知 ……………………………………………………………………………… (50)
北京市商务局关于公开征集2022年度促进绿色节能消费政策参与企业的公告 ……………… (53)

北京市商务局等10部门关于印发《促进首店首发经济高质量发展若干措施》的通知 …………（55）
北京市商务局关于发布2022年鼓励首店首发项目征集指南的通知 ……………………………（57）
北京市商务局关于印发《技术进出口合同登记、变更—变更总价类（进口）和技术进出口合同登记、变更—变更总价类（出口）两事项告知承诺实施意见（试行）》的通知 ………………………（60）
北京市商务局关于实施促进绿色节能消费政策的通知………………………………………（63）
北京市商务局关于调整洗染业经营者备案有关工作的公告…………………………………（65）
北京市商务局关于印发《把握RCEP机遇 助推"两区"高水平发展行动方案》的通知 ………（66）
北京市商务局关于实施促进绿色节能消费政策的补充通知…………………………………（72）
北京市商务局关于申报 2022年度商业流通发展项目的通知 ………………………………（74）
北京市商务局等7部门印发《北京市关于鼓励汽车更新换代消费的方案》的通知………………（76）
北京市商务局印发《关于跨国公司地区总部认定事项告知承诺制度的实施意见（修订）》的通知 …（79）
北京市商务局等7部门关于印发《北京市促进离岸贸易创新发展的若干措施》的通知…………（82）
北京市商务局等12部门关于印发《加快建设一刻钟便民生活圈 促进生活服务业转型升级的若干措施》的通知 ……………………………………………………………………………（85）
北京市商务局关于印发《中国（北京）自由贸易试验区投资自由便利专项提升方案》的通知…（89）
北京市商务局关于开展2022年度外经贸发展专项资金（进口贴息事项）申报工作的通知 ……（95）
北京市商务局等11部门印发《关于加快二手车流通促进汽车消费升级的若干措施》的通知 …（97）
北京市商务局 北京市财政局关于印发《北京市外经贸发展资金管理实施细则》的通知 ………（99）
北京市商务局 北京市财政局关于印发《北京市外经贸发展资金促进服务贸易创新发展实施方案》的通知 ……………………………………………………………………………………（104）
北京市商务局 北京市财政局关于印发《北京市外经贸发展资金优化服务进出口结构实施方案》的通知 ……………………………………………………………………………………（109）
北京市商务局 北京市财政局关于印发《北京市外经贸发展资金支持北京市跨境电子商务发展实施方案》的通知 ……………………………………………………………………………（111）
北京市商务局 北京市财政局关于印发《北京市外经贸发展资金支持北京市外贸企业提升国际化经营能力实施方案》的通知 ……………………………………………………………………（114）
北京市商务局 北京市财政局关于印发《北京市外经贸发展资金支持北京市对外投资合作实施方案》的通知 ………………………………………………………………………………（118）
北京市商务局关于调整促进绿色节能消费政策适用商品范围的通知……………………………（124）
北京市商务局关于给予2022年度本市大型商场疫情期间补贴资金的通知 ……………………（126）
北京市商务局关于申报2022年农村便民商业网点改造提升项目的通知 ………………………（127）
北京市商务局关于申报2022年外经贸发展资金项目的通知 …………………………………（130）
北京市商务局印发《关于加快引导时尚类零售企业在京发展的指导意见（2022—2025 年）》的通知 ……………………………………………………………………………………（132）
北京市商务局关于鼓励企业创新开展"2022北京消费季"促消费活动的补充通知 ……………（135）

北京市商务局关于公布行政规范性文件清理结果的通知……（137）
北京市商务局关于对二手车转出企业实施奖励的通知……（138）
北京市商务局　北京市财政局关于印发《外经贸发展专项资金支持北京市参加第五届中国国际进口博览会征集通知》的通知……（139）
北京市商务局关于2022年度延长促进绿色节能消费政策的补充通知……（141）
北京市商务局等4部门关于印发《“两区”建设国际收支便利化全环节改革工作方案》的通知（142）

第三部分　主要业务

一、内贸流通……（149）
国际消费中心城市建设和消费促进……（149）
概况……（149）
推进国际消费中心城市建设……（149）
优化调整北京消费季奖励支持政策……（149）
举办“2022北京消费季”活动……（149）
出台首店3.0版政策……（150）
节能减排促消费政策圆满收官……（150）
创新实施促进绿色节能消费政策……（150）
出台夜经济3.0版政策……（150）
创新发布时尚零售政策……（150）
流通规划建设……（150）
概况……（150）
传统商业设施升级改造纳入《北京市城市更新条例》……（150）
开展城市总规、核心区、副中心控规实施年度评估……（150）
配合开展新增产业的禁止和限制目录（2022年版）修订……（151）
编制《全市重点商圈“一圈一策”策略》……（151）
印发《北京市商圈改造提升行动计划（2022—2025年）》……（151）
印发《北京市商业消费空间布局专项规划》……（151）
印发《北京市促进商业步行街高质量发展的指导意见》……（151）
举办雁栖湖国际会展中心展销会……（151）
推进智慧商圈建设……（151）
加快推进前门大栅栏商圈改造提升……（152）
流通发展……（152）
概况……（152）

蔬菜“两不涨”活动成效显著 ……(152)
举办国潮新消费品牌成长发布会 ……(152)
北京老字号集中亮相2022年服贸会 ……(152)
举办北京新消费品牌孵化创新大会 ……(152)
北京老字号亮相2022年进博会 ……(152)
电子商务 ……(152)
概况 ……(152)
推进跨境电子商务创新发展的若干措施正式发布 ……(153)
多家电商平台参与“2022北京消费季”活动 ……(153)
“2022北京网络直播促销月”活动成功举办 ……(153)
电子商务创新发展高级研修班成功举办 ……(153)
“2022中国电子商务大会”成功举办 ……(153)
市场建设 ……(154)
紧跟形势任务持续发布防控指引 ……(154)
菜市场“颜值”“内涵”双提升工作取得新成效 ……(154)
紧抓行业安全风险防范工作 ……(154)
供应保障 ……(154)
概况 ……(154)
完成全国及北京市两会供应服务保障 ……(155)
高标准做好冬奥测试赛和赛时服务保障工作 ……(155)
持续推进重要产品追溯体系建设 ……(155)
车用成品油销售量略有下降 ……(155)
京ⅥB标准车用燃油供应稳定 ……(155)
蔬菜市场供应情况 ……(155)
生猪市场供应情况 ……(155)
牛羊肉市场供应情况 ……(155)
鸡蛋市场供应情况 ……(155)
粮食流通和物资储备 ……(156)
概况 ……(156)
全市粮食消费总量止增转降 ……(156)
做好粮油和物资供应保障工作 ……(156)
全力落实粮食安全责任制党政同责 ……(156)
推动粮食和物资储备安全管理改革 ……(156)
持续深化粮食购销领域专项整治工作 ……(156)
加强粮食供应保障体系建设 ……(157)

加强物资储备体系建设 ……(157)
平稳推进基础设施建设 ……(157)
强化粮油市场执法监管 ……(157)
推动粮食产业高质量发展 ……(157)
加强行业领军人才培育 ……(158)
二、对外开放 ……(159)
“两区”建设 ……(159)
概况 ……(159)
“两区”工作领导小组第四次会议召开 ……(159)
“两区”工作领导小组专题会议召开 ……(159)
“两区”全产业链开放全环节改革方案出台 ……(160)
开展“两区”云推介和政策宣讲 ……(160)
“两区”法治保障更加坚实 ……(160)
本市京津冀自贸试验区协同发展重点任务落实工作方案印发 ……(160)
重点领域政策“会诊”持续推进 ……(161)
推进离岸贸易创新发展 ……(161)
“京贸兴”平台上线运行 ……(161)
“两区”项目成果丰硕 ……(161)
重点园区（组团）建设步伐加快 ……(161)
园区（组团）发展提升专项行动评价办法出台 ……(161)
一批“两区”标志性项目落地建设 ……(161)
一批“两区”功能性平台落地建设 ……(162)
一批“两区”体制机制创新落地实施 ……(162)
第二批市级改革创新实践案例印发 ……(162)
四案例被生态环境部印发全国学习借鉴 ……(162)
多项改革举措入选国家服务业扩大开放最佳实践案例 ……(162)
“两区”工作推进评估更加优化 ……(163)
“两区”宣传多向发力 ……(163)
服贸会“两区”建设两周年主题活动举办 ……(163)
“开放北京”公共信息服务平台建设加快推进 ……(163)
“两区”政策导航平台1.0版上线 ……(163)
货物贸易 ……(163)
概况 ……(163)
出台跨周期调节政策 ……(164)
北京获批汽车平行进口试点 ……(164)

北京首个国家进口贸易促进创新示范区获批 ……………………………………………………（164）
新增3家二手车出口企业 …………………………………………………………………………（164）
举行应对贸易经营风险工作培训会 ………………………………………………………………（164）
举办RCEP线上政策宣讲暨培训会 ………………………………………………………………（165）
举办外贸进出口线上展洽会（南美专场）…………………………………………………………（165）
开展“汇心为民”外贸企业汇率风险中性线上宣讲 ……………………………………………（165）
开展小微客户服务节活动 …………………………………………………………………………（165）
举办金融服务外贸企业线上推介会 ………………………………………………………………（165）
举办外贸进出口线上展洽会（西亚东南亚专场）…………………………………………………（165）
办理各类货物进出口许可37695份 ………………………………………………………………（165）
服务贸易 ………………………………………………………………………………………（165）
概况 …………………………………………………………………………………………………（165）
数字服务贸易稳步增长 ……………………………………………………………………………（166）
服务外包持续增长 …………………………………………………………………………………（166）
提前完成服务贸易创新发展试点工作 ……………………………………………………………（166）
新获评8家国家特色服务出口基地 ………………………………………………………………（166）
构建基地协调推进机制 ……………………………………………………………………………（166）
高水平举办京津冀服务贸易和服务外包协同发展论坛 …………………………………………（166）
利用外资和外资企业服务 ………………………………………………………………………（166）
概况 …………………………………………………………………………………………………（166）
制定《中国（北京）自由贸易试验区投资自由便利专项提升方案》……………………………（167）
印发进口设备免税审核通知 ………………………………………………………………………（167）
编印《北京外商投资指南2021—2022》 …………………………………………………………（167）
发布2022年北京市投资发展报告 …………………………………………………………………（167）
商务部外资司来京督查外资投诉 …………………………………………………………………（167）
全国人大来京检查外资执法 ………………………………………………………………………（167）
组团参加第二十二届中国国际投资贸易洽谈会 …………………………………………………（167）
举办第25届京港洽谈会商务板块专题活动 ………………………………………………………（168）
持续做好外资企业服务工作 ………………………………………………………………………（168）
台账式推进外资信息报告基础工作 ………………………………………………………………（168）
对外经济合作 ……………………………………………………………………………………（168）
概况 …………………………………………………………………………………………………（168）
自贸试验区投资活力迸发 …………………………………………………………………………（169）
发布《对外劳务合作经营资格核准事项告知承诺实施意见（修订）》 …………………………（169）

第七届“一带一路”高峰论坛北京专场暨北京双向投资促进系列活动——走进副中心成功举行 ……（169）
第二届亚洲医疗健康高峰论坛北京专场暨北京双向投资促进系列活动——“走进昌平”成功举办 ……（169）
举办“走出去”课堂系列活动——俄乌涉外合规风险培训 ……（169）
举办“走出去”课堂系列活动——泰国东部经济走廊投资机遇交流会 ……（170）
举办“走出去”课堂系列活动——越南、新加坡投资机遇交流会 ……（170）
举办“走出去”课堂系列活动——泰国投资法律问题及风险研讨会 ……（170）
举办“走出去”课堂系列活动——金融服务专场 ……（170）
举办“走出去”课堂系列活动——合规经营服务专场 ……（170）
举办“走出去”课堂系列活动——安全培训专场 ……（170）
举办“走出去”课堂系列活动——网络安全培训专场 ……（170）
开展境外企业（项目）安全管理专项巡查 ……（170）
口岸建设与发展 ……（171）
概况 ……（171）
多措并举优化口岸营商环境 ……（171）
持续开展口岸涉企违规收费整治工作 ……（171）
首都机场集团出台《服务质量标准》……（171）
首都机场圆满完成冬奥会冬残奥会保障任务 ……（171）
建立首都机场、大兴机场货运区服务质量评价体系 ……（171）
积极推动大兴国际机场国际货运航班恢复 ……（171）
大兴国际机场进境食用水生动物、植物种苗指定监管场地通过终验 ……（172）
到丰台口岸开展调研服务 ……（172）
指导督促丰台口岸进口非冷链货品常态化疫情防控工作 ……（172）
举办线上政策宣讲沟通会 ……（172）
北京“单一窗口”冬奥无纸化通关管理系统上线 ……（172）
北京“单一窗口”中介服务评价系统上线试运行 ……（172）
积极推动“贸易科技联盟”成立 ……（172）
综合保税区建设 ……（172）
综合保税区发展实施意见落地见效 ……（172）
大兴国际机场综合保税区正式运营 ……（173）
天竺综合保税区完成二期验收 ……（173）
中关村综合保税区申请报国务院 ……（173）
中国国际服务贸易交易会 ……（173）
概况 ……（173）

集中展示服务贸易十年发展成就 ……（174）
优化办会模式 ……（174）
聚焦绿色创新热点 ……（174）
筑牢疫情防控防线 ……（174）
三、行业发展 ……（175）
生活服务业和餐饮业 ……（175）
春节家政服务市场保供工作圆满完成 ……（175）
举办“一刻钟品质生活节”系列活动 ……（175）
生活服务业进入“转型升级”阶段 ……（175）
发放餐饮消费券约两千万张 ……（175）
餐饮业营商环境持续优化 ……（175）
首届生活服务业发展大会成功举办 ……（175）
评定首批员工制家政服务企业 ……（176）
334 辆蔬菜直通车纳入 2022 年目录制管理 ……（176）
商贸物流业 ……（176）
概况 ……（176）
推动新增物流基地规划建设 ……（176）
加快现有物流基地转型升级 ……（176）
做好商务领域企业保通保畅 ……（176）
商务服务业 ……（176）
概况 ……（176）
东西朝海四区商务服务营业收入占八成 ……（176）
建立商务服务企业“双联络”机制 ……（177）
优化“北京商务服务业发展地图” ……（177）
精心打造服贸会“供应链及商务服务”专题展 ……（177）
开展助企纾困座谈调研 ……（177）
总部经济 ……（177）
概况 ……（177）
认定跨国公司地区总部 16 家 ……（177）
外资研发总部认定取得新进展 ……（178）
签发首张外资研发总部电子证书 ……（178）
修订完善跨国公司地区总部告知承诺实施意见 ……（178）
参加第三届跨国公司领导人青岛峰会 ……（178）
北京入围《财富》世界 500 强企业数量连续 10 年位居全球城市榜首 ……（178）
第七届中国总部经济国际高峰论坛取得丰硕成果 ……（178）

参加默沙东与国药集团合作签约仪式 ……（179）
“总部政策直播间”开播 ……（179）
会展业 ……（179）
概况 ……（179）
编制完成北京市“十四五”时期会展业发展规划 ……（179）
推动会展业健康发展 ……（179）
推动国家会议中心二期项目建设 ……（179）
组织企业参加境内重点展会 ……（179）
专项流通行业 ……（180）
出台北京市新能源车置换补贴政策 ……（180）
出台加快二手车流通和汽车消费升级政策措施 ……（180）
“2022 北京购车节”正式启动 ……（180）
拍卖行业管理 ……（180）
四、区域商务协同 ……（181）
商务领域京津冀协同发展 ……（181）
持续深化商务领域京津冀协同发展 ……（181）
圆满完成对已疏解提升市场新一轮察访核验即“回头看”工作 ……（181）
百荣世贸商城新一轮升级工作取得新突破 ……（181）
区域商务合作 ……（181）
促进商贸流通领域消费帮扶 ……（181）
推进京蒙协作 ……（181）
开展帮扶促消费主题活动 ……（181）
五、商务环境建设 ……（182）
依法行政 ……（182）
概况 ……（182）
推动完成“一条例一决定”立法 ……（182）
出台《北京市商务领域行政执法协作方案（试行）》 ……（182）
全年未发生行政纠纷案件 ……（182）
新增 5 项行政检查事项 ……（183）
政务服务告知承诺制事项累计达 20 项 ……（183）
梳理确认 7 项行政许可事项 ……（183）
清理行政规范性文件 123 件 ……（183）
商务举报投诉受理工作圆满完成 ……（183）
国家级服务业标准化试点（商贸流通专项）工作稳步推进 ……（183）
开展“宪法进商场”宣传活动 ……（183）

公平贸易 ……(183)
概况 ……(183)
发展中经济体对华发起贸易救济调查占比近七成 ……(183)
美国“337 调查”北京企业涉案数量有较大增长……(184)
加强重点行业涉外贸易领域风险防范 ……(184)
举办贸易壁垒应对视频培训会 ……(184)
营商环境 ……(184)
概况 ……(184)
完成国务院《优化营商环境条例》落实情况试评估工作 ……(184)
做好世行国际贸易指标迎评准备工作 ……(184)
对接经合组织完成新一轮世行评价磋商预演习 ……(185)
开展跨境贸易“局处长走流程”活动 ……(185)
程红率队走访中国五矿集团有限公司 ……(185)
拜访香港特区政府驻北京办事处 ……(185)
流通秩序 ……(185)
概况 ……(185)
印发单用途预付卡服务合同（示范文本）……(186)
召开商业服务业技能大赛总结表彰会 ……(186)
修订《商场、超市能源消耗限额》……(186)
征集“诚信兴商”倡议企业案例 ……(186)
北京市单用途商业预付卡协会成立 ……(186)
开展诚信兴商宣传月 ……(186)
组织第十二届商业服务业技能大赛 ……(186)
动态更新商务领域疫情防控指引 ……(186)
安全生产 ……(187)
概况 ……(187)
完善创新安全生产工作相关制度 ……(187)
强化责任推动工作落实 ……(187)
扎实开展行业疫情防控工作 ……(187)
开展生活服务业疫情风险排查督查 ……(187)
推进商务领域重点人群疫苗接种 ……(187)
开展城市安全风险评估工作 ……(187)
扎实推进各类专项整治 ……(188)
推动危险化学品安全风险集中治理 ……(188)
开展商务行业安全生产培训 ……(188)

深化攻坚安全生产专项整治三年行动 ……(188)
全面做好国务院安委会巡查考核反馈问题整改工作 ……(188)

第四部分 海 关

北京海关 ……(191)
基本职能 ……(191)
内设机构 ……(191)
隶属海关单位 ……(191)
事业单位 ……(191)
业务工作 ……(191)
概况 ……(191)
做好口岸疫情防控工作 ……(191)
促进外贸保稳提质 ……(192)
高质量保障重大活动 ……(192)
持续优化营商环境 ……(192)
稳步推动“两区”建设 ……(192)
协同推进区域发展 ……(192)
创新升级监管模式 ……(192)
名录 ……(193)

第五部分 开发区、综保区、行政区商务

北京经济技术开发区 ……(197)
概况 ……(197)
聚焦重点，落实国际消费中心城市建设 ……(197)
精准施策，推进高端商务服务业发展 ……(197)
多措并举，助力商贸流通领域管理提升 ……(197)
守护民生，提升生活性服务业保障能力 ……(198)
牢记使命，筑牢疫情防控坚实屏障 ……(198)
外资外贸 ……(198)
概括 ……(198)
自贸试验区亦庄组团三年行动方案编制 ……(199)

亦庄综合保税区申建 ……(199)
“两区”建设政务服务中心挂牌 ……(199)
“两区”标识系统工程实施 ……(199)
走进高端产业片区（亦庄组团）在线沙龙 ……(199)
北京奥地利绿色经济（新能源汽车）对接会 ……(199)
商务部领导调研自贸试验区亦庄组团 ……(200)
第一届 RCEP 报关协会国际论坛 ……(200)
探索招商引资新模式 ……(200)
通关再提速为外贸添动力 ……(200)
“六单”管理机制持续推进 ……(201)
“两区”建设国际化服务水平提升 ……(201)
涉外税收营商环境优化 ……(201)
名录 ……(201)
北京天竺综合保税区 ……(202)
概况 ……(202)
经济指标 ……(202)
创新发展实现新突破 ……(202)
产业集聚迈入新阶段 ……(202)
营商环境形成新标准 ……(203)
规划建设取得新成果 ……(203)
平安园区步入新模式 ……(203)
“两区”建设再提速　央企中航材融资租赁公司落户 ……(203)
文物局科研基地落户园区 ……(203)
多种渠道持续加强对外推介 ……(204)
强生制药有限公司正式落户天竺综合保税区 ……(204)
中国—中东欧国家文化贸易对接会成功举办 ……(204)
当代唐人艺术中心北京总部空间正式开放 ……(204)
获批汽车平行进口口岸 ……(205)
获批国家进口贸易促进创新示范区 ……(205)
新宜中国跨境电子商务产业园项目完成竣工验收 ……(205)
中国文物交流中心展览馆在国家对外文化贸易基地（北京）正式挂牌 ……(205)
机构设置与管委会领导 ……(205)
招商部门 ……(206)
东城区 ……(207)
概况 ……(207)

助力老字号企业创新发展 ……………………………………………………（207）
新消费品牌成长 ……………………………………………………（207）
行业监管 ……………………………………………………（207）
生活性服务业品质提升 ……………………………………………………（208）
粮食安全责任制考核 ……………………………………………………（208）
应急储备物资保障能力建设 ……………………………………………………（208）
疫情防控物资保障组工作 ……………………………………………………（208）
参与中国国际服务贸易交易会 ……………………………………………………（208）
北京消费季之“惠聚东城　绽放京彩”……………………………………………………（208）
东城区培育建设国际消费中心城市示范区 ……………………………………………………（209）
进口博览会 ……………………………………………………（209）
对外经济 ……………………………………………………（209）
概况 ……………………………………………………（209）
名录 ……………………………………………………（209）
西城区 ……………………………………………………（210）
概况 ……………………………………………………（210）
商贸管理 ……………………………………………………（210）
商务行业安全生产管理 ……………………………………………………（210）
商业无障碍环境建设 ……………………………………………………（210）
诚信兴商典型案例征集 ……………………………………………………（211）
拍卖企业初审及年度核查 ……………………………………………………（211）
单用途商业预付卡备案管理 ……………………………………………………（211）
冬季控烟 ……………………………………………………（211）
行业公厕管理 ……………………………………………………（211）
重点企业获市商业专项资金支持 ……………………………………………………（211）
成品油流通行业管理 ……………………………………………………（211）
物资保障和保供稳价 ……………………………………………………（211）
申报大型商场疫情期间补贴资金项目 ……………………………………………………（212）
稳发展助企纾困落实 ……………………………………………………（212）
粮油经销 ……………………………………………………（212）
粮食流通监管 ……………………………………………………（212）
社会粮油供需平衡调查 ……………………………………………………（212）
粮食科技宣传 ……………………………………………………（212）
粮食安全宣传 ……………………………………………………（212）
生活性服务业 ……………………………………………………（213）

一刻钟便民生活圈试点地区 ……(213)
便民服务网点建设 ……(213)
百姓生活服务中心提质升级 ……(213)
《社区商业生活服务业建设导则》实施 ……(213)
国际消费中心城市示范区建设 ……(213)
“西城消费”平台服务 ……(213)
“一店一策”改造 ……(213)
商圈品质提升 ……(214)
北京西单时尚节举办 ……(214)
“两展一节”线上茶业博览会 ……(214)
老字号振兴发展 ……(214)
第二届西城区老字号餐饮文化节 ……(214)
老字号餐饮振兴发展计划 ……(214)
制定《西城区进一步促进老字号传承与创新发展的意见》……(214)
对外及对港澳台经济贸易 ……(215)
对外贸易经营者备案登记 ……(215)
服务外包 ……(215)
外资外贸企业服务 ……(215)
与香港投资企业合作 ……(215)
中国国际进口博览会推介活动 ……(215)
与白俄罗斯列宁区企业线上推介会 ……(215)
“两区”建设 ……(216)
“两区”建设改革创新案例申报 ……(216)
“相约西城 共享未来”西城推介会 ……(216)
服贸会参展 ……(216)
“两区”建设工作会 ……(216)
金融业开放取得成效 ……(217)
总部经济发展 ……(217)
名录 ……(217)

朝阳区 ……(218)
概况 ……(218)
推进“两区”建设 ……(218)
促消费情况 ……(218)
推动总部经济发展 ……(219)
完成冬奥会餐饮服务保障任务 ……(219)

参与 2022 年服贸会 ……(219)
两行业发展情况 ……(219)
外贸进出口情况 ……(219)
利用外资情况 ……(219)
政务服务工作 ……(219)
名录 ……(220)
海淀区 ……(221)
概况 ……(221)
商业服务业 ……(221)
概况 ……(221)
国际消费中心城市建设 ……(221)
数字消费产业 ……(221)
2022 北京消费季·悦动海淀系列活动 ……(222)
消费帮扶 ……(222)
全国粮食和物资储备科技活动周活动 ……(223)
第十八届海淀品牌消费节 ……(223)
2022“京湘情”年货大集 ……(223)
第二十届中关村国际美食节 ……(223)
第十六届海淀区商业服务业职业技能风采大赛 ……(223)
对外经济贸易 ……(224)
概况 ……(224)
外资外贸 ……(224)
外资外贸企业走访 ……(224)
第七届服贸会—央视北京对话会 ……(224)
2022 服贸会“海淀之夜”活动 ……(225)
2022 数字贸易发展论坛 ……(225)
发布《出口逆势增长中的中关村力量》……(225)
政策宣贯指导 ……(226)
促进总部经济能级提升 ……(226)
疫情防控 ……(226)
疫情常态化防控 ……(226)
疫情生活物资保供 ……(226)
完成进口冷链食品首站中转查验库建设 ……(227)
“两区”建设 ……(227)
概况 ……(227)

2022 年海淀区“两区”建设线上推介会活动 ……………………………………………………（227）
2022 中关村论坛系列活动——“创业中华·中关村侨海创新发展高峰论坛”……………………（228）
2022 北京自贸试验区科技创新片区海淀组团创新论坛 ………………………………………（228）
“两区”建设两周年新闻发布会 ……………………………………………………………（229）
名录 ……………………………………………………………………………………（229）
丰台区 ……………………………………………………………………………………（230）
商业贸易 …………………………………………………………………………………（230）
概况 ……………………………………………………………………………………（230）
国际消费中心城市培育建设 …………………………………………………………………（230）
2022 丰台消费季 ……………………………………………………………………………（230）
提升消费供给品质 …………………………………………………………………………（230）
提升生活性服务品质 ………………………………………………………………………（230）
升级农批和专业市场 ………………………………………………………………………（230）
保障生活必需品市场供应 ……………………………………………………………………（230）
线上线下保障零售供应 ………………………………………………………………………（230）
推动复工复产和疫苗接种 ……………………………………………………………………（231）
落实粮食安全区长责任制 ……………………………………………………………………（231）
为群众办实事 ……………………………………………………………………………（231）
做好安全生产行业管理 ………………………………………………………………………（231）
对外经贸 …………………………………………………………………………………（231）
政策创新促发展 ……………………………………………………………………………（231）
外资外贸稳增长 ……………………………………………………………………………（231）
创新案例出成果 ……………………………………………………………………………（231）
树立对外开放形象 …………………………………………………………………………（231）
深度参与服贸会 ……………………………………………………………………………（232）
加强重点工作宣传 …………………………………………………………………………（232）
名录 ……………………………………………………………………………………（232）
石景山区 …………………………………………………………………………………（233）
概况 ……………………………………………………………………………………（233）
国际消费中心城市培育建设 …………………………………………………………………（233）
保障生活必需品市场供应 ……………………………………………………………………（233）
持续推动消费扶贫 …………………………………………………………………………（233）
一刻钟便民生活圈建设 ………………………………………………………………………（234）
压实粮食安全责任 …………………………………………………………………………（234）
区级救灾物资和民用防控应急物资管理 …………………………………………………………（234）

总部经济 ……………………………………………………………………………（234）
扎实推进行业安全生产监管工作 ………………………………………………………（234）
商务行业创城工作 ……………………………………………………………………（234）
商务行业疫情防控工作 …………………………………………………………………（235）
外贸进出口 ……………………………………………………………………………（235）
外商投资 ………………………………………………………………………………（235）
外资来源 ………………………………………………………………………………（235）
外资来源 ………………………………………………………………………………（235）
“两区”建设 ……………………………………………………………………………（235）
服贸会 …………………………………………………………………………………（236）
服务贸易 ………………………………………………………………………………（236）
进博会 …………………………………………………………………………………（236）
名录 …………………………………………………………………………………（236）
门头沟区 ……………………………………………………………………………（237）
综述 ……………………………………………………………………………………（237）
内贸流通 ……………………………………………………………………………（237）
促进社会消费品零售额增长 ……………………………………………………………（237）
重点商圈“一圈一策”工作方案印发 …………………………………………………（237）
国际消费中心城市建设工作稳步推进 …………………………………………………（237）
新增培育檀谷商圈 ……………………………………………………………………（237）
消费季工作稳步推进 …………………………………………………………………（237）
指导企业积极申请政策 ………………………………………………………………（238）
完成商务部信息监测报送工作 …………………………………………………………（238）
便民商业网点建设 ……………………………………………………………………（238）
便民服务活动 …………………………………………………………………………（238）
消费帮扶 ………………………………………………………………………………（238）
生活必需品供应保障 …………………………………………………………………（238）
完成社会粮油供需平衡情况调查 ………………………………………………………（238）
修订粮食应急预案 ……………………………………………………………………（239）
印发《门头沟区储备粮管理办法》………………………………………………………（239）
疫情防控物资调拨出库 …………………………………………………………………（239）
足额保障区级储备粮规模 ………………………………………………………………（239）
协调保障区内药品供应 …………………………………………………………………（239）
对外开放 ……………………………………………………………………………（239）
取得北京首个 RCEP 原产地证书 ………………………………………………………（239）

成功申请1名创新创业人才在华永居 ……(239)
报送案例获评全市复制推广案例 ……(239)
召开“两区”建设发布会 ……(239)
新增项目全年任务进度排名全市第一 ……(239)
项目落地率排名全市第一 ……(240)
项目预计投入资金进度排名全市第四 ……(240)
稳步推进稳外资、稳外贸工作 ……(240)
参展参会工作 ……(240)
外贸企业备案工作 ……(240)
行业发展 ……(240)
行业促进提升服务水平 ……(240)
落实市级商发资金政策 ……(240)
把好业态布局和配套商业设施转让关 ……(240)
完成拍卖年检工作 ……(240)
商务环境建设 ……(240)
扎实做好行业安全工作 ……(240)
全力做好行业疫情防控工作 ……(241)
组织开展生活服务业核酸比对登记工作 ……(241)
实施二十条措施后工作 ……(241)
扎实推进创城工作 ……(241)
优化营商环境 ……(241)
名录 ……(241)
房山区 ……(242)
概况 ……(242)
商业流通规划与发展 ……(242)
房山区社会消费品零售额增速高于全市平均水平 ……(242)
推进落实国际消费中心城市建设成效显著 ……(242)
发放1000万元汽车消费券 ……(242)
长阳商圈实现高质量发展 ……(242)
“北京消费季之‘悦动房山 品质生活’”活动举办 ……(243)
“悦动房山 品质生活”消费季宣传活动形式多样 ……(243)
窦店物流基地建设高标准建设 ……(243)
生活性服务业“六化”程度稳步提升 ……(243)
深化消费帮扶对接，“原味乌兰察布”首进房山 ……(243)
市场改造升级持续推进 ……(244)

市场运行与管理 …………………………………………………………………………（244）
生活必需品市场监测供应持续加强 ………………………………………………………（244）
生活服务业核酸比对登记簿工作有序开展 …………………………………………………（244）
相关行业人员疫苗接种有效落实 …………………………………………………………（244）
落实党委政府粮食安全责任双考核 ………………………………………………………（244）
粮食安全责任制有效落实 ………………………………………………………………（244）
粮食应急供应网点不断完善 ……………………………………………………………（244）
粮食宣传活动持续开展 …………………………………………………………………（245）
粮食领域执法检查持续加强 ……………………………………………………………（245）
圆满完成全年防疫物资物资保障工作 ……………………………………………………（245）
外资外贸 ……………………………………………………………………………（245）
稳外贸稳外资同步推进 …………………………………………………………………（245）
外资外贸审批备案有序开展 ……………………………………………………………（245）
外经贸发展专项资金初审工作持续推进 …………………………………………………（245）
跨境贸易便利化培训工作持续开展 ………………………………………………………（245）
2022 服贸会房山交易分团组织搭建线上云展台工作圆满完成 ……………………………（246）
第五届进博会房山分团组织工作圆满完成 ………………………………………………（246）
名录 …………………………………………………………………………………（246）
通州区 ………………………………………………………………………………（247）
概况 …………………………………………………………………………………（247）
消费市场繁荣发展 ………………………………………………………………………（247）
打造特色商圈 …………………………………………………………………………（247）
培育新消费品牌，完善消费矩阵 …………………………………………………………（247）
推进民生工程 …………………………………………………………………………（247）
抓好粮食管理 …………………………………………………………………………（248）
筑牢商务领域防疫阵地 …………………………………………………………………（248）
坚守安全防线严密风险防控 ……………………………………………………………（248）
商业贸易 ……………………………………………………………………………（248）
推进“两区”建设 ………………………………………………………………………（248）
支持重点企业发展 ………………………………………………………………………（248）
优化营商环境 …………………………………………………………………………（249）
对外及对港澳台经济贸易 ………………………………………………………………（249）
外贸形势 ………………………………………………………………………………（249）
推动新型陆海空口岸体系建设 …………………………………………………………（249）
打造副中心开放高地 ……………………………………………………………………（249）

推进惠企政策 …… (249)
名录 …… (249)
顺义区 …… (250)
概况 …… (250)
商业流通 …… (250)
完成展会保障与会展政策编制工作 …… (250)
重点商业项目建设 …… (250)
电子商务产业平稳发展 …… (250)
打造“双枢纽”国际消费桥头堡 …… (250)
创新模式促进消费 …… (250)
加快商贸物流体系建设 …… (251)
展会服务保障周密高效 …… (251)
持续做好消费帮扶工作 …… (251)
助力创建文明城区 …… (251)
全力保障防疫物资 …… (251)
牵头石门市场疫情防控和保供专班 …… (251)
生活性服务业品质提升 …… (251)
加快连锁便利店发展 …… (252)
生活必需品供应充足 …… (252)
全力做好冬奥会服务保障 …… (252)
商务行业安全有序运行 …… (252)
疫情防控工作落实落细 …… (252)
圆满完成重要活动服务保障任务 …… (252)
明确粮食安全责任 …… (252)
专项巡察整改持续推进 …… (252)
粮油供需平衡调查常态化落实 …… (253)
粮食供应保障扎实有力 …… (253)
粮食监督检查行政执法进一步强化 …… (253)
对外经贸 …… (253)
概况 …… (253)
“两区”建设高效推进 …… (253)
抓实专班工作全力稳外资 …… (253)
加大外资企业服务力度 …… (253)
做好重点外资企业监测 …… (253)
搭建平台服务企业 …… (254)

助力企业开拓国际市场 …………（254）
优化外贸政务服务事项 …………（254）
国际航空物流工作落实到位 …………（254）
组织保障“进博会”并达成合作成果 …………（254）
立足“服务包”机制服务企业卓有成效 …………（254）
服务贸易增长态势良好 …………（254）
加大服务贸易企业服务力度 …………（254）
企业境外投资稳步推进 …………（254）
高效开展总部企业服务 …………（255）
落实营商环境创新改革试点任务 …………（255）
世行评价、国内评价有力落实 …………（255）
名录 …………（255）
大兴区 …………（256）
概况 …………（256）
内贸流通 …………（256）
总消费及社零额完成情况 …………（256）
扎实推进促消费工作 …………（256）
中小微餐饮企业担保贷款 …………（256）
提升生活性服务业品质 …………（256）
国际消费中心城市建设 …………（256）
外资外贸 …………（257）
实际利用外资 …………（257）
稳步推进“两区”建设 …………（257）
组织企业参展2022年服贸会 …………（257）
举办2022服贸会·大兴区全球招商推介会 …………（257）
外贸企业服务 …………（257）
粮食安全 …………（257）
维护粮食流通市场秩序 …………（257）
提升粮食供给应急保障水平 …………（258）
应急物资储备 …………（258）
应急物资储备及管理 …………（258）
应急物资调拨 …………（258）
行业安全及服务 …………（258）
商务行业安全 …………（258）
推动商务行业创城创卫 …………（258）

优化政务服务 ……(258)
疫情防控 ……(258)
全力保障生活必需品供应 ……(258)
保障防疫物资供应 ……(259)
商务行业疫情防控 ……(259)
名录 ……(259)
昌平区 ……(260)
区情概述 ……(260)
概况 ……(260)
“两区”建设工作 ……(261)
国际消费中心城市培育建设工作 ……(261)
生活性服务业品质提升工作 ……(263)
稳步推动商圈改造提升 ……(263)
保障居民生活必需品供应充足 ……(263)
疫情防控物资保障工作 ……(263)
粮食管理工作 ……(263)
粮食应急管理工作 ……(264)
商务行业安全管理工作 ……(264)
2022 年中国国际服务贸易交易会 ……(264)
外资外贸工作 ……(265)
名录 ……(265)
平谷区 ……(266)
概况 ……(266)
疫情防控 ……(266)
便民服务 ……(266)
大桃销售 ……(266)
粮食安全 ……(267)
“两区”建设 ……(267)
国际消费中心城市建设 ……(267)
疫情防控和安全生产检查 ……(267)
对外经济贸易 ……(267)
行政审批 ……(267)
对外交流合作 ……(268)
名录 ……(268)
怀柔区 ……(269)
概况 ……(269)

全力做好冬奥及春节前市场保供工作 …… (270)
副市长杨晋柏来怀调研 …… (270)
冬奥“雁栖湖展销会”“怀柔板块”惊喜亮相 …… (270)
加强国际邮件快件疫情防控工作 …… (270)
怀柔区 2022 消费季开启 …… (270)
德勤（中国）大学项目正式开工建设 …… (270)
“两区”大讲堂培训课开班 …… (270)
2022 年怀柔区商务行业诚信教育实践活动 …… (270)
《2022 年怀柔区“两区”建设任务清单》制定下发 …… (270)
组织政策线上培训 …… (271)
做好生活必需品保供稳价工作 …… (271)
成立党员保供先锋队 …… (271)
积极做好餐饮企业暂停堂食工作 …… (271)
区快递专办迅速落实快递业摸排核查工作 …… (271)
保障封控小区物资需求 …… (271)
开展节能宣传周活动 …… (272)
做好汛期救灾物资保障工作 …… (272)
做好夏粮收购工作 …… (272)
圆满完成 2021 年外商投资信息年度报告工作 …… (272)
举办 2022 年北京消费季·“乐购怀柔　畅游影都”专题直播促消费活动 …… (272)
高标准参与服贸会 …… (272)
赴四子王旗对接支援合作工作 …… (272)
怀柔区“蔬菜直通车”开到居民家门口 …… (272)
名录 …… (273)
密云区 …… (274)
概况 …… (274)
粮食安全 …… (274)
电子商务 …… (274)
疫情防控物资保障 …… (274)
生活性服务网点建设 …… (274)
两区建设 …… (275)
打造“两区全球超链接” …… (275)
助力企业“请进来”“走出去” …… (275)
对外经济贸易 …… (275)
名录 …… (275)
延庆区 …… (276)
概况 …… (276)

内贸流通 ……………………………………………………………………………………（276）
社零额情况 ……………………………………………………………………………………（276）
多措并举促进消费 ……………………………………………………………………………（276）
商业设施建设 …………………………………………………………………………………（276）
全力以赴抗击新冠疫情 ………………………………………………………………………（276）
冬奥会服务保障 ………………………………………………………………………………（277）
粮食流通和物资储备 …………………………………………………………………………（277）
对外开放 ……………………………………………………………………………………（277）
“两区”建设深入推进 …………………………………………………………………………（277）
外贸外资指标情况 ……………………………………………………………………………（277）
中国国际服务贸易交易会 ……………………………………………………………………（277）
行业发展 ……………………………………………………………………………………（277）
生活性服务业品质提升 ………………………………………………………………………（277）
区域商务协同 ………………………………………………………………………………（278）
商务领域京津冀协同发展 ……………………………………………………………………（278）
商务环境建设 ………………………………………………………………………………（278）
安全生产 ………………………………………………………………………………………（278）
名录 …………………………………………………………………………………………（278）

第六部分　统计资料

一、商业流通 ………………………………………………………………………………（281）
表 1-1　社会消费品零售额………………………………………………………………………（281）
表 1-2　社会消费品零售额（按功能区组分）…………………………………………………（281）
二、对外贸易 ………………………………………………………………………………（283）
表 2-1　海关进出口商品类别及构成……………………………………………………………（283）
表 2-1-1 北京地区海关出口商品类别及构成…………………………………………………（283）
表 2-1-2 北京地区海关进口商品类别及构成…………………………………………………（283）
表 2-2　海关进出口商品分类金额………………………………………………………………（284）
表 2-2-1 海关出口商品分类金额………………………………………………………………（284）
表 2-2-2 海关进口商品分类金额………………………………………………………………（287）
表 2-3　按洲别（地区）分海关进出口贸易额…………………………………………………（291）
表 2-3-1 北京出口到各洲情况一览表…………………………………………………………（291）
表 2-3-2 北京从各洲进口情况一览表…………………………………………………………（291）
表 2-4　按国别（地区）分海关进出口贸易额…………………………………………………（291）

图 2-1　2022 年北京货物贸易前十位贸易伙伴 ……………………………………………（299）
图 2-2　2022 年北京货物贸易前十位出口市场 ……………………………………………（299）
图 2-3　2022 年北京货物贸易前十位进口市场 ……………………………………………（299）
表 2-5　2022 年海关进出口贸易额（分贸易方式）………………………………………（300）
表 2-6　2022 年 1—12 月北京各区进出口额表 ……………………………………………（301）
表 2-7　2022 年北京进出口进度表 …………………………………………………………（302）
表 2-8　全国各省市进出口贸易总额…………………………………………………………（302）
表 2-9　历年进出口总额一览表………………………………………………………………（304）
表 2-10　1995—2022 年北京进出口额在全国各地区的排名 ……………………………（305）
表 2-11　北京市 2022 年主要进出口商品情况表…………………………………………（306）
表 2-11-1 北京市 2022 年主要出口商品情况表…………………………………………（306）
表 2-11-2 北京市 2022 年主要进口商品情况表…………………………………………（306）
表 2-12　北京市 2022 年主要进出口市场情况表…………………………………………（307）
表 2-12-1 北京市 2022 年主要出口市场情况表…………………………………………（307）
表 2-12-2 北京市 2022 年主要进口市场情况表…………………………………………（307）
三、服务贸易 ……………………………………………………………………………（309）
表 3-1　北京地区历年服务贸易进出口情况统计表…………………………………………（309）
表 3-2　北京市 2022 年服务外包（离岸）外包类别情况…………………………………（310）
表 3-3　北京市历年服务外包（离岸）情况…………………………………………………（310）
表 3-4　2022 年技术进出口合同登记情况 …………………………………………………（311）
表 3-4-1　技术出口合同登记情况 …………………………………………………………（311）
表 3-4-2　技术进口合同登记情况 …………………………………………………………（314）
四、利用外资 ……………………………………………………………………………（317）
表 4-1　2022 年 1—12 月外商投资分产业结构表 …………………………………………（317）
表 4-2　2022 年 1—12 月外商投资分行业结构表 …………………………………………（317）
表 4-3　2022 年 1—12 月外商投资主要国别和地区结构表 ………………………………（318）
五、对外经济 ……………………………………………………………………………（319）
表 5-1　1979—2022 年对外投资一览表 ……………………………………………………（319）
表 5-2　2022 年 1—12 月我国对外承包工程和劳务合作业务分国别（地区）统计表 ……（321）
六、口岸通关 ……………………………………………………………………………（328）
表 6-1　北京口岸运营情况……………………………………………………………………（328）

第七部分 大 事 记

大事记 ……(333)
一季度 ……(333)
二季度 ……(334)
三季度 ……(336)
四季度 ……(339)

第八部分 附 录

北京市商务局（北京市人民政府口岸办公室）组织序列 ……(343)
北京市商务局（北京市人民政府口岸办公室）领导成员 ……(345)
北京市商务领域社团名录……(346)

CONTENTS

Part Ⅰ Important Documents

Addressed by Sima Hong, Deputy Mayor of Beijing, at the Meeting on Commerce Related Work of Beijing Municipality in 2023 ……(3)

Vigorously Promote the High-quality Development of the Capital's Business and Make Greater Contribution to the Capital's Development in a New Era—Addressed by Ding Yong, Director of Beijing Municipal Commerce Bureau, at the Meeting on Commerce Related Work of Beijing Municipality in 2023 ……(10)

Part Ⅱ Collection of Laws, Regulations and Documents

List of Part of Laws and Regulations Issued and Revised by the State in 2022 ……(17)

List of Part of Regulations and Circulars Issued by the Ministry of Commerce and Other Relevant Departments in 2022 ……(19)

List of Part of Documents Issued by the State Council and Other Relevant Ministries and Commissions and Beijing Municipal Government in 2022 ……(20)

List of Part of Laws and Regulations in Beijing in 2022 ……(24)

List of Regulatory Documents Issued by Beijing Municipal Commerce Bureau in 2022 ……(26)

Regulations of China (Beijing) Pilot Free Trade Zone ……(29)

Decision on Developing the National Integrated Demonstration Zone for Greater Openness in the Service Sector Issued by Standing Committee of the Beijing Municipal People's Congress ……(36)

Circular on Printing and Distributing of Applying for the Common Innovative Pilot of End of Distribution in Beijing Issued by Beijing Municipal Commerce Bureau and Beijing Municipal Postal Administration ……(39)

Circular on Printing and Distributing Opinions on the Implementation of Informing and Committing Foreign Labor Cooperation Business Qualification Approval of Matters Issued by Beijing Municipal Commerce Bureau (Revised) ……(41)

Circular on Encouraging to Carry out Consumption Promotion Activities in 2022 to Foster a Stronger Online Consumer Market Issued by Beijing Municipal Commerce Bureau ……………………………………… (44)

Circular on Printing and Distributing Several Measures to Further Promote the Innovative Development of Cross-border E-commerce Issued by Beijing Municipal Commerce Bureau ………………………… (46)

Circular on Encouraging Enterprises to Carry out Innovative Consumption Promotion Activities in the "2022 Beijing Consumption Season" Issued by Beijing Municipal Commerce Bureau ……………………… (48)

Circular on Foreign-funded R&D Center Purchasing Imported Equipment Tax-free Qualification Review Issued by Beijing Municipal Commerce Bureau, Beijing Municipal Finance Bureau, Beijing Customs and Beijing Municipal Tax Service ……………………………………………………………………… (50)

Circular on Openly Recruit Enterprises Participating Policies of Promoting Green Energy-efficient Consumption in 2022 Issued by Beijing Municipal Commerce Bureau……………………………………………… (53)

Circular on Printing and Distributing Several Measures to Promote the High-quality Development of the First Store Startup Economy Issued by Beijing Municipal Commerce Bureau and Other 9 Departments … (55)

Circular on Releasing the Recruitment Guidance to Encourage the First Store Startup Project in 2022 Issued by Beijing Municipal Commerce Bureau ……………………………………………………………… (57)

Circular on Printing and Distributing Opinions on the Implementation of Informing and Committing Technology Import and Export Contract Registration, Change-Change of Total Price Category (Import) and Technology Import and Export Contract Registration, Change-Change of Total Price Category (Export) Issued by Beijing Municipal Commerce Bureau (for Trial Implementation) ……………………………………………… (60)

Circular on Implementing Policies of Promoting Green Energy-efficient Consumption Issued by Beijing Municipal Commerce Bureau ………………………………………………………………………… (63)

Circular on Adjusting Relevant Filing Work of Operators in Dyeing Industry Issued by Beijing Municipal Commerce Bureau ……………………………………………………………………………… (65)

Circular on Printing and Distributing Action Plan of Seizing the Opportunity of RCEP and Promoting the High-level Development of China Service Industry Opening-up Demonstration Zone and China (Beijing) Free Trade Zone Issued by Beijing Municipal Commerce Bureau ………………………………………… (66)

Supplementary Circular on Implementing Policies of Promoting Green Energy-efficient Consumption Issued by Beijing Municipal Commerce Bureau …………………………………………………………… (72)

Circular on Applying for Commercial Circulation Development Projects in 2022 Issued by Beijing Municipal Commerce Bureau ……………………………………………………………………………… (74)

Circular on Printing and Distributing Program on Encouraging Cars Replacement Consumption in Beijing Issued by Beijing Municipal Commerce Bureau and Other 6 Departments …………………………… (76)

Circular on Printing and Distributing Opinions on the Implementation of Informing and Commitment System of Matters Identified by Regional Headquarters Issued by Beijing Municipal Commerce Bureau (Revised) …… (79)

Circular on Printing and Distributing Several Measures to Promote the Innovative Development of Offshore Trade in Beijing Issued by Beijing Municipal Commerce Bureau and Other 6 Departments ………… (82)

Circular on Printing and Distributing Several Measures to Accelerate the Construction of One Quarter Hour Living Circle and Promote the Transformation and Upgrading of living Service Industry Issued by Beijing Municipal Commerce Bureau and other 11 Departments ………………………………………………… (85)

Circular on Printing and Distributing Special Promotion Plan on Investment Freedom and Convenience in China (Beijing) Pilot Free Trade Zone Issued by Beijing Municipal Commerce Bureau …………………… (89)

Circular on Carrying out Foreign Economic and Trade Development Fund Projects (Declaration of Import Discount Interest) in 2022 Issued by Beijing Municipal Commerce Bureau ………………………… (95)

Circular on Printing and Distributing Several Measures to Accelerate the Circulation of Used Cars and Promote the Upgrading of Cars Consumption Issued by Beijing Municipal Commerce Bureau and Other 10 Departments … (97)

Circular on Printing and Distributing Management Implementation Rules of Beijing Foreign Economic and Trade Development Fund Issued by Beijing Municipal Commerce Bureau and Beijing Municipal Finance Bureau … (99)

Circular on Printing and Distributing Implementation Plan of Foreign Economic and Trade Development Fund Promoting the Innovative Development of Service Trade Issued by Beijing Municipal Commerce Bureau and Beijing Municipal Finance Bureau ……………………………………………………………………… (104)

Circular on Printing and Distributing Implementation Plan of Foreign Economic and Trade Development Fund Optimizing the Structure of Service Exports and Imports Issued by Beijing Municipal Commerce Bureau and Beijing Municipal Finance Bureau ……………………………………………………………………… (109)

Circular on Printing and Distributing Implementation Plan of Support from Foreign Economic and Trade Development Fund for Beijing Cross-border E-commerce Development Issued by Beijing Municipal Commerce Bureau and Beijing Municipal Finance Bureau ……………………………………………… (111)

Circular on Printing and Distributing Implementation Plan of Support from Foreign Economic and Trade Development Fund for Beijing Foreign Trade Enterprises to Improve Their International Capacity Issued by Beijing Municipal Commerce Bureau and Beijing Municipal Finance Bureau ……………………… (114)

Circular on Printing and Distributing Implementation Plan of Support from Foreign Economic and Trade Development Fund for Beijing Foreign Investment Cooperation Issued by Beijing Municipal Commerce Bureau and Beijing Municipal Finance Bureau …………………………………………………………… (118)

Circular on Adjusting Applicable Commodity Scope of Promoting Green Energy-efficient Consumption Policies Issued by Beijing Municipal Commerce Bureau …………………………………………………………… (124)

Circular on Supplying Large Shopping Malls in Beijing with Subsidies During the Covid-19 Pandemic in 2022 Issued by Beijing Municipal Commerce Bureau …………………………………………………………… (126)

Circular on Applying for Renovation and Upgrading Projects of Rural Convenience Business Outlets in 2022 Issued by Beijing Municipal Commerce Bureau …………………………………………………………… (127)

Circular on Applying for Foreign Economic and Trade Development Fund Projects in 2022 Issued by Beijing Municipal Commerce Bureau …… (130)

Circular on Printing and Distributing the Guidance of Accelerating to Guide the Development of Fashion Retailers in Beijing Issued by Beijing Municipal Commerce Bureau (2022—2025) …… (132)

Supplementary Circular on Encouraging Enterprises to Carry out Innovative Consumption Promotion Activities in the "2022 Beijing Consumption Season" Issued by Beijing Municipal Commerce Bureau …… (135)

Circular on Releasing the Review Results of Administrative Regulatory Documents Issued by Beijing Municipal Commerce Bureau …… (137)

Circular on Providing Bonus for Used Vehicle Transfer Enterprises Issued by Beijing Municipal Commerce Bureau …… (138)

Circular on Printing and Distributing Implementation Plan of Support from Special Fund (for Offsetting Interest Paid on Imports) of Foreign Economic and Trade Development in Beijing for Participating in the Fifth China International Import Expo Issued by Beijing Municipal Commerce Bureau and Beijing Municipal Finance Bureau …… (139)

Supplementary Circular on Extending Policies of Promoting Green Energy–efficient Consumption in 2022 Issued by Beijing Municipal Commerce Bureau …… (141)

Circular on Printing and Distributing Work Plan of International Balance of Payments Facilitation Reform in the Construction of China Service Industry Opening–up Demonstration Zone and China (Beijing) Free Trade Zone Issued by Beijing Municipal Commerce Bureau and Other Relevant Departments …… (142)

Part Ⅲ Main Work

I. Domestic Trade Circulation …… (149)

International Consumer Center City Construction and Consumption Promotion …… (149)

Circulation Planning Construction …… (150)

Circulation Development …… (152)

E–commerce …… (152)

Market Construction …… (154)

Supply & Supporting …… (154)

Grain Circulation and Material Reserves …… (156)

II Opening-up …… (159)

Construction of China Service Industry Opening–up Demonstration Zone and China (Beijing) Free Trade Zone …… (159)

Trade in Goods ······ (163)
Trade in Services ······ (165)
Utilization of Foreign Investment and Foreign Enterprise Services ······ (166)
Foreign Economic Cooperation ······ (168)
Port Building and Development ······ (171)
Integrated Free Trade Zone Construction ······ (172)
China International Fair for Trade in Services ······ (173)
III Industry Development ······ (175)
Living Service and Catering Industry ······ (175)
Commerce and Trade Logistics Industry ······ (176)
Commercial Services ······ (176)
Headquarter Economy ······ (177)
Conference and Exhibition Industry ······ (179)
Special Circulation Sectors ······ (180)
IV Regional Commercial Coordination ······ (181)
Beijing–Tianjin–Hebei Coordinated Development in Commerce Field ······ (181)
Regional Commercial Cooperation ······ (181)
V Commercial Environment Building ······ (182)
Administration by Law ······ (182)
Fair Trade ······ (183)
Business Environment ······ (184)
Circulation Order ······ (185)
Work Safety ······ (187)

Part Ⅳ Customs

Beijing Customs ······ (191)
Basic Functions ······ (191)
Internal Organs ······ (191)
Subordinate Organs ······ (191)
Public Institutions ······ (191)
Professional Work ······ (191)
Directory ······ (193)

Part Ⅴ Development Areas, Free Trade Zone and Districts

Beijing Economic-Technological Development Area ······ (197)
Overview ······ (197)
Foreign Investment and Foreign Trade ······ (198)
Directory ······ (201)
Beijing Tianzhu Free Trade Zone ······ (202)
Overview ······ (202)
Organization Setup and Leadership of Management Committee ······ (205)
Department of Investment Attracting ······ (206)
Dongcheng District ······ (207)
Overview ······ (207)
Foreign Economy ······ (209)
Directory ······ (209)
Xicheng District ······ (210)
Overview ······ (210)
Business and Trade Management ······ (210)
Grain and Oil Distribution ······ (212)
Living Service Industry ······ (213)
Construction of International Consumer Center City Demonstration Zone ······ (213)
Revitalization and Development of Time-honored Brand ······ (214)
External and Economic Trade to Hong Kong, Macao and Taiwan ······ (215)
Construction of China Service Industry Opening-up Demonstration Zone and China (Beijing) Free Trade Zone ······ (216)
Directory ······ (217)
Chaoyang District ······ (218)
Overview ······ (218)
Directory ······ (220)
Haidian District ······ (221)
Overview ······ (221)
Business Services ······ (221)
Foreign Economy and Trade ······ (224)
Pandemic Prevention and Control ······ (226)
Construction of China Service Industry Opening-up Demonstration Zone and China (Beijing) Free Trade Zone ······ (227)

Directory ……………………………………………………………………… (229)

Fengtai District ……………………………………………………………… (230)

Commercial Trade ……………………………………………………………… (230)

Foreign Economy and Trade …………………………………………………… (231)

Directory ……………………………………………………………………… (232)

Shijingshan District ………………………………………………………… (233)

Overview ……………………………………………………………………… (233)

Directory ……………………………………………………………………… (236)

Mentougou District …………………………………………………………… (237)

Domestic Trade Circulation …………………………………………………… (237)

Opening–up …………………………………………………………………… (239)

Industry Development ………………………………………………………… (240)

Commercial Environment Building …………………………………………… (240)

Directory ……………………………………………………………………… (241)

Fangshan District …………………………………………………………… (242)

Overview ……………………………………………………………………… (242)

Commercial Circulation Plan and Development ……………………………… (242)

Operation and Management of Market ………………………………………… (244)

Foreign Investment and Foreign Trade ………………………………………… (245)

Directory ……………………………………………………………………… (246)

Tongzhou District …………………………………………………………… (247)

Overview ……………………………………………………………………… (247)

Business Trade ………………………………………………………………… (248)

External and Economic Trade to Hong Kong, Macao and Taiwan …………… (249)

Directory ……………………………………………………………………… (249)

Shunyi District ……………………………………………………………… (250)

Overview ……………………………………………………………………… (250)

Commercial Circulation ……………………………………………………… (250)

Foreign Economy and Trade …………………………………………………… (253)

Directory ……………………………………………………………………… (255)

Daxing District ……………………………………………………………… (256)

Overview ……………………………………………………………………… (256)

Domestic Trade Circulation …………………………………………………… (256)

Foreign Investment and Foreign Trade ………………………………………… (257)

Grain Security ………………………………………………………………… (257)

Storage of Necessities Supply for Emergency ……(258)
Industry Safety and Service ……(258)
Pandemic Prevention and Control ……(258)
Directory ……(259)
Changping District ……(260)
Overview ……(260)
Directory ……(265)
Pinggu District ……(266)
Overview ……(266)
Directory ……(268)
Huairou District ……(269)
Overview ……(269)
Directory ……(273)
Miyun District ……(274)
Overview ……(274)
Directory ……(275)
Yanqing District ……(276)
Overview ……(276)
Domestic Trade Circulation ……(276)
Opening-up ……(277)
Industry Development ……(277)
Regional Commercial Coordination ……(278)
Commercial Environment Building ……(278)
Directory ……(278)

Part Ⅵ Statistical Data and Material

Ⅰ. Commercial Circulation ……(281)
Table 1-1 Total Retail Sales of Social Consumer Goods ……(281)
Table 1-2 Total Retail Sales of Social Consumer Goods (Classified by Districts) ……(281)
Ⅱ. Foreign Trade ……(283)
Table 2-1 Category and Mix of Import and Export Goods through Customs ……(283)
Table 2-1-1 Category and Mix of Export Goods through Customs in Beijing ……(283)
Table 2-1-2 Category and Mix of Import Goods through Customs in Beijing ……(283)

Table 2-2 Value of Import and Export Goods through Customs by Category ……(284)

Table 2-2-1 Value of Export Goods through Customs by Category ……(284)

Table 2-2-2 Value of Import Goods through Customs by Category ……(287)

Table 2-3 Value of Imports and Exports through Customs by Continents (Regions) ……(291)

Table 2-3-1 Beijing's Exports to Major Continents ……(291)

Table 2-3-2 Beijing's Imports from Major Continents ……(291)

Table 2-4 Value of Imports and Exports through Customs by Countries (Regions) ……(291)

Chart 2-1 Top Ten Trade Partners of Beijing Enterprises in 2022 ……(299)

Chart 2-2 Top Ten Export Markets of Beijing Enterprises in 2022 ……(299)

Chart 2-3 Top Ten Import Markets of Beijing Enterprises in 2022 ……(299)

Table 2-5 Value of Imports and Exports through Customs in 2022 by Trade Modes ……(300)

Table 2-6 Imports and Exports of Districts in Beijing in Jan. -Dec. 2022 ……(301)

Table 2-7 Progress Sheet of Beijing's Imports and Exports in 2022 ……(302)

Table 2-8 Total Value of Imports and Exports of Provinces, Municipalities and Autonomous Regions in China ……(302)

Table 2-9 Value of Imports and Exports in Beijing over the Past Years ……(304)

Table 2-10 Ranking of Beijing in China in Terms of Value of Imports and Exports from 1995 to 2022 ……(305)

Table 2-11 Major Import and Export Goods of Beijing in 2022 ……(306)

Table 2-11-1 Major Export Goods of Beijing in 2022 ……(306)

Table 2-11-2 Major Import Goods of Beijing in 2022 ……(306)

Table 2-12 Major Import and Export Markets of Beijing in 2022 ……(307)

Table 2-12-1 Major Export Markets of Beijing in 2022 ……(307)

Table 2-12-2 Major Import Markets of Beijing in 2022 ……(307)

Ⅲ. Trade in Services ……(309)

Table 3-1 Import and Export of Services of Beijing Municipality over the Past Years ……(309)

Table 3-2 Categories of Service Outsourcing (Offshore) of Beijing Municipality in 2022 ……(310)

Table 3-3 Service Outsourcing (Offshore) of Beijing Municipality over the Past Years ……(310)

Table 3-4 Registration of Technology Import and Export Contracts in 2022 ……(311)

Table 3-4-1 Registration of Technology Export Contracts ……(311)

Table 3-4-2 Registration of Technology Import Contracts ……(314)

Ⅳ. Foreign Investment Utilization ……(317)

Table 4-1 Foreign Investment by Investment Industries, Jan.-Dec.2022 ……(317)

Table 4-2 Foreign Investment by Investment Sectors, Jan.-Dec.2022 ……(317)

Table 4-3 Foreign Investment by Major Countries (Regions), Jan.-Dec.2022 ……(318)

Ⅴ. Foreign Economy······(319)
Table 5–1 Outward Investment from 1979 to 2022······(319)
Table 5–2 China's International Project Contracting, Labor Service Cooperation and Oversea Employment by Countries (Regions), Jan.–Dec.2022······(321)
Ⅵ. Customs Clearance at Ports······(328)
Table 6–1 Operation of Ports in Beijing······(328)

Part Ⅶ Major Events

Major Events······(333)
First Quarter······(333)
Second Quarter······(334)
Third Quarter······(336)
Fourth Quarter······(339)

Part Ⅷ Appendix

Organization Structure of Beijing Municipal Commerce Bureau (Port Administration Office of The People's Government of Beijing Municipality)······(343)
Members of Leading Group of Beijing Municipal Commerce Bureau (Port Administration Office of The People's Government of Beijing Municipality)······(345)
Directory of Mass Organizations of Commercial Field in Beijing Municipality······(346)

第一部分

重　要　文　献

第一篇

司马红副市长在 2023 年全市商务工作会议上的讲话

（2023 年 2 月 10 日，录音整理稿）

同志们：

今天的会议是党的二十大之后全市商务系统召开的第一次工作会。刚才，朝阳区、顺义区分别就国际消费中心城市建设、临空经济创新引领先行区建设进行了交流，讲得很好，值得各个区学习借鉴。丁勇同志作了工作报告，进行了全面总结和部署，我都同意，请大家抓好落实。下面讲三方面内容。

一、探索创新，直面挑战，过去五年取得新成绩

党的十九大以来，在市委、市政府坚强领导下，在各区和各有关部门共同努力下，我市商务工作实现了一系列突破，形成了行之有效的工作机制和推进体系，在服务全市大局、构建新发展格局中发挥了重要作用，取得了显著成效。用五个关键词来概括：探索、升级、开拓、提质、保障。

一是“探索”：从服务业扩大开放迈入“两区”建设。2015 年北京成为全国首个服务业扩大开放综合试点城市，有效发挥了制度创新试验田作用。2020 年 9 月，习近平总书记亲自宣布支持北京打造国家服务业扩大开放综合示范区，从试点城市到综合示范区，这是一个提升；设立以科技创新、服务业开放、数字经济为主要特征的自贸试验区，北京扩大开放迈入了“两区”建设新阶段。两年多来，通过清单化管理、项目化推进，国务院批复的三年到五年期的 251 项任务，实施率已达 97%。北京结合实际，出台自贸试验区条例、服务业扩大开放综合示范区决定，为“两区”建设跑得更远更好，奠定了法治基础。加快研究制定服务业扩大开放综合示范区 2.0 方案、服务贸易创新发展示范区建设方案，先行先试走在全国前列。积极组织招商引资和项目签约，“三片区七组团”加快建设，推动近两百个标志性项目和功能性平台落地。特别是 2022 年，进一步增强开放系统集成，出台一系列全产业链开放和全环节改革方案，并对细分领域开展“政策会诊”，更加精准有效扩大开放。同时，推动重点园区特色化差异化发展，天竺综保区全域封关运行，大兴机场综保区进入实质化运营，北京首个国家进口贸易促进创新示范区获批。各区勇于探索担当，朝阳区牵头开展国际收支便利化全环节改革；大兴区搭建“京贸兴”新型国际贸易公共服务平台，开展离岸贸易交易背景核验。应该说，无论是政策研究，还是项目落地，还是园区建设，都取得了明显成效，在探索创新中迈入了更高的开放发展阶段。

二是“升级”：从（北京）京交会提格为（中国）服贸会。自 2012 年举办首届京交会，到 2019 年更名去掉了“北京”二字，再到 2020 年简称更名为“服贸会”，在提格升级中一路见证了中国和北京服务贸易的快速发展。习近平总书记高度关心关注服贸会，2019 年至 2022 年连续四年，两次发表重要致辞、两次专门发来贺信，极大提升了服贸会国际影响力，凝聚了共促服务贸易发展的强大共识。从京交会到服贸会，展览展示面积和举办活动数量实现翻番，参与国家数量扩大一倍，参会人次增长两倍，参展企业增长四倍。在全球疫情形势严峻、经济步履维艰背景下，经各方努力成功举办服贸会这样重大国际经贸活动，对提振我国外贸外资的信心具有重大意义。

三是“开拓”：从总消费统计创新到领跑国际消费中心城市建设。五年来，本市积极顺应消费市场新趋势新变化，加大创新开拓力度。2017年在全国率先制定市场总消费统计办法，2018年实施总消费政策促进体系，同年启动国际消费中心城市基础研究，2019年研究制定培育建设实施方案。经过积极争取，2021年7月，国务院批准北京等5个城市开展国际消费中心城市培育建设。北京率先出台实施方案，实施“十大专项行动”，当年下半年即取得阶段性成果。2022年马不停蹄加码发力，滚动补充、动态完善，形成新一轮“五个清单”，推动首钢六工汇等热点项目开业运营，新认定时尚消费品牌跨国公司地区总部9家，6个试点基地孵化新消费品牌累计超50个。“2022北京消费季”24项主题活动，带动全市各类促消费活动3000余项。相关部门和各区积极投身国际消费中心城市建设，市文化和旅游局出台扩大文化旅游新消费奖励办法，推出京郊住宿消费券，带动京郊住宿订单量和销售额增长近60%；市体育局实施全面促进体育消费政策，引领带动户外潮流体育消费新时尚。东城区前门大栅栏商圈、朝阳区CBD和燕莎蓝港商圈、通州区北苑商圈、丰台区丽泽商圈、经开区博兴商圈等改造提升取得显著成效。怀柔区精准服务助企纾困，稳住消费基本盘，2022年社零额实现正增长。北京在国际消费中心城市建设赛道上，以争先恐后的姿态向前奔跑。

四是“提质”：从市场消费到贸易投资均实现大的跨越。市场消费迭代升级。过去五年，服务消费对总消费增长的贡献率保持在70%以上，消费率和消费贡献率保持在60%左右，是全市经济增长的主动力。升级类商品备受青睐，手机等通信器材类商品零售额年均增长超20%，新能源汽车消费势头强劲，年均增长接近40%。“互联网+”消费新模式快速发展，一大批新型商业企业打造“线上+线下+餐饮+物流”新模式，引领商业智能变革和消费升级。两类贸易和双向投资不断提升。货物贸易，过去五年从2万亿元迈上3.6万亿元，2022年进口规模提升到了全国第1位，“双自主”企业出口、一般贸易出口占比都在不断提升，对全国进出口增长贡献率居全国首位。京津两地大力推进跨境贸易便利化改革，企业口岸通关时间和成本大幅降低。服务贸易，突破年度1万亿元，可数字化（知识密集型）服务贸易进出口额占服务进出口总额的比重过半，全市已与200多个国家和地区建立了服务贸易往来，“北京服务”国际影响日益提升。利用外资，过去五年的规模是上一个五年的1.2倍，信息、科技服务外资占比近六成。特别是全市新设外企数量达10年来峰值，合同外资更是创下历史新高。对外投资，五年内非金融类对外投资存量增长近五成，覆盖17个行业大类，投资结构更加健康合理，商务服务业以及信息软件业占比近四成，成为对外投资的中流砥柱。

五是“保障”：疫情发生三年以来，全市商务系统统筹疫情防控和商务发展，不断完善生活必需品保供稳价工作体系，在多次疫情冲击中经受住了实战考验。先是全国疫情“遭遇战”，从2020年春节开始集聚各方力量，建立工作机制，千方百计做好本市口罩等民用防疫物资、蔬菜等生活必需品的供应保障。紧接着是新发地疫情“阵地战”，商务系统快速响应，连夜建立临时交易场地，采取一系列有力措施保供应、抓防疫、调物资，坚守住了保供稳价的主阵地。然后就是“持久战”，从2020年下半年一直到2022年，特别是2022年在奥密克戎病毒多轮冲击下，坚持“平战”结合，建设完善生活必需品供应调度平台，提高保供指挥调度能力；提升市场主体保供效能，加强货源组织调配，加大末端投放，有效应对几次“抢购”风波。各区坚持“区自为战”，很好履行了保供职责。丰台和顺义区领导牵头，组建专班入驻批发市场，现场协调解决问题，有效保障了属地和全市的生活必需品应急供应。东城、西城、昌平等区想方设法提高外卖骑手到岗率，为百姓解决配送“最后一公里”的燃眉之急。这三年大家非常辛苦，一刻也没有松懈，打赢了一场又一场的防疫保供战。

五年来，我们坚持为民而商，持续提升生活性服务业品质，全市社区基本便民商业服务功能实现全覆盖；持续深化市场疏解，全市区域性专业市场疏解工作实现动态清零；持续提升重大活动服务保障能力，圆满完成了十九大和二十大、国庆70周年、建党百年、冬奥会冬残奥会等重要会议和重大活动的供应保障任务。

同志们，成绩来之不易。借此机会，我代表市委市政府对大家的辛勤付出表示衷心的感谢和崇高的敬意！

党的二十大报告指出，当前发展不平衡不充分问题仍然突出，推进高质量发展还有许多卡点和瓶颈，重点领域改革还有不少硬骨头要啃。全市商务工作同样也面临一些问题。比如，内外贸发展不平衡不充分问题依然存在。商业空间载体新增不足、布局失衡，北京3万平方米以上购物中心面积仅为上海的一半，30条特色消费街区有25条分布在中心城区，10条商业步行街70%分布在核心区。对外贸易结构不尽合理，对大宗商品和央企依赖度过高，成品油出口、原油进口占比分别达到二成和四成，国有企业（绝大多数为央企）出口、进口占比更是达到了五成和七成。引资不平衡问题突出，制造业实际利用外资占比偏低（不到5%）；外资来源地比较单一，香港一地占比接近80%；海淀、朝阳两区外资占比独大（四成和三成），其他区还有差距。再比如，高质量发展的探索仍有不足。“两区”建设制度创新需要更加系统化、集成化，对产业发展的赋能机制还需完善，开放成果的扩面增效有待加强；服贸会展览展示综合吸引力还有提升和改进空间；国际消费中心城市建设中重点商圈影响力、整体性、差异化不足，时尚消费集聚力仍需增强。我们要坚持问题导向，把解决这些问题作为下一步努力方向。

二、坚定信心，坚持不懈，推动新时代首都商务高质量发展

二十大报告强调，高质量发展是全面建设社会主义现代化国家的首要任务。北京市第十三次党代会也明确指出，新时代首都发展，根本要求是高质量发展。我们要坚持党对商务工作的全面领导，坚持完整、准确、全面贯彻新发展理念，推进首都商务更高质量发展。

第一，认清形势，以高质量发展的确定性来对冲前进路上的不确定性。

中央经济工作会议指出，当前我国经济恢复的基础尚不牢固，需求收缩、供给冲击、预期转弱三重压力仍然较大，外部环境动荡不安，给我国经济带来的影响加深。过去的2022年，疫情形势反复延宕，世界经济复苏乏力，世界银行罕见地在一年中4次下调全球经济预期增长率，美方对我国的打压变本加厉，乌克兰危机雪上加霜。在众多超预期突发因素带来的严重冲击下，国内经济下行压力明显增大。在复杂严峻的大形势下，以习近平同志为核心的党中央深刻洞察国际国内大局大势，坚持新发展理念，坚定不移推动高质量发展，实施一系列稳增长政策和接续措施，及时扭转了经济下滑势头，重新回到向上增长的趋势中来。全年实现3%的增长，2023年有望继续保持总体回升。回顾过去，我们深切感受到，挑战越多、困难越大，越彰显出高质量发展的重要性。坚持高质量发展是我国经济发展的必然要求，我们必须以高质量发展的确定性来对冲前进路上的一切不确定性。

对于商务工作来说，过去一年我们坚持高质量发展，把创新作为第一动力，紧抓“两区一平台”、国际消费中心城市建设等机遇，推动制度创新、项目落地，推动更高水平开放，推动商贸流通转型升级。在疫情考验中不断完善生活必需品供给体系，落实助企纾困促进消费加快恢复措施，实施乘用小客车置换新能源汽车补贴政策，发放绿色节能、餐饮等消费券，采取了一系列超常规措施。正是因为坚持高质量发展，才能在国内外复杂严峻的形势下，实现了北京商务运行的总体稳定和结构优化，为未来更好发展积蓄了动能。

第二，坚定信心，经济长期向好的基本面不会改变。

中央经济工作会议指出，我国经济韧性强、潜力大、活力足，各项政策效果持续显现，2023年经济运行有望总体回升，我们要坚定做好经济工作的信心。一些机构和学者的研究也印证支撑着相关判断，有测算认为，现阶段中国经济潜在增长率在5.5%～6.5%，我国经济增长仍有较大潜力。

北京在人口结构、产业等方面具有独特优势，为保持经济长期向好的基本面提供着持续动力。北京中等收入群体家庭占全市总户数的68.5%，高于其他一线城市，接近发达经济体的“橄榄型”收入结构。正是这些中等收入群体，提供了庞大稳定的消费市场。国际科技创新中心是北京“四个中心”定位之一，也是“五子”之一，近年来北京坚持以发展高精尖产业为引领，基本形成了绿色、集约、智能的产业发展方式，不断增强着首都经济活力。这些都为首都经济长期向好和高质量发展打下了良好的基础。虽然疫情等因素对全市完成2022年的经济增长目标产生一定影响，但总的基本面和经济结构是好的，完全有条件实现更好发展。大家要坚定战略自信，锚定率先基本实现社会主义现代化目标，紧盯2023年经济发展目标，坚定不移推动高质量发展。

第三，坚持不懈，以高质量发展为主题推动首都商务发展。

中央经济工作会议强调，坚持发展是党执政兴国的第一要务，发展必须是高质量发展。会议明确指出，要着力扩大国内需求，把恢复和扩大消费摆在优先位置。增强消费能力，改善消费条件，创新消费场景。要继续发挥出口对经济的支撑作用，积极扩大先进技术、重要设备、能源资源等产品进口；要加快建设现代化产业体系，大力发展数字经济，支持平台企业在引领发展、创造就业、国际竞争中大显身手；要更大力度吸引和利用外资，推进高水平对外开放，提升贸易投资合作质量和水平，要扩大市场准入，加大现代服务业领域开放力度。市委要求，坚持稳字当头、稳中求进，自觉把“六个更好统筹”贯穿到经济社会发展全过程各方面，推动经济运行整体发展。

商务系统要落实中央要求和市委决策部署，结合实际抓好落实，努力实现2023年经济发展主要预期目标，以新气象、新作为推动高质量发展取得新突破。要在制度型开放上引领高质量发展，在外贸结构转型升级上体现高质量发展，在双向投资促进上突出高质量发展，在多元化消费供给上实现高质量发展，在民生服务保障上遵循高质量发展。总之，大家要瞄准高质量发展方向，铆足干劲，下足功夫，谋划好今后的工作。

三、创新引领，奋发努力，扎实做好2023年商务工作

2023年是全面贯彻落实党的二十大精神的开局之年。市委十三届二次全会对抓好2023年工作提出明确要求：一要坚持稳中求进，把稳增长、稳就业、稳物价摆在突出位置；二要保持战略定力，走首都特色的高质量发展路子；三要增强系统观念，形成共促高质量发展合力；四要注重改革创新，用改革解难题，向创新要增量，以开放促发展；五要守住安全底线。做好2023年商务工作，要以习近平新时代中国特色社会主义思想为指引，全面贯彻党的二十大和中央经济工作会议精神，深入落实市委市政府工作部署，更好统筹疫情防控和经济社会发展，推动商务运行整体向好，实现质的有效提升和量的合理增长，力争取得更多标志性突破，为全面建设社会主义现代化国家开好局起好步作出贡献。

（一）聚焦创新，耕耘改革开放“试验田”

一是高标准深化“两区”建设。“两区”建设是习近平总书记亲自宣布支持北京的重大开放举措。今年“两区”建设进入第三个年头，殷勇市长反复强调，“两区”建设要在“见实效”上发力。我们要积极开展规则、规制、管理、标准等制度型开放的先行先试，推动服务业扩大开放综合示范区建设再升级，争取早日出台2.0版方案。要主动对标CPTPP、DEPA等高标准经贸协定，深化相关领域探索实践。要争创国家服务贸易创新发展示范区，加快建设数字贸易港，彰显数字贸易特征，推动数据跨境流动国际合作，促进服务贸易数字化转型。要实施自由贸易试验区提升行动，持续实施重点园区（组团）发展建设专项行动，支持引导重点园区、组团特色化差异化发展，吸引更多企业和标志性项目入驻。要积极构筑航空“双枢纽”国际竞争力，加快推进综保区工作，加速中关村综保区的申报和亦庄综保区新选址的研究论证。

二是持续推进服贸会提质升级。要持续发挥服贸会扩大开放、深化合作、引领创新的重要平台作用，高水平办好2023年服贸会，继续提升国际化、专业化和市场化水平。要优化完善服贸会数字平台，为参展客商持续提供展览展示、洽谈交流服务，打造永不落幕的服贸会。去年全球服贸联盟已正式组建，今年要发展壮大，不断提升专业化程度和国际影响力，充分调动各方积极性，切实发挥好联盟的积极作用。

三是发力国际消费中心城市建设。1月10日，殷勇市长主持召开北京培育建设国际消费中心城市领导小组第二次全体会议，审议通过了2023年工作要点，我们要压实责任、贯彻落实。这项工作由市商务局总牵头，需要上下联动、横向配合，十个专项工作组牵头部门要积极向前，充分压实各区和相关部门责任，推动“五大清单”年度目标落地落实。要深入实施商圈改造提升行动，完成崇文门等重点商圈品质提升，强化商务中心区、运河商务区等商圈地标载体建设。要分级分类培育壮大消费领域市场主体，抓好增量挖掘，继续开展好“四转化”工作，积极引导商业分支机构在京纳统。要培育壮大智慧零售、直播电商等新模式新业态，丰富智能家居等数字产品的新供给。

（二）紧抓指标，做强经济增长“稳定器”

一是充分发挥消费基础性作用。按照市委、市政府部署，今年市场总消费要增长5.5%左右，其中社零额增长5%左右、餐饮业收入增长11%左右。要紧紧抓住消费升级机遇，以国际消费中心城市建设为引领，突出消费提质、消费便民，不断提升消费供给质量。市商务局要会同交通、公安等部门，实施好乘用车置换新能源车补贴政策和二手车外迁奖励政策。餐饮业要引导企业利用节假日积极开展促消费活动。市民政部门要会同商务等部门积极研究支持养老服务消费的政策措施。市市场监管等部门要积极清除消费业态隐性壁垒，打造放心、安心、舒心的消费环境。要积极培育数字消费、文化消费、绿色消费、冰雪消费，强化商旅文体等消费跨界融合，拓展更多沉浸式、互动式消费新场景，让首都消费热起来、经济活起来。

二是实现两类贸易规模质量双提升。为实现货物进出口持续增长、服务进出口增长5%的目标，需要以更大力度推动外贸稳规模、优结构。货物贸易在保持规模持续增长的基础上，着力优化贸易结构。要促进“双自主”企业开拓国际市场，扩大优质消费品及先进技术、重要设备、关键零部件进口。要大力发展贸易新业态，深化跨境电商综试区建设，鼓励引导多元主体建设海外仓，发挥外贸综合服务企业带动作用，提升保税维修业务发展水平，积极推进离岸贸易发展。服务贸易重在创新突破。要与“两区”有机联动，聚焦重点行业，围绕服务贸易要素流动、平台建设等多维度开展机制创新，在提升产业国际影响力、降低制度障碍等方面形成一揽子政策措施。要充分发挥北京数字经济优势，加大可数字化服务贸易进出口。

三是以更大力度推进双向投资。今年全市实际利用外资要达到165亿美元，对外直接投资要达到70亿美元。实现这个目标并不容易。“引进来”要科学谋划好招商引资工作，加大吸引和利用外资力度。商务、投促以及各区都要抢抓招商引资先机，开展多种形式招商，紧盯重点外资项目落地。要与在京商协会密切对接，为外商来华投资洽谈提供更大程度的便利。要做好外商投资地方立法工作，落实好外资企业国民待遇，加大外商投资合法权益的保护力度。“走出去”要创新对外投资方式，以“一带一路”和RCEP成员国为重点，推动本市产品、服务、技术、品牌、标准走出去。要完善对外投资合作体系，持续提升“走出去”的专业服务支撑，继续高质量开展各类双向投资促进活动。

（三）兜牢底线，念好服务保障“民生经”

一是加强流通网络和基础设施建设。去年已经制定全市商业消费空间布局专项规划、商圈改造提升行动计划和步行街指导意见，今年要抓紧实施好，各区要加快出台落地对应的“一圈一策”方案、步行街品质提升工作方案。相关区要继续加快推进6个物流基地和4个农产品一级综合批发市场的规划建设，通过市区联动，扎扎实实把这些基础设施建设好。

二是当好企业“服务管家”。要认真落实北京市积极应对疫情影响助企纾困的若干措施，继续抓好餐饮等行业助企惠企政策的实施。用好“服务包”制度，继续开展企业走访，积极推动复工复产。提升服务水平，在全市建设数字服务平台的基础上，加快推动商务涉企服务事项“全程网办”。

三是统筹做好民生保障和安全生产。要聚焦“七有”“五性”，以“接诉即办”为主抓手，着力办好商务领域民生保障工作，完成年度民生实事任务。“以评促建”提速全市一刻钟便民生活圈的建设，进一步提高首都市民生活服务品质。强化保供协调机制，进一步筑牢首都生活必需品保供稳价体系。强化安全生产整治，坚决防范和遏制商务领域安全事故发生。

（四）从严治党，打造作风优良“排头兵”

一是切实落实全面从严治党主体责任。要认真履行全面从严治党主体责任，各级党组织都要进一步增强管党治党的责任感和紧迫感，推动商务系统党风廉政建设向纵深发展。要持之以恒正风肃纪，坚持把纪律挺在前面，加强纪律教育和警示教育，扎实筑牢党员干部的思想防线，营造首都商务风清气正的良好氛围。

二是不断加强商务系统干部队伍建设。要强化政治意识，牢牢把握中央和市委、市政府对商务工作的要求，使商务工作更加符合中央精神和群众期盼。要激励干部勇做改革开放和商务高质量发展的“排头兵”，提升履职水平，提高创新能力、开放能力、专业能力和统筹协调能力，围绕市场主体需求施策，推进商务工作高质量发展。要锤炼工作作风，各级领导真抓实干、求真务实，以钉钉子精神将各项工作抓紧抓实抓细，确保取得实实在在的成效。

当前，全市上下总动员，努力实现一季度经济社会发展“开门红”。尹力书记、殷勇市长在春节假期后首个工作日到海淀区调研时强调，开局即决战，抓好一季度工作尤为重要。商务系统承担着 4 个全市经济增长支撑指标，责任重大。要按照全市统一部署，做好重点指标的跟踪监测和谋划调度，做好指标统筹、企业服务、活动谋划，尽最大可能力争取得最好成绩。

做好商务工作需要全市上下一心、密切协同，形成强大合力。市商务局要加强工作统筹、分类指导；各区要切实把市里的决策部署和各区的发展实际相结合，发挥各自优势，积极主动作为，紧抓商务运行指标，抓好重点任务；各相关部门要结合各自职责，再接再厉，一如既往大力支持商务工作，继续在深化改革、扩大开放以及财政、市场监管等领域给予商务更多更大的支持；各行业协会要发挥好行业促进和桥梁纽带作用；各企业要充分激发自身活力创新发展。相信在大家齐心协力、共同努力下，首都商务的高质量发展之路必将越走越宽广。

同志们，新时代新征程责任重大、使命光荣。让我们紧密团结在以习近平同志为核心的党中央周围，深入贯彻党的二十大和市第十三次党代会精神，在市委、市政府的坚强领导下，踔厉奋发，埋头苦干，努力开创新时代首都商务工作新局面，为奋力谱写全面建设社会主义现代化国家的北京篇章贡献力量。

谢谢！

大力推进首都商务高质量发展 为新时代首都发展作出更大贡献

——北京市商务局党组书记、局长丁勇在2023年全市商务工作会议上的报告

（2023年2月10日）

今天召开全市商务工作会议，总结过去五年和2022年商务工作，部署2023年重点任务。

一、过去五年北京商务发展回顾

过去五年，在市委、市政府坚强领导下，北京商务发展实现了全方位推进、跨越式发展、历史性变革。

一是商务发展格局取得新突破。率先开展服务业扩大开放综合试点，迭代进入“两区”建设新阶段，251项试点任务完成97%，30多项创新案例向全国推广，高水平对外开放跑出了北京“加速度”。服贸会跨越成为我国扩大开放重要平台，习近平总书记连续发表重要致辞、贺信，常态化设立了国家级组委会和执委会，全球服务贸易联盟成功组建。首批开展国际消费中心城市培育建设，建立任务、项目、政策、企业、活动“五大清单”，统筹实施“十大专项行动”，完成首轮22个传统商圈和22个传统商场升级改造，竣工环球主题公园等地标性项目71个，推出全市商业消费空间布局专项规划等创新政策93项，连续三年开展“北京消费季”商旅文体活动。

二是商务运行指标迈上新台阶。创新消费发展机制，首创总消费统计制度，市场总消费超3万亿元，服务消费在总消费中占比55%左右；网上零售额占社零额比重增至39.8%。推出外贸稳增长调结构系列政策措施，货物进出口额逆势增长，3.6万亿元的规模再创历史新高。“双自主”企业出口占比增至近28%。服务进出口额居全国前列，年度规模突破1万亿元，外贸发展质量实现重大提升。建立“全市一盘棋”的稳外资工作机制，密集推出新开放行动方案等政策，五年累计实际利用外资超过750亿美元，境外直接投资存量突破1000亿美元，双向投资不断呈现新活力。

三是商务创新发展积蓄新动能。新消费供给水平不断提高，6个品牌孵化基地试点运营，新认定时尚消费品牌类跨国公司地区总部9家，落地品牌首店2774家。两类贸易转型创新，获批首个国家进口贸易促进创新示范区，国家级外贸转型升级基地增至9个，首创“免税、保税和跨境电商”政策衔接试点。高质量完成三轮服务贸易创新发展试点，国家级服务出口基地增至14个。建立数字贸易政策体系，数字服务进出口年均增速达8.6%。统筹建立全市商务服务业促进体系，出台促进总部企业、商业会展等高质量发展支持政策，商务发展新领域得到不断拓展。

四是商务保障能力实现新提升。坚持疏解和提升并举，全市区域性专业市场疏解工作实现动态清零。政企合力、快速响应的生活必需品供给机制、粮食和物资储备等工作在极端天气及重大疫情中经受住了实战考验。圆满完成

党的二十大、冬奥会等重要会议、重大活动的食材保障，市商务局被中共中央、国务院表彰为北京冬奥会、冬残奥会突出贡献集体。推进生活服务业“规范化、连锁化、便利化、品牌化、特色化、智能化”发展，出台加快建设一刻钟便民生活圈若干措施，全市社区基本便民商业服务功能实现全覆盖。口岸运行保障能力稳步增强，大兴机场口岸对外开放，大兴机场综保区正式投运，天竺综保区完成全域封关验收。实施空港口岸跨境贸易营商环境“百日攻坚”等行动，世行跨境贸易评价排名连年上升。

五年来，我们始终把党的政治建设摆在首位，坚决贯彻全面从严治党要求，商务治理能力得到进一步提升。

2022年，在严峻复杂的疫情形势下，我们坚决落实“疫情要防住、经济要稳住、发展要安全”的要求，在做好防疫保供的同时，抓紧抓实重点任务和商务指标运行调度，为首都经济社会发展作出重要贡献。统筹商务领域行业防疫和市场保供，修订13项行业防控指引，全环节做好生活必需品保供，实现全市粮油肉蛋菜等供需总体平衡、价格稳定。狠抓消费促回暖，加大力度稳外贸稳外资，节能减排、绿色节能、二手车流通等10项促消费政策直接带动汽车、家电、餐饮等消费近百亿元。

这些成绩的取得，是市委、市政府坚强领导的结果，是各区、各相关部门、广大商务企业、相关行业协会迎难而上、共同努力的结果！在此，我谨代表北京市商务局，向各级领导、各单位和同志们表示衷心感谢！

同时，我们也清醒地认识到，工作中还有一些问题和不足：“两区”建设部分改革任务落地速度和质量有待提高，重点园区特色和功能有待彰显；国际消费中心城市建设部分项目进度滞后，高品质消费载体质量不高；服贸会在招商招展、国际参与度、专业办展水平等方面还需持续发力；内、外贸发展中不平衡不充分问题依然存在；服务群众还有短板。对于这些问题，我们将高度重视，在今后工作中下更大气力加以解决。

二、奋发有为做好2023年重点工作

2023年全市商务工作的总体要求是：以习近平新时代中国特色社会主义思想为指导，全面贯彻落实党的二十大和中央经济工作会议精神，坚决落实市第十三次党代会和市“两会”部署要求，坚持稳中求进工作总基调，完整、准确、全面贯彻新发展理念，主动服务和融入新发展格局，坚持以新时代首都发展为统领，坚持商务工作“三个重要”定位，以高质量发展为主题，更好统筹疫情防控和商务发展，更好统筹商务发展和安全，以“两区”建设、国际消费中心城市建设为引领，突出提质便民，着力恢复和扩大消费，推进高水平对外开放，持续优化商务营商环境和服务质量，大力提升市场信心，全力实现质的有效提升和量的合理增长，为全市经济社会高质量发展作出商务贡献。

2023年全市商务工作的主要预期目标是：市场总消费增长5.5%左右，其中社会消费品零售总额增长5%左右；批发零售业商品销售额增长6%左右；餐饮业收入增长11%左右；货物进出口总额保持稳定、位次不降，其中出口增长5%左右；服务进出口总额增长5%左右；实际利用外资达到165亿美元左右，对外直接投资达到70亿美元左右。

实现这些目标，工作中要坚持服务大局、坚持商务为民、坚持优化环境、坚持扩大开放。重点抓好以下工作：

（一）以“两区”建设为牵引，逐步深化高水平制度型开放。一是集成性谋划制度创新，推动出台服务业扩大开放综合示范区方案2.0版，争创国家服务贸易创新发展示范区和数字贸易示范区。二是高水平推进园区开放，持续实施“两区”重点园区（组团）发展提升专项行动，启动发展建设三年行动，动态监测园区发展质效。促进天竺综保区创新发展，指导大兴机场综保区加快建设。三是实施自贸试验区提升行动，推动自贸组团开展集成创新，探索实施“创新自贸”“数智自贸”等品牌塑造计划。四是精准化推动项目落地，落实“一库四机制”，持续打造“两区”沙龙和“云推介”品牌，启动“两区”链接全球推介活动，组团“走出去”开展招商引资。用机制盯项目、以服务促项目，为项目落地打造最优化的营商环境。五是优化完善工作机制，以项目管理方式推动集成式创新。六是进一步擦亮服贸会金字招牌，推动2022年签约项目尽快落地，高水平办好2023年服贸会，加大市场开发力度，提高展览展示和论坛会议质量，打造永不落幕服贸会。

（二）以提质便民为核心，高质量建设国际消费中心城市。一是着力提升消费供给质量，实施新一轮商圈改造提升行动计划，完成崇文门、朝青等重点商圈改造提升，推动王府井、CBD打造世界级商圈，开展首批全市商业步行街评估，加快推动京西大悦城、通州远洋乐堤港等项目落地。吸引国内外时尚零售企业在京落地。研究推动北京“购物之城”建设，制定推动北京餐饮业高质量发展方案。健全本土品牌全链条孵化培育体系，争取新引进国内外品牌首店800家。创建特色直播电商基地10个左右，培育即时零售新模式，深化推进跨境电商创新试点。在前门等区域打造老字号聚集区，新认定“北京老字号”工匠20名左右。二是加速释放服务消费潜力，充分发挥文化文物演艺资源优势，拓展开发夜游大运河等夜间旅游项目，促进营地游等户外潮流消费发展，组织冰雪赛事等活动至少1000场次。打造元宇宙展示体验中心，发展“互联网+”健康医疗。三是积极营造活跃的消费氛围，以“京彩消费 精彩生活”为主题，全城联动开展“2023北京消费季”活动。四是持续优化消费营商环境，落实清理隐性壁垒优化消费营商环境实施方案，深入开展生活服务业“6+4”一体化综合监管场景试点。五是健全常态化消费推进体系，高质量完成175项任务年度目标，推动41个年度项目竣工运营，出台20项年度政策，做好221家重点企业服务。

（三）以优化提升为重点，全力打造高标准现代商贸体系。一是优化提升流通网络和商贸节点布局，积极推进房山、昌平两处新增物流基地规划落地，统筹推进通州马驹桥、顺义空港、平谷马坊、大兴京南等物流基地转型升级和项目实施。新建智能快件箱500组。推进平谷金海湖会展中心、首钢园、国家会议中心二期、顺义新国展二期、大兴机场临空经济区国际会展中心等会展项目发展建设。二是增强提升市场主体竞争力，巩固市领导“一对一”联系服务19个重点商圈等工作机制。完善“1+N”总部政策体系。

（四）以稳中提质为目标，着力推动外贸外资稳规模优结构。一是做大做强出口规模和质量，加强新能源车国际市场开拓，力争北京汽车出口实现跃升，推动外贸转型升级基地、新模式新业态培育孵化平台等五大平台优化升级，优先支持我市“双自主”企业国际市场开拓。以国家进口贸易促进创新示范区为引领，优化机电设备、优质消费品、关键零部件等产品进口。二是增强服务贸易创新发展动能，努力实现服务贸易创新发展试点向示范跃升，推进旅游、运输、建筑等传统服务贸易领域夯实产业基础，金融、电信、保险等新兴服务贸易领域提升国际竞争力，医疗、教育和文化等特色服务贸易领域突出专业化优势。三是完善稳外资体系，推动各区、各园区、行业主管部门及第三方机构形成招商引资合力，用好“服贸会”“进博会”等平台加强宣传推介，制定重点领域外商投资指引，开展外商投资地方立法研究论证。四是完善对外投资合作体系，优化京企“走出去”综合信息服务平台，办好“北京双向投资论坛暨国别日系列活动”和中国国际经济合作“走出去”高峰论坛，推动对外投资证书电子证照标准化。五是提升口岸通关水平，协调推进“一市两场”国际航空货运稳步发展，深化国际贸易“单一窗口”功能建设。

（五）以民生需求为导向，助企惠民向前一步。一是加快生活服务行业高质量发展，试点建设80个一刻钟便民生活圈，“一业一策”指导生活服务业深入实施数字化升级行动，积极推进我市家政服务行业立法。二是推动会展业全面复工复产，优化会展业服务软环境，吸引全球优质展览项目和知名会展机构落户北京。三是更好统筹商务领域疫情防控和供应保障，筑牢监测、供应、储备、应急投放等生活必需品供应保障体系。

（六）以从严为标准，持续加强自身建设。认真落实新时代党的建设总要求，把全面从严治党主体责任一贯到底，把党的领导体现到首都商务工作全过程和各方面。进一步增强政治意识，始终牢记“看北京首先要从政治上看”的要求，始终牢记首都工作关乎“国之大者”，坚定捍卫“两个确立”，坚决做到“两个维护”。不断提振干事创业的精气神，树牢底线思维，全力维护商务领域安全稳定，扎实推进商务法治建设，自觉接受市人大、市政协监督。

同志们，推动新时代首都发展，率先基本实现社会主义现代化，是接续奋斗、继往开来的宏伟事业。新征程上，让我们在市委、市政府的坚强领导下，团结奋进、勇毅前行，努力开创全市商务发展新局面，为谱写全面建设社会主义现代化国家的北京篇章而不懈奋斗！

第二部分

法规、文件选编

2022年国家制定修订的法律、法规目录（部分）

序　号	名　　称	发布日期	文　号
1	中华人民共和国地方各级人民代表大会和地方各级人民政府组织法	2022年3月11日	主席令第一一〇号
2	中华人民共和国期货和衍生品法	2022年4月20日	主席令第一一一号
3	中华人民共和国职业教育法	2022年4月20日	主席令第一一二号
4	中华人民共和国体育法	2022年6月24日	主席令第一一四号
5	中华人民共和国黑土地保护法	2022年6月24日	主席令第一一五号
6	中华人民共和国反垄断法	2022年6月24日	主席令第一一六号
7	中华人民共和国全国人民代表大会常务委员会议事规则	2022年6月24日	主席令第一一七号
8	中华人民共和国反电信网络诈骗法	2022年9月2日	主席令第一一九号
9	中华人民共和国农产品质量安全法	2022年9月2日	主席令第一二〇号
10	中华人民共和国妇女权益保障法	2022年10月30日	主席令第一二二号
11	中华人民共和国畜牧法	2022年10月30日	主席令第一二四号
12	中华人民共和国野生动物保护法	2022年12月30日	主席令第一二六号
13	中华人民共和国预备役人员法	2022年12月30日	主席令第一二七号
14	中华人民共和国对外贸易法	2022年12月30日	主席令第一二八号
15	中华人民共和国水下文物保护管理条例	2022年1月23日	国务院令第751号
16	信访工作条例	2022年2月25日	2022年1月24日中共中央政治局会议审议批准　2022年2月25日中共中央、国务院发布
17	放射性药品管理办法	2022年3月29日	根据2022年3月29日《国务院关于修改和废止部分行政法规的决定》第三次修订
18	医疗机构管理条例	2022年3月29日	根据2022年3月29日《国务院关于修改和废止部分行政法规的决定》第二次修订
19	互联网上网服务营业场所管理条例	2022年3月29日	根据2022年3月29日《国务院关于修改和废止部分行政法规的决定》第四次修订
20	外商投资电信企业管理规定	2022年3月29日	根据2022年3月29日《国务院关于修改和废止部分行政法规的决定》第三次修订

(续)

序　号	名　　称	发布日期	文　号
21	中华人民共和国海关行政处罚实施条例	2022年3月29日	根据2022年3月29日《国务院关于修改和废止部分行政法规的决定》修订
22	中华人民共和国道路运输条例	2022年3月29日	根据2022年3月29日《国务院关于修改和废止部分行政法规的决定》第四次修订
23	地名管理条例	2022年3月30日	国务院令第753号
24	促进个体工商户发展条例	2022年10月1日	国务院令第755号
25	缔结条约管理办法	2022年10月16日	国务院令第756号
26	中国人民解放军文职人员条例	2022年12月10日	国务院 中央军事委员会令第757号

（卓　娜）

2022年商务部及其他有关部门规章、公告目录（部分）

序　号	名　　称	发布日期	文　号
1	商务部行政处罚实施办法（2022修订）	2022年2月11日	商务部令2022年第1号
2	专业类特色服务出口基地名单	2022年3月15日	商务部公告2022年第9号
3	商务部批准《二手乘用车出口质量要求》等7项行业标准的公告	2022年5月20日	商务部公告2022年第16号
4	商务领域标准化管理办法	2022年9月12日	商务部令2022年第2号
5	2023年食糖、羊毛、毛条进口关税配额实施细则	2022年9月18日	商务部公告2022年第25号
6	公布2023年货物出口配额总量	2022年10月28日	商务部公告2022年第32号
7	关于对高压水炮类产品实施出口管制的公告	2022年11月1日	商务部　海关总署　国家国防科技工业局公告2022年第31号
8	商务部　海关总署关于公布《自动进口许可管理货物目录（2023年）》的公告	2022年12月10日	商务部公告2022年第39号
9	商务部　海关总署关于公布《进口许可证管理货物目录（2023年）》的公告	2022年12月30日	商务部公告2022年第41号
10	商务部　海关总署关于公布《出口许可证管理货物目录（2023年）》的公告	2022年12月30日	商务部公告2022年第40号
11	政府采购框架协议采购方式管理暂行办法	2022年1月14日	财政部令第110号
12	2021年度国家绿色数据中心名单	2022年3月10日	工业和信息化部公告2022年第7号
13	关于遏制“天价”月饼、促进行业健康发展的公告	2022年6月7日	国家发展和改革委员会公告2022年第5号
14	2022年农产品进口关税配额再分配公告	2022年8月9日	国家发展和改革委员会　商务部公告2022年第7号
15	鼓励外商投资产业目录（2022年版）	2022年10月26日	国家发展和改革委员会、商务部令第52号
16	网络预约出租汽车经营服务管理暂行办法（2022修正）	2022年11月30日	根据2022年11月30日《交通运输部　工业和信息化部　公安部　商务部　国家市场监管总局　国家网信办关于修改〈网络预约出租汽车经营服务管理暂行办法〉的决定》第二次修正
17	关于全面实施《中华人民共和国农产品进口关税配额证》等3种证（明）联网核查的公告	2022年12月26日	海关总署　国家发展改革委　商务部公告2022年第132号
18	重点管控新污染物清单（2023年版）	2022年12月29日	生态环境部令第28号
19	商务部　海关总署关于发布2023年度《两用物项和技术进出口许可证管理目录》的公告	2022年12月30日	商务部　海关总署公告2022年第42号

（卓　娜）

2022年国务院等有关部委和北京市相关文件目录（部分）

序号	名称	发布日期	文号
1	国务院办公厅关于推广行政备案规范管理改革试点经验的通知	2022年11月5日	国办函〔2022〕110号
2	国务院办公厅关于复制推广营商环境创新试点改革举措的通知	2022年9月28日	国办发〔2022〕35号
3	国务院办公厅关于加快推进“一件事一次办”打造政务服务升级版的指导意见	2022年9月26日	国办发〔2022〕32号
4	国务院办公厅关于印发《全国一体化政务大数据体系建设指南》的通知	2022年9月13日	国办函〔2022〕102号
5	国务院办公厅关于市场监督管理综合行政执法有关事项的通知	2022年9月9日	国办函〔2022〕94号
6	国务院办公厅关于进一步优化营商环境降低市场主体制度性交易成本的意见	2022年9月7日	国办发〔2022〕30号
7	国务院办公厅关于进一步加强商品过度包装治理的通知	2022年9月1日	国办发〔2022〕29号
8	国务院办公厅关于进一步规范行政裁量权基准制定和管理工作的意见	2022年7月29日	国办发〔2022〕27号
9	国务院办公厅关于印发国务院2022年度立法工作计划的通知	2022年7月5日	国办发〔2022〕24号
10	国务院办公厅关于成立集中打击整治危害药品安全违法犯罪工作领导小组的通知	2022年6月17日	国办函〔2022〕54号
11	国务院关于加强数字政府建设的指导意见	2022年6月6日	国发〔2022〕14号
12	国务院办公厅关于进一步推进省以下财政体制改革工作的指导意见	2022年5月29日	国办发〔2022〕20号
13	国务院关于印发扎实稳住经济一揽子政策措施的通知	2022年5月24日	国发〔2022〕12号
14	国务院办公厅关于印发《全国自建房安全专项整治工作方案》的通知	2022年5月24日	国办发明电〔2022〕10号
15	国务院办公厅关于进一步盘活存量资产扩大有效投资的意见	2022年5月19日	国办发〔2022〕19号
16	国务院办公厅关于印发《“十四五”现代物流发展规划》的通知	2022年5月17日	国办发〔2022〕17号
17	国务院办公厅关于推动外贸保稳提质的意见	2022年5月17日	国办发〔2022〕18号
18	国务院办公厅关于印发《新污染物治理行动方案》的通知	2022年5月4日	国办发〔2022〕15号
19	国务院办公厅关于印发“十四五”国民健康规划的通知	2022年4月27日	国办发〔2022〕11号
20	国务院办公厅关于进一步释放消费潜力促进消费持续恢复的意见	2022年4月20日	国办发〔2022〕9号

（续）

序号	名称	发布日期	文号
21	国务院办公厅关于印发2022年政务公开工作要点的通知	2022年4月11日	国办发〔2022〕8号
22	国务院办公厅关于加快推进电子证照扩大应用领域和全国互通互认的意见	2022年1月20日	国办发〔2022〕3号
23	国务院办公厅转发国家发展改革委等部门《关于加快推进城镇环境基础设施建设指导意见》的通知	2022年1月12日	国办函〔2022〕7号
24	国务院办公厅关于全面实行行政许可事项清单管理的通知	2022年1月10日	国办发〔2022〕2号
25	国家知识产权局等17部门关于加快推动知识产权服务业高质量发展的意见	2022年12月27日	国知发运字〔2022〕47号
26	国家发展改革委等部门印发《关于以制造业为重点促进外资扩增量稳存量提质量的若干政策措施》的通知	2022年10月13日	发改外资〔2022〕1586号
27	关于印发《加快电力装备绿色低碳创新发展行动计划》的通知	2022年8月24日	工信部联重装〔2022〕105号
28	关于严格执行招标投标法规制度进一步规范招标投标主体行为的若干意见	2022年7月18日	发改法规规〔2022〕1117号
29	关于印发《2022年纠正医药购销领域和医疗服务中不正之风工作要点》的通知	2022年5月9日	国卫医函〔2022〕84号
30	关于进一步加大出口退税支持力度 促进外贸平稳发展的通知	2022年4月20日	税总货劳发〔2022〕36号
31	关于印发《支持国有企业办医疗机构高质量发展工作方案》的通知	2022年11月30日	国资发改革〔2022〕77号
32	关于支持退役军人创业创新的指导意见	2022年11月28日	退役军人部发〔2022〕77号
33	关于推动家政进社区的指导意见	2022年11月24日	发改社会〔2022〕1786号
34	关于进一步加强学科类隐形变异培训防范治理工作的意见	2022年11月21日	教监管厅函〔2022〕15号
35	关于印发《深入打好重污染天气消除、臭氧污染防治和柴油货车污染治理攻坚战行动方案》的通知	2022年11月10日	环大气〔2022〕68号
36	关于组织开展2022年度国家绿色数据中心推荐工作的通知	2022年11月3日	工信厅联节函〔2022〕299号
37	关于印发《进一步提高产品、工程和服务质量行动方案（2022—2025年）》的通知	2022年11月1日	国市监质发〔2022〕95号
38	关于印发《关于推动职能部门做好生态环境保护工作的意见》的通知	2022年10月27日	环督察〔2022〕58号
39	关于印发《关于扩大当前农业农村基础设施建设投资的工作方案》的通知	2022年9月30日	农计财发〔2022〕29号
40	关于实施职业教育现场工程师专项培养计划的通知	2022年9月15日	教职成厅〔2022〕2号
41	关于开展2022年全国“质量月”活动的通知	2022年8月19日	国市监质发〔2022〕76号
42	关于开展“全国个体工商户服务月”活动的通知	2022年8月18日	国市监注发〔2022〕75号
43	中国银保监会办公厅 商务部办公厅关于开展铁路运输单证金融服务试点更好支持跨境贸易发展的通知	2022年8月5日	银保监办发〔2022〕82号
44	关于印发《推进家居产业高质量发展行动方案》的通知	2022年8月1日	工信厅联消费〔2022〕20号

（续）

序号	名称	发布日期	文号
45	关于新时代推进品牌建设的指导意见	2022年7月29日	发改产业〔2022〕1183号
46	文化和旅游部办公厅 商务部办公厅关于开展新一批国家对外文化贸易基地申报工作的通知	2022年7月15日	办产业发〔2022〕124号
47	关于印发贯彻实施《国家标准化发展纲要》行动计划的通知	2022年7月6日	国市监标技发〔2022〕64号
48	关于印发《数字化助力消费品工业"三品"行动方案（2022—2025年）》的通知	2022年6月30日	工信部联消费〔2022〕79号
49	关于进一步加强家政劳务品牌建设的通知	2022年6月14日	人社厅函〔2022〕90号
50	关于推动轻工业高质量发展的指导意见	2022年6月8日	工信部联消费〔2022〕68号
51	关于印发《统筹新冠肺炎疫情防控和"菜篮子"产品保供稳价工作指南》的通知	2022年5月30日	农市发〔2022〕6号
52	关于加快贯通县乡村电子商务体系和快递物流配送体系有关工作的通知	2022年5月18日	商流通函〔2022〕143号
53	关于开展2022新能源汽车下乡活动的通知	2022年5月16日	工信厅联通装函〔2022〕107号
54	关于支持加快农产品供应链体系建设 进一步促进冷链物流发展的通知	2022年5月10日	财办建〔2022〕36号
55	关于印发《全国供应链创新与应用示范创建工作规范》的通知	2022年5月5日	商流通函〔2022〕123号
56	国家发展改革委 商务部 工业和信息化部关于加快推进废旧纺织品循环利用的实施意见	2022年3月31日	发改环资〔2022〕526号
57	关于支持实施县域商业建设行动的通知	2022年3月29日	财办建〔2022〕18号
58	关于推进共建"一带一路"绿色发展的意见	2022年3月16日	发改开放〔2022〕408号
59	印发《关于促进服务业领域困难行业恢复发展的若干政策》的通知	2022年2月18日	发改财金〔2022〕271号
60	国家发展改革委 商务部关于深圳建设中国特色社会主义先行示范区放宽市场准入若干特别措施的意见	2022年1月24日	发改体改〔2022〕135号
61	关于印发《促进绿色消费实施方案》的通知	2022年1月18日	发改就业〔2022〕107号
62	关于调整疫情期间口岸进、出境免税店经营和招标期限等规定的通知	2022年1月12日	财关税〔2022〕3号
63	关于做好台湾居民在服务贸易创新发展试点地区申请设立个体工商户工作的通知	2022年3月16日	国台发〔2022〕1号
64	交通运输部 公安部 商务部关于印发《城市绿色货运配送示范工程管理办法》的通知	2022年3月14日	交运发〔2022〕32号
65	国家发展改革委 商务部关于印发《市场准入负面清单（2022年版）》的通知	2022年3月12日	发改体改规〔2022〕397号
66	2021年度国家绿色数据中心名单	2022年3月10日	工业和信息化部公告2022年第7号
67	关于实施百万就业见习岗位募集计划的通知	2022年3月8日	人社部发〔2022〕11号

(续)

序 号	名 称	发布日期	文 号
68	关于开展2022年绿色建材下乡活动的通知	2022年3月3日	工信厅联原〔2022〕7号
69	关于印发《促进工业经济平稳增长的若干政策》的通知	2022年2月18日	发改产业〔2022〕273号
70	关于印发《加快推动工业资源综合利用实施方案》的通知	2022年1月27日	工信部联节〔2022〕9号
71	关于组织开展废旧物资循环利用体系示范城市建设的通知	2022年1月19日	发改办环资〔2022〕35号
72	关于加快废旧物资循环利用体系建设的指导意见	2022年1月17日	发改环资〔2022〕109号
73	关于印发《对外投资合作建设项目生态环境保护指南》的通知	2022年1月5日	环办环评〔2022〕2号

(卓 娜)

2022年北京市法规、规章目录（部分）

序号	名称	发布日期	文号
1	北京市知识产权保护条例	2022年3月31日	北京市人民代表大会常务委员会公告〔十五届〕第72号
2	中国（北京）自由贸易试验区条例	2022年3月31日	北京市人民代表大会常务委员会公告〔十五届〕第73号
3	北京市人民代表大会常务委员会关于促进国家服务业扩大开放综合示范区建设的决定	2022年5月25日	北京市人民代表大会常务委员会公告〔十五届〕第74号
4	北京市住房租赁条例	2022年5月25日	北京市人民代表大会常务委员会公告〔十五届〕第76号
5	北京市安全生产条例	2022年5月25日	北京市人民代表大会常务委员会公告〔十五届〕第77号
6	北京市国民经济和社会发展计划审查监督条例	2022年5月26日	北京市人民代表大会常务委员会公告〔十五届〕第78号
7	北京市优化营商环境条例	2022年8月29日	北京市人民代表大会常务委员会公告〔十五届〕第82号
8	北京市公共文化服务保障条例	2022年9月23日	北京市人民代表大会常务委员会公告〔十五届〕第84号
9	北京市人民代表大会常务委员会议事规则	2022年11月25日	北京市人民代表大会常务委员会公告〔十五届〕第85号
10	北京市城市更新条例	2022年11月25日	北京市人民代表大会常务委员会公告〔十五届〕第88号
11	北京市数字经济促进条例	2022年11月25日	北京市人民代表大会常务委员会公告〔十五届〕第89号
12	北京市节水条例	2022年11月25日	北京市人民代表大会常务委员会公告〔十五届〕第90号
13	北京市实施《中华人民共和国水法》办法	2022年11月25日	根据2022年11月25日北京市第十五届人民代表大会常务委员会第四十五次会议通过的《关于修改〈北京市实施中华人民共和国水法办法〉的决定》修正
14	北京市教育督导规定	2022年1月24日	北京市人民政府令第303号
15	北京市人民政府关于废止《北京市盐业管理若干规定》等4项政府规章的决定	2022年6月19日	北京市人民政府令第304号
16	北京市标准化办法	2022年7月11日	北京市人民政府令第305号

（续）

序　号	名　　称	发布日期	文　　号
17	北京市建筑工程施工许可办法	2022 年 9 月 6 日	根据 2022 年 9 月 6 日北京市人民政府第 306 号令第三次修改
18	北京市王府井步行街地区管理规定	2022 年 9 月 6 日	根据 2022 年 9 月 6 日北京市人民政府第 306 号令第二次修改
19	北京市地震预警管理办法	2022 年 12 月 19 日	北京市人民政府令第 307 号

（卓　娜）

2022年商务局规范性文件目录

序　号	名　　称	发布日期	文　号
1	北京市商务局　北京市邮政管理局关于印发《申报北京市末端共同配送创新试点点位》的通知	2021月12月16日	京商电商字〔2021〕18号
2	北京市商务局关于印发《对外劳务合作经营资格核准事项告知承诺实施意见（修订）》的通知	2022年1月17日	京商经字〔2022〕1号
3	北京市商务局关于鼓励开展2022年网络促消费活动培育壮大网络消费市场的通知	2022年1月26日	京商电商字〔2022〕1号
4	北京市商务局印发《关于进一步推进跨境电子商务创新发展的若干措施》的通知	2022年1月26日	京商函字〔2022〕82号
5	北京市商务局关于鼓励企业创新开展“2022北京消费季”促消费活动的通知	2022年1月27日	京商消促字〔2022〕7号
6	北京市商务局　北京市财政局　北京海关　北京市税务局关于做好外资研发中心采购进口设备免税资格审核有关工作的通知	2022年2月14日	京商资字〔2022〕2号
7	北京市商务局关于公开征集2022年度促进绿色节能消费政策参与企业的公告	2022年2月25日	京商消促字〔2022〕12号
8	北京市商务局等10部门关于印发《促进首店首发经济高质量发展若干措施》的通知	2022年3月10日	京商消促字〔2022〕14号
9	北京市商务局关于发布2022年鼓励首店首发项目征集指南的通知	2022年3月10日	京商消促字〔2022〕15号
10	北京市商务局关于印发《技术进出口合同登记、变更—变更总价类（进口）和技术进出口合同登记、变更—变更总价类（出口）两事项告知承诺实施意见（试行）》的通知	2022年3月31日	京商服贸字〔2022〕8号
11	北京市商务局关于实施促进绿色节能消费政策的通知	2022年4月12日	京商消促字〔2022〕24号
12	北京市商务局关于调整洗染业经营者备案有关工作的公告	2022年4月20日	京商生活字〔2022〕19号
13	北京市商务局关于印发《把握RCEP机遇　助推“两区”高水平发展行动方案》的通知	2022年5月11日	京商函字〔2022〕379号
14	北京市商务局关于实施促进绿色节能消费政策的补充通知	2022年6月2日	京商消促字〔2022〕29号
15	北京市商务局关于申报2022年度商业流通发展项目的通知	2022年6月6日	京商财务字〔2022〕10号
16	北京市商务局等7部门印发《北京市关于鼓励汽车更新换代消费的方案》的通知	2022年6月26日	京商流通字〔2022〕14号
17	北京市商务局印发《关于跨国公司地区总部认定事项告知承诺制度的实施意见（修订）》的通知	2022年6月28日	京商总部字〔2022〕8号

（续）

序　号	名　　称	发布日期	文　号
18	北京市商务局等7部门关于印发《北京市促进离岸贸易创新发展的若干措施》的通知	2022年6月29日	京商运指字〔2022〕1号
19	北京市商务局等12部门关于印发《加快建设一刻钟便民生活圈　促进生活服务业转型升级的若干措施》的通知	2022年7月5日	京商生活字〔2022〕37号
20	北京市商务局关于印发《中国（北京）自由贸易试验区投资自由便利专项提升方案》的通知	2022年7月11日	京商资发字〔2022〕6号
21	北京市商务局关于开展2022年度外经贸发展专项资金（进口贴息事项）申报工作的通知	2022年7月13日	京商外运字〔2022〕32号
22	北京市商务局等11部门印发《关于加快二手车流通　促进汽车消费升级的若干措施》的通知	2022年7月15日	京商流通字〔2022〕15号
23	北京市商务局　北京市财政局关于印发《北京市外经贸发展资金管理实施细则》的通知	2022年7月27日	京商财务字〔2022〕16号
24	北京市商务局　北京市财政局关于印发《北京市外经贸发展资金促进服务贸易创新发展实施方案》的通知	2022年7月27日	京商财务字〔2022〕17号
25	北京市商务局　北京市财政局关于印发《北京市外经贸发展资金优化服务进出口结构实施方案》的通知	2022年7月27日	京商财务字〔2022〕18号
26	北京市商务局　北京市财政局关于印发《北京市外经贸发展资金支持北京市跨境电子商务发展实施方案》的通知	2022年7月27日	京商财务字〔2022〕19号
27	北京市商务局　北京市财政局关于印发《北京市外经贸发展资金支持北京市外贸企业提升国际化经营能力实施方案》的通知	2022年7月27日	京商财务字〔2022〕20号
28	北京市商务局　北京市财政局关于印发《北京市外经贸发展资金支持北京市对外投资合作实施方案》的通知	2022年7月27日	京商财务字〔2022〕22号
29	北京市商务局关于调整促进绿色节能消费政策适用商品范围的通知	2022年8月5日	京商消促字〔2022〕47号
30	北京市商务局关于给予2022年度本市大型商场疫情期间补贴资金的通知	2022年8月9日	京商规字〔2022〕6号
31	北京市商务局关于申报2022年农村便民商业网点改造提升项目的通知	2022年8月12日	京商生活字〔2022〕48号
32	北京市商务局关于申报2022年外经贸发展资金项目的通知	2022年8月19日	京商财务字〔2022〕26号
33	北京市商务局印发《关于加快引导时尚类零售企业在京发展的指导意见（2022—2025年）》的通知	2022年8月30日	京商消促字〔2022〕32号
34	北京市商务局关于鼓励企业创新开展“2022北京消费季”促消费活动的补充通知	2022年9月1日	京商消促字〔2022〕51号
35	北京市商务局关于公布行政规范性文件清理结果的通知	2022年9月28日	京商法贸字〔2022〕40号
36	北京市商务局关于对二手车转出企业实施奖励的通知	2022年10月28日	京商流通字〔2022〕22号

（续）

序　号	名　　称	发布日期	文　号
37	北京市商务局　北京市财政局关于印发《外经贸发展专项资金支持北京市参加第五届中国国际进口博览会征集通知》的通知	2022年11月8日	京商会展字〔2022〕15号
38	北京市商务局关于2022年度延长促进绿色节能消费政策的补充通知	2022年11月18日	京商消促字〔2022〕62号
39	北京市商务局等4部门关于印发《“两区”建设国际收支便利化全环节改革工作方案》的通知	2022年11月21日	京商运指字〔2022〕3号

（韩思超）

中国（北京）自由贸易试验区条例

北京市人民代表大会常务委员会公告

〔十五届〕第73号

《中国（北京）自由贸易试验区条例》已由北京市第十五届人民代表大会常务委员会第三十八次会议于2022年3月31日通过，现予公布，自2022年5月1日起施行。

北京市第十五届人民代表大会常务委员会

2022年3月31日

中国（北京）自由贸易试验区条例

(2022年3月31日北京市第十五届人民代表大会常务委员会第三十八次会议通过)

目 录

第一章 总则
第二章 管理体制
第三章 投资开放与贸易便利
第四章 科技创新
第五章 数字经济发展
第六章 金融服务
第七章 优势产业开放
第八章 京津冀协同发展
第九章 管理创新
第十章 人才保障
第十一章 附则

第一章 总则

第一条 为了高标准、高质量建设中国（北京）自由贸易试验区，促进首都经济高质量发展，根据国务院批准的《中国（北京）自由贸易试验区总体方案》和有关法律、行政法规的规定，结合本市实际，制定本条例。

第二条 中国（北京）自由贸易试验区（以下简称自贸试验区）建设和管理活动适用本条例。

第三条 自贸试验区应当以制度创新为核心，以可复制可推广为基本要求，以安全可控为前提，落实创新驱动发展、京津冀协同发展等战略要求，围绕“四个中心”城市战略定位，立足提升“四个服务”水平，助力国际科技创新中心、国家服务业扩大开放综合示范区建设和数字经济发展，着力构建京津冀协同发展的高水平对外开放平台。

自贸试验区应当对标国际先进规则，深化高水平开放，统筹发展和安全，建设投资贸易便利、营商环境优异、创新生态一流、高端产业集聚、金融服务完善、国际经济交往活跃、监管安全高效、辐射带动作用突出的自由贸易园区。

第四条 自贸试验区包括科技创新片区、国际商务服务片区、高端产业片区。

科技创新片区重点发展新一代信息技术、生物与健康、科技服务等产业，打造数字经济试验区、全球创业投资中心、科技体制改革先行示范区；国际商务服务片区重点发展数字贸易、文化贸易、商务会展、医疗健康、国际寄递物流、跨境金融等产业，打造临空经济创新引领示范区；高端产业片区重点发展商务服务、国际金融、文化创意、生物技术和大健康等产业，建设科技成果转换承载地、战略性新兴产业集聚区和国际高端功能机构集聚区。

科技创新片区、国际商务服务片区、高端产业片区（以下简称片区）应当根据自贸试验区发展定位和目标，错位发展，优势互补，加强协作，相互促进。

第五条 鼓励自贸试验区先行先试和制度创新，充分激发各类市场主体活力。

本市建立健全自贸试验区制度创新容错机制。对制度创新未能实现预期目标，但符合改革方向和有关决策程序的，依照国家和本市有关规定免予追究责任或者从轻、减轻追究责任。

第六条 自贸试验区各项制度创新措施具备条件的，应当推动在中关村国家自主创新示范区和国家服务业扩大开放综合示范区建设中全面实施。

第二章 管理体制

第七条 本市设立自贸试验区工作领导小组，统筹协调、整体推进自贸试验区建设发展；自贸试验区工作领导小组办公室负责领导小组的相关工作。

片区所在的区设立自贸试验区工作领导小组及办公室，负责本区自贸试验区建设发展的具体工作。

第八条 片区所在的区应当明确区域管理机构，承担自贸试验区建设、管理和服务等具体事务。片区所在的区经市人民政府批准，可以设立不以营利为目的、实行企业化管理的法定机构，履行区域管理机构职责。

第九条 市、区人民政府及其有关部门依法履行行政管理和公共服务职能，支持自贸试验区建设。

市人民政府及其有关部门应当按照简政放权、高效便捷的原则，向片区所在区人民政府及其有关部门或者区域管理机构下放行政管理权限和公共服务职能。

片区所在区人民政府、区域管理机构或者法定机构应当及时制定和修订行政管理权限和公共服务职能清单，并向社会公布。

第十条 市级有关部门应当按照各自职责推动实施本行业、本领域的制度创新和改革试点，争取国家授权，做好自贸试验区建设发展工作。

自贸试验区应当加强与海关、边检、金融管理、税务等国家有关部门驻京机构的合作协调，提出相关领域改革创新举措，在自贸试验区先行先试。

第十一条 本市设立自贸试验区新型研究机构，承担政策创新、国际合作、学术交流、成效评估等方面工作。

新型研究机构在组织架构、运行管理等方面进行创新，面向全球选聘专兼职研究人员和相关人员，创建国际高端智库。

第三章 投资开放与贸易便利

第十二条 自贸试验区依法实行外商投资准入前国民待遇加负面清单管理制度；负面清

单以外的领域，按照内外资一致的原则实施管理；外商投资企业依法平等适用国家支持企业发展的各项政策。国家对外商投资项目和外商投资企业管理另有规定的，从其规定。

第十三条　自贸试验区制定投资促进政策，创新招商引资方式和激励机制，完善项目调度和跟踪服务机制，建立新增市场主体、产业项目区域联动和利益共享机制，统筹招商引资工作。

自贸试验区建立投诉工作机制，畅通投诉渠道，及时受理和处理投诉，保护市场主体合法权益。

第十四条　支持符合首都城市战略定位的市场主体在自贸试验区设立地区总部、研发总部等多种形态总部，并开展实体化运行。

第十五条　本市推动自贸试验区境外投资综合服务和风险防控体系建设，完善企业境外投资综合服务平台，优化境外投资管理流程，整合信息和服务资源，提高市场主体境外投资便利化水平；加强境外投资风险预警和应急处置工作，提高防范和化解境外投资风险水平。

第十六条　自贸试验区实行国际贸易单一窗口服务模式，拓展业务服务功能，实现口岸管理相关部门之间信息共享、监管互认、执法互助。

第十七条　按照通关便利、高效安全的原则，优化自贸试验区通关程序，压缩通关时间，降低通关成本，提高通关效率；对标国际贸易通行规则，建立与国际贸易业务发展相适应的监管模式。

本市推进自贸试验区企业信用信息系统建设，根据企业信用评价和商品安全风险评估情况，按照国家规定实施通关便利措施。

第十八条　支持自贸试验区发展跨境电子商务，探索跨境电子商务新模式；推动发展离岸贸易，创新离岸贸易业务；探索新型易货贸易方式，促进国际贸易新业态、新模式发展；发展绿色贸易，推动国际贸易与生态环境协调发展。

第十九条　自贸试验区按照国家规定实行跨境服务贸易负面清单制度。支持自贸试验区优化服务贸易行业结构，建设特色服务出口基地；推动服务外包转型升级，鼓励研发、设计、维修、咨询等领域服务外包发展；提高中国国际服务贸易交易会市场化、国际化程度，构建国际服务贸易主平台，促进服务贸易创新发展。

第二十条　自贸试验区内的综合保税区应当创新发展保税研发、保税展示、保税维修等保税服务，培育特色产业，强化综合保税区主导功能，推进服务贸易新业态发展。支持具备条件、确有需求的区域申报综合保税区。

第四章　科技创新

第二十一条　自贸试验区应当面向国际科技创新前沿，聚集国际高端科技要素资源，营造国际一流的科技创新生态，搭建高端开放科技创新平台，服务国际科技创新中心建设。

第二十二条　支持自贸试验区发展众创空间、创业基地，促进科技企业孵化器专业化、市场化、国际化发展；鼓励科技领军企业在自贸试验区发展，设立研发中心；发挥政策优势，吸引国际知名研发机构、科技服务机构落地；支持建设国家实验室、全国重点实验室、世界一流新型研发机构，形成科技创新资源聚集效应。

第二十三条　支持自贸试验区内企业、高等院校和科研院所拓展国际交流，培育具有国际影响力的高水平学术活动；鼓励对接国际大科学计划项目，推动重大科技基础设施向全球开放共享。

第二十四条 支持自贸试验区内企业、高等院校和科研院所设立科技成果转化平台，提供研发试制、测试检验、中试熟化、产业开发、供需对接等服务，促进科技成果转化。

第二十五条 本市平等保护自贸试验区各类市场主体知识产权，指导市场主体建立健全商业秘密保护机制，探索互联网、大数据、人工智能等领域的知识产权保护措施；支持设立知识产权保护机构，建立快速审查、快速确权、快速维权的保护机制；建立健全海外知识产权维权和风险预警机制。

第二十六条 推进知识产权交易中心建设，健全交易服务体系，完善交易规则，培育高水平的知识产权评估机构等专业服务机构，建立公允的知识产权价值评估机制，鼓励外国专利代理机构等境外知识产权服务机构设立常驻代表机构，为自贸试验区内市场主体提供服务。

自贸试验区创新知识产权金融服务机制，完善知识产权质押融资风险分担和补偿机制。在风险可控的前提下，支持金融机构扩大知识产权质押融资规模，扩展知识产权保险业务，推进知识产权证券化。

第二十七条 支持人民法院在自贸试验区加强知识产权审判机制创新，强化知识产权审判职能。

第五章　数字经济发展

第二十八条 本市加强自贸试验区新一代信息基础设施建设，探索构建安全可控的国际互联网数据专用通道，优化通信服务能力，为区内市场主体提供优质服务。

第二十九条 自贸试验区支持数据资源与产业发展深度融合，推动数字产业化和产业数字化，构建具有国际竞争力的数字产业集群。

第三十条 本市在自贸试验区探索制定信息技术安全、数据隐私保护、跨境数据流动管理等重点领域规则，建立市场主体数据保护能力的第三方认证机制，健全安全评估，完善监测管理，分级分类推动数据安全有序流动。

第三十一条 本市在自贸试验区推进建立数据确权、数据资产、数据服务等交易标准，以及数据交易流通的定价、结算、质量认证等服务体系，规范交易行为。高标准建设国际大数据交易所，建立健全数据交易规则、技术实现路径和商业模式，提供面向全球的数据价值发现、数据资产交易服务。

第三十二条 支持自贸试验区对标国际先进水平，推动数字贸易规则、标准体系和统计调查制度建设，加强区块链等数字技术的应用，发展数字贸易新业态新场景。

自贸试验区建设贸易数字化示范区等数字贸易园区，推动数字贸易企业集聚，促进数字贸易发展。

第三十三条 自贸试验区在风险可控的前提下，开展数字领域的国际合作，促进数据跨境传输、数字产品安全检测与认证、数据服务市场安全有序开放等领域互惠互利、合作共赢，推动数字贸易港建设。

第六章　金融服务

第三十四条 本市完善自贸试验区金融基础设施布局，加强金融服务平台建设和运营；支持金融机构在自贸试验区拓展业务，创新金融产品和服务；吸引外资金融机构在自贸试验区依法设立或者参股商业银行、证券、基金、期货、保险等机构；促进国际金融组织聚集发展。

第三十五条　支持金融机构在自贸试验区内设立服务科技创新企业的专营机构，创新金融产品和工具；引导保险资金支持科技创新企业发展，设立社会化长期资本基金，服务科技创新企业需求。

第三十六条　推动自贸试验区发展绿色金融，支持自愿减排交易机构建设，开展绿色信贷资产证券化、绿色债券、绿色股权投融资业务，构建绿色金融服务体系；支持绿色金融评级机构发展，参与制定和应用国际领先的绿色金融标准。

第三十七条　支持自贸试验区金融科技应用场景试验区建设，促进金融科技项目落地；支持法定数字货币试验区建设；鼓励金融机构和大型科技企业依法设立金融科技公司，创新金融科技业务。

第三十八条　在自贸试验区实施便利的外汇管理措施，便利跨境资金流动；推动扩大跨国公司本外币一体化资金池试点范围；发挥人民币国际投贷基金作用，开展人民币境外直接投资等业务。

第三十九条　鼓励自贸试验区内金融机构稳妥有序发展离岸金融，丰富离岸金融业务，创新离岸金融产品。

第四十条　鼓励自贸试验区内金融机构开展多元化全球资产配置，建设全球财富管理中心；支持金融机构在自贸试验区设立专业的财富管理机构；支持符合条件的外商投资企业作为私募基金管理人，开展股权投资和资产管理业务。

第四十一条　自贸试验区吸引再保险机构聚集，发展再保险业务，便利再保险交易，拓展国际再保险市场。

第四十二条　本市在自贸试验区建立健全金融风险监测和预警机制，强化反洗钱、反恐怖融资和反逃税工作，利用信息技术创新风险研判和风险防控手段，建立金融风险联防联控体系，提升金融风险防控能力。

第七章　优势产业开放

第四十三条　自贸试验区发展医疗健康、专业服务、教育服务、文化旅游、航空服务等优势产业，形成现代服务产业集聚的开放平台。

第四十四条　鼓励自贸试验区开展干细胞、人工智能医疗器械等临床前沿医疗技术研究；优化研发用试剂、材料、设备、无特定病原体级和无菌级实验动物，以及急需药品、医疗器械等的通关和审批流程；优化医药研发用小剂量特殊化学制剂的管理，支持建立备货仓库；开展去中心化临床试验试点，推进医疗健康数据共建共享；规范建设国际研究型医院、病房，促进医药研发成果孵化；开展跨境远程医疗，促进互联网医疗发展。

第四十五条　支持在自贸试验区设立咨询、仲裁、调解、人力资源、资产评估等专业服务机构，建立跨领域多资质的综合专业服务机制，在符合条件的区域建设专业服务综合示范区。

境外知名仲裁及争议解决机构按照有关规定登记备案后，可以在自贸试验区内设立业务机构。

第四十六条　支持自贸试验区引进国外优质教育资源，开展高水平合作办学，推进职业教育国际合作示范项目；允许外商投资单独设立以中国公民为主要招生对象的经营性职业技能培训机构；允许外国留学生依法在自贸试验区内勤工助学。

第四十七条　支持自贸试验区创新文化业态，推动网络视听、网络游戏、数字音乐、电子竞技等业态健康发展；支持建设国家文化出口基地，促进文化信息、创意设计、游戏和动漫版权、数字影视等领域文化贸易；创新文化艺术品和文物进口保税贸易发展模式，完善出区免担保模式，实施便利化管理；支持举办国际文化、旅游交流活动，推进文化国际交流。

第四十八条 自贸试验区发展航空维修、航材租赁等航空服务产业，优化航材保税监管模式，对飞机维修企业航空器材包修转包修理业务实施便利化措施，对飞机跨境租赁业务实施异地监管模式；支持自贸试验区内市场主体开展与国际标准相衔接的航材共享和航材维修业务，发展飞机融资租赁、货运飞机保税租赁业务。

第八章 京津冀协同发展

第四十九条 自贸试验区应当落实京津冀协同发展战略，与天津自贸试验区、河北自贸试验区建立合作机制，联合开展制度创新，推进制度创新成果共享互用。

第五十条 自贸试验区开展京津冀跨区域产业合作，推动建立总部与产业基地、园区共建、整体搬迁等多元化产业对接合作模式，深化产业链协同发展。

第五十一条 支持自贸试验区开展京津冀技术市场融通合作；便利人才跨区域自由流动；推动金融、物流等数据信息共享共用；健全联合授信机制，完善一体化征信体系。

第五十二条 自贸试验区应当与天津自贸试验区、河北自贸试验区共同参与“一带一路”建设，依照稳妥有序的原则，共建、共享境内外合作园区。

第五十三条 自贸试验区与天津自贸试验区、河北自贸试验区开展政务服务合作，促进政务服务数据共享，推动同一政务服务事项采用相同的服务标准，实现政务服务事项标准互认、结果互认、跨区域通办。

第五十四条 支持北京大兴国际机场临空经济区内的北京自贸试验区片区与河北自贸试验区片区联动发展。河北自贸试验区大兴机场片区大兴区域可以参照本条例执行；对属于国家事权的事项，应当报请国家有关部门同意。

第九章 管理创新

第五十五条 本市争取国家授权和改革试点，在自贸试验区对已经制定强制性标准的领域，推行行政许可事项告知承诺制、审批改为备案等方式。

第五十六条 支持自贸试验区开展企业投资项目审批改革，对建设项目的环境、水、交通影响等事项进行区域评估，建立工业及服务业标准地供地制度，扩大行政许可事项告知承诺范围。

第五十七条 自贸试验区在符合国土空间规划和土地用途管制要求的前提下，可以实施综合用地模式，实现一宗地块具有多种土地用途，同一单体建筑多种使用功能并存；试行产业链供地，对产业链关键环节、核心项目整体供应土地。

第五十八条 市、区人民政府按照自贸试验区发展实际，统筹运用基金和资金，对符合条件的项目给予支持；推动政府投资基金和市场化产业投资基金协调联动，支持重点产业项目发展。

市人民政府对需要通过政府债券资金支持、符合债务管理要求的自贸试验区基础设施和公益项目，优先纳入发债计划予以保障。

第五十九条 自贸试验区按照国家规定，落实投资贸易、科技创新、人才引进等领域的税收优惠政策。

第六十条　本市建立健全自贸试验区统计调查制度，及时统计相关数据，分析自贸试验区经济运行状况。

第六十一条　完善自贸试验区公证、调解、仲裁、行政裁决、行政复议、诉讼等有机衔接、相互协调的多元化纠纷解决机制，支持国际商事争端预防与解决组织为自贸试验区内市场主体提供商事法律服务。

第六十二条　本市推动自贸试验区开放型经济风险防范体系建设，对投资、贸易、网络、生物安全、生态环境、文化安全、人员进出、反恐反分裂、公共道德等领域，落实外商投资安全审查制度，完善反垄断审查、行业管理、用户认证、行为审计等管理措施。

第十章　人才保障

第六十三条　本市建立健全自贸试验区人才发展的体制机制，创新人才引进政策，支持自贸试验区内市场主体、高等学校、科研机构面向全球吸引人才，为高层次人才、创新创业人才购买和租赁住房、医疗保障、出入境等提供便利；赋予区域管理机构区级人才落户推荐权；赋予综合保税区管理机构工作居住证办理权。

第六十四条　设立自贸试验区一站式人才服务窗口和服务站点，优化外国人工作许可、工作居留许可审批流程，健全容缺受理机制；完善网上办事系统，推进审批事项在线办理。

第六十五条　自贸试验区内市场主体可以扩大劳务派遣员工使用范围，根据用工需求，通过劳务派遣方式引进研发岗位临时性人员，增强用工灵活性。

第六十六条　自贸试验区搭建人才创新创业服务平台，举办创新创业交流论坛、峰会等活动，鼓励各类人才在自贸试验区就业、创业。

第六十七条　本市建立健全过往资历认可机制，支持符合条件的具有境外职业资格的专业人才在自贸试验区从事专业服务。

第十一章　附则

第六十八条　本条例自2022年5月1日起施行。

北京市人民代表大会常务委员会关于促进国家服务业扩大开放综合示范区建设的决定

北京市人民代表大会常务委员会公告

〔十五届〕第74号

《北京市人民代表大会常务委员会关于促进国家服务业扩大开放综合示范区建设的决定》已由北京市第十五届人民代表大会常务委员会第三十九次会议于2022年5月25日通过，现予公布，自公布之日起施行。

北京市第十五届人民代表大会常务委员会

2022年5月25日

关于促进国家服务业扩大开放综合示范区建设的决定

建设国家服务业扩大开放综合示范区（以下简称综合示范区），是党中央、国务院着眼于构建新发展格局和建设迈向中华民族伟大复兴的社会主义大国首都作出的重大战略决策，充分体现了以习近平同志为核心的党中央对北京工作的高度重视和亲切关怀。为了贯彻落实习近平总书记重要讲话及国务院对本市服务业扩大开放系列批复精神，推进综合示范区建设，促进服务业高质量发展和全方位对外开放，结合本市实际情况，北京市人民代表大会常务委员会作出如下决定：

一、综合示范区建设应当以习近平新时代中国特色社会主义思想为指导，深入贯彻习近平总书记对北京一系列重要讲话精神，完整、准确、全面贯彻新发展理念，服务和融入以国内大循环为主体、国内国际双循环相互促进的新发展格局；立足首都城市战略定位，开展国际高水平自由贸易协定规则对接先行先试，推动由商品和要素流动型开放向规则等制度型开放转变，为服务业高质量发展营造良好制度环境，为推动全方位对外开放作出更大贡献。

二、综合示范区建设应当落实国务院系列批复确定的发展目标，市场化、法治化、国际化营商环境进一步优化，产业竞争力显著增强，风险防控有力有效，更好服务全国服务业扩大开放，率先建成与国际高标准经贸规则相衔接的服务业开放体系，服务业经济规模和国际竞争力进入世界前列。

三、市综合示范区工作领导小组统筹协调、整体推进综合示范区建设，领导小组办公室负责领导小组的相关工作；区综合示范区工作领导小组及办公室负责本区综合示范区建设的具体工作。各重点园区管理机构承担综合示范区建设相关具体事务；有条件的重点园区经市人民政府批准，可以设立不以营利为目的、实行企业化管理的法定机构，履行园区管理机构职责。

四、综合示范区建设应当聚焦科技服务、数字经济、数字贸易、金融服务、互联网信息服务、商贸服务、文旅体育服务、教育服务、健康医疗服务、专业服务、航空服务等服务业重点行业领域，探索服务业扩大开放的新业态、新模式、新路径，稳妥有序推进服务业“引进来”“走出去”，进一步深化改革、扩大开放。

五、综合示范区建设应当聚焦重点园区，在园区更新、管理体制、运营服务、制度政策供给等方面开展体制机制创新；突出各园区特色和产业优势，引进和培育符合园区定位的优质项目，推动重点园区特色化、差异化发展，形成错位发展、协同联动发展格局。建立健全重点园区市、区统筹协调机制，探索重点园区考核评价机制，对重点园区进行动态调整。加大重点园区人才引进落户支持力度。

六、综合示范区建设应当合理配置和高效利用要素资源，充分释放资金、数据、技术、土地、人才等要素的市场活力。推进资金跨境流动便利。支持北京证券交易所发展。探索数据要素化和要素市场化改革，规范数据跨境安全有序流动。促进技术成果转化，强化知识产权价值实现。保障重大项目合理用地需求。推动国际人才服务保障全环节改革。

七、综合示范区建设应当与国际科技创新中心建设、数字经济标杆城市建设、供给侧结构性改革、京津冀协同发展等协调联动；利用中国国际服务贸易交易会、中关村论坛、金融街论坛等开放交流平台，扩大综合示范区政策集成效应；与自由贸易试验区协调联动，自由贸易试验区服务业开放政策具备条件的，推动在综合示范区全面实施。有序复制、推广各自由贸易试验区成熟经验；加强与其他服务业扩大开放综合试点省市的交流合作，拓展现有成果，打造交流合作新亮点，服务国家开放发展大局。

八、综合示范区建设应当建立健全更加开放透明、规范高效的市场主体准入和退出机制，持续提升投资便利度和跨境贸易便利化水平，优化外商投资服务管理，维护公平竞争秩序；优化事前事中事后全流程监管，对新产业、新业态实行科学有效监管，优化经常性涉企服务，依法保护各类市场主体合法权益，打造与首都城市战略定位相匹配的国际一流营商环境。

九、综合示范区建设应当加强投资促进工作，建立以区为主体、市区协同的投资促进工作机制，统筹招商引资资源，创新招商引资模式，完善招商引资项目库，强化重大项目服务，健全重大项目的协调调度、服务管家、政企对接、督查评价等工作机制，保障项目顺利落地，营造稳定、公平、透明、可预期的投资环境。

十、市、区人民政府及其有关部门应当依照国务院系列批复做好综合示范区建设的组织实施工作，立足发展目标，强化协调配合，分阶段、分领域、分区域推进各项措施落实落地；建立常态化政策发布机制，搭建政策解读和宣传平台；建立常态化沟通机制，搭建与企事业单位、社会团体交流平台；对标国际高标准经贸规则，探索制度创新和实践，强化系统化、集成化制度创新。

十一、市人民政府有关部门、各区人民政府应当及时总结提炼综合示范区建设改革经验，形成创新实践案例；市级有关部门应当加强与海关、边检、金融管理、税务等国家有关部门驻京机构的沟通协调，及时提出相关领域改革创新举措，积极争取国家授权，在综合示范区建设中先行先试。

十二、市、区人民政府及其有关部门应当牢固树立总体国家安全观，强化底线思维和风险意识，加强安全评估和风险防控，落实安全审查制度，有效防范、化解、处置各类风险，为综合示范区建设提供安全保障。

十三、本市建立综合示范区建设成效评价体系，定期对市级有关部门、各区人民政府综合示范区建设成效进行评价。

十四、市人民政府应当及时研究综合示范区建设遇到的新情况、新问题，不断调整优化管理措施，重大事项按照国务院对本市服务业扩大开放相关批复的要求请示报告；需要在特定区域暂时调整或者停止适用本市地方性法规部分规定的，可以提请市人大常委会作出决定；需要先行制定相关管理措施的，按照规定程序办理。

十五、综合示范区建设应当发挥人民法院的审判职能作用，发挥北京知识产权法院、北京金融法院、北京互联网法院，以及北京国际商事法庭、北京破产法庭、重点园区巡回审判庭等审判资源优势，营造良好的司法环境；完善反垄断和反不正当竞争的行政执法和司法衔接机制，营造良好的公平竞争环境；建立健全涉外商事案件专业调解前置机制，推动一站式多元解纷中心建设，实现调解、仲裁、涉外诉讼、执行等有机衔接；支持国内外商事仲裁机构、国际商事调解组织发展，打造国际商事纠纷解决优选地，构建多元、高效、便捷的国际商事纠纷解决体系。

十六、号召本市企事业单位、社会团体和全体市民关心、支持综合示范区建设，积极建言献策，发挥各自优势，参与综合示范区建设工作；大力传承和弘扬北京冬奥精神，切实把成功办奥形成的宝贵物质和精神财富转化为综合示范区建设的强大动力。

本决定自公布之日起施行。

北京市商务局　北京市邮政管理局关于印发《申报北京市末端共同配送创新试点点位》的通知

京商电商字〔2021〕18号

各区商务局，市邮政管理局各派出机构，各相关企业：

现将《关于申报北京市末端共同配送创新试点点位的通知》印发给你们，请结合实际认真贯彻执行。

特此通知。

北京市商务局

北京市邮政管理局

2021年12月16日

（联系人：市商务局　林朴馨；联系电话：55579762）

关于申报北京市末端共同配送创新试点点位的通知

为贯彻落实《国务院办公厅关于推进电子商务与快递物流协同发展的意见》（国办发〔2018〕1号）和《北京市关于开展末端配送创新试点进一步加强快递末端用车、外卖用车管理工作方案》（京商电商字〔2019〕21号）等相关文件精神，规范本市末端共同配送创新试点的认定工作，继续培育一批运营能力强、成效好、具有示范效应的末端共同配送创新试点，特发布此通知。

一、指导思想

深入贯彻落实习近平新时代中国特色社会主义思想和党的十九大精神，按照市委、市政府鼓励探索末端配送新模式的工作要求，立足首都城市战略定位，发展适合首都城市环境和市场需求的末端配送"北京模式"，构建集约高效的末端配送服务体系，提升城市精细化管理水平。

二、工作目标

2021年，在本市范围内再选取一批资源条件好、基础配套完善、配送频次高的社区、院校或商业服务业设施，鼓励企业通过开发使用通用收发派件系统，设立末端共同配送综合服务中心、智能自提柜等末端配送服务设施，开展末端共同配送新模式试点建设，进一步提升末端配送效率和服务水平。

三、申报与认定条件

（一）申报成为北京市末端共同配送创新试点的点位应符合以下条件：

1. 末端共同配送创新试点的运营主体具有快递业务经营资质；

2. 末端共同配送创新试点以社区、院校或综合商圈等场所为主要服务对象；

3. 末端共同配送创新试点应接收至少3个品牌以上的快递，且日均快递业务处理总量在

500件以上；

4. 末端共同配送创新试点的运营主体与末端业务承办合作方应已签订正式的委托服务合同。

（二）有下列情况之一的，不得认定为北京市末端共同配送创新试点点位：

1. 申报材料经查证不实或无效的；

2. 在申报和认定工作中存在其他违法违规行为。

四、申报与认定流程

（一）申报单位按照通知要求向市商务局和市邮政管理局提出申请，提交申请材料截至2021年12月20日。鼓励本市各区商务局和市邮政管理局各派出机构推荐。

（二）申报北京市末端共同配送创新试点应提交下列申请材料并加盖公章：

1. 北京市末端共同配送创新试点申请书（内容包括：试点点位基本情况介绍、可行性和必要性、试点效果等情况）；

2. 末端共同配送创新试点的运营主体快递业务经营资质材料（快递企业快递业务经营许可证、快递末端网点备案回执复印件等）；

3. 末端共同配送创新试点的运营主体与末端业务承办合作方委托服务合同或合作协议的复印件；

4. 末端共同配送创新试点情况表；

5. 末端共同配送创新试点点位成效表。

（三）市商务局、市邮政管理局成立专门评审小组对申报单位进行评审，并对提出申请的点位实地调查，从快递业务量、覆盖用户范围、运营团队、试点成效等方面进行综合评价，择优产生拟认定单位。

（四）市商务局、市邮政管理局根据评审小组评审结果进行审议，审议通过的试点点位在市商务局官方网站上公示7天，没有异议的，确认为最终认定结果。

北京市商务局关于印发《对外劳务合作经营资格核准事项告知承诺实施意见（修订）》的通知

京商经字〔2022〕1号

各相关单位：

按照北京市人民政府行政审批制度改革办公室关于印发《北京市关于深化“证照分离”改革进一步激发市场主体发展活力的工作方案》的通知和商务部关于印发《深化“证照分离”改革进一步激发市场主体发展活力工作实施方案》的通知精神，市商务局对《对外劳务合作经营资格核准部分事项告知承诺实施意见（试行）》进行修订，现将《对外劳务合作经营资格核准事项告知承诺实施意见（修订）》印发给你们，请认真贯彻落实。

特此通知。

北京市商务局

2022年1月13日

（联系人：对外经济合作处　袁渤；联系电话：55579388）

对外劳务合作经营资格核准事项告知承诺实施意见（修订）

为深入贯彻市政府、商务部总体工作要求，持续优化营商环境，简化审批方式，完善事中事后监管机制，依据《北京市优化营商环境条例》，按照《北京市政务服务事项告知承诺审批管理办法》（京审改办发〔2020〕1号），《对外劳务合作风险处置备用金管理办法（试行）》（商务部、财政部令2014年第2号）、《北京市商务委员会关于印发〈北京市对外劳务合作经营资格暂行管理办法（修订）〉的通知》（京商务经字〔2014〕498号）、《国务院关于深化“证照分离”改革进一步激发市场主体发展活力的通知》（国发〔2021〕7号）、《商务部深化“证照分离”改革进一步激发市场主体发展活力工作实施方案》（商办函〔2021〕318号）等规定，确定对外劳务合作经营资格核准事项中的“提交对外劳务合作风险处置备用金缴存凭证”“退还对外劳务合作风险处置备用金或撤销保函”“提交企业年度经营情况报告”“变更《对外劳务合作经营资格证书》”“补发《对外劳务合作经营资格证书》”“换领《对外劳务合作经营资格证书》”等6个子项在全市范围内实施告知承诺；“对外劳务合作经营资格申请”在本市自由贸易试验区所属的朝阳区、海淀区、通州区、顺义区、昌平区、大兴区、北京经济技术开发区全域范围内实施告知承诺。实施意见如下：

一、告知承诺含义及范围

本意见所称告知承诺，是指有关政府部门一次性公布告知申请人所申请事项的办理条件、标准、技术要求、所需材料，申请人以书面（含电子文本）形式承诺其符合办理条件并承担相应违反承诺的后果，有关政府部门直接作出同意决定的方式。

除涉及商业秘密、个人隐私等公开会对第三方合法权益造成损害的信息外，市场主体承诺内容向社会公开，接受社会监督。公开后可能危及国家安全、公共安全、经济安全、社会稳定的政府信息，不予公开。

二、办理流程

（一）申请人可以通过首都之窗、市商务局网站自行下载打印或在办理场所索取所办理事项对应的告知承诺书。

（二）申请人按照办理事项所对应的告知承诺书的规定，提交相关申请材料。

（三）审批部门接收申请人签署的告知承诺书以及告知承诺书规定的申请材料后，对申请材料进行审查，对符合规定的，予以受理，当场作出对应的同意决定，完成对应事项所需完成的工作，并依法送达或者告知申请人，对不符合规定的，不予受理。

（四）告知承诺书一式两份，经审批部门盖章、申请人签字或盖章后生效，一份由申请人留存，一份由审批部门存入档案。

（五）委托他人代为办理的，应出具授权委托书，交审批部门留存入档。

三、监管措施

（一）审批部门在作出相应决定后3个月内，应通过资料核对等方式对申请人的承诺内容是否属实进行全覆盖核对。

（二）通过核对发现申请人实际情况与承诺内容不符的，区分情况依法处理：未履行承诺的，责令其限期整改，其中，轻微违诺整改时限为20日，一般违诺整改时限为30日，逾期不整改或整改后仍未达到办理条件的，撤销决定；作出虚假承诺的，直接撤销决定，按照相关规定追究相应的法律责任。

四、信用监管及惩戒措施

（一）轻微违诺的行为分类

1. 变更、补发证书内容有误；

2. 证书换领逾期；

3. 缴存备用金逾期；

4. 申请材料形式有误；

5.《对外劳务合作经营资格证书及年审申请表》填写不完整不正确。

（二）一般违诺的行为分类

1. 缴存备用金方式与规定不符；

2. 缴存备用金金额或期限与规定不符；

3. 对外劳务合作经营管理制度及突发事件应急处置制度和应急预案制订不完善，不符合相关规定，不具可操作性；

4. 拟开展对外劳务合作的国别、地区及可行性报告要素不全，不符合法规规定，不具可操作性；

5. 3名以上熟悉对外劳务合作业务管理人员未在对外劳务合作经营资格的企业从事过相关工作1年以上。

（三）严重违诺和虚假承诺的行为分类

1. 伪造、变造身份证明、遗失作废声明等申请材料；

2. 退备用金前未对派出的尚在国外工作的劳务人员做出妥善安排，并将安排方案报商务主管部门备案；

3. 企业隐瞒有关信息或者提供虚假信息；

4. 审批部门认定的其他虚假违诺行为。

（四）申请人轻微违诺失信行为信息纳入北京市公共信用信息服务平台，只记录不公示；一般违诺失信行为信息纳入北京市公共信用信息服务平台，并对外公示，最短公示期为1个月，最长公示期为6个月；严重违诺和虚假承诺失信行为信息纳入北京市公共信用信息服务平台，并对外公示，最短公示期6个月，最长公示期为1年。公示期届满的违诺失信信息不再公示，未履行违诺失信惩戒的除外。

（五）1年内，申请人在对外劳务合作行业领域内累计发生轻微违诺失信行为3次以上（含）的，按一般违诺失信情节处理；1年内，申请人在对外劳务合作行业领域内累计发生一般违诺失信行为2次以上（含）的，按严重违诺失信情节处理。

（六）失信的申请人可以采取完成信用整改、通过信用核查等方式开展信用修复。信用修复完成后，可以视情况将公示期相应缩短1至6个月。对于完成信用修复的申请人，应当停止公示其失信信息，并将违诺主体修复信息纳入北京市公共信用信息服务平台。

（七）申请人未履行承诺或作出虚假承诺造成的法律后果，由申请人承担。

五、申诉渠道

申请人对审批过程及相关决定存在异议，可以向审批部门进行说明、申辩，或者向审批部门公布的电话、上级主管部门、“12345热线”投诉。

申请人认为北京市公共信用信息服务平台记载的申请人违诺失信信息与事实不符或者依法不应当公开的，可以向市经济和信息化部门书面提出异议申请，并提供相关证明材料。

六、生效时间

本意见自发布之日起生效，原《北京市商务局关于印发〈对外劳务合作经营资格核准部分事项告知承诺实施意见（试行）〉的通知》（京商经字〔2021〕2号）同时废止。

（注：告知承诺书样本请登录北京市商务局网站查询）

北京市商务局关于鼓励开展 2022 年网络促消费活动培育壮大网络消费市场的通知

京商电商字〔2022〕1 号

各区商务局、北京经济技术开发区商务金融局，各有关单位：

为全面落实市委、市政府关于统筹疫情防控和经济发展的决策部署，进一步培育壮大全市网络消费市场规模，鼓励企业积极开展网络促消费活动，拓展线上销售渠道，提升线上销售规模，对符合条件的企业给予资金支持。有关事项通知如下：

一、支持范围

（一）开展网络零售业务的批发和零售企业批发和零售业相关指标说明参照国家统计制度

通过网络交易平台（包括自建平台和第三方平台）开展网络零售业务，并实现网上零售额的批发和零售企业。

（二）互联网生活服务平台类服务业企业互联网生活服务平台相关指标说明参照国家统计制度

以提供商品销售、餐饮、家政、洗染、维修等便民服务为主，且全年营业收入达 1 亿元以上（含）的互联网生活服务平台企业。

二、支持条件和标准

申报企业应在本市行政区域内注册并纳统纳税，相关数据以企业统计报表数据为准。

（一）开展网络零售业务的批发和零售企业

1. 全年社零总额同比增速和网上零售额同比增速均不低于全市社零总额同比增速，以网上零售额全年累计增量对全市网上零售额的贡献率作为衡量指标，从 0.5%（含）至 11% 以上，共划分 6 个区间，以“60 万元 /1%”为基数（即每贡献 1 个百分点支持 60 万元），根据各区间支持系数确定支持金额，单家企业支持金额最低 30 万元，最高不超过 2000 万元。

2022 年年内网上零售额当期累计增量对全市网上零售额贡献率不低于 0.5% 的企业，根据其促消费活动计划，若预计网上零售额全年累计增量不低于上年同期累计增量，可于 2022 年年内提前申报资金支持。在按照预计贡献率预计贡献率 = 企业预计全年实现的网上零售额累计增量 / 全市网上零售额全年目标增量确定拟支持金额基础上，根据企业预计全年累计增量倍数企业预计增量倍数 = 企业预计全年实现的网上零售额累计增量 / 企业上年同期网上零售额累计增量给予额外资金支持，最高不超过 1.5 倍。符合上述条件并给予承诺的企业，可按照其年内网上零售额实际完成增量占全年预计完成增量的比例，分批次给予资金支持。

2. 全年社零总额同比增速和网上零售额同比增速均不低于全市社零总额同比增速，但全年网上零售额贡献率不足 0.5% 的网上零售额达 1 亿元以上（含）企业，满足下列条件之一的，给予不超过 10 万元资金支持，同时满足多项条件的不予重复支持。

（1）全年网上零售额同比增速不低于 50%。

（2）年度首次实现网上零售额，即 2021 年网上零售额为零。

（3）在本市设立商业公司并于 2022 年首次按商业企业纳统的新增纳统企业。

（二）互联网生活服务平台类服务业企业

全年营业收入同比增速不低于全市服务消费同比增速，以营业收入全年累计增量作为衡量指标，从1亿元（含）至50亿元以上，共划分6个区间，以“5万/亿元”为基数（即营业收入每增长1亿元支持5万元），根据各区间支持系数确定支持金额，单家企业支持金额最低5万元，最高不超过500万元。

三、申报材料

申报材料一式两份，应按顺序装订成册，加盖单位公章（全套申报材料需将加盖公章的纸质版扫描件一并提交）。申报材料如下：

（一）批发和零售企业需提交单位基本情况、销售库存经营情况相关统计报表和支持资金申请表。其中，满足年内提前申报条件的，需同时提交网络促消费活动方案、网上零售额全年预计增长情况说明等。

（二）互联网生活服务平台企业需提交单位基本情况、财务状况、平台交易情况等相关统计报表和支持资金申请表。

四、申报流程

（一）项目申报

1. 满足2022年年内提前申报条件的企业，须在2022年10月20日前将申报材料提交属地商务主管部门。

2. 上述情况以外企业，须在2022年全市社零总额、网上零售额等相关数据公布后，将申报材料于2023年2月15日前提交属地商务主管部门。

（二）项目审核

属地商务主管部门对申报材料进行初审，通过初审的企业经属地商务主管部门汇总报送市商务局，由市商务局组织第三方评审公司进行审定，根据审定结果，对符合条件的相关企业给予支持。

五、有关要求

（一）规范有序经营。纳入全市联合惩戒“黑名单”、北京市商务领域不良信用记录名单的失信企业，经审议不予支持。

（二）确保数据真实。申报企业不得擅自篡改已报统计且经统计部门核实确认后的相关报表信息，对于伪造、提供虚假材料的项目申报单位，取消其申报资格，其中已获支持企业，须将支持资金退回市商务局，并按《北京市商务领域不良信用记录名单管理办法（试行）》规定进行处理。

（三）优化资金使用。本政策与北京消费季促消费活动相关资金政策不重复享受。同时符合本政策中多个支持条件的企业，可结合实际择一申报，不得重复申报。年内提前申报并获支持企业中，全年网上零售额实际贡献率不满足本政策基本支持条件（全年实际贡献率低于0.5%）的，须将支持资金全额退回市商务局；网上零售额未实现全年预计增量的，若全年实际增量超过去年同期增量，按其预计增长目标的实际完成率给予支持，若全年实际增量未超过去年同期增量，按全年实际贡献率测算支持资金，多出部分的支持资金须退回市商务局；若全年网上零售额实际贡献率对应支持资金高于企业预计增长对应支持资金1.5倍的，于2023年追加支持对应差额资金。

（四）做好评估工作。市商务局将会同相关部门，结合年度政策执行情况与电商领域发展趋势，总结评估政策实施效果，适时修订完善政策条款，获支持企业应积极配合相关督导检查、数据监测、审计及评估等工作，鼓励企业使用资金积极开展网络促消费活动。

（五）本政策由市商务局负责解释。

北京市商务局

2022年1月26日

北京市商务局印发《关于进一步推进跨境电子商务创新发展的若干措施》的通知

京商函字〔2022〕82号

各相关单位：

为积极推进本市跨境电子商务高质量发展，现将《关于进一步推进跨境电子商务创新发展的若干措施》印发给你们，请结合实际抓好贯彻落实。

（联系人：电子商务处 马樱娉；联系电话：55579373）

关于进一步推进跨境电子商务创新发展的若干措施

为进一步推进北京跨境电子商务综合试验区高质量发展，紧抓跨境电子商务发展战略机遇期，加快构建国内国际双循环发展格局，促进本市外贸新业态新模式持续健康发展，制定如下措施。

（一）支持跨境电子商务平台做大做强

1. 大力培育发展跨境电子商务平台企业。一是聚焦平台新增商户、业务规模、对本市经济贡献等指标，探索建立跨境电子商务平台企业综合评价体系，分级分类加强对平台企业的精准服务。二是采取“一企一策”的方式，积极引进跨境电子商务龙头平台企业，聚焦企业问题诉求，分类指导、精准施策，大力促进跨境电子商务业务发展；积极培育具有较大发展潜力、新业态新模式初创平台企业。三是支持本市有能力的跨境电子商务平台加速全球布局，为传统贸易企业扩大销售渠道，助力品牌出海。四是对符合总部企业认定标准、业绩贡献突出的跨境电子商务平台等相关企业，在人才落户、子女教育等方面给予支持。（责任单位：市商务局、市财政局、市人才局、市人力资源社会保障局、市教委、北京海关、北京市税务局、北京外汇管理部等相关单位）

2. 重点对独立站建设予以资金支持。鼓励具有一定规模、品牌影响力的企业自建独立站，引导企业深耕细分市场，积累私域流量，培育特定品类精品垂直电商平台，打造跨境电子商务自主品牌。（责任单位：市商务局、北京海关、北京市税务局、市财政局）

3. 进一步完善海外仓支持政策。完善海外仓投资主体认定标准，支持海外仓等跨境电子商务仓储物流服务设施及配套信息系统的建设，提升跨境电子商务仓储物流支撑能力。（责任单位：市商务局、市财政局、北京海关）

（二）持续推动外贸新业态新模式创新发展

4. 加快推进本市跨境电子商务销售医药产品试点。进一步优化本市跨境电子商务销售医药产品试点清单，稳步开展北京跨境电子商务销售医药产品试点工作。（责任单位：市药监局、市财政局、市商务局、北京海关、北京天竺综

合保税区管委会）

5. 进一步拓展跨境电子商务即买即提试点业务。积极组织相关试点企业在海关特殊监管区拓展“网购保税＋线下自提”业务；积极争取采用“前置仓＋区店调拨＋店面直提”模式，在北京市内试点开展安全合规的跨境电子商务即买即提业务模式。［责任单位：市商务局、北京海关、市发展改革委、北京市税务局、市市场监管局、北京天竺综合保税区管委会、北京大兴国际机场临空经济区（大兴）管委会］

6. 深入挖掘本市“双枢纽”航空物流潜力。结合本市“高精尖”产业优势，聚焦高技术含量、高附加值产品跨境出口；扩大国外高端高值产品跨境进口，回拉外流消费，促进消费提质升级，持续推进“优进优出”。［责任单位：市商务局、市发展改革委、北京海关、市邮政管理局、北京天竺综合保税区管委会、北京大兴国际机场临空经济区（大兴）管委会］

（三）构建跨境电子商务对接合作平台

7. 搭建供需对接平台。组织资源对接会、企业交流会，引导跨境电子商务平台与传统外贸企业开展供需对接，帮助外贸企业拓宽线上营销渠道，扩大海外客户群体。（责任单位：市商务局）

8. 用好服贸会等展会平台。组织各类跨境电子商务主体参与中国国际服务贸易交易会等国内外重要展会，办好中国电子商务大会，为企业提供品牌展示、合作洽谈、信息交流的平台。（责任单位：市商务局）

9. 建立合规培训平台。依托行业协会等社会组织力量开展合规培训，邀请行业专家、知名学者对主要境外市场的交易规则与标准进行解读，提升企业合规管理能力。（责任单位：市商务局）

（四）建立完善跨境电子商务协调调度机制

10. 加强部门协同联动。充分发挥跨境电子商务综试区联席会议机制作用，加强统筹调度，密切部门协作，进一步完善北京综试区跨境电子商务支持政策，创新跨境电子商务新模式新业态监管方式，推动跨境电子商务特色化、高质量发展。（责任单位：市商务局、市发展改革委、北京海关、市财政局、北京市税务局、北京外汇管理部、北京天竺综合保税区管委会等相关单位）

11. 建立完善企业对接服务机制。加强调研走访，摸清重点跨境电子商务企业情况，建立联系对接和跟踪服务机制，及时掌握企业发展诉求，帮助企业协调解决困难问题。（责任单位：市商务局等相关单位、相关区政府）

12. 着力推进跨境电子商务重大项目落地。加大政策支持引导力度，鼓励各区、跨境电子商务产业园扩大招商引资，积极引进具备良好发展潜力或示范带动作用的项目落地，加快培育各类跨境电子商务市场主体，引导促进跨境电子商务产业集聚化、规模化发展。（责任单位：市商务局等相关单位、相关区政府）

北京市商务局关于鼓励企业创新开展“2022北京消费季”促消费活动的通知

京商消促字〔2022〕7号

各区商务局、北京经济技术开发区商务金融局，各有关单位：

为全面落实市委、市政府关于统筹疫情防控和经济发展的决策部署，充分激发市场主体参与北京消费季活动的积极性和创新性，稳定和扩大消费，助力北京国际消费中心城市建设，对符合条件的企业给予资金支持。有关事项通知如下：

一、支持范围

在北京地区注册且具有独立法人资格，从事商贸流通业经营、服务、管理的企业。

二、支持条件和标准

企业应严格落实疫情防控相关要求，在北京消费季期间，围绕市级和所在区重点活动主题，创新开展促消费活动，加强北京消费季品牌活动宣传。

（一）城市商业综合体（城市商业综合体是指以区域为中心，以购物中心为主导，融合商业零售、餐饮、休闲、娱乐、文化、教育等多项城市主要功能活动，面向各类消费人群提供综合性服务的大型建筑综合体。）

对当季度促消费投入金额（含场地搭建、设备租赁、宣传推广、发券让利等）不低于100万元的城市商业综合体，根据当季度促消费投入金额、当季度整体销售额（含自营、联营和租赁商户）同比增量及申报情况等，进行综合评定，每个季度支持20家积极参与北京消费季活动并成效显著的城市商业综合体。评定三档，其中第一档3家，每家最高支持标准为40万元；第二档7家，每家最高支持标准为30万元；第三档10家，每家最高支持标准为20万元。

（二）限额以上线下零售企业（企业应有线下体验门店或销售门店；零售业统计限额标准：年主营业务收入500万元及以上。）

对当季度商品零售额同比增幅不低于当季度本市商品零售额平均增幅，且当季度商品零售额同比增量超过300万元的企业，给予资金支持。根据企业当季度商品零售额同比增量情况及申报情况，综合评定四档，各档次最高支持标准为：

当季度商品零售额增量（万元）	最高支持金额（万元）
10000以上	50
5000—10000（含10000）	40
1000—5000（含5000）	20
300—1000（含1000）	4

（三）限额以上餐饮企业（餐饮业统计限额标准：年主营业务收入200万元及以上。）

对当季度餐饮收入同比增幅不低于当季度本市餐饮收入平均增幅，且当季度餐饮收入同比增量超过150万元的餐饮企业，给予资金支持。根据企业当季度营业额同比增量情况及申报情况，综合评定四档，各档次最高支持标准为：

当季度营业额增量（万元）	最高支持金额（万元）
5000 以上	25
1000—5000（含 5000）	20
500—1000（含 1000）	4
150—500（含 500）	2

三、申报材料

项目申报材料一式两份，应按顺序装订成册，加盖单位公章（全套申报材料需扫描电子版一并提交）。项目申报材料不予退回。申报材料如下：

（一）资金申请表（见附件 1）。

（二）企业简介。

（三）营业执照、法定代表人身份证和银行开户许可证等法人文件复印件。

（四）申报城市商业综合体支持资金的企业，应提供参与北京消费季活动照片、促消费投入资金、当季度整体销售额同比增量及增速等相关支撑材料。

（五）申报限额以上线下零售企业和餐饮企业支持资金的企业，应提供参与北京消费季活动照片、企业业态、当季度零售额（餐饮收入）同比增量及增速等相关支撑材料。

（六）其他与项目相关的材料。

四、申报流程

（一）提交活动报名信息。申报企业应制定参与北京消费季促消费活动方案，在企业经营区域积极营造北京消费季活动氛围，于活动实施前通过北京市商务局外网“北京消费季”参与通道，网上报备企业当季度参与北京消费季活动方案报名信息，经过属地商务主管部门初审通过后纳入北京消费季活动库。截至当季度结束，未入库活动无法获得当季度项目支持。

（二）项目申报。自通知发布之日起，符合条件的企业可申报 2022 年第一、第二、第三、第四季度支持项目，分别于 2022 年 4 月 25 日、2022 年 7 月 25 日、2022 年 10 月 25 日、2023 年 1 月 25 日前，将项目申报材料提交属地商务主管部门。

（三）项目审核。属地商务主管部门对申报项目进行初审，分别于 2022 年 5 月 10 日、2022 年 8 月 10 日、2022 年 11 月 10 日、2023 年 2 月 10 日前，将 2022 年第一、第二、第三、第四季度通过初审的项目汇总报市商务局，市商务局对项目进行复核。

五、工作要求

（一）保证数据真实。申报企业不得擅自篡改相关报表信息，对于伪造、提供虚假材料的项目申报单位，不予支持，在政策实施周期内不得再次申报，并按《北京市商务领域不良信用记录名单管理办法（试行）》规定进行处理，已获得的项目支持资金须退回市商务局。

（二）不重复申报。本政策与《北京市商务局关于鼓励开展 2022 年网络促消费活动培育壮大网络消费市场的通知》不重复享受，如企业同时符合本政策中多项支持条件，由企业选择其中一项申报。

（三）信用记录良好。有下列情形的不予支持：列入《北京市新增产业的禁止和限制目录》禁止类和限制类范围的；纳入全市联合惩戒“黑名单”的；纳入北京市商务领域不良信用记录名单，受到“不予支持”信用惩戒的；经市商务局审议其他不予支持的。

六、其他事项

本通知由市商务局负责解释。

特此通知。

（业务咨询联系人：消费促进处　梁缘，55579643；项目申报联系人：市流通经济研究中心 蒋鑫，85950782）

北京市商务局 北京市财政局 北京海关 北京市税务局关于做好外资研发中心采购进口设备免税资格审核有关工作的通知

京商资字〔2022〕2号

各相关单位：

按照《财政部 海关总署 税务总局关于“十四五”期间支持科技创新进口税收政策的通知》（财关税〔2021〕23号）和《关于“十四五”期间支持科技创新进口税收政策管理办法的通知》（财关税〔2021〕24号）文件要求，为做好我市外资研发中心采购进口设备免税资格审核工作，现就有关事项通知如下：

一、审核部门

我市外资研发中心享受进口设备免税政策资格审核认定工作由市商务局会同市财政局、北京海关、北京市税务局（以下简称审核部门）负责。

二、资格条件

享受“十四五”期间支持科技创新进口税收政策的外资研发中心，应同时满足下列条件：

（一）研发费用标准：作为独立法人的，其投资总额不低于800万美元；作为公司内设部门或分公司的非独立法人的，其研发总投入不低于800万美元。

（二）专职研究与试验发展人员不低于80人。

（三）设立以来累计购置的设备原值不低于2000万元。

（四）上述（一）（二）（三）项中，有关定义如下：

1.“投资总额”是指外商投资信息报告回执所载明的金额。

2.“研发总投入”是指外商投资企业专门为设立和建设本研发中心而投入的资产，包括即将投入并签订购置合同的资产（应提交已采购资产清单和即将采购资产的合同清单）。

3.“专职研究与试验发展人员”是指企业科技活动人员中专职从事基础研究、应用研究和试验发展三类项目活动的人员，包括直接参加上述三类项目活动的人员以及相关专职科技管理人员和为项目提供资料文献、材料供应、设备的直接服务人员，上述人员须与外资研发中心或其所在外商投资企业签订1年以上劳动合同，以外资研发中心提交申请的前一日人数为准。

4.“设备”是指为科学研究、教学和科技开发提供必要条件的实验设备、装置和器械。在计算累计购置的设备原值时，应将进口设备和采购国产设备的原值一并计入，包括已签订购置合同并于当年内交货的设备（应提交购置合同清单及交货期限），适用本通知的上述进口设备范围为进口科学研究、科技开发和教学用品免税清单所列商品。

三、申请材料

外资研发中心采购进口设备免税资格申请须符合本通知规定，并将以下加盖企业公章的申报材料按顺序装订成册。

（一）外资研发中心采购进口设备免税资格审核的申请书原件（内容包括：外资研发中心基本情况、研发活动情况、符合申报条件的说明等，见附件1）。

（二）外资研发中心采购进口设备免税资格审核表原件（见附件2）。

（三）外资研发中心最近一次的验资报告及上一年度审计报告复印件；外资研发中心为非独立法人的，应提交其所在外商投资企业最近一次验资报告、专门为设立和建设本研发中心而投入的资产清单原件（见附件3）及相关购置发票或合同复印件。

（四）外资研发中心累计购置设备汇总表原件（见附件4）和清单，及相对应的单据复印件，包括：海关进口货物报关单、海关专用缴款书（进口设备提供）、购置发票、购置合同（指已经签订合同并且于申报资格认定当年年底前交货的国产及进口设备购置合同）。在所附单据的右上角标注数字编号，该数字编号应与《累计购置设备汇总表》中的设备名称的序号相对应。

（五）外资研发中心关于已经签订购置进口设备合同并且设备将于申报资格认定当年年底前交货的承诺函原件（见附件5）。

（六）外资研发中心专职研究与试验发展人员名册原件（包括姓名、工作岗位、劳动合同签约日期、劳动合同期限、联系方式等，见附件6）。

提交劳动合同中注明研发人员的职位、年限、签约时间、单位公章和研发人员本人的签名（社保缴纳证明中的人名顺序和劳动合同顺序应与附件6中专职研究与试验发展人员名册顺序一致）。

（七）企业研发总投入和研发经费支出的专项审计报告原件。

四、审核流程

（一）外资研发中心将申请材料报市商务局（北京市政务服务中心2层A区综合窗口）。

（二）市商务局受理并初步审核同意后，牵头召开审核部门联席会议，对外资研发中心上报的申请材料进行审核，确定符合免税资格条件的研发中心名单。

（三）经审核，对符合免税资格条件的外资研发中心，由审核部门以公告形式联合发布（在市商务局网站予以发布），并将名单抄报商务部（外资司）、财政部（关税司）、海关总署（关税征管司）、国家税务总局（货物和劳务税司）备案。对不符合有关规定的，由市商务局根据联席会议决定出具书面审核意见，并说明理由。

（四）上述公告或审核意见，应在审核部门受理申请之日起45个工作日之内做出，申请人补正材料的时间不计算在内。

五、监督和管理

（一）对于财关税〔2021〕24号文规定的已征应免税款，依外资研发中心申请准予退还。其中，已征税进口且尚未申报增值税进项税额抵扣的，应事先取得主管税务机关出具的《“十四五”期间支持科技创新进口税收政策项下进口商品已征进口环节增值税未抵扣情况表》（见财关税〔2021〕24号文附件3），向海关申请办理退还已征进口关税和进口环节增值税手续；已申报增值税进项税额抵扣的，仅向海关申请办理退还已征进口关税手续。

（二）外资研发中心可向海关提出申请，选择放弃免征进口环节增值税。主动放弃免征进口环节增值税后，36个月内不得再次申请免征进口环节增值税。

（三）外资研发中心发生名称、经营范围变

更等情形的，应于财关税〔2021〕23号文的有效期限内，及时将有关变更情况说明报送市商务局。市商务局按照本通知第四条规定的审核流程，核定变更后的外资研发中心自变更登记之日起能否继续享受政策，注明变更登记日期。核定结果由市商务局函告北京海关（核定结果较多时，每年至少分两批函告），抄送市财政局和北京市税务局，并报送商务部。

（四）外资研发中心应按有关规定使用免税进口商品，如违反规定，将免税进口商品擅自转让、移作他用或者进行其他处置，被依法追究刑事责任的，在财关税〔2021〕23号文剩余有效期限内停止享受政策。

（五）外资研发中心如存在以虚报情况获得免税资格，由市商务局查实后函告北京海关，自函告之日起，该外资研发中心在财关税〔2021〕23号文剩余有效期限内停止享受政策。

已经市政府赋权，承接市商务局“牵头组织对外资研发中心采购设备免退税资格进行审核认定”职权的有关机构，可参照此《通知》执行，在公告发布后，及时将核定名单抄送市商务局备案。

本通知有效期为2021年1月1日至2025年12月31日。

特此通知。

（联系人：外资管理处 叶卫东；联系电话：55579289）

北京市商务局

北京市财政局

北京海关

北京市税务局

2022年2月10日

北京市商务局关于公开征集2022年度促进绿色节能消费政策参与企业的公告

京商消促字〔2022〕12号

各相关企业：

为做好2022年促进绿色节能消费政策参与企业的征集工作，现将有关事项公告如下：

一、征集对象

在北京市登记注册、具有独立法人资格并统一收银的实体商业零售企业和电子商务企业。

二、申报条件

1. 申报企业应销售绿色节能消费券适用商品（见附件1），与政府按照1∶1的比例共同承担绿色节能消费券资金，让利消费者。

2. 申报企业应为限额以上纳统零售企业，经营状况良好，财务管理制度健全。

3. 申报企业2022年1—2月累计零售额增速不低于北京市同期社零总额增速。

4. 具有稳定的自营线上平台发放和核销绿色节能消费券。

5. 家居建材零售企业在京直营门店不少于3家；超市在京直营门店不少于10家；家电零售企业在京直营门店不少于20家；百货及购物中心不受直营门店数量限制。

6. 电子商务企业应通过自建独立网站从事自营类商品销售。

7. 具备完善的配送、安装、调试、维修等售后服务体系。

8. 企业近三年内在工商、税务等方面无重大违法违规记录。

有下列情形的企业，不支持参与绿色节能消费券的发放：纳入全市联合惩戒“黑名单”的；纳入北京市商务领域不良信用记录名单，受到“不予支持”信用惩戒的；经市商务局审议其他不予支持的。

三、企业申报材料

企业申报材料一式五份，按顺序装订成册，加盖单位公章（全套申报材料需扫描电子版一并提交）。申报材料不予退回。

1. 申请表（见附件2）。

2. 营业执照、法定代表人身份证和银行开户许可证复印件；企业简介及银行资信等相关材料；企业在京直营门店目录（见附件3）及直营门店营业执照复印件（电子商务企业不需提供）；企业2020年度和2021年度财务报表。

3. 企业2020—2021年绿色节能商品销售情况表（见附件4）。

4. 企业参与促进绿色节能消费政策适用商品销售管理制度和适用商品报备表（见附件5）。

5. 企业参与促进绿色节能消费政策的实施方案；企业疫情防控应急预案；企业风险防控方案，包括线上线下销售企业防范“羊毛党”“黄牛党”恶意刷单或套现的具体方案和线上平台的风险防控方案。

6. 企业2022年1—2月累计零售额增速不低于北京市同期社零总额增速的支撑材料。

四、申报流程

（一）企业申报

符合条件的企业自愿申报，于2022年3月11日前向市商务局提交第1—5项申报材料，于2022年3月20日前向市商务局提交申报材料第6项，纸质版（五份）和电子版（U盘）邮寄至北京市商务局消费促进处（通信地址：北京市通州区运河东大街57号院5号楼518室；电话：55579352），逾期未送达不予受理。

（二）部门审核

市商务局对申报企业资料进行审核，择优确定参与企业，并将参与企业名单向社会公示。参与企业资格有效期与2022年促进绿色节能消费政策实施周期一致。

特此公告。

（联系人：消费促进处 裴昂；联系电话：55579352）

北京市商务局等10部门关于印发《促进首店首发经济高质量发展若干措施》的通知

京商消促字〔2022〕14号

各相关单位：

为大力发展首店首发经济，加快推进北京国际消费中心城市建设，市商务局与市公安局、市城市管理委、市规划自然资源委、市住房城乡建设委、市市场监管局、市知识产权局、市消防救援总队、市投资促进服务中心、北京海关研究制定了《促进首店首发经济高质量发展若干措施》，自发布之日起生效，现印发给你们，请结合实际，认真抓好贯彻落实。2020年9月《北京市商务局关于印发〈关于鼓励发展商业品牌首店的若干措施〉（2.0版）的通知》（京商消促字〔2020〕39号）同日废止。

（联系人：市商务局　葛西来；联系电话：55579555）

北京市商务局
中华人民共和国北京海关
北京市公安局
北京市城市管理委员会
北京市规划和自然资源委员会
北京市住房和城乡建设委员会
北京市市场监督管理局
北京市知识产权局
北京市消防救援总队
北京市投资促进服务中心
2022年3月10日

促进首店首发经济高质量发展若干措施

为加大国际品牌引进和本土品牌培育，着力将北京打造成国内外知名品牌集聚地和原创品牌孵化地，激发时尚消费、品牌消费，大力发展首店首发经济，加快推进北京国际消费中心城市建设，特制定以下措施。

一、建立品牌首店首发服务体系

（一）各区出台鼓励首店发展的支持配套措施，建立品牌亚洲首店、中国（内地）首店、北京首店、旗舰店、创新概念店服务绿色通道，对品牌入驻和开业进程中所涉及的项目选址、登记注册、消防验收、广告牌匾设置、注册商标专用权保护、无需许可促消费活动安全管理等方面，靠前服务，帮助品牌解决落地经营的难点问题。（各区政府、北京经济技术开发区管委会、市商务局、市公安局、市城市管理委、市规划自然资源委、市住房城乡建设委、市市场监管局、市知识产权局、市消防救援总队）

（二）提升时尚消费品牌新品通关速度，建立服装类新品第三方采信制度。（北京海关、市商务局）

（三）发布鼓励首店首发项目征集指南，指导企业做好项目咨询和申报，对符合支持条件

的项目给予资金支持。（市商务局、北京经济技术开发区管委会、各区政府）

二、支持品牌首店落地发展

（四）对在京具有独立法人资格的企业，2020 年 11 月 1 日（含）以后在京新开设国内外品牌亚洲首店、中国（内地）首店、北京首店、旗舰店、创新概念店，店面装修（含装修设计费、设备购置及配套硬件设施建设）、已支出的房租（不超过 12 个月）之和超过 50 万元，业绩稳定且具有良好成长性［注 1］，给予资金支持。其中零售企业按照项目核定实际投资总额的最高 50%，亚洲首店最高给予 500 万元支持，中国（内地）首店最高给予 200 万元支持，北京首店、旗舰店、创新概念店最高给予 100 万元支持；餐饮企业按照项目核定实际投资总额的最高 20%，最高给予 50 万元支持。（市商务局、北京经济技术开发区管委会、各区政府）

（五）对 2020 年 11 月 1 日（含）以后引进在京纳统零售企业［注 2］设立的首店、旗舰店、创新概念店，签订 2 年及以上入驻协议，在京具有独立法人资格的引进方，按照每新增引进 1 个满足以上条件的店铺最高给予 10 万元奖励的标准，给予资金支持。（市商务局、北京经济技术开发区管委会、各区政府）

三、打造全球品牌首发首秀展示平台

（六）对在京具有独立法人资格的企业，2021 年 11 月 1 日（含）以后在京举办的国内外知名品牌新品发布活动的场租、搭建、宣传推广总费用的 50%，服装服饰、化妆品、腕表、箱包、金银珠宝等时尚消费类新品发布活动最高给予 200 万元支持，其他消费品牌新品发布活动最高给予 100 万元支持，打造一批全球首发中心。（市商务局、北京经济技术开发区管委会、各区政府）

（七）开展北京首发节活动，打造全媒体推广平台，推介新入驻北京的品牌首店、旗舰店、创新概念店。（市商务局、北京经济技术开发区管委会、各区政府）

四、支持商业品牌总部发展

（八）建立惠企政策推广机制，鼓励以分支机构开展经营活动的商业品牌企业在京设立独立法人主体。对符合行业示范总部企业标准的商业品牌企业纳入总部企业管理，符合条件的给予资金和配套政策支持。（市商务局、市投资促进服务中心、北京经济技术开发区管委会、各区政府）

注释：

［注 1］零售和餐饮品牌店铺年主营业务收入超过 200 万元。

［注 2］企业在京开店后在京纳统或在京纳统后在京开店均符合。

北京市商务局关于发布2022年鼓励首店首发项目征集指南的通知

京商消促字〔2022〕15号

各区商务局、北京经济技术开发区商务金融局、市属国有企业集团、总部企业、各有关单位：

为贯彻落实《促进首店首发经济高质量发展的若干措施》，做好鼓励首店首发项目申报工作，现将有关事宜通知如下：

一、申报条件

（一）在北京地区注册且具有独立法人资格，从事商贸流通业经营、服务、管理的企业、机构、经济组织等单位。

（二）项目申报单位经营状况良好，财务管理制度健全。

（三）申报项目能够按计划实施。

（四）项目获得中央财政资金支持或其他市级财政资金支持的不得重复申报。

（五）有下列情形的不予支持：列入《北京市新增产业的禁止和限制目录》禁止类和限制类范围的；纳入全市联合惩戒“黑名单”的；纳入北京市商务领域不良信用记录名单，受到“不予支持”信用惩戒的；经审议其他不予支持的。

二、申报材料

项目申报材料一式两份，应按顺序装订成册，加盖单位公章（全套申报材料需扫描电子版一并提交）。项目申报材料不予退回。申报材料如下：

（一）资金申请表。

（二）企业简介。

（三）项目单位法人文件复印件（营业执照副本、统一社会信用代码证书、法定代表人身份证明等）。

（四）项目单位近三年财务报表（资产负债表、损益表、现金流量表）。

（五）支撑材料。

1. 申报首店、旗舰店、创新概念店支持资金的单位，应提供店铺开业以来每月业绩表、店铺营业执照、商标注册证、商标注册人（或具有商标区域独占使用权的被授权方）出具的关于店铺类型说明、营业中的店铺照片、与投资额相对应的支出合同、项目已发生费用明细表、相关支出凭证，若该店铺实际运营单位非商标注册人，还应提供被授权使用该商标的说明。

2. 申报引进首店、旗舰店、创新概念店奖励资金的单位，应提供2年及以上的引进协议或租赁协议、该店铺开业以来每月业绩表、店铺营业执照、商标注册证、商标注册人（或具有商标区域独占使用权的被授权方）出具的关于店铺类型说明、营业中的店铺照片、该店铺实际运营单位在京已纳统的支撑材料。若该店铺实际运营单位非商标注册人，还应提供被授权使用该商标的说明。

3. 申报新品发布活动支持资金的单位，应提供项目已发生费用明细表、项目支出凭证、新品发布活动方案、活动总结报告（含活动完成情况、活动绩效情况、活动宣传情况、活动现场照片）。

（六）其他与项目相关的材料。

三、申报流程

（一）项目申报。自本文件发布之日起，项目申报单位应在项目符合相应条件后，根据隶属关系将项目申报材料提交各区商务局、北京经济技术开发区商务金融局、市属国有企业集团、总部企业，逾期不予受理，具体要求如下：

1. 申报首店、旗舰店、创新概念店支持资金的单位，2020 年 11 月 1 日至 2021 年 4 月 30 日期间在京新开设的首店、旗舰店、创新概念店，须在 2022 年 5 月 15 日前完成项目申报；2021 年 5 月 1 日（含）以后在京新开设的首店、旗舰店、创新概念店，须在 2022 年 11 月 15 日前完成项目申报。

2. 申报引进首店、旗舰店、创新概念店奖励资金的单位，2020 年 11 月 1 日至 2021 年 4 月 30 日期间引进在京新开设的首店、旗舰店、创新概念店，须在 2022 年 5 月 15 日前完成项目申报；2021 年 5 月 1 日（含）以后引进在京新开设的首店、旗舰店、创新概念店，须在 2022 年 11 月 15 日前完成项目申报。

3. 申报新品发布活动支持资金的单位，2021 年 11 月 1 日至 2022 年 4 月 30 日期间在京举办的国内外知名品牌新品发布活动，须在 2022 年 5 月 15 日前完成项目申报；2022 年 5 月 1 日（含）以后在京举办的国内外知名品牌新品发布活动，须在 2022 年 11 月 15 日前完成项目申报。

（二）项目审核。各区商务局、北京经济技术开发区商务金融局、市属国有企业集团、总部企业对申报项目进行初审，自收到企业申报材料起 30 日内，填报《商业流通发展项目初审情况汇总表》报市商务局。市商务局对项目进行复审。

四、工作要求

（一）申报企业应确保申报材料真实、准确、完整，保证项目各项建设手续合规、按时间进度推进。不得擅自篡改相关报表信息，对于伪造、提供虚假材料的项目申报单位，将按《北京市商务领域不良信用记录名单管理办法（试行）》规定进行处理，已获得的项目支持资金须退回市商务局。

（二）获得资金支持的项目申报单位应积极配合相关监督检查、审计等工作。

（三）各初审单位应积极组织项目申报，切实做好指导与审核，严格把关，按照规定程序做好相关工作。各初审单位应加强对已支持项目的后续指导和跟踪监管，确保项目实施效果，充分发挥财政资金使用效益。

（四）项目单位收到财政资金后，应按照《财政部关于印发修订〈企业会计准则第 16 号——政府补助〉的通知》（财会〔2017〕15 号）相关规定进行账务办理，相关法律法规另有规定的从其规定。

（五）对于截留、挪用、骗取财政资金等违法行为，依照《财政违法行为处罚处分条例》（国务院令第 427 号，根据 2011 年国务院令第 588 号修订）等有关规定进行处理处罚。构成犯罪的，依法移交司法机关追究其刑事责任。

（六）已经按照《北京市商务局关于 2021 年度鼓励发展商业品牌首店项目申报指南的补充通知》（京商消促字〔2021〕25 号）提交项目申报材料，通过评审的项目仍然有效，在项目验收合格后，仍按照原政策相应的条件和标准给予支持。

五、最低经营期限

申报企业应承诺自获得财政资金之日起持续经营时间不得少于 1 年；对获得财政资金支持的项目 1 年内有拆迁、停止营业、被吊销营业执照等情形的，应退回相应补助资金。

六、其他事项

本文件由市商务局负责解释。

业务咨询联系人：消费促进处　葛西来

电话：55579555

项目申报联系人：财务处　邵　婷

电话：55579333

北京市商务局

2022 年 3 月 10 日

北京市商务局关于印发《技术进出口合同登记、变更—变更总价类（进口）和技术进出口合同登记、变更—变更总价类（出口）两事项告知承诺实施意见（试行）》的通知

京商服贸字〔2022〕8号

各相关单位：

为贯彻落实《北京市优化营商环境条例》，根据北京市人民政府行政审批制度改革办公室《北京市政务服务事项告知承诺审批管理办法》（京审改办发〔2020〕1号）和《推进政务服务事项告知承诺审批工作方案》（京审改办发〔2020〕2号）及北京市政务服务局关于本市第五批告知承诺的各项要求，我局制定了《技术进出口合同登记、变更—变更总价类（进口）和技术进出口合同登记、变更—变更总价类（出口）两事项告知承诺实施意见（试行）》，现印发给你们，请认真贯彻落实。

特此通知。

（联系人：服务贸易处 赵亚东；联系电话：55579493）

北京市商务局

2022年3月30日

技术进出口合同登记、变更—变更总价类（进口）和技术进出口合同登记、变更—变更总价类（出口）两事项告知承诺实施意见（试行）

为深入贯彻落实《北京市优化营商环境条例》，按照《北京市政务服务事项告知承诺审批管理办法》（京审改办发〔2020〕1号），就技术进出口合同登记、变更—变更总价类（进口）和技术进出口合同登记、变更—变更总价类（出口）两事项实行告知承诺，制定本意见。

一、告知承诺含义

本意见所称告知承诺，是指市商务局一次性公布告知申请人所申请事项的办理条件、标准、技术要求、所需材料，申请人以书面（含电子文本）形式承诺其符合办理条件，并承担相应违反承诺的后果，市商务局直接作出同意决定的方式。

申请人可选择告知承诺方式办理，也可选择一般方式办理。

二、办理流程

（一）一般方式

按一般方式办理技术进出口合同登记、变更—变更总价类（进口）和技术进出口合同登记、变更—变更总价类（出口）两事项的，材

料齐全受理后，办理时限为3个工作日。

1. 提交申请。申请人通过北京市政务服务中心提交申报材料。

2. 审查与决定。市商务局工作人员对申请人提交的材料进行审查，对申请材料齐全、信息完整、符合要求的依法予以认定。

3. 颁证与送达。申请人可直接到北京市政务服务中心领取确认《技术进口合同数据变更记录表》《技术出口合同数据变更记录表》，或通过邮寄方式送达。

（二）告知承诺方式

按照告知承诺方式办理技术进出口合同登记、变更—变更总价类（进口）和技术进出口合同登记、变更—变更总价类（出口）的，如材料齐全、符合条件，当场制发《技术进口合同数据变更记录表》《技术出口合同数据变更记录表》。

1. 提交申请。申请人通过北京市政务服务中心综合窗口提交申报材料。

2. 作出决定。对申请人现场提交的材料进行审查，符合规定的予以受理，当场作出同意决定，并制发《技术进口合同数据变更记录表》《技术出口合同数据变更记录表》；不符合规定的，不予受理并告知理由。

三、监管措施

（一）对实行告知承诺方式的，加现场核对市商务局在作出相应决定后3个月内，应通过资料核对等方式对申请人的承诺内容是否属实进行全覆盖核对，制作工作记录，建立专项档案。

（二）通过核对发现申请人实际情况与承诺内容不符的，区分情况依法处理：轻微违诺和一般违诺失信的，责令限期整改，逾期不整改或整改后仍未达到条件的，撤销决定；对于严重违诺失信的，直接撤销决定，并依法追究申请人相应法律责任。

四、信用监管及惩戒措施

（一）未履行承诺行为分类

核查情况纳入北京市公共信用信息服务平台，实行差异化信用管理。未履行承诺行为分为轻微违诺失信、一般违诺失信和严重违诺失信三种情形。轻微违诺失信，是指无故提供材料不齐全或信息不准确等行为。一般违诺失信，是指提供材料与事实有出入或不能提供必要的准确材料等行为。严重违诺失信，是指提供虚假材料、逾期不整改、整改后仍达不到要求等行为。

一年内，申请人办理告知承诺事项发生轻微违诺失信行为累计三次以上（含）的，按一般违诺失信情节处理；办理告知承诺事项发生一般违诺失信行为两次以上（含）的，按严重违诺失信情节处理。

（二）惩戒措施

轻微违诺失信行为信息纳入北京市公共信用信息服务平台，只记录不公示。

一般违诺失信行为信息纳入北京市公共信用信息服务平台，并对外公示，公示期最短为一个月，最长为六个月。

严重违诺失信行为信息纳入北京市公共信用信息服务平台，并对外公示，公示期最短为六个月，最长为一年。

（三）失信修复

申请人可以采取作出信用承诺、完成信用整改等方式进行信用修复。信用修复完成后，可以视情况将公示期相应缩短1—6个月。对于完成信用修复的申请人，应当停止公示其失信信息，并将违诺失信主体修复信息纳入北京市公共信用信息服务平台。

五、申诉渠道

申请人对审批过程及相关决定存在异议，

可以向审批部门进行说明、申辩，或者向审批部门公布的电话、上级主管部门、“12345 热线”投诉。

申请人认为北京市公共信用信息服务平台记载的申请人违诺失信信息与事实不符或者依法不应当公开的，可以向市经济和信息化部门书面提出异议申请，并提供相关证明材料。

六、生效时间

本意见自发布之日起实施。

北京市商务局关于实施促进绿色节能消费政策的通知

京商消促字〔2022〕24号

相关单位：

为加快释放绿色节能消费潜力，促进消费升级，我市自2022年4月开始，面向在京消费者发放绿色节能消费券，鼓励消费者购买使用绿色节能商品。现将有关事项通知如下：

一、实施时间

2022年4月18日至9月30日。

二、发放对象

在京消费者。消费者使用绿色节能消费券购买商品的最终配送地址需在北京市范围内。

三、适用商品类别

绿色节能消费券适用商品共计20类，包含笔记本电脑、平板电脑、显示器、空气净化器、洗碗机、电视机、空调、电冰箱、洗衣机、热水器、微波炉、吸油烟机、燃气灶具、电饭锅、打印机、投影机、电风扇、坐便器、净水机、淋浴器。

（一）笔记本电脑、平板电脑、显示器、空气净化器、电视机、空调、电冰箱、洗衣机、热水器（其中燃气壁挂炉需满足一级能效）、微波炉、吸油烟机、燃气灶具、电饭锅、打印机、投影机、电风扇等16类产品须在中国能效标识网备案且达到二级能效及以上等级。

（二）洗碗机、坐便器、净水机、淋浴器等4类产品须在中国水效标识网备案且达到二级水效及以上等级。

四、发放方式和标准

2022年4月至9月，于每月18日，在参与企业自有的线上平台，发放绿色节能消费券，共发放6期。在京消费者每月在同一参与企业的线上平台可领取1份券包，包含6张消费券，总金额900元，分别是2张50元券（消费满500元可用）、2张100元券（消费满1000元可用）、1张200元券（消费满2000元可用）、1张400元券（消费满4000元可用），当月领取的消费券当月有效。

五、参与企业

根据《北京市商务局关于公开征集2022年度促进绿色节能消费政策参与企业的公告》（京商消促字〔2022〕12号），公开遴选了10家参与企业。

绿色节能消费券资金，由参与企业直接向符合条件的消费者垫付，参与企业在交易实际发生3日内将绿色节能消费券订单信息报送至市商务局委托的第三方核销服务机构，市商务局依据核销报告按月向参与企业拨付结算资金。

参与企业应当遵守有关法律、法规、本通知和参与企业管理办法的相关规定，若有违反规定、骗取财政资金等行为的，视情节轻重，采取责令整改、退回财政资金、终止企业参与资格等措施；情节严重构成犯罪的，移交司法机关处理。

六、领取和使用流程

1. 用户认证。消费者应在参与企业线上平台进行认证，要求达到银行卡四要素认证（姓名、身份证号、银行卡号、手机号码）要求。

2. 绿色节能消费券领取。消费者完成用户认证后登录参与企业线上自有平台，访问北京绿色节能专区进行申领。

3. 绿色节能消费券使用。仅限消费者本人在参与企业线上商城或线下实体门店购买该企业适用商品时一次性使用，不找零。如申领绿色节能消费券后在截止时间未使用，自动失效。订单发生全额退款时，尚在有效期内的消费券可继续使用。退款后消费券有效期不变。如超出有效期或有效期内订单部分退款，消费券不能再次使用。

七、其他事项

本政策由市商务局负责解释。

北京市商务局

2022 年 4 月 6 日

北京市商务局关于调整洗染业经营者备案有关工作的公告

京商生活字〔2022〕19号

各相关单位：

为优化营商环境，根据《国务院关于开展营商环境创新试点工作的意见》（国发〔2021〕24号）、《北京市优化营商环境条例》（〔十五届〕第25号）、《北京市营商环境创新试点工作实施方案》（京政发〔2022〕6号）、《北京市新增产业的禁止和限制目录（2022年版）》相关规定，在本市范围内，对洗染业经营者备案有关事项进行调整，现将有关事项公告如下：

一、申请设立、变更、注销的洗染业经营主体，通过北京市企业服务e窗通平台“多证合一”模式申请设立、变更和注销登记的，市场监管部门与商务部门通过数据共享完成信息推送。申请人无需再到同级商务部门备案。

二、洗染服务涉及新建、改建、扩建的，应符合《北京市新增产业的禁止和限制目录》（2022年版）规定，即“禁止在居民住宅楼、未配套设立专用烟道的商住综合楼、商住综合楼内与居住层相邻的商业楼层内，新建、改建、扩建产生油烟、异味、废气、噪声污染的服装干洗”。

三、本公告实施之日起，商务部门不再现场受理洗染业经营者备案（初次办理、变更、注销）事宜。

四、本公告实施之日前已取得营业执照但未按照《洗染业管理办法》完成备案的存续洗染业经营者数据信息，由市场监管部门同步交换至商务部门。

五、本公告自发布之日起实施。

特此公告。

北京市商务局关于印发《把握RCEP机遇　助推“两区”高水平发展行动方案》的通知

京商函字〔2022〕379号

各区人民政府，市政府相关委、办、局，各有关单位：

《把握RCEP机遇　助推“两区”高水平发展行动方案》已经市“两区”领导小组第四次会议审议通过，现印发给你们，请认真贯彻落实。

北京市商务局

2022年4月12日

附件：

把握RCEP机遇　助推“两区”高水平发展行动方案

为深入推进我市与《区域全面经济伙伴关系协定》（以下简称RCEP）成员国经贸往来与合作，推动我市“两区”建设，培育开放型经济新动能，打造高水平对外开放新平台，形成参与国际经济合作和竞争新优势，制定本方案。

一、提升货物贸易便利化水平

1. 进一步优化货物通关服务。优化、细化预裁定和抵达前处理等便捷通关流程，精简预提交材料，压缩处理时限，鼓励原产地预裁定的应用。优化不同种类货物的通关流程，整体压缩货物放行时间。对抵达海关监管作业场所且完整提交相关信息的RCEP成员国原产易腐货物快件、空运货物、空运物品，实行6小时内放行便利措施，同时进一步完善通关仓储、物流等配套服务。优化出口原产地证“海关集中审核，企业就近签证”的业务模式，推广原产地证书智能审核及自助打印，提高通关效率。结合RCEP成员国“经认证的经营者”（AEO）互认情况，加大我市AEO企业认证力度，拓展培育模式。开辟RCEP惠企服务通道，为符合资质的企业快速办理经核准出口商备案手续。推动我市国际贸易“单一窗口”向跨境贸易全链条拓展，加快推进“双枢纽”平台建设，持续扩大进出口环节“通关+物流”覆盖范围。全面推行出口退（免）税无纸化申报，进一步压缩出口退税办理时间。（责任单位：北京海关、市商务局、北京市税务局）

2. 推进货物贸易稳中提质。建立RCEP国别重点商品减税对比清单，引导企业综合利用关税减让安排，扩大机电产品、高新技术产品等出口，巩固重点产品出口优势。鼓励举办RCEP成员国专场外贸线上展洽会，推介“北京创造”“北京智造”等优质商品。依托北京品牌汽车企业，积极对接东盟国家开展新车和二手车出口业务。鼓励企业结合自身行业生产布局特点，做好采购链优化调整，扩大智能制造、生物医药、集成电路等关键设备进口。鼓励提升日本、韩国、新加坡等国中高端消费品、优质农产品进口规模，满足消费升级需要。（责任单位：市商务局、北京海关）

3. 畅通航空物流通道。积极推动开辟、加密往来 RCEP 成员国主要城市的货运航线，推动货运航线稳定运行，构建空中货运便捷通道。积极推动首都国际机场、大兴国际机场高峰时段货运航班时刻的优化配置。增加高货值水产品、果蔬等生鲜品“产地直达”运输业务，提升国际生鲜产品北方消费集散功能。鼓励发展航空高端制造物流，并向全产业链延伸。引导航空运输企业与地面快递物流企业联合，实现机场到仓库、车间、生产线的高效运输。（责任单位：市发展改革委、民航华北局、市商务局、顺义区政府、大兴区政府、天竺综合保税区管委会、大兴临空经济区管委会）

二、提升跨境电商发展效能

4. 引进跨境电商龙头和骨干企业。积极引进新加坡、日本等 RCEP 成员国跨境电商龙头企业、头部平台企业，鼓励企业在京发展跨境电商相关业务，发挥 RCEP 税差优势，拓宽跨境电商营销渠道，扩大跨境电商进口规模，丰富消费市场供给。（责任单位：市商务局、市投资促进服务中心、相关区政府）

5. 加快开拓跨境电商国际市场。积极参与“丝路电商”合作机制，鼓励跨境电商企业加快扩大与 RCEP 成员国的贸易合作。鼓励企业抢抓东盟国家物流、仓储行业开放先机，在东盟国家建设海外仓等仓储物流及售后服务体系，对符合条件的企业给予支持。鼓励跨境电商企业通过建设独立站、入驻全球化跨境电商平台等方式，加快拓展 RCEP 成员国市场，推动北京品牌、北京商品走向世界。（责任单位：市商务局、北京海关、市发展改革委、市经济和信息化局）

三、优化服务贸易发展环境

6. 深化服务贸易合作。加强与 RCEP 成员国在教育、环境保护、旅游会展、医疗健康、软件信息、飞机维修等领域的服务贸易合作。支持企业面向东盟等国家，提升研发设计、产品维修、运营维护以及整体解决方案等生产性服务出口。引导我市金融科技企业与 RCEP 成员国开展移动支付、监管科技、互联网保险、智能投顾等新金融服务合作。推动扩大对东盟等国知识产权出口，用好北京—东盟投资合作日搭建技术转移渠道。鼓励我市文化类企业开展影视剧、出版物等服务贸易，强化与 RCEP 国家文化交流合作。支持服务外包企业面向 RCEP 成员国拓展业务，通过建立完善海外交付中心、账务结算中心等，促进与 RCEP 成员国外包产业链上下游企业供需对接，对符合条件的企业给予资金支持。（责任单位：市商务局，市金融监管局，市知识产权局，市科委、中关村管委会，市版权局，市广电局）

7. 促进数字贸易、数字经济交流合作。借力“两区”“三平台”建设，引导商协会、研究机构、企业与新加坡、新西兰等国相关机构进行高级别数字贸易、数字经济领域对话，就数字产品待遇、源代码、数据跨境流动、线上争端解决等议题进行深入交流与合作。对标 DEPA 等数字贸易规则，依托数字贸易港、大数据交易所，在安全可靠前提下，探索创制数据定价、流通方式等交易体系，推进数字证书、电子签名的国际互认。聚焦产业数字化、数字创新服务，积极发展数字内容、云服务等数字贸易业态，提升中关村软件园国家数字服务出口基地能级。探索为 RCEP 成员国间的贸易产品嵌入数字标识，助力原产地追溯，落实原产地累积规

则。（责任单位：市商务局，市经济和信息化局，市委网信办，市金融监管局，市科委、中关村管委会，海淀区政府，朝阳区政府）

四、强化投资促进服务功能

8. 推进精准招商。持续推动政策清单、空间资源清单、目标企业清单的“三单”管理，围绕稳链、固链、强链开展招商，分国别、有特色吸引 RCEP 成员国企业来京投资。加大力度引进一批符合首都城市战略定位的功能性机构和项目，支持 RCEP 成员国企业在京设立地区总部，对符合条件的企业给予政策支持。重点推动日本、韩国、新加坡等国医疗美容、生物医药、人工智能、集成电路、金融等企业和项目来京投资。瞄准缅甸、老挝等新兴国家，推动农业种植、种业等当地优势产业和项目来京投资。（责任单位：市投资促进服务中心、市商务局）

9. 持续优化招商引资服务。建立健全投资促进工作机制，完善重大项目协调调度和项目促进专员全流程跟踪服务机制。加强与东盟、日本、韩国等国行业协会、商会对接，采取“云推介”等多种方式拓展引资渠道。探索在 RCEP 成员国设立海外招商服务站，依托当地中介机构建立委托招商合作机制，为有意向来京投资企业提供服务，推动项目在京落地，并做好标志性、突破性项目落地和成效宣传。梳理 RCEP 成员国在京投资重点企业、重点项目清单，采取集中对接服务和“一对一”服务相结合的方式，为企业协调解决经营中的困难和问题。（责任单位：市投资促进服务中心、市商务局）

五、提升对外投资合作层级

10. 创新对外投资合作方式。高质量建设 RCEP 成员国经贸合作区，支持有能力的企业在 RCEP 成员国共商共建以北京园区（基地）命名的主题合作园区。在日本、韩国、新加坡等国合作建设科研型园区，在马来西亚、泰国、越南等国合作建设加工制造、物流、销售型园区，在老挝、柬埔寨等国合作建设制造、农业种植、资源开发型园区，促进北京企业高质量建设境外经贸合作区。创新灵活运用 RCEP 协定中交钥匙、建设、管理、生产或收入分享合同等投资形式。鼓励人工智能、生物医药、智能制造等龙头企业提高对东盟等国投资，积极参与国际行业标准制定。支持我市对外承包工程企业参与东盟等国基础设施、国际产能合作重大项目建设，拓展集投资、建设、营运于一体的综合发展路径，拓展境外承包工程市场。（责任单位：市发展改革委、市商务局、市经济和信息化局按职责分工）

11. 打造投资服务品牌活动。举办北京双向投资论坛暨国别日系列活动，搭建与 RCEP 成员国政府部门直接对话渠道。借助中国国际服务贸易交易会、中关村论坛、金融街论坛、中国（北京）国际视听大会等，搭建“走出去”国际交流与合作平台。办好中国国际经济合作“走出去”高峰论坛。（责任单位：市商务局，市科委、中关村管委会，市金融监管局，市广电局，西城区政府）

六、推动制造业竞争力提升

12. 加强高端产业链合作和制造业项目合作，培育多元化全球供应链网络。结合 RCEP 实施，增强制造业核心竞争力和开展技术改造，推进集成电路、智能制造与装备、智能网联汽车等重点产业补链强链，强化资源、技术、装备支撑。围绕 5G、智能网联汽车、机器人、能源、航空航天打造具有全球影响力的产业合作交流平台。秉持开放合作理念，加强绿色产业链合作。引导国际知名企业、机构设立或与我市领军企业共建跨国科技成果转化中心，构筑全球互动的技术转移网络。（责任单位：市发展

改革委、市经济和信息化局、市商务局按职责分工）

13. 深入实施质量提升行动。把握 RCEP 机遇，提升消费品、装备、原材料等领域质量，加大质量升级技术改造和技术创新支持力度。围绕智能网联汽车、机器人、智能终端等领域开展产品与行业质量状况调查，对标 RCEP 成员国等国际优质品牌制定具有针对性的质量提升方案。支持企业对标国际先进水平实施质量攻关技术改造，加强可靠性设计、试验与验证技术开发应用，提升重点行业关键工艺过程控制水平，使产品的性能稳定性、质量可靠性和安全性等指标达到 RCEP 区域同类产品先进水平，以质量提升加强我市在区域市场的参与能力。（责任单位：市市场监管局、市经济和信息化局）

七、打造多点支撑的经贸规则示范区

14. 高质量规划建设中日产业园。健全完善国际创新生态体系，围绕医药健康、先进制造、数字经济等产业方向，积极吸引日本等国企业和项目入驻，推动入园的中小企业成长为“专精特新”和“小巨人”企业，打造国际科技协同创新与产业合作发展示范园。设立中日国际产业创新发展基金，支持创新创业项目落地发展。联合日本知名企业和机构开展创新孵化合作，推动一批前沿引领技术和战略性技术成果落地。打造“一站式”企业服务大厅，提供投资、贸易、人才等综合服务。建设 RCEP 商品展示大厅和线上交易平台，提供集中展示、交易日本等国的优质消费品和先进机械设备等服务。加强与日本贸易振兴机构等组织对接，积极组织 RCEP 中日经贸交流活动。借鉴日本园区运行管理先进经验做法，在产城融合、招商引资、节能低碳等领域积极探索。（责任单位：大兴区政府、市投资促进服务中心、市经济和信息化局、市商务局、北京市税务局）

15. 助力自贸试验区实现更高水平园区开放。根据国家总体安排，实施自贸试验区跨境服务贸易特别管理措施（负面清单）。结合功能定位、区位条件和产业基础，推动有条件的自贸试验区组团更大力度探索 RCEP 中自然人移动、跨境交付等相关措施，支持自贸试验区围绕产业链核心环节和前沿领域，深化与 RCEP 成员国进行科技、数字经济等领域交流合作，推动重点产业链创新升级。推动自贸试验区组团在知识产权保护、投资争端解决、竞争中立等方面，率先与日本、韩国、新加坡等 RCEP 成员国高标准经贸规则相衔接，促进 RCEP 约束性条款加快落地实施，积极推动落实 RCEP 相关软性条款。（责任单位：市商务局，市科委、中关村管委会，市经济和信息化局，市知识产权局，市版权局，市中医局，市司法局，海淀区政府，昌平区政府，顺义区政府，朝阳区政府，通州区政府，大兴区政府，北京经济技术开发区管委会）

16. 增强综合保税区示范引领作用。支持 RCEP 中原产地规则、货物贸易、服务贸易等贸易便利化措施优先在综合保税区实施，推动综合保税区开展跨境贸易便利化标准化试点，争创跨境贸易创新措施先进标准。鼓励发展保税研发、保税展示、保税维修等保税服务，持续推进监管模式创新、业态创新、体制创新。（责任单位：市商务局、北京海关、天竺综合保税区管委会、大兴机场临空经济区管委会）

八、优化市场化、法治化、国际化营商环境

17. 强化知识产权运用保护。鼓励企业充分利用 RCEP 知识产权规则，借助我国与日本、韩国等国建立专利审查高速路契机，助推企业在区域内实现知识产权布局。落实 RCEP 中有关知识产权保护的有关措施，持续加强著作权、商标、专利、传统知识和民间文艺等知识产权制度建设。建立健全药品专利纠纷早期解决机制，切实落实针对侵害知识产权的惩罚性赔偿制度。支持建立涉外知识产权法律和案例数据库。发挥中关村知识产权交易服务平台等作用，引导我市外资外贸企业加强对知识产权规则和制度的学习运用。发挥国家海外知识产权纠纷应对指导中心北京分中心以及北京海外知识产权保护联盟等组织作用，为“走出去”企业提供海外知识产权纠纷应对指导和咨询服务，提高企业海外知识产权风险防范和纠纷应对能力。（责任单位：市知识产权局、市高级人民法院、市司法局、市发展改革委、市商务局、市市场监管局、市经济和信息化局）

18. 完善国际争端解决机制。建设完善多元化纠纷解决机制，强化诉讼与仲裁、调解、公证、行政复议、行政裁决等非诉讼方式有机衔接。积极吸引知名商事仲裁机构、国际商事调解组织等在京落地，充分发挥国际商事争端预防与解决组织作用，为企业提供“事前预防、事中调解、事后解决”全链条商事法律服务。鼓励RCEP成员国外籍调解员参与涉外纠纷解决。引导“走出去”企业在与RCEP成员国企业签署涉外合同时选择北京仲裁机构进行商事仲裁，并约定北京作为仲裁地。（责任单位：市司法局、市商务局、市贸促会、朝阳区政府）

19. 参与国际标准合作和转化。鼓励我市行业协会、企事业单位、检测机构深度参与国际标准化活动，积极参与关键领域国际标准制订和修订。开展国际标准化知识培训，提高企业国际标准化工作能力水平。在已确立国际标准的行业和领域，推动企业“对标达标”，提升我国标准与国际标准一致性，以先进标准促进质量提升。（责任单位：市市场监管局、市有关单位）

20. 维护公平竞争秩序。将“内外资一致性审查”纳入公平审查范围，确保支持企业发展的各项政策同等适用于外商投资企业。严格实施与RCEP强制性义务对应的国内法律法规规章。落实RCEP中小企业规则，支持外资企业、中小企业平等参与市场竞争、创新合作、标准制定、信息共享等。落实RCEP政府采购规则，有序推动我市政府采购透明度进一步提高。坚持对各类市场主体一视同仁、同等对待，营造公平、透明、可预期的投资政策环境，稳定市场主体预期。（责任单位：市市场监管局、市商务局、市经济和信息化局、市财政局、市发展改革委、市司法局、市有关单位）

21. 优化人才全流程服务体系。落实RCEP中涉及移民管理领域的相关承诺，为RCEP成员国高层次人才入境及停居留提供便利。对RCEP成员国商务访问者、公司内部流动人员、合同服务提供者、安装和服务人员及随行配偶和家属，在符合条件的情况下可获得一定停居留期限，享受签证便利。充分利用RCEP中关于专业资格互认和自然人临时移动的相关承诺，梳理RCEP成员国含金量高的职业资格，持续对《“两区”境外职业资格认可目录》进行升级完善，推进场景应用。（责任单位：市公安局、市政府外办、北京海外学人中心、市人力资源社会保障局）

22. 提升金融服务开放发展水平。落实RCEP金融服务、金融信息转移和处理等相关承诺，推动跨境金融业务创新发展。扩大跨境人民币结算规模，加强跨境金融区块链服务平台应用。提升外贸新业态新模式外汇收支便利化水平。引导银行结合外贸企业需求创新保单融资等产品。鼓励银行有针对性开展远期结售汇业务。发挥出口信用保险对融资的增信功能，优化外贸企业融资服务。进一步扩大小微企业出口信用保险覆盖面，推动“小微保单+单一窗口”的便利化模式。（责任单位：市金融监管局、人民银行营业管理部、北京银保监局、市商务局）

九、保障措施

23. 加强组织领导。市级有关部门和各区加强协作，在政策、资金、园区建设、服务等方面形成整体性、系统性的推进机制，合力推动RCEP落地实施。各口岸区域、自贸试验区组团、重点开放园区等要高度重视RCEP落地实施，形成齐抓共管的工作合力。（责任单位：市商务局、市有关单位、相关区政府）

24. 推动建设RCEP服务机构。为RCEP成员国企业提供企业投资、产业政策、信息查询等在内的“一站式”个性化服务。为北京企业提供以RCEP协定内容为主的关税筹划、供应链搭建等咨询服务。联合RCEP成员国知名商会或协会，开展协调沟通，推动RCEP城市间的贸易往来和投资合作。（责任单位：市投资促进服务中心、市委编办）

25. 加强宣传培训。持续开展RCEP规则“一国一策”跟踪与研究，走进重点园区、企业，持续开展特色化、定制化政策宣传和培训，帮助企业结合RCEP成员国特点和自身行业特征，提升对RCEP有关政策和优惠措施的理解和运用能力。市、区、重点园区每年培训企业不少于30场，参与企业数量不少于1000家。（责任单位：市商务局、市有关单位、相关区政府）

26. 健全开放安全保障体系。密切关注区域市场深度开放引发的贸易风险，发挥多主体协同作用，加强预警监测和法律服务。定期做好对RCEP成员国进出口监测分析。研究RCEP实施对我市产业链供应链、招商引资、产业海外布局等带来的竞争压力和冲击，提供境外投资和贸易风险指导，引导企业重视并防范RCEP“双刃剑”效应。依法运用贸易救济措施维护产业安全。探索研究本市贸易调整援助试点制度。完善京企“走出去”综合服务平台“风险预警”板块，增加针对准跨国公司的风险评估服务。（责任单位：市商务局、市发展改革委）

北京市商务局关于实施促进绿色节能消费政策的补充通知

京商消促字〔2022〕29号

各相关单位：

为进一步加快释放绿色节能消费潜力，助企纾困，适时新增一批参与企业，适当延长政策实施周期至10月，动态调整绿色节能消费券发放方式，满足消费者居家办公、品质生活需求，现将有关事项补充通知如下。

一、增加绿色节能消费券适用商品类别

增加绿色节能消费券适用商品至21类，包含手机、笔记本电脑、平板电脑、显示器、空气净化器、洗碗机、电视机、空调、电冰箱、洗衣机、热水器、微波炉、吸油烟机、燃气灶具、电饭锅、打印机、投影机、电风扇、坐便器、净水机、淋浴器。其中，手机厂商应通过工业和信息化部关于智能手机绿色设计相关评审或项目验收，手机产品符合GB/T 26572—2011电子电气产品中限用物质限量要求，且经北京市经济和信息化局认定的品牌和型号。

二、动态调整绿色节能消费券发放方式

政策实施期间，在参与企业自有的线上平台，发放绿色节能消费券。在京消费者每月在同一参与企业的线上平台可领取1份券包，包含8张消费券，总金额1500元，分别是2张50元券（消费满500元可用）、2张100元券（消费满1000元可用）、2张200元券（消费满2000元可用）、2张400元券（消费满4000元可用），当月领取的消费券当月有效。

本文件自发布之日起执行，《北京市商务局关于实施促进绿色节能消费政策的通知》（京商消促字〔2022〕24号）中相关内容与本文件不一致的，以本文件为准。

北京市商务局关于补充征集2022年度促进绿色节能消费政策参与企业的公告

各相关企业：

为应对疫情影响，稳定消费市场，助企纾困，现就2022年促进绿色节能消费政策参与企业的补充征集工作有关事项公告如下：

一、征集对象

在北京市登记注册、具有独立法人资格并统一收银的实体商业零售企业和电子商务企业。

二、申报条件

1. 申报企业应销售绿色节能消费券适用商品，与政府按照3∶2的比例共同承担绿色节能消费券资金，让利消费者。

2. 申报企业应为限额以上纳统零售企业，经营状况良好，财务管理制度健全。

3. 具有稳定的自营线上平台发放和核销绿色节能消费券。

4. 家居建材零售企业在京直营门店不少于3家；超市在京直营门店不少于10家；家电零售企业在京直营门店不少于20家；百货及购物

中心不受直营门店数量限制。

5. 电子商务企业应通过自建独立网站从事自营类商品销售。

6. 具备完善的配送、安装、调试、维修等售后服务体系。

7. 企业近三年内在工商、税务等方面无重大违法违规记录。

有下列情形的企业，不支持参与绿色节能消费券的发放：纳入全市联合惩戒“黑名单”的；纳入北京市商务领域不良信用记录名单，受到“不予支持”信用惩戒的；经市商务局审议其他不予支持的。

三、企业申报材料

企业申报材料一式五份，按顺序装订成册，加盖单位公章（全套申报材料需扫描电子版一并提交）。申报材料不予退回。

1. 申请表。

2. 营业执照、法定代表人身份证和银行开户许可证复印件；企业简介及银行资信等相关材料；企业在京直营门店目录及直营门店营业执照复印件（电子商务企业不需提供）；企业2020年度和2021年度财务报表。

3. 企业2020—2021年绿色节能商品销售情况表。

4. 企业参与促进绿色节能消费政策适用商品销售管理制度和适用商品报备表。

5. 企业参与促进绿色节能消费政策的实施方案；企业疫情防控应急预案；企业风险防控方案，包括线上线下销售企业防范“羊毛党”“黄牛党”恶意刷单或套现的具体方案和线上平台的风险防控方案。

6. 企业2022年1—4月累计零售额增速、工业产值等支撑材料。

四、申报流程

（一）企业申报

符合条件的企业自愿申报，于2022年6月30日前向市商务局提交申报材料，纸质版（五份）邮寄至北京市商务局消费促进处（通信地址：北京市通州区运河东大街57号院5号楼518室；电话55579352），电子版发送至peiang@sw.beijing.gov.cn逾期未送达不予受理。

（二）部门审核

市商务局对申报企业资料进行审核，由市商务局择优确定参与企业，并将参与企业名单向社会公示。补充征集的参与企业资格有效期与2022年促进绿色节能消费政策实施周期一致。

特此公告。

北京市商务局关于申报2022年度商业流通发展项目的通知

京商财务字〔2022〕10号

各区商务局、北京经济技术开发区商务金融局，市属国有企业集团、总部企业、有关单位：

为进一步增强消费动力，提升开放水平，改善民生品质，聚焦创新发展，优化营商环境，全面推动北京商务高质量发展。根据《北京市商务委员会 北京市财政局关于印发〈北京市商业流通发展资金管理暂行办法〉的通知》（京商务财务字〔2017〕47号）及《北京市商务局 北京市财政局关于〈北京市商业流通发展资金管理暂行办法〉的补充通知》（京商财务字〔2019〕7号），现将申报2022年度商业流通发展项目的有关事项通知如下。

一、支持方向和重点

主要支持9个方向，重点支持商务发展领域内符合首都城市战略定位的促消费、稳增长项目；促进生活性服务业品质提升，推动商业便民利民发展项目；创新现代流通方式，推动流通产业结构调整项目等。优先支持符合政策的公共平台建设和典型示范类项目。对符合标准和要求的项目采取项目补助、以奖代补等形式给予支持。

二、申报条件

（一）在北京地区注册且具有独立法人资格，从事商贸流通业经营、服务、管理的企业、机构、经济组织等单位。

（二）项目申报单位经营状况良好，财务管理制度健全。

（三）申报项目能够按计划实施。

（四）项目获得中央财政资金支持或其他市级财政资金支持的不得重复申报。

（五）有下列情形的不予支持：列入《北京市新增产业的禁止和限制目录》禁止类和限制类范围的；纳入全市联合惩戒“黑名单”的；纳入北京市商务领域不良信用记录名单，受到“不予支持”信用惩戒的；经审议其他不予支持的。

（六）除上述申报条件外，各申报指南中有明确要求的应从其要求。

三、申报材料要求

（一）项目申报书；

（二）项目已发生费用明细表；

（三）项目申报单位承诺书；

（四）2022年商业流通发展项目申报情况表；

（五）项目单位法人证明文件复印件（营业执照副本、统一社会信用代码证书、法定代表人身份证明等）；

（六）项目单位近三年财务报表（资产负债表、损益表、现金流量表）；

（七）升级改造类项目应提供改造前后的对比资料；

（八）其他与项目相关的材料。

除上述材料外，各申报指南中有明确材料要求的还应一并提供。项目申请材料一式两份，应按顺序装订成册，并加盖单位公章。项目申报材料不予退回。

四、申报流程

（一）项目申报。自通知发布之日起，项目

申报单位根据隶属关系将申报材料报各区商务局、北京经济技术开发区商务金融局、市属国有企业集团或总部企业。

（二）项目审核。按照隶属关系，由各区商务局、北京经济技术开发区商务金融局、市属国有企业集团和总部企业对申报项目进行初审，汇总通过初审的项目填列《商业流通发展项目初审情况汇总表》后报市商务局进行复审。

五、申报时限

凡符合申报条件的企业可于通知发布之日起申报项目，市商务局将根据申报项目内容择优予以支持。为提高项目申报、审核效率，各区商务局、北京经济技术开发区商务金融局、市属国有企业集团和总部企业于2022年7月15日前汇总上报第一批项目，年中收到项目及时审核上报，并于2022年12月20日前汇总上报最后一批项目（新建基本便民商业网点、便民服务设施及促进餐饮业发展项目按申报指南要求申报时限上报）。

六、工作要求

（一）各项目申报单位应确保申报材料真实、准确、完整，保证项目各项建设手续合规、按时间进度推进。对于伪造、提供虚假材料的项目申报单位，按《北京市商务领域不良信用记录名单管理办法（试行）》规定进行处理。

（二）各初审单位应积极组织项目申报，切实做好指导与审核，严格把关，按照规定程序做好相关工作。应加强对已支持项目的后续指导和跟踪监管，确保项目实施效果，充分发挥财政资金使用效益。

（三）获得财政资金支持的项目单位应积极配合相关监督检查、审计等工作。项目单位收到财政资金后，应按照《财政部关于印发修订〈企业会计准则第16号——政府补助〉的通知》（财会〔2017〕15号）相关规定进行账务办理，相关法律法规另有规定的从其规定。对支持企业发展类项目，项目单位自获得支持资金之日持续经营时间不得少于1年，如有违反，原则上应退回相应支持资金。

（四）对于截留、挪用、骗取财政资金等违法行为，依照《财政违法行为处罚处分条例》（国务院令第427号，根据2011年国务院令第588号修订）等有关规定进行处理处罚。构成犯罪的，依法移交司法机关追究其刑事责任。

七、其他事项

（一）具体支持内容及咨询电话，详见附件1—9。

（二）市商务局对本通知负责解释。

（联系人：财务处　邵婷；联系电话：55579333）

北京市商务局等 7 部门印发《北京市关于鼓励汽车更新换代消费的方案》的通知

京商流通字〔2022〕14 号

各相关单位：

为贯彻落实《北京市统筹疫情防控和稳定经济增长的实施方案》，促进本市汽车消费增长，优化本市汽车结构，鼓励本市乘用车置换新能源小客车，市商务局、市财政局等 7 部门联合制定了《北京市关于鼓励汽车更新换代消费的方案》。现予以印发，请认真执行。

特此通知。

北京市商务局
北京市经济和信息化局
北京市财政局
北京市生态环境局
北京市市场监督管理局
国家税务总局北京市税务局
北京市公安局公安交通管理局
2022 年 6 月 26 日

北京市关于鼓励汽车更新换代消费的方案

为贯彻落实《北京市统筹疫情防控和稳定经济增长的实施方案》，促进本市汽车消费增长，优化本市汽车结构，鼓励本市乘用车置换新能源小客车，特制定本方案。

本方案所称乘用车是指在本市登记注册 1 年以上的燃料种类为汽油、柴油、燃气、混合动力以及纯电驱动的小型、微型客车；新能源小客车是指小型、微型纯电驱动载客汽车。

一、补贴对象及标准

（一）补贴对象为同时满足以下条件的消费者

1. 自然人车主。

2. 2022 年 6 月 1 日 0 时至 2022 年 12 月 31 日 24 时期间，报废或转出本市注册登记在本人名下 1 年以上的乘用车，在本市汽车销售企业新购新能源小客车，开具《机动车销售统一发票》，并在 2023 年 2 月 28 日前完成新购新能源小客车上牌手续。

3. 报废或转出本市时间以公安交通管理部门提供的车辆档案注销或转出时间为准，购买新能源小客车时间以《机动车销售统一发票》开具时间为准，新购新能源小客车上牌时间以公安交通管理部门提供的新车注册登记时间为准。

（二）补贴标准及补贴方式

补贴标准按照转出本市或报废的乘用车类型（新能源小客车和其他乘用车）和新购置车辆销售价格划分。以转账方式发放到符合补贴条件的对象银行账户上。

乘用车置换新能源小客车补贴标准

（单位：元／车）

转出或报废乘用车种类	2022年6月1日至12月31日
新能源小客车	8000
使用1—6年其他乘用车	8000
6年（含）以上其他乘用车	10000

二、办理时限

补贴适用时间：2022年6月1日0时至2022年12月31日24时期间。

符合补贴条件的对象，于2022年7月1日0时至2023年2月28日24时期间，通过第三方交易办理平台进入申报系统，清晰、完整、准确填报相关信息和提交申报补贴材料。若逾期未申报、申报材料不齐全、申报材料不清晰的，均不予受理。

车主申请政府补贴的截止时间为2023年2月28日24时，如确需更改车辆信息、银行账号信息的，办理政府补贴的截止日期为2023年3月31日，逾期将不予补贴。

三、申报材料

（一）上传车主身份证正反面照片；

（二）上传新购新能源小客车的《机动车销售统一发票》照片；

（三）上传新购新能源小客车行驶证照片；

（四）上传报废或转出本市乘用车行驶证照片，确实无法上传行驶证照片的，需要填报车辆号牌号码和车架号；

（五）上传车主的有效银行卡账号面照片。

四、具体流程

（一）由第三方交易办理平台提供相关服务

政府委托第三方机构（北京绿色交易所）搭建交易办理平台，设立网络信息管理系统。根据授权，由第三方机构审核乘用车报废或转出信息，以及新能源小客车销售及注册登记信息，通过第三方交易办理平台为符合条件的车主办理政府补贴相关手续。

（二）补贴申请流程

1. 车主报废或转出本市乘用车并完成新能源小客车购置手续。

2. 车主通过第三方交易办理平台（网站、手机App、微信小程序等）填报相关信息和上传相关材料照片。

3. 第三方交易办理平台对申请材料进行审核，政府部门监督审核。

4. 市商务局会同相关部门完成审核后，按规定拨付政府补贴资金。

五、职责分工

成立我市汽车更新换代工作市级专班，各责任单位安排一名副处长以上专班成员，专班办公室设在市商务局，负责部署推动和统筹协调全市汽车更新换代专项工作。各成员单位的具体职责是：

市商务局负责旧乘用车置换新能源小客车补贴发放的组织协调工作，全程监督管理第三方交易办理平台工作，做好汽车消费数据统计分析。按照预算管理相关规定，做好汽车消费补贴资金的预算申报、执行工作。分批次将各区应负担资金数据书面报市财政局。

市经济和信息化局负责推进本市乘用车生产企业积极参与置换新能源车工作，统筹推动本市新能源车产业发展；推动汽车工业产业结构调整，监测、分析汽车产业经济运行态势。

市财政局负责政府补贴资金筹措，研究确定市、区两级补贴资金结算方式，按照市商务局提供的数据与各区清算资金。

市生态环境局负责统计存量车淘汰置换新能源车数据，评估促进机动车污染物减排环境效益。

市市场监督管理局负责依法查处新车及二

手机动车交易行为，加强对新车及二手车交易市场交易秩序的监管，指导新车及二手机动车交易市场提供优质高效服务。

北京市税务局负责监督审核本市汽车销售企业新能源小客车销售发票信息，核实新能源小客车开票价格和日期。

市公安局公安交通管理局负责乘用车报废、转出和新能源小客车注册登记等与补贴相关信息的核实与查询，统计报废和转出及更新相关数据，监督补贴车辆审核情况。

各区政府、北京经济技术开发区管委会按规定负担区级补贴资金，协助市级部门落实二手乘用车报废更新、新能源汽车销售、政府补贴发放等相关工作。

六、工作要求

（一）各相关单位要按照职责分工，密切配合，通力协作，及时解决工作中遇到的各种问题，监督指导政策稳定运行。

（二）各区政府要组织推动本行政区域乘用车置换新能源小客车，宣传动员车主及时淘汰乘用车。

（三）第三方交易办理平台要按照公开、公平、公正原则，不断优化交易办理平台工作程序，及时总结经验，提高服务质量。

（四）利用各类媒体，广泛开展宣传，让社会充分了解方案内容。

北京市商务局印发《关于跨国公司地区总部认定事项告知承诺制度的实施意见（修订）》的通知

京商总部字〔2022〕8号

各相关单位：

为贯彻落实《北京市优化营商环境条例》，按照《北京市人民政府关于印发〈北京市促进总部企业高质量发展的相关规定〉的通知》（京政发〔2021〕3号）和《北京市政务服务事项告知承诺审批管理办法》（京审改办发〔2020〕1号）要求，我局对现有文件进行了修订，形成了《关于跨国公司地区总部认定事项告知承诺制度的实施意见（修订）》。现印发给你们，请认真贯彻落实。

特此通知。

北京市商务局

2022年6月28日

关于跨国公司地区总部认定事项告知承诺制度的实施意见（修订）

为贯彻落实《北京市优化营商环境条例》要求，深化"放管服"改革，依据《北京市政务服务事项告知承诺审批管理办法》（京审改办发〔2020〕1号）要求，现就跨国公司地区总部认定事项实行告知承诺制度，制定本意见。

一、告知承诺的含义

本意见所称告知承诺，是指由市商务局一次性告知申请人事项办理的标准、申请材料、需要履行的法律责任，申请人以书面形式承诺其符合办理条件，并承担相应违反承诺的后果，市商务局对符合要求的直接作出同意的方式。申请人可选择告知承诺方式办理，也可选择一般方式办理。

二、办理事项与条件

（一）跨国公司地区总部认定

同时符合下列条件的，可申请认定为跨国公司地区总部：

1. 具有独立法人资格的外商投资企业；

2. 境外母公司资产总额不低于2亿美元；

3. 境外母公司在京累计实缴注册资本总额不低于1000万美元。

（二）跨国公司地区总部更换确认证书

有下列情形之一的，需更换跨国公司地区总部确认证书：

1. 跨国公司地区总部名称信息变更；

2. 确认证书有效期到期。

（三）跨国公司地区总部确认证书注销

跨国公司在京设立的企业注销、被并购或迁往京外地区的，需注销跨国公司地区总部确认证书。

三、办理流程和方式

企业可通过首都之窗网上提交材料或通过

北京市政务服务大厅现场提交材料。

（一）一般方式

按一般方式办理跨国公司地区总部认定事项，符合要求的办理时限为3个工作日；办理跨国公司地区总部更换确认证书、跨国公司地区总部确认证书注销，符合要求的办理时限为2个工作日。通过网上或政务服务大厅现场提交材料的，办理时限相同。

1. 提交申请。申请人提交申报材料，材料齐全的予以受理，材料不齐全的退回。

2. 审查与决定。市商务局对申请人提交的材料进行审查，对申报材料齐全、内容完整、符合要求的予以认定。

3. 颁证与送达。推行电子确认证书，对经认定的制发电子《跨国公司地区总部确认证书》（如必要，可通过邮寄方式送达纸质确认证书或申请人到北京市政务服务大厅领取纸质确认证书）。更换确认证书或确认证书注销的，原纸质确认证书收回或电子确认证书作废。

（二）告知承诺方式

按告知承诺方式办理跨国公司地区总部认定、更换确认证书、确认证书注销事项，通过北京市政务服务大厅现场提交材料的，符合要求的当场制发确认证书或办理注销手续，对网上提交材料的，办理时限不超过0.5个工作日。

1. 提交申请。申请人提交申报材料及办理事项的《告知承诺书》。

2. 作出决定。对申请人现场提交的材料进行审查，符合要求的予以受理，当场作出同意决定，并制发《跨国公司地区总部确认证书》或办理换证、注销手续；不符合要求的，不予受理并告知理由。

四、申报材料

（一）跨国公司地区总部认定

1. 承担地区总部职能的企业法定代表人签署的申请书（境外母公司基本情况、在华投资情况及累计实缴注册资本总额、母公司在中国投资企业的组织架构图、申请企业简介及申请事项等）（纸质原件1份）；

2. 承担地区总部职能的说明材料（纸质原件1份）；

3. 境外母公司出具的资产情况说明材料（纸质原件1份，如为外文的，须一并提供翻译件）。

按照一般方式办理的提供以上申报材料，按照告知承诺方式办理的还需提供《跨国公司地区总部认定告知承诺书》。

（二）跨国公司地区总部更换确认证书

1. 跨国公司地区总部更换确认证书申请书（申请企业简介、认定时间、申请事项等）；

2. 原跨国公司地区总部纸质确认证书（持有电子确认证书的无需提供）。

按照一般方式办理提供以上申报材料，按照告知承诺方式办理还需提供《跨国公司地区总部更换确认证书告知承诺书》。

（三）跨国公司地区总部确认证书注销

1. 确认证书注销申请书（包括认定时间、申请事项等）；

2. 原跨国公司地区总部纸质确认证书（持有电子确认证书的无需提供）。

按照一般方式办理提供以上申报材料，按照告知承诺方式办理还需提供《跨国公司地区总部确认证书注销告知承诺书》。

五、日常监管

1. 市商务局做出行政确认后3个月内对企业提供的材料进行全覆盖核查，制作工作记录，补充到企业档案中；经核查材料需要完善的，通知企业修改补充。

2. 通过核查发现申请人实际情况与承诺内容不符的，市商务局书面通知企业整改。

3. 对未履行承诺的行为区分情况依法处理。轻微违诺失信的，10 个工作日内整改并提交整改报告。一般违诺失信的，30 个工作日内整改并提交整改报告，逾期不整改或整改后仍未达到条件的，撤销《跨国公司地区总部确认证书》。严重违诺失信的，直接撤销《跨国公司地区总部确认证书》。

六、信用监管及惩戒措施

（一）未履行承诺行为分类

核查情况纳入北京市公共信用信息服务平台，实行差异化信用管理。未履行承诺行为分为轻微违诺失信、一般违诺失信和严重违诺失信三种情形。

轻微违诺失信，是指因无故提供材料不齐全或信息不准确等行为。一般违诺失信，是指提供材料与事实有出入或条件不符等行为。严重违诺失信，是指提供虚假材料、逾期不整改、整改后仍达不到要求等行为。

一年内，申请人办理跨国公司地区总部认定事项发生轻微违诺失信行为累计三次以上（含）的，按一般违诺失信情节处理；申请人办理跨国公司地区总部认定事项发生一般违诺失信行为累计两次以上（含）的，按严重违诺失信情节处理。

（二）惩戒措施

轻微违诺失信行为信息纳入北京市公共信用信息服务平台，只记录不公示。

一般违诺失信行为信息纳入北京市公共信用信息服务平台，并对外公示，公示期最短为一个月，最长为六个月。

严重违诺失信行为信息纳入北京市公共信用信息服务平台，并对外公示，公示期最短为六个月，最长为一年。公示期届满的违诺失信信息不再公示，未履行违诺失信惩戒的除外。

（三）失信修复

申请人可以采取作出信用承诺、完成信用整改等方式进行信用修复。有关政府部门可以视情况将公示期相应缩短 1—6 个月。对于完成信用修复的，有关政府部门应当及时停止公示其失信信息，并将违诺主体信用修复信息纳入北京市公共信用信息服务平台。

七、申诉渠道

申请人对确认过程及决定存在异议的，可以向市商务局进行咨询和投诉，也可以通过 12345 服务热线电话、部门电话、政府网站等途径进行咨询或投诉。

申请人认为北京市公共信用信息服务平台记载的申请人违诺失信信息与事实不符或者依法不应当公开的，可以向市经济和信息化部门书面提出异议申请，并提供相关证明材料。

八、生效时间

本意见自公布之日起实施。《关于印发〈关于跨国公司地区总部认定事项告知承诺制度的实施意见（试行）〉的通知》（京商总部字〔2021〕4 号）同时废止。

北京市商务局等7部门关于印发《北京市促进离岸贸易创新发展的若干措施》的通知

京商运指字〔2022〕1号

各区人民政府、北京经济技术开发区管委会，市发展改革委、市经济和信息化局、市市场监管局，市投资促进服务中心，北京海关、北京市税务局、北京银保监局，各有关企业：

为贯彻落实《国务院印发关于推进自由贸易试验区贸易投资便利化改革创新若干措施的通知》（国发〔2021〕12号）、《国务院办公厅关于加快发展外贸新业态新模式的意见》（国办发〔2021〕24号）、《国务院办公厅关于做好跨周期调节进一步稳外贸的意见》（国办发〔2021〕57号）要求，释放新型贸易方式潜力，提升贸易自由化便利化水平，稳步推进本市离岸贸易发展，市商务局、人民银行营业管理部、北京外汇管理部、市金融监管局、市人才局、市财政局与市科委、中关村管委会联合制定了《北京市促进离岸贸易创新发展的若干措施》，现印发给你们，请遵照执行。

特此通知。

北京市商务局
中国人民银行营业管理部
国家外汇管理局北京外汇管理部
北京市地方金融监督管理局
北京市人才工作局
北京市财政局
北京市科学技术委员会、中关村科技园区管理委员会
2022年6月29日

北京市促进离岸贸易创新发展的若干措施

为贯彻落实《国务院印发关于推进自由贸易试验区贸易投资便利化改革创新若干措施的通知》（国发〔2021〕12号）、《国务院办公厅关于加快发展外贸新业态新模式的意见》（国办发〔2021〕24号）、《国务院办公厅关于做好跨周期调节进一步稳外贸的意见》（国办发〔2021〕57号）要求，释放新型贸易方式潜力，提升贸易自由化便利化水平，稳步推进本市离岸贸易发展，制定本措施。

一、建立离岸贸易协调工作机制

将离岸贸易创新发展纳入“两区”国际商务服务协调工作组工作范畴，对离岸贸易创新发展、平台建设、配套服务、结算融资便利化、风险防控等加强统筹，对重点项目、重大问题、特殊诉求加强协调，重点支持基于实体经济创新发展、提升产业链供应链完整性和现代化水平而开展的离岸贸易。对企业的离岸贸易差异化、复杂化特殊业务需求以及银行办理离岸贸

易相关业务的信息不对称、融资产品不够丰富等难点，以专题研究方式为其提供针对性解决方案，持续提升贸易便利化水平。（责任单位：市商务局，人民银行营业管理部，北京外汇管理部，北京银保监局，市金融监管局，市财政局，市科委、中关村管委会，北京市税务局，市人才局，有关区政府、北京经济技术开发区管委会，有关商业银行）

二、推进跨境结算便利化和融资便利化

（一）提高诚信合规企业贸易结算便利化水平。鼓励银行优化离岸转手买卖业务审核流程，为具备真实业务需求、诚信合规企业开展离岸贸易业务提供跨境资金结算便利；为诚信合规企业举办离岸贸易业务专项培训及人才政策宣讲，提高企业业务熟练度和政策知晓度。（责任单位：市商务局，人民银行营业管理部，北京外汇管理部，市科委、中关村管委会，北京市税务局，市人才局，有关商业银行）

（二）提高银行展业能力。支持银行基于客户信用分类及业务模式制定业务规范，细化审核标准、优化审核流程、完善内部管理，提高审核效率；支持银行按照“实质重于形式”的要求，根据展业原则，自主决定审核交易单证的种类，探索制定标准化的离岸贸易跨境资金结算流程；加大对银行培训力度，培养离岸贸易人才团队，打造专业化的骨干队伍，提升服务水平。（责任单位：人民银行营业管理部、北京外汇管理部、北京银保监局、市商务局、市金融监管局，有关商业银行）

（三）为企业提供离岸贸易融资便利。支持银行在风险可控的前提下，对离岸贸易企业提供更为丰富的融资产品，为企业离岸贸易业务提供专项融资支持。（责任单位：北京银保监局、市金融监管局，有关商业银行）

（四）搭建公共信息服务平台。支持自贸试验区搭建离岸贸易交易背景核验的公共信息服务平台，逐步提供海运或航空物流信息、国际仓单信息、港口装卸数据、海关数据、企业基本信息、信用状况等数据，助力银行审核运输单据和开展尽职调查，辅助银行甄别离岸贸易交易的真实性、合理性和逻辑性。（责任单位：大兴区政府，市商务局、人民银行营业管理部、北京外汇管理部、市经济和信息化局、北京海关、北京市税务局、市市场监管局、市投资促进服务中心，有关商业银行）

三、完善监管保障措施

（一）建立灵活精准的合议审核机制。对企业真实合法的离岸贸易特殊业务需求，由“两区”国际商务服务协调工作组组织合议，按照“鼓励创新、防范风险”的原则，开展个案分析，审议研判方案，解决企业诉求，探索离岸贸易真实性管理创新。（责任单位：市商务局，人民银行营业管理部，北京外汇管理部，北京银保监局，市金融监管局，市财政局，市科委、中关村管委会，北京市税务局，市人才局，有关区政府、北京经济技术开发区管委会，有关商业银行）

（二）完善离岸贸易统计体系。在公共信息服务平台的基础上，增加和整合数据资源，推动数据共享，建立离岸贸易统计分析制度，为决策提供参考。（责任单位：市商务局、人民银行营业管理部、北京外汇管理部、市经济和信息化局、北京海关、市市场监管局、北京银保监局、市金融监管局，大兴区政府，有关商业银行）

四、强化离岸贸易要素保障

（一）加大财政支持力度。统筹利用外经贸资金，优化支出结构，对基于实体经济创新发展、提升产业链供应链完整性和现代化水平而开展离岸贸易的企业，符合条件的给予奖励。

鼓励有条件的区对离岸贸易企业落地及业务开展给予一定专项奖励。（责任单位：市商务局、市财政局，有关区政府、北京经济技术开发区管委会）

（二）落实税收优惠政策。支持存在大量实质性离岸贸易业务的企业按相关规定申请认定技术先进型服务企业，享受相关税收优惠政策。（责任单位：市科委、中关村管委会，市财政局，北京市税务局，市商务局，市发展改革委）

（三）加大贸易人才引进力度。将高端贸易人才纳入紧缺急需人才遴选引进范围，经市级有关部门推荐的符合人才引进标准的贸易人才，可申请办理人才引进落户。（责任单位：市人才局、市商务局）

五、促进离岸贸易创新发展

（一）设立离岸贸易创新发展集聚区。支持自贸试验区围绕离岸贸易产业链条，为离岸贸易企业提供较为齐全的优质配套服务和创新政策支持，集聚一批与境外经贸往来较密切的大型企业、一批具有跨境资金结算先进经验的银行等金融机构、一批与离岸贸易相关的配套服务机构。支持开展能源、金属等大宗商品离岸贸易。（责任单位：西城区政府、朝阳区政府、海淀区政府、丰台区政府、通州区政府、昌平区政府、大兴区政府、北京经济技术开发区管委会，市商务局）

（二）支持自贸试验区建立离岸贸易服务中心。为企业提供政策咨询、诉求协调、业务培训、金融法律等服务，为银行提供数据支撑。（责任单位：朝阳区政府、海淀区政府、大兴区政府等）

（三）支持离岸贸易总部企业发展。鼓励符合条件的外商投资离岸贸易企业申请认定为跨国公司地区总部。鼓励其他符合条件的离岸贸易企业纳入行业示范总部企业管理。按照规定给予离岸贸易总部企业相关配套政策支持。（责任单位：市商务局，有关区政府、北京经济技术开发区管委会）

六、加强离岸贸易风险防范

实施综合监测管理，加强商务、人民银行、外汇管理、税务等部门的协同配合，提升跨部门联合监测能力，拓宽离岸贸易监管方式，防范虚假或构造交易、骗取融资等异常行为，做好风险防范。（责任单位：市商务局、人民银行营业管理部、北京外汇管理部、北京市税务局、北京银保监局、市金融监管局，有关商业银行）

北京市商务局等12部门关于印发《加快建设一刻钟便民生活圈　促进生活服务业转型升级的若干措施》的通知

京商生活字〔2022〕37号

各区政府、北京经济技术开发区管委会，各有关单位：

为落实商务部等12部门《关于推进城市一刻钟便民生活圈建设的意见》，推动我市生活服务业转型升级，特制定《加快建设一刻钟便民生活圈　促进生活服务业转型升级的若干措施》，经市委市政府同意，现印发给你们，请结合实际贯彻落实。

北京市商务局
北京市规划和自然资源委员会
北京市住房和城乡建设委员会
北京市市场监督管理局
北京市人民政府国有资产监督管理委员会
北京市人民防空办公室
北京市消防救援总队
北京市民政局
北京市城市管理委员会
北京市城市管理综合行政执法局
北京市地方金融监督管理局
北京市人力资源和社会保障局
2022年7月5日

加快建设一刻钟便民生活圈　促进生活服务业转型升级的若干措施

为落实商务部等12部门《关于推进城市一刻钟便民生活圈建设的意见》，结合实施城市更新和“疏解整治促提升”专项行动，推动我市生活服务业转型升级，满足市民日益增长的美好生活需要，助力北京国际消费中心城市和国际一流的和谐宜居之都建设，制定如下措施。

一、工作目标

统筹疫情防控和生活服务业转型升级，筑牢疫情防控屏障，助企纾困发展、激发社区商业活力。准确把握生活服务业的商业性和普惠性双重属性，坚持政府引导、市场主导、行业自律，按照拓展空间、丰富业态、提升品质、优化监管的思路，巩固蔬菜零售、便利店（社区超市）、早餐、家政、美发美容、末端配送（快递柜）、便民维修、洗染等8项基本便民服务功能全市社区全覆盖成果，强化城乡统筹，精准补建综合超市、药店、前置仓等基本保障类业态，丰富发展特色餐饮、蛋糕烘焙、茶饮咖啡、新式书店、养老康护等品质提升类业态。到2025年，全市实现一刻钟便民生活圈全覆盖，落地2000个以上国内外生活服务业品牌首店，培育5万家以上生活服务业数字化门店，形成多元化、多样化、覆盖城乡的生活服务体系。

二、重点任务和措施

（一）拓展空间，优化便民商业服务设施布局

1. 坚持规划引领、顶层设计、因地制宜。将一刻钟便民生活圈纳入全市商圈布局专项规划，明确便民商业设施配置内容、配置标准和相关要求。各区在街区（镇区）控制性详细规划编制中，落实全市规划和相关标准，因地制宜确定便民商业设施规模、布局、业态结构，与居民数量、消费习惯、经济水平等要素相适应。支持街道（乡镇）与专业机构合作，优化辖区内业态布局和空间利用，促进商居和谐。

2. 健全商业服务设施全过程监管机制。各区落实《北京市居住公共服务设施配置指标》（京政发〔2015〕7号），并根据全市指标调整动态更新、落实。已建居住区按照“缺什么补什么”原则精准补建便民商业服务设施，新建居住区落实商业和综合服务设施面积占总建筑面积的比例不低于10%的要求，优先发展“一站式”生活服务综合体。完善多部门联合管理机制，力争全市实现便民商业服务设施规划设计、建设、验收、销售、转让、后期使用等全链条监管。

3. 结合城市更新行动利用腾退空间和地下空间。坚持防疫优先、安全使用、差别利用原则，落实腾退地下空间管理和使用指导意见。各区摸底、梳理国有产权或国有主体为第一承租人的空间资源，建立台账和管理机制，引导市场主体建设、运营便民商业服务设施，防止违规长租、层层转租。老旧小区锅炉房（含煤场）、自行车棚等闲置空间，经业主共同决定可用于补建便民服务设施，涉及临时改变建筑使用功能，需办理施工、消防等手续的，由区规划自然资源部门出具建筑功能转换规划意见。推进老旧厂房、老旧楼宇更新利用，涉及改变使用性质、翻建改建的报经区政府同意后实施。

4. 挖掘交通场站、公园、园区等空间资源。交通、国资、园林、体育、园区管理机构等部门和公交、地铁等公共服务企业，梳理、开放所属空间资源，布设便利店（社区超市）等便民商业服务设施。发布标准规范，因地制宜投放厢（柜）式智能便利设施、移动餐饮售卖车、蔬菜直通车、无人智能售卖车等移动便民商业服务设施。

（二）丰富业态，完善城乡生活服务体系

5. 巩固提升基本保障类业态。实施“X+早餐”计划，支持蔬菜零售、便利店（社区超市）等搭载早餐。推动200个以上菜市场转型升级，实现“颜值”“内涵”双提升，为邻里提供社交服务和互动空间。将蔬菜零售、便利店（社区超市）、早餐、综合超市、药店、前置仓、菜市场等纳入全市促进生活服务业发展项目资金支持范围，各区出台相应资金支持政策，形成市区合力。畅通“平战转换”机制，提升企业应急保障能力，发挥一刻钟便民生活圈在疫情防控中的保供稳价作用。

6. 丰富发展品质提升类业态。利用促消费奖励资金、首店项目资金等各类资金，发展特色餐饮、蛋糕烘焙、茶饮咖啡、新式书店、休闲娱乐等品质提升类业态。完善就近精准居家养老服务体系，加强智慧助老技能培训。拓展智能体验，鼓励应用5G、大数据、人工智能、物联网等技术，发展无接触交易、智能结算、网订店取、自助售卖等创新模式。

7. 推广跨界融合搭载。推进“一店多能”，简化经营范围增项手续，搭载书报经营、针头线脑、打印复印、应急充电、代扣代缴、代收代发、休息如厕、小额存取等服务，实现高、低消费频次服务业态有机融合、集约布局。各区引导区域内房产中介、银行、外卖快递点等

连锁门店提供多元化、规范化便民服务，丰富便民服务载体。各区建设集蔬菜零售、便利店（社区超市）、餐饮、养老康护、幼儿托管等于一体的生活服务综合体。允许有条件的社区有序开展旧货交易活动，便利居民家庭闲置物品交换、流通，促进绿色、低碳消费。

8. 健全农村便民服务网络。盘活供销社农村闲置商业设施，利用乡（镇）、村集体闲置用房，改建为搭载多种便民服务功能的便民店或便民综合服务中心。强化资金、金融支持，引导品牌连锁企业、电商平台企业新建或规范提升农村便民店，2022 年试点铺设不少于 100 个网点，2025 年推广覆盖全部千人以上行政村。推进电商进农村，完善农村电子商务和快递物流配送体系。

（三）提升品质，加强高水平生活服务供给

9. 开展生活服务业数字化升级行动。持续完善我市一刻钟便民生活圈动态地图，利用大数据、智能算法等监测、分析生活服务业供需状况。“一业一策”推进蔬菜零售、便利店（社区超市）、餐饮、家政、美发美容等行业数字化升级行动，围绕获客引流、收银运营、选品物流、会员管理、优化供应链等全链路拓展数字化应用能力。支持互联网平台降低商户运营成本，利用培训课程、信息、流量等数字化工具为便民网点、特色小店赋能。

10. 培育生活服务业品牌。完善养老、健康、体育、家政、文化、旅游等领域服务标准体系和行业规范，树立一批示范性品牌企业。支持北京老字号守正创新、转型升级，提升规范化、连锁化、智能化水平。通过平台孵化、资本孵化等形式，助力优质生活服务类特色小店发展，培育壮大一批具有竞争力的北京生活服务业品牌，满足居民多样化、品质化消费需求。

11. 提升“北京服务”影响力。落实提高商业服务业服务质量实施方案，制定完善餐饮、家政、美发美容、洗染等行业服务质量规范，强化宣贯培训。组织“诚信兴商”系列活动，加强行业自律，营造放心、舒心消费环境。完善无障碍设施和母婴设施等，保留现金、银行卡等传统支付方式和面对面人工服务，提升便民服务温度。开展商业服务业服务质量评价，提升“北京服务”品质。

（四）深化“放管服”改革，简化流程、优化服务

12. 便利注册登记。利用多种空间资源建设便民商业服务设施，因各种历史原因无法提供房产证明的空间资源，由区政府或其授权的属地街乡政府查证相关用地、规划审批后出具同意办理注册登记意见。老旧小区利用闲置公共空间、腾退空间、地下空间等建设便民商业服务设施，可持区老旧小区综合整治联席会认定意见作为证明材料。归属国企的空间资源，由国有企业查证相关用地、规划审批后出具同意办理注册登记意见。

13. 提高政务服务便利化水平。推进生活服务业领域政务服务“场景建设”，在企业开办、获得信贷、不动产登记转移、水电气网协同报装、企业注销等生命周期各阶段实现“一件事”集成服务。打造全市统一的数字服务、数字监管和数字营商平台，除涉密等特殊情况外，逐步实现生活服务业领域政务服务事项“全程网办、全城通办”。

14. 深化“一业一证”“一照多址、一证多址”改革。在生活服务业领域深入开展“一业一证”改革，集成办理多个行政许可事项，实现综合许可证“一证准营”，降低行业准入成本。落实“一照多址、一证多址”改革，简化品牌连锁企业分支机构登记手续。

15. 创新事中事后监管服务模式。在生活服务业领域，推进落实“6+4”监管模式，提升数字化、智能化监管能力。推行远程监管、移动监管、预警防控等非现场监管，降低现场检查频次。坚持容错机制，对违法情节轻微或违法后果较轻的，加强教育指导、可免予处罚。社区店铺装修施工、招牌设置实行备案承诺制，公众聚集场所投入使用、营业前消防安全检查实行告知承诺制。发挥商协会作用，鼓励制定相关标准，强化行业自律，规范商户经营和服务行为。

三、强化保障支撑

16. 加强组织领导。市商务局统筹协调，市级相关部门分工负责、协同配合。各区出台配套政策措施，在用地、用房、财政、金融、营商环境等方面加大对生活服务业支持力度，畅通商务、规划、住建、市场监管等部门与街道（乡镇）沟通对接机制。街道（乡镇）是责任主体，整合属地民生保障、城市管理、社区建设、综合行政执法等力量推进实施。社区（村）发挥议事协商机制作用，收集、反映居民意见和诉求，做好与物业、商户的对接，优化便民商业配置。

17. 提高职业能力。吸纳本市劳动力就业，强化技能培训，降低用工成本。鼓励平台、连锁企业与劳务大省共建用工基地，培训合格来京上岗。依托本市职业学校等深化产教融合，培养生活服务业高素质劳动力。允许符合条件的在岗职工以工学交替等方式接受高等职业教育，加强生活服务业专业人才培养。加大租赁型集体宿舍供给力度，做好职业技能、工作年限与技能人才支持政策和积分落户政策的衔接。

18. 加大金融支持。用好生活性服务业及商贸流通企业担保平台、小微综合金融服务平台，引导社会资本投入。用足中小微企业首贷贴息、创业担保贷款等政策，降低融资成本。开展畅融工程对接活动，推动供需精准匹配。加大对生活服务业总部企业和平台企业上市支持力度，对符合条件的企业给予上市补贴。

19. 强化考核培训。依托一刻钟便民生活圈动态地图，每季度对各区、各街道（乡镇）建设效果进行评价、通报。以生活便利度和居民满意度为核心，每年对各区、各街道（乡镇）建设效果进行评估考核。加强对街道（乡镇）、社区（村）相关工作人员的培训，提高工作能力。

20. 优化发展环境。保安全，压紧压实“四方责任”，细化完善各行业疫情防控指引，确保各项防疫措施落实到位，最大限度减少疫情对生活服务业发展的影响。促发展，围绕“五子”联动，依托“两区”“三平台”，加强宣传。加大对生活服务业管理人才、高技能人才的引进和表彰力度，树立、宣传典型。各区、各部门做好政策解读和舆论引导，共同营造良好社会氛围。

北京市商务局关于印发《中国（北京）自由贸易试验区投资自由便利专项提升方案》的通知

京商资发字〔2022〕6号

各区人民政府、北京经济技术开发区管委会，各有关单位：

为加快推动本市更高水平对外开放，进一步提升自由贸易试验区投资便利化水平，市"两区"办牵头制定了《中国（北京）自由贸易试验区投资自由便利专项提升方案》，经市政府同意，现予以印发，请认真组织贯彻落实。

特此通知。

中国（北京）自由贸易试验区投资自由便利专项提升方案

落实《国务院印发关于推进自由贸易试验区贸易投资便利化改革创新若干措施的通知》（国发〔2021〕12号），按照《中国（北京）自由贸易试验区总体方案》要求，以制度创新为核心，在自由贸易试验区以更大力度探索投资自由化便利化规则，打造具有国际竞争力的投资准入准营体系，进一步优化投资环境，辐射带动全市投资自由便利水平持续提升，现提出方案如下。

一、突出开放压力测试，引领市场准入制度改革

1. 聚焦生物医药、增值电信、自动驾驶等重点领域开展开放压力测试。探索干细胞、基因诊断及治疗技术开发与应用开放发展新模式，实施关键核心技术攻关、临床转化能力提升等重大工程，加快打造世界级产业集群。（责任单位：市科委、中关村管委会，市卫生健康委，各自贸组团所在区政府及北京经济技术开发区等）研究制定干细胞制剂质量复核检验的专业细胞检验机构/实验室的相关资质认定标准，支持引进和建设具备细胞治疗产品检定专业能力的第三方药物检验机构/实验室，出具的检验报告可用于干细胞治疗临床研究。对自贸试验区注册企业在我国境内完成I—III期临床试验并获得上市许可的创新药，试点探索在指定医疗机构"随批随进"，不再额外设置市场准入要求。（责任单位：市药监局、市卫生健康委，各自贸组团所在区政府及北京经济技术开发区等）在风险可控的前提下，积极向国家部委争取扩大增值电信业务开放。（责任单位：市通信管理局、市发展改革委、市商务局，各自贸组团所在区政府及北京经济技术开发区等）支持外商在特定区域投资音像制品制作（中方控股）。在获得国家部委同意下，支持外商开展已出版音乐的互联网文化经营活动。优化网络视听审批许可，支持多元主体开展网络视听节目创作。（责任单位：市委宣传部、市文化和旅游局、市经济和信息化局、市发展改革委、市广电局，各自贸组团所在区政府及北京经济技术开发区等）探索放开外资保险经纪公司股东限制，支持以中外合资形式设立保险经纪公司。（责任单位：北京银保监局、各自贸组团所在区政府及北京经济技术开发区等）探索构建智能网联汽车领域数据安全治理的顶层规范设计，从分类分级、风险评估、应急预案等具体方向制定管理细则。[责任单位：市委网信办、市经济和信息化局、北京经济技术开发区（北京市高级别自动驾驶示范区工作办公室）]探索制定无人接驳车等新产品开展道路测试、示范应用活动的顶层规范设计，解决新产品开展相关的道路测试、示范应用活动的身份和管理问题。[责任单位：北京经济技术开发区（北京市高级别自动驾驶示范区工作办公室）、市经济和信息化局、市交通委、市公安局、市发展改革委，各自贸组团所在区政府等]

2. 优化自贸试验区外资负面清单管理模式。围绕最新版自贸试验区外资负面清单，探索制定北京自贸试验区重点领域外资企业投资清单指引，引入案例指导库等形式，便于企业理解负面清单限制的范畴和具体行为，为外资企业提供透明可预期的投资环境。（责任单位：市商务局、市“两区”办、市发展改革委、市经济和信息化局、市文化和旅游局、市卫生健康委、市金融监管局，各自贸组团所在区政府及北京经济技术开发区等）

3. 支持自贸试验区开展跨境贸易投融资高水平开放外汇管理试点。便利企业跨境融资，在自贸试验区开展外债一次性登记试点，并允许非金融企业多笔外债共用一个外债账户。在风险可控前提下，探索在自贸试验区有序降低跨境双向人民币资金池门槛，为企业境外业务开展提供便利，积极探索扩大资金池的适用主体和适用范围。支持自贸试验区内符合条件的财务公司取得衍生品业务资质。完善合格境外有限合伙人（QFLP）制度，对QFLP流入规模实行余额管理，允许QFLP试点基金募集的境外资金用于投资境内非上市公司的股权、上市公司非公开发行和交易的普通股（含大宗交易、转让协议）等。优化在华境外个人薪酬购汇手续，对于其劳动合同有效期内到同一银行再次办理合法薪酬收入购汇，银行可根据首次办理情况，免于审核重复性材料。（责任单位：人民银行营业管理部、国家外汇管理局北京外汇管理部、北京银保监局）

二、突出“准入即准营”，引领涉企经营许可改革

4. 以告知承诺制为基础，形成企业开办便利新示范。在自贸试验区试点市场主体登记确认制，登记机关对企业申请材料采取形式审查，对材料齐全、符合法定形式的申请即予以确认并当场登记或变更。在部分区域开展企业住所（经营场所）登记便利化改革试点，建立企业标准化住所（经营场所）数据库和住所负面清单，实行网上登记自动匹配生成标准化住所（经营场所）地址；对应用标准地址申报为企业住所（经营场所）的，不再需要提交住所产权证明材料，申请人承诺住所（经营场所）真实、合法，即可办理企业开办和变更登记。探索电子营业执照领取统一授权办理，法定代表人（负责人）为外籍或台港澳人士的，首次下载电子营业执照时，可授权委托经办人办理电子营业执照领取业务。简化港澳投资者商事登记的流程和材料，允许港澳非自然人投资者持仅保留公司注册证明书、公司商业登记证、授权代表人签字字样和公司印章样式的董事会或股东会决议等核心信息的简化版公证文书，办理市场主体注册登记。在不直接涉及公共安全和人民群众生命健康的领域，由自贸组团根据自身产业业态特点，实行“一照多址”“一证多址”“一业一证”改革。探索在自贸试验区实施对工程建设、市政基础设施、资格认定等领域涉企经营许可事项实行告知承诺制。（责任单位：市市场监管局、

市政务服务局、市规划自然资源委、市住房城乡建设委，各自贸组团所在区政府及北京经济技术开发区等）

5. 依托自贸组团政务服务大厅，打造智慧政务样板间。对自贸试验区范围内的政务服务大厅积极优化升级，形成全市政务服务平台建设标杆。探索“下沉服务＋同城通办”模式，试行企业开办服务进驻自贸试验区内银行网点和社区。不断提升“e 窗通”平台智能化水平，在企业名称自主申报、住所（经营场所）智能匹配、经营范围规范化点选等办理环节，提供场景式服务，引导企业准确填报。推进“智慧审批”模式，利用新技术实现数据自动比对、快速高效核验申请信息、快速发证。重点提升跨部门、跨层级联办事项网上办理功能，推行“一套材料、一表申请、一次提交、一窗受理、一网通办、一次办结”。（责任单位：市政务服务局、市市场监管局，各自贸组团所在区政府及北京经济技术开发区等）

6. 围绕重点行业展业需求，全方位提速审批效率。探索自贸试验区内的演出机构从事营业性演出活动审批，采取急需急办的措施，根据经营需求 1—10 个工作日完成审批。（责任单位：市文化和旅游局等）对进境参与演出活动的个人随身携带演出乐器进行通关监管服务，接受提前申报，现场快速通关。（责任单位：北京海关等）加快推进医疗器械注册人制度“跨省委托”落地，支持医疗器械企业承接全国其他地区医疗器械注册人的生产需求。（责任单位：市药监局等，各自贸组团所在区政府及北京经济技术开发区等）

三、突出先行先试，引领土建工程全环节改革

7. 探索赋予自贸试验区更大土地配置自主权。鼓励自贸试验区优化产业用地供应方式，采用长期租赁、先租后让、弹性年期供应等方式供应工业和研发用地。支持工业用地实行“标准地”出让，提高配置效率。支持不同产业用地类型合理转换，完善土地用途变更、整合等政策。探索增加混合产业用地供给。推动“一张蓝图绘到底”，充分利用原有“多规合一”信息系统建设基础，依托国土空间基础信息平台，构建国土空间规划“一张图”实施监督信息系统。基于国土空间规划“一张图”，推动更多领域专项规划数据对接，不断提升数据的智能分析对比能力。鼓励自贸试验区探索通过建设用地节约集约利用状况详细评价等方式，细化完善城镇低效用地认定标准，鼓励通过依法协商收回、费用奖惩等措施，推动城镇低效用地腾退出清。推进自贸试验区范围内国有企事业单位存量用地盘活利用，鼓励市场主体通过建设用地整理等方式促进城镇低效用地再开发。（责任单位：市规划自然资源委，各自贸组团所在区政府及北京经济技术开发区等）

8. 支持自贸试验区对不同类型项目开展工程建设审批分类改革试点。在自贸试验区选取有条件区域试点“拿地即开工、交房（地）即发证”。在自贸试验区内对符合条件的企业投资项目试行施工许可告知承诺制。从“测绘机构合一”“一把尺子量到底”等入手，推行“多测合一”改革。优化建设工程项目监管审批流程，试点房屋建筑项目可结合自身实际需要和图纸设计深度，选择工程规划许可证、建筑工程施工许可证、建设项目修建人民防空防护工程标准审查、特殊建设工程消防设计审查并联审批，实现“全程网办、一次申报、并联审批、同步发证”。扩大施工图免审范围，对新建、改建、扩建项目建立免于施工图审查的正面清单。探索形成适应城市更新、老旧厂房园区改造的消防设计审查验收新机制，实现“验收只去一次”。（责任单位：市规划自然资源委、市住房城乡建设委、市消防救援总队、市人防办，各

自贸组团所在区政府及北京经济技术开发区等）

9. 支持自贸试验区深化水电气热“一站式”服务创新。支持自贸试验区先行先试“一站式”办理不动产登记与水电气过户，实现一次申报、一网通办、一站办结。试点推进“电力接入一件事”建设并梳理实行告知承诺制审批事项清单，对实行告知承诺制的审批事项，在建设单位提交承诺书后即时出具审批结果。推动市政接入与项目开发有序衔接，在自贸试验区有条件区域推广“插电式服务”，在电网规划阶段，政府部门与供电企业共享区域开发建设和招商引资信息；在土地平整阶段（一级开发），一级开发主体结合规划提前部署临电变压器，送电直接到客户门口；在企业开发阶段（二级开发）即可从周边临电变压器就近接入。在符合条件的区域直接按照永久用电标准提前建设，实现临时施工用电使用完后可快速接入永久用电。在自贸试验区深化“非禁免批”改革，研究扩大非禁止区域范围，35千伏及以下接电项目和中压及以下接气项目在禁止区域外免予占掘路审批。在自贸试验区推行“互联网+智慧水务”管理模式，推行用水“一站办”，由市工程建设项目审批服务平台通过“一张表单”将用户信息直接推送给供水企业，供水企业前置服务，主动上门对接用户需求，帮助用户开展市政公用相关服务。（责任单位：市城市管理委、市水务局，各自贸组团所在区政府及北京经济技术开发区等）

四、突出法治建设，引领高标准投资权益保护

10. 完善自贸试验区国际商事纠纷多元解决机制。依托自贸试验区内法院和法庭，优化涉外立案诉讼服务，优化涉外案件的司法送达程序。进一步加大涉外案件审理的公开透明，确保涉外当事人在中国的投资便利得到有效保障。提高国际商事纠纷解决能力。发挥涉外商事一站式多元解纷中心作用，建立健全线上、线下纠纷解决平台，积极引入国际调解组织、仲裁机构，鼓励调解组织、仲裁机构引入外籍调解员、仲裁员。（责任单位：市高级人民法院、市司法局、市公安局、市贸促会，各自贸组团所在区政府及北京经济技术开发区等）

11. 形成自贸试验区高标准知识产权纠纷解决机制。强化外商投资地方立法，依法保护外商投资合法权益。探索知识产权案件的快速审理和执行机制。探索针对会展知识产权纠纷建立跨部门联动机制，加快侵权判定，及时解决纠纷，探索诉前禁令措施在展会知识产权领域的应用，对已查明的专利侵权事实部分作出停止侵权的先行判决，有效制止被控侵权产品在展会展出。探索在自贸组团建立商标监管联动及信息共享机制，对企业商标实施严保护，有效解决商标恶意抢注问题。（责任单位：市商务局、市知识产权局、市市场监管局、市版权局、市高级人民法院、市司法局，各自贸组团所在区政府及北京经济技术开发区等）

12. 深化自贸试验区投资退出制度改革。创新除名、代位注销等退出便利化改革。实施企业注销“一次办”。打造“智慧破产”新模式，依托区块链云平台、智能审核与审判系统等技术手段，进一步完善智慧破产体系建设，充分实现破产审判的高效、便利、透明。进一步健全完善府院联动配套机制，推动建立重整企业股权及时变更制度，允许破产管理人持法院出具的重整计划草案民事裁定书，申请解除重整企业股权冻结，办理股权变更登记。完善破产企业信用修复制度和不动产处置制度，建立企业破产和退出状态线上公示制度。［责任单位：市市场监管局、市发展改革委（北京市企业破产和市场主体退出工作联席会议办公室）、市经

济和信息化局、市财政局、市政务服务局、市高级人民法院，各自贸组团所在区政府及北京经济技术开发区等〕

五、突出特色精准服务，引领投资促进体系创新

13. 创新自贸特色的招商引资新模式。深入推进“链长制”“以商招商”模式，瞄准“世界500强”“中国500强”及各区重点发展产业的龙头企业，市区协同促进项目落地。实施自贸试验区投资促进合作伙伴计划，支持各自贸组团与国际商协会、智库，以及金融机构、咨询、会计、律师等专业服务机构开展广泛务实合作，放大投资促进机构平台效应。完善自贸试验区招商引资激励机制。（责任单位：市投资促进服务中心、市商务局、市“两区”办、各有关部门，各自贸组团所在区政府及北京经济技术开发区等）

14. 优化自贸特色的全周期投资服务体系。在自贸试验区各组团高标准推行“管家式”服务，建立健全企业服务管家制度，定期开展政策宣讲和培训，建立企业诉求及时响应机制。（责任单位：市发展改革委、市投资促进服务中心、市“两区”办、各有关部门，各自贸组团所在区政府及北京经济技术开发区等）支持自贸组团汇总国家、本市和区域产业支持政策，形成重点产业的“市级统一+各区特色+行业特点”自贸政策包。梳理本市在产业准入、资金奖励、土地规划、人才落户、通关便利等方面的支持政策，结合各区、北京经济技术开发区的落地支持配套政策，整合建立面向各重点园区和重点产业的招商引资政策服务包。（责任单位：市投资促进服务中心、市“两区”办、各有关部门，各自贸组团所在区政府及北京经济技术开发区等）

15. 构建适宜自贸特色产业发展的政策体系。依据北京自贸试验区特色、功能定位和资源禀赋夯实产业基础，完善对自贸试验区科技创新、数字经济、生物医药、绿色金融等重点领域和新兴业态的支持政策。聚焦自贸试验区重点园区高价值细分产业领域重点赛道，鼓励各园区制定强链补链的支持政策。（责任单位：各自贸组团所在区政府及北京经济技术开发区等）

16. 依托自贸组团“产业新地标”“城市新空间”，激发社会投资活力。利用“投资北京全球合作伙伴”招商渠道，拓展社会投资项目来源和提供专业化服务。引导外资参与城市副中心、国际科技创新中心、全球数字经济标杆城市建设等全市重点任务。鼓励社会资本投资自贸试验区经营性基础设施、先进制造业、公用事业、社会事业等领域。聚焦集成电路、人工智能、增值电信、生物医药、汽车金融、自动驾驶等领域积极吸引社会投资，促进高精尖产业、高端制造业加快升级。（责任单位：市投资促进服务中心，市发展改革委，市商务局，市“两区”办，市经济和信息化局，市科委、中关村管委会，各有关部门，各自贸组团所在区政府及北京经济技术开发区等）

六、突出跨部门协同，引领企业出海护航体系夯实

17. 以自贸试验区为试点深化“走出去”审批制度改革。围绕自贸试验区企业试点提高境外投资备案效率，对申请材料完整且符合法定形式的，在3个工作日内予以备案并颁发《企业境外投资证书》或《企业境外机构证书》。在目前已实现的对外投资备案（核准）无纸化的基础上，加快推进实现证书的电子证照标准化。积极推动通过建立跨部门数据共享协调机制，实现境外投资备案同步处理，进一步提升对外投资备案效率和真实性审核质量。（责任单位：市商务局、市发展改革委）

18. 搭建自贸试验区企业“走出去”专业服务平台。对自贸试验区“走出去”企业建立“市级管家”和“自贸试验区管家”联动“双管家”服务机制，做好企业配套个性化服务。进一步完善京企“走出去”服务平台，联合香港澳门建立三地“抱团出海”合作平台，搭建多层级渠道双向投资促进机制。探索政府采购专业服务，为中小企业“走出去”提供国别政策解读、行业分析、风险预警等咨询服务。（责任单位：市商务局、市发展改革委，各自贸组团所在区政府及北京经济技术开发区等）

七、突出辐射带动，引领全市和京津冀新一轮改革开放

19. 推动一批已在自贸试验区试点的创新举措拓展到全市。在自贸试验区先行先试商事登记制度改革、工程建设项目审批和土地利用模式创新等举措，定期总结各自贸组团投资自由便利典型模式和做法，形成在全自贸试验区复制推广的举措。在条件成熟、经评估无风险后，在全市进行复制推广。（责任单位：市市场监管局、市规划自然资源委、市住房城乡建设委、市“两区”办等）

20. 谋划一批京津冀三地自贸试验区联动创新举措。深化拓展京津冀跨域办理事项范围及办理深度，支持企业通过“京津冀一网通办”服务在京津冀地区任意城市办理证照，降低区域制度性交易成本。支持京津冀自贸试验区联合开展投资自由便利制度创新，推动政策和制度创新成果共用共享。探索建立三省市自贸试验区承接产业转移合作机制、招商引资信息共享机制，促进企业之间加强产业对接、技术合作、信息互通。加强人才交流合作，参与制定三省市自贸试验区通用人才政策，联合津冀开展人才引进和人才交流活动。（责任单位：市政务服务局，市“两区”办，市发展改革委，市经济和信息化局，市科委、中关村管委会，市人才局等相关部门）

八、突出制度建设，引领高质量发展和高水平安全良性互动

21. 强化与投资自由便利相匹配的安全制度体系。牢固树立总体国家安全观，强化底线思维和风险意识，建立完善与高水平经贸规则相匹配的风险防控体系，严格落实外商投资国家安全审查制度。不断完善本市工作机制，强化部门信息共享协作，及时把握外资动态，做好国家外资安全审查决定的监督落实等工作，不断增强风险处置能力和重大突发事件应对水平。引导自贸试验区企业提高抗风险能力，为企业实现产业链供应链安全稳定及时排忧解难、保驾护航。（责任单位：市发展改革委、市商务局、市市场监管局、市“两区”办，各有关部门，各自贸组团所在区政府及北京经济技术开发区等）

22. 在金融安全、数据安全等领域形成“北京示范”。加强对金融风险监测预警和研判，守住不发生系统性金融风险底线，加强北京地区跨境资金流动监测预警，在自贸试验区试点探索与国际金融体系相适应的宏观审慎评估和协调联动体系。（责任单位：人民银行营业管理部、国家外汇管理局北京外汇管理部、市金融监管局、北京银保监局、北京证监局，各自贸组团所在区政府及北京经济技术开发区等）支持自贸试验区所在区建立健全数据安全风险评估、报告、信息共享、监测预警、应急处置等机制，把好数据安全审查关。支持自贸试验区所在区完善网络与数据安全监测平台功能，提高敏感数据监测发现、数据异常流动分析、数据安全事件追踪溯源等能力。（责任单位：市委网信办、市经济和信息化局，各自贸组团所在区政府及北京经济技术开发区等）

北京市商务局关于开展2022年度外经贸发展专项资金（进口贴息事项）申报工作的通知

京商外运字〔2022〕32号

各区商务局，开发区商务金融局，各有关单位：

根据《财政部 商务部关于印发〈外经贸发展专项资金管理办法〉的通知》（财建〔2022〕3号，以下简称《资金办法》）及《财政部办公厅 商务部办公厅关于2022年度外经贸发展专项资金重点工作的通知》（财办建〔2022〕37号）的有关规定，为做好2022年度进口贴息项目申报工作，现将有关事项通知如下：

一、基本情况

进口贴息实行目录管理，本次进口贴息申报依据国家发展改革委、财政部、商务部发布的《鼓励进口技术和产品目录（2016年版）》。该目录包括鼓励引进的先进技术、鼓励进口的重要装备和鼓励发展的重点行业三部分内容。我局服务贸易处负责鼓励引进的先进技术部分，外贸运行处负责鼓励进口的重要装备和鼓励发展的重点行业部分。

二、企业申请条件

（一）以一般贸易方式、边境贸易方式进口列入国家发展改革委、财政部、商务部发布的《鼓励进口技术和产品目录（2016年版）》（以下简称《目录》）及根据形势变化印发的新版《目录》中的产品（不含旧品），或自非关联企业引进列入《目录》中的技术。

（二）进口产品的申请企业应当是《进口货物报关单》上的消费使用单位；进口技术的申请企业应当是《技术进口合同登记证书》上的技术使用单位。

（三）进口产品应当在2021年7月1日至2022年6月30日期间完成进口报关（以海关结关日期为准）；进口技术应当在2021年7月1日至2022年6月30日期间执行合同，并取得银行出具的付汇凭证。

（四）技术进口合同中不含违反《中华人民共和国技术进出口管理条例》（国务院令第331号）规定的条款。

（五）进口《目录》中“鼓励发展的重点行业”项下的设备，未列入《国内投资项目不予免税的进口商品目录（2012年调整）》（财政部、国家发展改革委、海关总署、国家税务总局公告2012年第83号）。

（六）符合以上条件的进口产品及技术总额不低于50万美元。

（七）按照相关要求，在京中央企业（凡中央企业所属企业均应通过央企集团申报）通过所属中央部门（机构）申报，北京市商务局不再受理。

三、申报材料

（一）企业法定代表人签字的申请文件（附件1），包括：企业基本情况、进口用途、预计可产生的效益、项目绩效目标（工作和目标完成情况）等。

（二）《2022年进口贴息事项申报说明》（附件2）及电子数据。

（三）企业营业执照（复印件）。

（四）《2022年进口贴息事项申请表》（附件3）及电子数据。

（五）进口产品订货合同或技术进口合同（复印件，非中文合同需提供中文版翻译件）。

（六）进口产品的，需提供《中华人民共和国海关进口货物报关单》（企业留存联复印件或打印件）。

（七）进口技术的，需提供《技术进口合同登记证书》《技术进口合同数据表》及银行出具的注明技术进口合同号的付汇凭证（复印件）。技术使用单位与付汇单位不一致的，需提供双方的代理合同。技术进口额是指通过转让、许可、委托开发、合作开发、技术咨询等方式自非关联企业引进《目录》内技术所支付的技术费金额（不含设备、培训、调试、差旅等费用，不含以年度销售额、利润等为基数按比例支付的技术引进费）。付汇凭证上请注明技术引进合同号、技术名称和符合贴息条件的付汇金额。

（八）进口“鼓励发展的重点行业”项下的设备，需提供《国家鼓励发展的内外资项目确认书》（或海关出具的《适用鼓励类产业政策条目确认通知单》，含确认书或通知单所附进口设备清单，复印件）、《进出口货物征免税证明》（复印件）及《进口货物报关单》（复印件）。如因关税为零无法获得免税证明，可不提交免税证明，但应在申请报告中说明有关情况，并提交相关商品为零关税的证明材料；属于《目录》第三部分“鼓励发展的重点行业”中“国家级工程（技术）研究中心、国家工程实验室、国家认定的企业技术中心、重点实验室、高新技术创业服务中心、新产品开发设计中心、科研中试基地、实验基地建设”的，申报时不需提交《国家鼓励发展的内外资项目确认书》，但需提交科技部、国家发展改革委等部门关于国家级研究中心的认定文件。

（九）重要装备有技术参数要求的，需提供列明商品技术参数的进口合同或产品说明书等相关证明材料。

（十）引进技术的应说明是否从关联企业引进，企业更名的应说明相关情况并附证明材料。

以上材料均需加盖企业公章。

四、工作进度和申报时间

（一）2022年7月25日至7月29日现场提交书面材料（一式一份）。

（二）2022年8月8日至8月12日现场核对材料原件，同时提交装订好的纸质材料（带页码）一式三份及电子数据（以U盘方式报送）。

五、递交材料地点及方式

地点：申报材料交至北京市朝阳区朝阳公园西里南区6号配楼二层大会议室。

方式：为全力做好疫情预防控制工作，避免因人群聚集可能带来的传染风险，本年度进口贴息报送材料采取预约制。申报企业需在7月20日至7月22日（9：00—18：00）完成电话预约，按约定时间到现场提交书面材料，过后不再接受预约。每家单位最多派1人到现场进行材料申报，预约请留人员姓名及手机号。

递交材料预约电话：17610520360

业务咨询电话（产品）：55579519

业务咨询电话（技术）：55579493

六、培训及其他安排

为做好2022年进口贴息项目申报工作，市商务局定于7月18日（星期一）15：00—16：30举办项目申报流程培训会，意向申报企业可自愿参加。培训采用线上会议方式（腾讯会议号：823614617），参会企业需提前下载“腾讯会议”客户端。

为便于沟通联络及接收通知信息，意向申报企业可扫描二维码（附件4）加入“北京2022年进口贴息申报”微信群，进群企业请备注“企业名称+联络人姓名”。

特此通知。

北京市商务局
2022年7月13日

北京市商务局等11部门印发《关于加快二手车流通促进汽车消费升级的若干措施》的通知

京商流通字〔2022〕15号

各相关单位：

为便利二手车交易，繁荣二手车市场，促进本市汽车消费增长，经市政府同意，市商务局、市经济和信息化局等11部门联合制定了《关于加快二手车流通　促进汽车消费升级的若干措施》。现予以印发，请认真执行。

特此通知。

北京市商务局
北京市经济和信息化局
北京市公安局公安交通管理局
北京市财政局
北京市生态环境局
北京市交通委员会
北京市市场监督管理局
北京市地方金融监督管理局
国家税务总局北京市税务局
北京银保监局
北京海关
2022年7月15日

关于加快二手车流通　促进汽车消费升级的若干措施

为加快二手车流通，促进本市汽车消费优化升级，进一步满足人民群众消费需求，特制定如下措施。

一、便利二手车交易

1. 提升二手车经营主体服务能力。鼓励二手车交易市场数字化转型升级，支持二手车互联网企业发展，引导汽车经销商加快发展二手车经销业务，推动二手车经销企业品牌化经营，完善二手车售后和维护支撑体系。（市商务局、市市场监管局）

2. 优化二手车交易流程。推进二手车交易合同、车辆档案电子化；推动在汽车经销企业或二手车交易市场，一站式完成二手车交易、纳税、保险和登记等流程；实现交易方在车辆所在地直接办理交易登记手续。（市商务局、市市场监管局、市公安局公安交通管理局、北京银保监局、北京市税务局）

3. 完善周转指标配套服务。研究确需条件下可临时上路许可，优化企业资质核查、销售发票发放、交易查验盖章等流程，实现互联网平台办理配发周转指标一站式服务。（市交通委、市商务局、市市场监管局、市公安局公安交通管理局）

4. 健全二手车交易诚信体系。支持行业组织建立全生命周期的二手车交易信息平台，推进非保密、非隐私性车辆信息向社会开放，逐步推行车辆保险理赔、维修保养等符合国家有关要求的信息服务市场化运作，实现二手车信

息透明化。（市商务局、市公安局公安交通管理局、北京市税务局、市交通委、北京银保监局、市市场监管局）

5. 保障疫情下物流畅通和主体营业。统筹好公路、铁路、港口等交通资源，设立疫情常态化整车进出京绿色通道，重点企业纳入“白名单”管理，保障物流顺畅。在做好疫情防控前提下，保障二手车交易市场和汽车经销企业经营稳定有序。（市交通委、市商务局、市市场监管局、各区政府、北京经济技术开发区管委会）

二、加快二手车流通

6. 加快乘用车淘汰更新。对在2022年6月1日至12月31日期间报废或转出本市注册登记在本人名下1年以上的乘用车，在本市汽车销售企业购置新能源乘用车新车，并在本市内上牌的个人消费者，给予最高不超过1万元/台补贴。（市商务局、市生态环境局、市经济和信息化局、市财政局、市市场监管局、市公安局公安交通管理局、北京市税务局、各区政府、北京经济技术开发区管委会）

7. 促进二手车国内循环。对二手车转出增量作出贡献的企业给予适当奖励或贷款贴息支持。鼓励二手车流通新模式，支持互联网平台企业、汽车经销企业、二手车交易市场发挥各自优势，构建布局全国的网络体系。（市商务局、市交通委、市财政局、市市场监管局、市公安局公安交通管理局、北京市税务局）

8. 扩大限行老旧汽车范围。研究在原国一国二汽油车、国三柴油车限制进入五环行驶基础上，适时将限行车辆范围扩大到国三汽油车。（市商务局、市交通委、市生态环境局、市公安局公安交通管理局）

9. 支持二手车企开拓海外市场。扩大二手车出口企业试点范围，不断提高自主创新能力，优化商品结构，加快国际市场开拓步伐，提升国际竞争力。支持本市汽车经销商、生产商与互联网电商及海外贸易服务商抱团出海，对符合条件的二手车企在“一带一路”沿线国家新设或并购同类型企业，给予贷款贴息、保费补贴等支持，投资额500万美元以上的给予最高100万元一次性补贴，同一申报企业当年累计获得最高不超过1000万元。（市商务局、市公安局公安交通管理局、北京海关）

10. 提高新能源二手车置换率。加强新能源二手车流通管理，规范市场秩序，通过电池梯次利用等方式提升新能源二手车辆残值。（市经济和信息化局、市商务局）

三、扩大汽车供给与消费

11. 提升本市新车供给保障能力。支持本市企业提升高端汽车和新能源智能汽车自主研发能力，加快汽车芯片等关键零部件国产化速度，引导企业在京发展布局供应链，缩短新车交付周期。促进纯电动汽车、增程式电动汽车和燃料电池汽车产业发展，优化新能源汽车产能布局和供给能力。（市经济和信息化局、市商务局、市公安局公安交通管理局、各区政府、北京经济技术开发区管委会）

12. 加大金融服务支持力度。鼓励金融机构提供综合化融资服务，促进新车消费和二手车流通金融产品创新，丰富汽车消费普惠金融产品供给。针对细分市场提供特色金融服务，适应多样化汽车消费需求。引导通过大数据、云计算、区块链等金融科技手段，提高贷款效率，创新风险评估方式，拓宽覆盖面。（北京银保监局、市金融监管局）

13. 开展促消费活动。鼓励各区政府、行业协会和汽车销售企业开展各类汽车促消费活动。鼓励汽车经销商加大对北京地区货源投放，对积极参与北京消费季活动，并符合条件的汽车零售企业每季度给予最高50万元资金支持。（各区政府、北京经济技术开发区管委会、市商务局）

北京市商务局　北京市财政局关于印发《北京市外经贸发展资金管理实施细则》的通知

京商财务字〔2022〕16号

各相关单位：

为加强外经贸发展资金管理，充分发挥财政资金在引导促进外经贸高质量发展方面的作用，依据财政部、商务部相关要求，市商务局、市财政局联合制定了《北京市外经贸发展资金管理实施细则》，现将该细则印发给你们，请遵照执行。

特此通知。

北京市商务局

北京市财政局

2022年7月27日

北京市外经贸发展资金管理实施细则

第一章　总则

第一条　为了加强和规范北京市外经贸发展资金管理，完善外经贸促进政策，构建开放型经济新体制，培育国际经济合作竞争新优势，提高资金使用效益，依据财政部、商务部相关要求，结合北京市实际情况制定本实施细则。

第二条　北京市外经贸发展资金（以下简称“外经贸发展资金”）是指由中央财政和北京市政府安排的用于支持我市外经贸发展的财政性扶持资金，资金来源包括：中央财政预算下达我市的外经贸发展资金和市财政预算安排的外经贸发展资金。

第三条　外经贸发展资金的使用和管理应符合我市经济发展规划和市政府确定的产业及区域发展政策，应当遵循突出重点、科学论证、公平公正、规范有效的原则。

第四条　外经贸发展资金由市商务局、市财政局共同管理，分别履行下列管理职责：

市商务局主要职责：

（一）会同市财政局研究确定资金相关支出政策，制定项目绩效指标，提出资金年度预算建议，编制年度外经贸发展资金预算；

（二）根据国家外经贸发展政策及本市外经贸重点工作，研究制定具体的项目申报指南或其他管理文件；

（三）负责组织项目申报和评审，提出资金支持方案及资金拨付，对项目实施情况进行跟踪问效和监督检查。

市财政局主要职责：

（一）会同市商务局研究确定外经贸发展资金相关支出政策；

（二）负责审核资金支持重点及预算安排，办理资金批复下达手续；

（三）按照预算管理相关规定，会同市商务局对外经贸发展资金的使用进行监督检查及绩效评价。

第二章　资金支持内容

第五条　外经贸发展资金主要用于优化外贸结构布局，培育外贸竞争新优势，发展外贸新业态新模式；扩大对外投资合作；促进服务贸易发展；高质量引进外资；构建法治化、国际化的营商环境等，主要支持方向包括以下几方面：

（一）支持外贸稳增长、调结构

1. 支持外贸企业提升国际化经营能力。包括：参加国际性展会、境外专利申请、商标注册及资质认证，境外广告、宣传推介、外贸软件云服务等信息化建设、国际市场考察、境外投议标、信息管理、资信调查、保单融资、企业培训、线上展会和三同产品认证等。其中优先支持面向拉美、非洲、中东、东欧、东南亚、中亚等新兴市场的拓展及“双自主”和外贸综合服务企业开拓国际市场活动。推动金融机构、保险机构和股权投资机构等社会资金，加大对外贸中小企业的融资支持，提升服务质量和水平。

2. 支持跨境电子商务发展。建设完善跨境电子商务服务支撑体系，提升跨境电子商务数字化水平，发展线上线下相结合的跨境电子商务消费体验，支持各类跨境电子商务主体扩大业务规模，鼓励跨境电子商务新技术新模式创新应用。

3. 支持外贸转型升级，优化外贸结构。促进外贸产品创新、品牌培育和宣传推介。引导高水平建设贸易平台体系，培育贸易发展新动能，提升贸易数字化水平，构建绿色贸易体系，促进内外贸一体化，促进外向型产业链供应链畅通运转，推动贸易高质量发展。促进完善外贸信息调查公共服务体系。加强贸易摩擦监测预警与法律服务，推进本市贸易调整援助工作，支持企业应对贸易壁垒。提升各类综合配套服务功能及贸易便利化水平，促进外贸创新发展，产品质量提升，培育竞争新优势。

4. 鼓励扩大先进设备和技术、关键零部件、国内紧缺的资源性产品进口。支持企业以一般贸易方式、边境贸易方式进口列入当年度国家发展和改革委员会、财政部、商务部发布的《鼓励进口技术和产品目录》中的产品（不含旧品），或自非关联企业引进列入《鼓励进口技术和产品目录》中的技术。

5. 鼓励培育外贸新业态、新模式。鼓励企业开展离岸贸易，培育外贸发展新动能；鼓励提供外贸综合服务，开展新业态新模式公共宣传等，有效引导社会资源，合理配置公共资源，帮助企业有效利用新业态新模式开展对外贸易。

（二）推动服务贸易创新发展

1. 优化服务进出口结构。重点支持符合《服务出口重点领域指导目录》《鼓励进口服务目录》《服务外包产业重点发展领域指导目录》等范围的服务进出口。支持进口国内急需的技术密集型、知识密集型服务。扩大技术及技术服务出口。

2. 鼓励服务贸易特色化发展。支持国家特色服务出口基地升级扩围；支持服务外包转型升级；支持提升服务贸易（含服务外包）公共服务能力；探索发展数字贸易；鼓励会计师事务所参与国际竞争；促进我市服务贸易整体提质增效。

（三）引导有序开展对外投资合作业务

1. 支持对外投资合作。

（1）境外投资，是指企业通过新设、并购

等方式在境外设立非金融企业或取得既有非金融企业的所有权、控制权、经营管理权等权益的行为。

（2）对外承包工程，是指企业承包境外建设工程项目，包括咨询、勘察、设计、监理、建造、采购、施工、安装、调试、运营、管理等活动。

（3）对外劳务合作，是指企业组织劳务人员赴其他国家或地区为国外的企业或者机构工作的经营性活动。

2. 支持境外渔业合作。

企业通过签订合同（协议）、购买捕捞许可、开办企业、派出渔船等方式，在境外从事的渔业捕捞、养殖、加工、销售及相关产业的开发等方面的经营活动。

3. 支持境外经济贸易合作区建设。

支持通过商务部、财政部确认考核或年度考核的境外经济贸易合作区建设，以及支持通过市商务局、财政局确认考核或年度考核的市级境外经济贸易合作区建设。

4. 支持和建设企业“走出去”平台。

（1）支持建立企业“走出去”信息服务、引导平台及风险防控平台，帮助企业切实提高“走出去”及国际化经营能力。

（2）按照对外劳务合作相关规定，支持对外劳务合作公共服务平台建设，强化信息咨询、素质培训、权益保障、规范引导等服务功能，扩大服务辐射面。

5. 对受主管部门委托的本市地方企业（单位）组织的促进我市对外投资合作发展相关活动予以支持。

6. 支持建设省级境外企业和对外投资联络服务分平台。

7. 其他纳入国家有关重点投资合作规划项目。

（四）促进商业会展业发展

采取系列措施，支持商业会展专业化、国际化、品牌化、信息化发展。进一步推动商业会展提质升级，支持会展创新发展、创办引领产业发展的优质展会、引进境内外国际大型专业展会，促进会展业高质量发展。

（五）促进高质量引进外资

优化利用外资结构、营造外商投资环境、搭建投资促进平台、组织招商引资活动，为外资企业提供投资指引、项目推介等综合性服务，提升外商投资引资质量和水平。

（六）搭建促进外经贸发展平台

1. 组织企业参加国际性、区域性、专业性展会，对北京展团场地租赁、公共布展、宣传推介、组织工作等费用予以支持。

2. 支持企业投保信用保险、购买有关避险产品，提高企业防范经营风险能力，抵御汇率波动影响；指导企业妥善应对贸易摩擦，保障市场运行及监测、维护产业安全。

3. 支持境外北京国际经贸发展服务中心发展，进一步提升境外服务北京企业、贸易促进机构、相关政府部门的品质，提高北京与有关国家地区的经贸发展水平。

4. 组织开展外经贸发展战略规划编制、课题研究、评估，加强行业宣传。

5. 促进企业走出去、开展行业咨询培训、搭建外经贸公共服务及担保平台，改善企业营商及融资环境。

（七）优化外经贸发展环境，对国家和北京市确定的重点外经贸发展领域予以支持。

第三章　资金的使用方式及标准

第六条　外经贸发展资金的使用方式依据支持范围和支持对象确定，主要为财政补助、财政贴息、以奖代补、政府购买服务、政府投资入股或资本金注入及其他经中央部委、市级财政允许的支持方式。

第七条 对于中央采取项目法分配的资金按以下程序审核和下达：

市商务局会同市财政局将所属企业、单位报送的申请材料按照年度工作要求经初步审核后汇总上报商务部、财政部，由商务部会同财政部进行评审后，财政部将资金下达市财政局。市财政局收到财政部资金（或拨款文件）后，应及时将资金拨付市商务局，并由市商务局根据工作进度拨付至相关企业、单位。

第八条 对于中央采取因素法分配的资金以及市财政预算安排的外经贸发展资金按各支持方向实施方案规定的方式和标准使用。

第九条 对于中央采取因素法和项目法相结合分配的资金，根据中央有关政策、通知执行。

第四章 申请审核及拨付

第十条 市商务局会同市财政局根据本细则规定、各支持方向实施方案，结合中央年度外经贸重点工作的通知及预算安排等，制定印发有关外经贸发展资金年度申报工作文件，明确年度资金支持重点、方向及有关具体要求，通过市商务局官方网站进行发布。在外经贸发展资金规定使用范围内，将外经贸结转资金调整用于年度重点支持项目。

第十一条 有下列情形的不予支持：

（一）申报企业被列入《北京市新增产业的禁止和限制目录》禁止类和限制类范围的；

（二）申报企业被纳入北京市商务领域不良信用记录名单应受到“不予支持”信用惩戒或全市联合惩戒“黑名单”的；

（三）项目已获得中央财政资金支持或其他市级财政资金支持的；

（四）申报企业近三年在外经贸业务管理、财务管理、税收管理、外汇管理、海关管理、统计管理等方面存在严重违法违规行为，拖欠应缴还财政性资金的；

（五）经审议其他不予支持的。

第十二条 项目申报审核程序：

（一）项目申报原则上按照属地管理，由区商务局、北京经济技术开发区商务管理部门初审后上报市商务局。公共平台类项目、市政府确定的年度重点项目由市商务局直接进行项目审核。

（二）经市商务局复审通过的项目，委托中介机构进行项目评审或资金审核。

第十三条 资金拨付。

对审核通过的支持企业发展类项目（涉密及不宜公示事项除外），市商务局在官方网站上予以公示，公示期为7天，公示期满无异议后按国库管理制度相关规定办理资金拨付手续。

第十四条 获得外经贸发展资金支持的单位收到资金后，应当按照国家有关财务制度规定进行管理和使用，按照国家统一的会计制度进行会计核算。

第十五条 市财政局、市商务局可根据资金管理工作需要，在外经贸发展资金中列支相关管理性支出，用于项目评审、监督检查等，年度提取比例不超过市级外经贸发展资金总额的2%。

第五章 绩效管理和监督

第十六条 外经贸发展资金各类资金项目预算应有明确的绩效目标及考核指标，根据年度绩效目标的实现情况，确定下年度资金预算额度。

第十七条 市财政局、市商务局负责对外经贸发展资金进行监督管理。资金使用单位应自觉接受财政、商务、审计等部门的监督检查。

第十八条 对于在专项审计与监督检查中存在严重问题的，被举报并经核查确实存在违规问题的，以及恶意提供虚假信息的项目单位，自发现之日起三年内不得申报北京市外经贸发展资金支持。

第十九条 任何单位不得以任何形式截留、挪用外经贸发展资金。对提供假发票、假证明文件、假资质文件等虚假材料的单位，经查属实的，根据《财政违法行为处罚处分条例》（2004 年 11 月 30 日国务院令第 427 号公布，根据 2011 年 1 月 8 日国务院令第 588 号修订）予以处理。

第六章 附则

第二十条 本细则由市商务局和市财政局按照职责分工负责解释。

第二十一条 本细则自印发之日起施行。《北京市商务委员会 北京市财政局关于印发〈北京市外经贸发展资金管理实施细则〉（修订稿）的通知》（京商务财务字〔2018〕23 号）同时废止。

第二十二条 本细则实施期限将根据财政部、商务部相关要求进行动态调整。

北京市商务局　北京市财政局关于印发《北京市外经贸发展资金促进服务贸易创新发展实施方案》的通知

京商财务字〔2022〕17号

各有关单位：

根据《北京市商务局 北京市财政局关于印发〈北京市外经贸发展资金管理实施细则〉的通知》（京商财务字〔2022〕16号），为促进我市服务贸易创新发展，北京市商务局和北京市财政局结合北京市实际情况，联合制定了《北京市外经贸发展资金促进服务贸易创新发展实施方案》，现将该方案印发给你们，请遵照执行。

特此通知。

北京市商务局

北京市财政局

2022年7月27日

北京市外经贸发展资金促进服务贸易创新发展实施方案

根据《北京市商务局 北京市财政局关于印发〈北京市外经贸发展资金管理实施细则〉的通知》（京商财务字〔2022〕16号），为促进我市服务贸易创新发展，特制定以下实施方案。

一、支持范围

（一）支持国家特色服务出口基地升级扩围。鼓励各类行政区级、园区级国家服务出口基地广泛吸引企业入驻，提供优质服务。

（二）支持服务外包转型升级。包括国际资质认证、新录用人员补助、培训机构培训后补助、创新研发、境外设点、办公用房租赁补贴、离岸业务奖励、开展数字贸易、对标国际高标准经贸规则、形成示范带动效应10个支持方向。

（三）支持公共服务能力提升。支持公共服务平台建设，提升我市服务贸易企业公共服务能力。

（四）支持整体促进服务贸易发展。以整体促进项目形式，支持开展服务贸易相关研究、培训、活动等工作，支持建设服务贸易统计体系。

（五）鼓励会计师事务所参与国际竞争。鼓励会计师事务所在境外以自有品牌设立分支机构，以自有品牌参与权威国际会计公司网络排名。

二、申请条件和支持内容

（一）国家特色服务出口基地项目

1. 申请条件。申请主体应为国家商务部与相关部委共同认定的特色服务出口基地。

2. 支持方式。以奖代补方式，鼓励行政区级、园区级国家服务出口基地扩大招商引资、促进产业集聚发展。单个项目奖励资金最高不超过500万元；一个申报年度内每家基地累计获得奖励资金不超过500万元。

（二）服务外包转型升级项目

1. 申请条件

（1）项目申报单位应在我市行政区域内依

法登记注册、具有独立法人资格。

（2）项目申报单位应通过商务部业务系统统一平台“服务外包信息管理应用”如实填报《服务外包统计报表制度》规定的报表。以实际执行金额为准，申报年度的国际服务外包执行额不低于50万美元。

（3）如在本方案执行之后，商务部、财政部出台服务外包新规定的，则以新规定为准。

2. 支持内容及标准

（1）国际资质认证。对服务外包企业取得的国际资质认证，或因数字服务出口需要按照业务对象国有关法律法规或合同要求取得的数字贸易合规认证，及认证的系列维护、升级给予支持，额度不超过认证费用支出的50%，每个企业支持项目不超过5个，每个项目补助不超过50万元。

（2）新录用人员补助。对服务外包企业申报年度新录用大学本科（含本科）以上学历的员工（申报年度之前3年内毕业，含申报年度），在职满1年或申报审核期间在职的，按照每人不超过7000元的标准给予企业补助。申请人数按企业在申报年度离岸外包业务收入测算出的人数进行核定。测算人数＝申报年度离岸外包业务额（万美元）÷4（万美元／人）。如企业实际申请人数小于测算人数，则受补助人数不大于企业实际申请人数；如企业实际申请人数大于测算人数，则受补助人数不大于测算人数。

（3）培训机构培训后补助。对培训机构新培训从事服务外包业务、大学本科（含本科）以上学历人员，通过服务外包业务专业知识和技能培训考核的，按照每人不超过500元的标准给予培训机构培训后补助。申请机构应具有符合条件的场地、设施、专业教材和师资力量。

（4）创新研发。对申报年度通过自主研发取得的专利、注册商标、软件著作权等给予注册费实际支出额不超过50%的资金支持。其中，给予每个申报单位发明专利不超过20万元、国际专利不超过20万元、实用新型专利不超过5万元、外观设计专利不超过5万元、注册商标不超过5万元、软件著作权不超过5万元。

（5）境外设点。每个境外分支机构或办事机构支持30万元。采取分期拨付方式，首次申请拨付支持总额的50%，一年后上报运行情况报告，如经营正常拨付后续50%。原则上一家申报单位申请境外分支机构或办事机构累计不超过三个。一家申报单位在同一国别或地区申请境外分支机构或办事机构累计不超过两个。

（6）办公用房租赁补贴。申报年度核准通过的离岸外包业务额达到2000万美元（含）以上，且同比有增长的服务外包企业，可以申请该项目。办公用房租赁补贴面积按企业离岸业务年收入测算出的有效面积核定。有效面积测算基准为每人每年4万美元产值、每人办公用建筑面积10平方米［测算面积（㎡）＝申报年度离岸外包业务额（万美元）÷4（万美元）×10㎡］。如测算面积大于企业在京实际办公用房租赁建筑面积，以在京实际办公用房租赁建筑面积为补贴面积。补贴标准为不超过20元／每平方米／月，且企业租房费用应大于享受补贴费用，每家企业年补贴金额不超过300万元。

（7）离岸业务奖励。离岸外包业务执行额达到1500万美元（含）以上，申报年度已通过“服务外包信息管理应用”登记执行金额且申报年度同比有增长的企业可以申请该项目。离岸外包业务额较上年增长超过300万美元的企业，奖励金额不超过50万元；增长超过500万美元的企业，奖励金额不超过100万元；增长超过1000万美元的企业，奖励金额不超过200万元。

（8）开展数字贸易。支持企业开发具备跨境交付能力的数字技术应用产品、提供数字化跨境服务解决方案项目，对研发过程产生的设备购置、软件购置（或委托开发）、技术购置费用进行支持，支持额度不超过上述费用的50%，每个企业获得支持的产品和项目累计不超过两个，同一产品或项目支持金额不超过30万元。

（9）对标国际高标准经贸规则。支持参与制定并首次获得ISO（国际标准化组织）、ITU（国际电信联盟）、IEC（国际电工委员会）、CEN（欧洲标准化委员会）、APT（亚太电信组织）等知名国际或区域标准组织认定，或投票通过，或国家颁布，或行业认可的数字贸易规则和标准制定项目。申报单位作为第一参与单位参与的项目，按国际、国家、行业三个维度分别奖励20万元、15万元、10万元；申报单位作为第二、第三参与单位参与的项目，按国际、国家、行业分别奖励15万元、10万元、5万元。该项目应于申报年度获上述组织认定、通过并公布。每个申报单位获得支持的项目累计不超过两个。

（10）形成示范带动效应。申报单位在申报年度期间首次提出服务贸易创新发展示范案例，并被商务部认可纳入案例集的，每条示范案例一次性给予申报单位20万元奖励。

以上（1）至（10）项支持内容，对每个符合条件的申报单位支持资金总金额不超过500万元。其中，对（3）项支持内容每个符合条件的申请培训机构支持资金总金额不超过100万元。

3. 申报材料要求

申报“支持内容及标准”中（1）至（7）项的单位，需提供：

（1）《承接国际服务外包业务资金补助申请报告》；

（2）法律地位证明文件复印件；

（3）经会计师事务所审计的上一年度财务会计报告复印件；

（4）申报年度服务外包业务专项审计报告原件；

（5）申报年度服务外包合同或协议的复印件；

（6）离岸服务外包业务年度收入明细表；

（7）结汇凭证及涉外收入申报单复印件；

（8）《北京市服务外包业务专项资金申请承诺书》；

（9）与项目申报有关的其他材料。

申报“支持内容及标准”中（8）（9）（10）项的单位，需提供：

（1）《项目申报说明》；

（2）《项目申请表》；

（3）申请报告及资金使用承诺书；

（4）申报单位法律地位证明文件以及上年度审计报告；

（5）申报年度内获得国际组织认定、通过并公布的网址和截图［仅申报“支持内容及标准”中第（9）项的单位提供］；

（6）与项目申报有关的其他材料。

（三）服务贸易公共服务项目

1. 申请条件

（1）在京注册，具有独立的企业法人资格，且为公共服务平台的实际投资运营单位；

（2）服务的对象包括承接国际服务贸易业务的企业及培训机构；

（3）具有一定数量与业务相适应的专业人员、管理人员，具备满足公共服务平台运营必要的场地、设备；

（4）公共服务平台建设和运营的所有相关工作符合国家有关法律法规的要求。

2. 支持内容及标准

公共服务平台须为服务贸易企业提供共性技术支撑、云服务、检验检测、测试、统计监测、信息共享、品牌建设推广、人才培养和引进、贸易促进、知识产权、数据合规、专业翻译、法律咨询、海外风险预警、支付清算、版权服务等公共服务。

资金用于我市服务贸易公共服务平台所需设备购置、运营及维护，信息系统，信息安全及知识产权保护体系建设。

在建、新建项目支持资金不超过项目建设所需设备购置、软件购置（或委托开发）、技术购置费用的50%，支持金额不超过300万元；已完成项目支持资金不超过项目建设所需设备购置、软件购置（或委托开发）、技术购置费用的40%，支持金额不超过300万元；运营及维护项目费用，按照年度实际发生费用的50%给予支持，支持金额不超过50万元，原则上运营及维护费用支持年限不超过三年。

3. 申报材料

项目申报单位应提供如下材料：

（1）《公共服务平台申报说明》；

（2）《公共服务平台申请表》；

（3）申请报告及资金使用承诺书；

（4）申报单位法律地位证明文件以及上年度审计报告；

（5）与项目申报有关的其他材料。

（四）服务贸易整体促进项目

按照相关规定，以政府采购服务的方式对促进我市服务贸易整体发展的项目予以资金支持。

（五）鼓励会计师事务所参与国际竞争项目

1. 申请条件

（1）会计师事务所应在北京市注册登记，并具有经北京市财政局行政许可的会计师事务所执业证书。

（2）会计师事务所近三年以来无严重违法违规行为。

2. 支持内容及标准

（1）鼓励会计师事务所在境外以自有品牌设立分支机构（含并购吸收所在国家和地区的会计师事务所成为其成员所）。上年度，每在境外自主设立一家分支机构（含并购吸收所在国家和地区的会计师事务所成为其成员所），实现品牌统一，正常开展业务，经申请审核，给予15万元奖励，每年每家会计师事务所奖励最高限额为100万元。

（2）鼓励会计师事务所以自有品牌参与权威国际会计公司网络排名。申报年度，会计师事务所在境外以自有品牌设立分支机构两家以上，并以自有品牌参与权威国际会计公司网络排名，分三档进行奖励：进入全球前30名，一次性给予30万元奖励；进入全球前20名，一次性给予40万元奖励；进入全球前10名，一次性给予50万元奖励。国际排名名次以会计师事务所申报年度参与权威国际会计公司网络排名较为靠前的名次为准，符合条件的会计师事务所不重复享受奖励。

3. 申报材料

项目申报单位应提供如下材料：

（1）由法定代表人签字的《鼓励会计师事务所参与国际竞争项目申请表》，内容包括：企业基本情况、出口概要、本企业近三年无严重违法违规行为，是否拖欠政府性资金、同一项目是否已申请或享受其他财政资金等，以及申报说明；

（2）法律地位证明文件复印件；

（3）由法定代表人签字的《鼓励会计师事务所参与国际竞争项目申请承诺书》；

（4）经会计师事务所审计的上一年度财务会计报告复印件；

（5）以自主品牌参与权威国际会计公司网络排名所获得较高名次的证明材料（中英文）；

（6）事务所自主品牌情况说明。

以上材料均须加盖企业公章。

三、申报流程

（一）申报单位按属地原则将申报材料（一式两份）在规定的时间内报送至所在辖区商务局、北京经济技术开发区商务管理部门初审后上报市商务局。

（二）市商务局委托第三方中介机构进行项目复审。对复审通过的项目，在市商务局官方网站上予以公示，公示期为7天，公示期满无异议后按规定办理资金拨付手续。

（三）市商务局和市财政局可视情况聘请中介机构开展专项监督管理工作。

本实施方案自发布之日起实行。《北京市商务委员会 北京市财政局关于印发〈北京市外经贸发展资金促进北京市服务外包发展实施方案〉的通知》（京商务财务字〔2018〕26号）、《北京市商务委员会 北京市财政局关于印发〈北京市外经贸发展资金支持试点地区及示范城市服务贸易创新发展实施方案〉的通知》（京商务财务字〔2018〕27号）同时废止。

北京市商务局　北京市财政局关于印发《北京市外经贸发展资金优化服务进出口结构实施方案》的通知

京商财务字〔2022〕18 号

各相关单位：

根据《北京市商务局　北京市财政局关于印发〈北京市外经贸发展资金管理实施细则〉的通知》（京商财务字〔2022〕16 号），为促进我市服务进出口结构优化，北京市商务局和北京市财政局结合北京市实际情况，联合制定了《北京市外经贸发展资金优化服务进出口结构实施方案》，现将该方案印发给你们，请遵照执行。

特此通知。

北京市商务局

北京市财政局

2022 年 7 月 27 日

北京市外经贸发展资金优化服务进出口结构实施方案

根据《北京市商务局　北京市财政局关于印发〈北京市外经贸发展资金管理实施细则〉的通知》（京商财务字〔2022〕16 号），为促进我市服务进出口结构优化，特制定以下实施方案：

一、支持范围

（一）支持《鼓励进口服务目录》（商务部等五部门公告第 2019 年 14 号）行业领域的相关服务进口。

（二）支持《中国禁止进口限制进口技术目录》（商务部公告 2021 年第 37 号）所列的技术之外的技术进口。

（三）支持《服务出口重点领域指导目录》（商务部公告 2016 年第 58 号）行业领域的相关服务出口。

（四）支持除《中国禁止出口限制出口技术目录》（商务部、科技部令 2008 年第 12 号）及《关于调整发布〈中国禁止出口限制出口技术目录〉的公告》（商务部　科技部公告 2020 年第 38 号）所列的技术之外的技术出口。

（五）支持服务外包企业发展离岸服务外包业务。

二、申报条件

（一）依法在北京市登记注册，具有独立法人资格；

（二）按照有关规定已取得开展相关业务资格或已进行核准或备案；

（三）服务进出口、技术进出口和离岸服务外包业务应通过商务部业务系统统一平台“服务贸易统计监测管理信息系统”（包括“服务贸易重点监测企业直报管理应用”“技术贸易管理信息应用”和“服务外包信息管理应用”）如实填报有关信息和统计数据，且申报年度填报数据较同期同口径数据为正增长（申报年度新注册单位不受该项条件限制）；

（四）其他按规定应满足的条件。

三、支持方式和标准

（一）鼓励服务进口和技术进口

以贴息方式对符合条件的单位予以支持，同一单位获得的贴息额最高不超过500万元人民币。

贴息本金：对申报年度发生并在“服务贸易统计监测管理信息系统”中进行登记的相关业务，取得付汇凭证且付汇凭证总额不低于系统数据的，以审定的进口付汇金额（汇率按申报年度最后一日中国人民银行公布的汇率计算）作为计算贴息的本金。本金规模应不低于50万美元。

贴息率：按照不超过规定时间中国人民银行公布的一年贷款市场报价利率（LPR）计算。

（二）鼓励服务出口和技术出口

以贴息方式对符合条件的单位予以支持，同一单位获得的贴息额最高不超过500万元人民币。

贴息本金：对申报年度发生并在“服务贸易统计监测管理信息系统”中进行登记的相关业务，取得收汇凭证且收汇凭证总额不低于系统数据的，以审定的出口收汇金额（汇率按申报年度最后一日中国人民银行公布的汇率计算）作为计算贴息的本金。本金规模应不低于50万美元。

贴息率：按照不超过规定时间中国人民银行公布的一年贷款市场报价利率（LPR）计算。

四、申报材料

（一）基本材料

1. 由法定代表人签字的项目申请报告，内容包括：申报单位基本情况、业务概要、本申报单位近三年无严重违法违规行为，是否拖欠政府性资金、同一业务是否已申请或享受其他财政资金等，以及申报说明；

2.《优化服务进出口结构申请表》；

3. 由法定代表人签字的《优化服务进出口结构申请承诺书》；

4. 法律地位证明文件或相关部门颁发的执业许可证复印件；

5. 合同复印件；

6. 银行出具的收／付汇凭证复印件（收汇凭证以非人民币作为计价币种的，应将出口额换算成人民币），涉外收入申报单复印件；

7. 申报年度申报业务专项审计报告原件；

8. 申报年度申报业务明细表；

9. 经会计师事务所审计的上一年度财务会计报告复印件。

以上材料均须加盖申报单位公章。

（二）鼓励技术进／出口单项材料

1. 如涉及专利权转让，申报单位需提供著录项目变更手续合格通知书复印件；

2. 申请支持方向为技术进／出口的，需提交《技术进／出口合同登记证书》和《技术进／出口合同数据表》及《技术进／出口数据变更记录表》复印件。

以上材料均须加盖申报单位公章。

五、申报流程

（一）申报单位按属地原则将申报材料（一式两份）在规定的时间内报送至所在辖区商务局、北京经济技术开发区商务主管部门初审后上报市商务局。

（二）市商务局委托第三方中介机构进行项目复审。对复审通过的项目，在市商务局官方网站上予以公示，公示期为7天，公示期满无异议后按规定办理资金拨付手续。

（三）市商务局和市财政局可视情况聘请中介机构开展专项监督管理工作。

本实施方案自发布之日起实行。《北京市商务委员会 北京市财政局关于印发〈北京市外经贸发展资金支持北京市服务贸易境外拓展实施方案〉的通知》（京商务财务字〔2018〕28号）同时废止。

北京市商务局　北京市财政局关于印发《北京市外经贸发展资金支持北京市跨境电子商务发展实施方案》的通知

京商财务字〔2022〕19号

各有关单位：

根据《北京市商务局 北京市财政局关于印发〈北京市外经贸发展资金管理实施细则〉的通知》（京商财务字〔2022〕16号），为充分发挥财政资金支持引导作用，促进本市跨境电子商务发展，北京市商务局和北京市财政局结合北京市实际情况，联合修订了《北京市外经贸发展资金支持北京市跨境电子商务发展实施方案》，现将该方案印发给你们，请遵照执行。

特此通知。

北京市商务局

北京市财政局

2022年7月27日

北京市外经贸发展资金支持北京市跨境电子商务发展实施方案

为进一步促进北京市跨境电子商务创新发展，完善跨境电子商务服务支撑体系，全面协调推进中国（北京）跨境电子商务综合试验区建设，制定本方案。

一、支持对象

（一）跨境电子商务平台及平台内经营者。包括自建跨境电子商务销售平台的进出口企业、第三方跨境电子商务平台和对接应用第三方跨境电子商务平台开展进出口业务的企业。

（二）跨境电子商务服务企业。包括为跨境电子商务企业提供交易、金融、支付、通关、仓储、物流等相关服务的企业（含跨境电子商务产业园运营主体）。

（三）在市内开设跨境电子商务体验店（含线下自提店），采取线上下单、线下展示销售等方式，开展跨境电子商务销售的企业；积极引进培育跨境电子商务体验店的商业主体。

（四）具备一定实力，通过完善海外仓和海外运营中心等服务设施，为企业开拓市场提供综合配套服务的跨境电子商务企业。优先支持在“一带一路”沿线国家、RCEP成员国建设海外仓。

（五）为中国（北京）跨境电子商务综合试验区服务支撑体系建设提供支持的其他企业或服务主体。

二、支持方向

（一）支持跨境电子商务平台及平台内经营者发展

支持企业通过自建跨境电子商务销售平台（含相关信息系统及移动应用程序、微信小程序等）、建设第三方跨境电子商务平台和对接应用第三方跨境电子商务平台开展跨境电子商务业务，提供跨境电子商务交易、支付、物流等各类服务。鼓励跨境电子商务平台扩大销售或服务规模。

（二）支持跨境电子商务产业园建设发展

支持本市跨境电子商务产业园建设发展，完善园区服务支撑体系。鼓励园区扩大招商引资，促进跨境电子商务产业集聚发展。

（三）支持企业开展跨境电子商务进出口业务

支持用于跨境电子商务通关服务的项目建设。鼓励企业开展跨境电子商务 B2C、B2B 进出口业务。

（四）支持跨境电子商务仓储物流建设

支持海外仓（或海外运营中心）、保税仓（含跨境电子商务医药产品专用仓）、智能口岸仓、出口集货仓等跨境电子商务仓储物流服务设施及配套信息系统的建设，扩大海外仓业务规模，提升跨境电子商务仓储物流支撑能力。

（五）支持发展线上线下相结合的跨境体验消费

支持新开设跨境电子商务体验店的建设和运营。鼓励跨境电子商务体验店扩大销售规模。支持引导商场、超市、产业园区等主体积极引进培育跨境电子商务体验店。

（六）支持北京跨境电商综试区服务支撑体系建设

支持建设完善综试区线上综合服务平台、统计监测、信息共享、智能物流、金融服务、电商诚信、风险防控、市场开拓、人才培育和营销等服务体系。

（七）对财政部、商务部等国家部委确定的其他相关项目给予支持

三、支持方式及标准

（一）贷款贴息。对企业开展跨境电子商务相关业务取得银行贷款给予贴息支持，其中：人民币贷款贴息率，按照不超过资金申报截至日前中国人民银行公布的最近一期人民币一年期贷款市场报价利率计算，外币贷款贴息率，按照不超过 3% 计算，上述贴息率均不超过项目实际贷款利率。

（二）资金补助。对于跨境电子商务平台、产业园、体验店以及仓储物流、通关服务设施建设等投资类项目，依据其信息系统研发、软硬件设施设备购置、项目运营等相关费用给予支持。申报项目已投资额不低于计划总投资额的 70%，能够按申报计划组织实施。

1. 对新建跨境电子商务体验店的支持标准：

体验店租金支持标准：参照本市基本便民商业网点租金等相关支持标准，并结合跨境电商发展实际情况，在年度项目征集工作通知中明确细化。单店年度租金支持金额不超过 200 万元。

对除租金外其他投资，按照不超过审定实际投资 50% 的标准给予资金支持。

2. 对其他项目支持标准：依据审定实际投资给予不超过 50% 的资金支持。

（三）以奖代补。鼓励跨境电子商务平台扩大销售或服务规模、产业园扩大招商引资、企业开展跨境电子商务进出口业务、扩大海外仓业务规模、通过引进培育及建设运营体验店促进线上线下融合消费等业务。

以上三种支持方式下，单个项目支持资金最高不超过 500 万元。

（四）对于北京跨境电商综试区线上综合服务平台相关项目，依据第三方评审、招投标等方式确定的成本费用给予支持。

本“实施方案”涉及的具体支持内容和要求，将结合每年的跨境电商发展实际情况，在年度项目征集工作通知中予以细化。

四、支持条件

（一）项目申报主体需在北京市注册，具有独立法人资格，工商营业执照等法律必备证照

齐全有效。

（二）项目申报单位经营状况良好，财务管理制度健全。

（三）中央年度外经贸重点工作通知中已明确相关支持条件的，从其规定。

（四）其他按规定应满足的条件。

五、申报材料

（一）项目申报书（含项目可行性报告）；

（二）项目已发生费用明细表；

（三）项目申报情况表；

（四）项目申报单位承诺书；

（五）项目单位法人证明文件复印件（营业执照、法定代表人身份证明等）；

（六）项目单位近两年财务报表（资产负债表、损益表、现金流量表）；

（七）其他与项目相关的证明材料。

项目申报材料一式两份，按顺序装订成册，并加盖单位公章。项目申报材料不予退回。

六、申报流程

（一）企业申报的项目原则上按照属地管理，由区商务局、北京经济技术开发区商务主管部门初审后上报市商务局。北京跨境电商综试区线上综合服务平台相关项目由市商务局直接进行审核。

（二）市商务局按照项目资金管理相关办法，组织开展项目评审、资金拨付等工作。

本实施方案自发布之日起实施。《北京市商务局 北京市财政局关于印发〈北京市外经贸发展资金支持北京市跨境电子商务发展实施方案〉的通知》（京商财务字〔2021〕34 号）同时废止。

北京市商务局　北京市财政局关于印发《北京市外经贸发展资金支持北京市外贸企业提升国际化经营能力实施方案》的通知

京商财务字〔2022〕20号

各有关单位：

根据《北京市商务局 北京市财政局关于印发〈北京市外经贸发展资金管理实施细则〉的通知》（京商财务字〔2022〕16号），为支持我市外贸企业提升国际化经营能力，北京市商务局和北京市财政局结合北京市实际情况，联合制定了《北京市外经贸发展资金支持北京市外贸企业提升国际化经营能力实施方案》，现将该方案印发给你们，请遵照执行。

特此通知。

北京市商务局

北京市财政局

2022年7月27日

北京市外经贸发展资金支持北京市外贸企业提升国际化经营能力实施方案

根据《北京市商务局 北京市财政局关于印发〈北京市外经贸发展资金管理实施细则〉的通知》（京商财务字〔2022〕16号），为支持我市外贸企业提升国际化经营能力，特制定以下实施方案：

一、支持对象和申报条件

外贸企业独立开展提升国际化经营能力的项目为企业项目；符合条件的企业或社会团体（以下简称“项目组织单位”）组织外贸企业参加培训的项目为团体项目。

（一）申请企业项目的外贸企业应符合以下条件

1. 在北京地区办理工商注册，依法取得进出口经营资格或依法办理对外贸易经营者备案登记（已确认为自贸区范围内的外贸企业无需提供“对外贸易经营者备案登记”）的企业法人。

2. 拥有从事国际市场开拓的专业人员，对开拓国际市场有明确的工作安排和市场开拓计划。

3. 企业分类：

（1）中小外贸企业

除满足第1、第2条规定的外贸企业条件外，上年度海关统计进出口额应低于6500万美元。

（2）“双自主”企业

除满足第1、第2条规定的外贸企业条件外，还应符合下列条件之一：

拥有境内及出口市场（含港、澳、台地区，下同）注册商标；

拥有境内及出口市场专利（包括发明专利、实用新型专利和外观设计专利，下同）；

拥有出口市场注册商标及出口市场专利；

商标及专利持有者原则上应为申请支持资金的企业（以下简称“该企业”）。

以下情形视同该企业持有商标及专利：

一是持有者为全资控股该企业的境内母公司；

二是持有者为该企业全资控股的境内子公司；

三是持有者为该企业全资控股的境内子公司在境内独立投资设立的子公司。

获得商务部认定的“中华老字号”企业。

（3）外贸综合服务企业

外贸综合服务企业是指具备对外贸易经营者资质，接受国内外客户委托，为客户提供报关报检、物流、退税、结算、融资、信用保险、保理、供应链管理等综合服务的企业。

除满足第1、第2条规定的外贸企业条件外，还应当为已经纳入商务部外贸综合服务试点企业或北京市认定的外贸综合服务示范企业。

（4）中国（北京）自由贸易试验区外贸企业

在中国（北京）自由贸易试验区注册且开展国际市场开拓业务的外贸企业。

（5）获得国家高新技术认定的外贸企业

获得国家高新技术认定，取得国家“高新技术企业证书”且在证书有效期内开展国际市场开拓业务的外贸企业。

（二）申请团体项目的项目组织单位应符合下列条件

在北京市注册，组织外贸企业培训且内容以企业提升国际化经营能力为目的，且未拖欠应缴还财政性资金。其中，申请团体项目的企业还应符合如下条件：为外贸企业提供报关报检、物流、退税、融资、信保等服务的企业及其他承担外贸公共服务职能的企业。

二、资金支持方向

（一）企业项目

支持方向包括：国际性展会、管理体系认证、产品认证、境外专利申请、商标注册、境外广告、国际市场宣传推介、外贸软件云服务等信息化建设、国际市场考察（国际性展会参展人员费）、境外投（议）标、提高经营管理信息化水平、提高经营管理科学决策水平、改善融资服务、线上国际展会、经授权使用“三同”（“同线、同标、同质”）产品标识等15类项目。

各类企业自愿申报，可申报项目详见企业支持方向表。

（二）团体项目

支持方向为企业培训。

三、支持重点

（一）优先支持拥有自主品牌、自主知识产权的“双自主”企业开拓国际市场的活动；

（二）优先支持在中国（北京）自由贸易试验区注册的外贸企业和取得国家高新技术认定的外贸企业开拓国际市场等相关活动；

（三）优先支持企业参加国际性展会、取得产品认证、境外商标注册及境外专利申请等活动；

（四）优先支持面向拉美、非洲、中东、东欧、东南亚和中亚等新兴国际市场的拓展。

四、资金支持标准

（一）对于符合支持内容且支出金额大于1万元（含1万元）的项目予以支持（国际市场考察、线上国际展会、改善融资服务项目支出金额可小于1万元）；

（二）支持比例一般为50%，拓展面向拉美、非洲、中东、东欧、东南亚和中亚等新兴国际市场的支持比例可提高到70%；产品认证费、资信产品购买费、出口企业内外销产品“三同”标识许可使用费、线上国际展会（境内外）展位费支持比例可提高到70%；

（三）每个企业项目支持金额最高不超过30万元（改善融资服务、产品认证项目除外）；

（四）每个企业当年累计获得市场开拓资金支持最多不超过100万元（“双自主”企业及外贸综合服务企业除外）。

五、资金申请程序

自愿申请支持资金的企业申请程序包括企业注册申请、企业注册确认结果公示、项目计划申请、项目计划审核结果公示、资金拨付申请、资金拨付申请材料及原始票据与记账凭证审核、资金拨付审核结果公示和资金拨付等8个环节。

（一）企业注册申请及企业注册确认结果公示

符合支持条件的各类企业和项目组织单位在“外经贸发展专项资金网络管理系统”（https://zxkt.mofcom.gov.cn/，以下简称“项目申报系统”）和北京市商务局门户网站首页商务专题，北京市外贸稳增长项下“外贸企业库”（http://sw.beijing.gov.cn/zt/wmwzz/index.html）上提交注册申请。

1. 在项目申报系统注册后，工商注册地在大兴区、延庆区、通州区、西城区的企业、外贸综合服务企业和项目组织单位的注册书面申请材料报到北京市商务局进行确认。工商注册地在东城区、海淀区、丰台区、石景山区、门头沟区、昌平区、房山区、平谷区、密云区、怀柔区、北京经济技术开发区、朝阳区及顺义区的企业，注册书面申请材料报到所属区商务局（以下简称“经授权的区商务局”）进行确认。市、区商务局确认后在申报系统上进行公示。

2. 在外贸企业信息管理系统注册后，各类企业需联系所属区商务局在管理系统上进行确认。确认通过的企业如需申请“双自主”企业，需将书面申请材料报送到北京市商务局。

（二）项目计划申请及审核结果公示

1. 企业注册申请并确认通过的项目单位，按照北京市商务局通知要求，通过项目申报系统提交当前年度项目计划申请。

2. 北京市商务局在资金预算额度内，择优选择项目列入年度项目计划，列入年度计划的项目在项目申报系统公示，公示期为7天。

（三）资金拨付申请

列入年度计划的项目实施完成后，项目单位按照北京市商务局通知要求，通过项目申报系统提交资金拨付申请。经授权的区商务局受理工商注册地在本行政区域内的企业提交的资金拨付书面申请材料。北京市商务局受理工商注册地在大兴区、延庆区、通州区、西城区的企业以及项目组织单位的资金拨付书面申请材料。

（四）资金拨付申请材料及原始票据与记账凭证审核

1. 经授权的区商务局对工商注册地在本行政区域内的企业提交的资金拨付书面申请材料进行完整性审核后报北京市商务局进行合规性和真实性审核；北京市商务局对工商注册地在大兴区、延庆区、通州区、西城区的企业以及项目组织单位提交的资金拨付书面申请材料进行审核。

2. 资金拨付书面申请材料审核通过的项目单位按照北京市商务局通知要求，参加第三方机构对企业申报项目材料所对应的原始票据与记账凭证的审核，审核结果由北京市商务局最终审定。

（五）资金拨付审核结果公示和资金拨付

通过原始票据与记账凭证审核的项目分别在项目申报系统及北京市商务局门户网站进行公示，公示期为 7 天。

公示期结束后，北京市商务局按照相关规定拨付资金。

六、其他事项

在 2021 年 12 月 31 日之前发生的提升国际化经营能力项目适用《北京市外经贸发展资金支持北京市外贸企业提升国际化经营能力实施方案》（京商财务字〔2021〕33 号）。在 2022 年 1 月 1 日以后发生的提升国际化经营能力项目适用本方案。

北京市商务局　北京市财政局关于印发《北京市外经贸发展资金支持北京市对外投资合作实施方案》的通知

京商财务字〔2022〕22号

各有关单位：

根据《北京市商务局 北京市财政局关于印发〈北京市外经贸发展资金管理实施细则〉的通知》（京商财务字〔2022〕16号），为支持我市对外投资合作，北京市商务局和北京市财政局结合北京市实际情况，联合制定了《北京市外经贸发展资金支持北京市对外投资合作实施方案》，现将该方案印发给你们，请遵照执行。

特此通知。

北京市商务局

北京市财政局

2022年7月27日

北京市外经贸发展资金支持北京市对外投资合作实施方案

根据《北京市商务局 北京市财政局关于印发〈北京市外经贸发展资金管理实施细则〉的通知》（京商财务字〔2022〕16号），为支持我市对外投资合作，特制定以下实施方案：

一、申请的基本条件

（一）申请企业应具备的基本条件

1. 在我市依法注册，具有独立企业法人资格，已经取得市商务局或由市商务局报经商务部批准（核准或备案）开展对外投资合作业务的本市地方企业（对于境外渔业合作的企业根据国家有关规定在口岸城市或港口城市注册的，可不受注册地必须为我市的相关限制）；

2. 按照商务部等部门《对外直接投资统计制度》《对外承包工程业务统计调查制度》和《对外劳务合作业务统计调查制度》的规定，按时向市商务局报送业务统计资料和项目进展情况；

3. 当年未获得相同性质的其他同级专项资金的支持；

4. 其他按规定应满足的条件。

（二）申请项目应具备的基本条件

1. 经有关部门批准、登记或备案。

2. 在项目所在国（地区）依法注册、登记或备案，项目依法生效。

（1）境外投资，在“一带一路”沿线国家新设或并购企业；涉及高端装备制造和国际绿色低碳产能合作的；涉及境外主要矿产资源开发的；能够带动北京市企业技术转型升级，填补我市企业在技术方面的空白新设或并购的；涉及数字经济领域的新设或并购的；在境外设立研发中心、实验室及科技企业孵化器的；在境外设立商务服务业企业的；能够带动中华传统文化走出去，有利于传播优秀传统文化的境外投资的；在境外开展农业种植、畜禽养殖、奶业生产加工，农产品生产加工，参与海外农业技术示范项目和农业科技合作示范园区建设的等境外投资项目。

（2）对外承包工程，在基础设施、基础产业及有利于改善当地民生等领域开展的附加值高、影响力大，具有品牌和技术标准优势的工程项目，以及设计、咨询类等工程项目。

（3）对外劳务合作，按照对外劳务合作相关规定，支持对外劳务合作公共服务平台建设，强化信息咨询、素质培训、权益保障、规范引导等服务功能，扩大服务辐射面；按规定开展对外劳务人员适应性培训的企业，支持重点：一是外派劳务人员户籍所在地为“京津冀”协同发展区域内或全国范围内脱贫县的，二是符合打造对外劳务合作“北京服务”品牌的高端劳务，如医护、厨师、航空、IT、施工项目管理等技术型劳务。

（4）境外渔业合作，通过购买捕捞许可、派出渔船方式，在境外从事的渔业捕捞活动，渔业产品60%以上供应首都市场的项目。

（5）支持建设境外企业和对外投资联络服务省级分平台，我市企业建立符合GB/T28181—2016标准的视频监控系统，其境外企业和项目的NVR（或视频服务器）通过互联网或专网实现与省级分平台和我市企业视频监控系统互联，市商务局和企业可随时连接境外项目网络摄像机并查看实时图像。

3. 项目金额标准：

境外投资：境外投资项目中方直接投资额不低于500万美元或等值货币，其中北京自贸试验区企业境外投资项目中方直接投资额不低于300万美元或等值货币；在“一带一路”沿线国家及年度重点投资方向和领域新设或并购企业，中方占有该境外企业30%（含）以上权益的境外投资，中方投资总额不低于300万美元的；涉及高端装备制造和国际绿色低碳产能合作（航空装备、卫星制造以及应用、轨道交通设备制造、海洋工程装备制造、智能制造、太阳能、风能、核能、生物质能等）的境外投资，中方占有该境外企业10%以上权益，中方投资总额不低于300万美元的；涉及境外主要矿产资源开发（能源类矿产、金属矿产、非金属矿产）的境外投资，中方占有该境外企业10%以上权益，中方投资总额不低于300万美元的；能够带动北京市企业技术转型升级，填补我市企业在技术方面的空白的新设或并购项目（信息传输/软件和信息技术服务、生物医药、新能源、环保设备等），中方占有该境外企业30%（含）以上权益，中方投资总额不低于300万美元的；涉及数字经济领域的新设或并购项目（人工智能、虚拟现实、区块链等），中方占有该境外企业30%（含）以上权益的境外投资，中方投资总额不低于300万美元的；在境外设立研发中心、实验室及科技企业孵化器，中方占有该境外企业50%以上权益，中方投资总额不低于100万美元的；在境外设立商务服务业企业，中方占有该境外企业50%以上权益，中方投资总额不低于100万美元的；能够带动“中华传统文化”走出去，有利于传播优秀传统文化的境外投资，中方投资总额不低于50万美元的；在境外开展农业种植、畜禽养殖、奶业生产加工，农产品生产加工，参与海外农业技术示范项目和农业科技合作示范园区建设的境外投资，中方占有该境外企业50%以上权益，中方投资总额不低于50万美元的。

对外承包工程：对外承包工程项目合同额不低于500万美元或等值货币（设计、咨询类项目除外）。

4. 项目适用时间：

（1）申请境外风险管理相关费用补助的项目，境外企业或对外承包工程项目须在资金支持年度内备案并设立或签订合同（协议），境外风险管理相关费用须在资金支持年度（含）之前支出；

（2）申请贷款贴息的项目，项目合同和贷款合同须在资金支持年度内正在执行并按合同支付利息的；

（3）申请一次性直接补助的境外投资项目，新设（并购）境外企业须在资金支持年度内备案并设立；

（4）申请对外承包工程直接补助的，项目须在资金支持年度内正在执行并形成营业额；

（5）申请外派劳务人员直接补助的，项目须在资金支持年度内实际派出劳务人员；

（6）申请海外投资保险保费直接补助的，项目须为资金支持年度内执行的投保协议并支付保费；

（7）申请资源回运运保费的直接补助，其项目合同（协议）在资金支持年度内正在执行，并在此期间内运回权益内资源产品（以海关报关单为准）；

（8）申请对外承包工程项目投标、履约保函费用的直接补助，项目须为资金支持年度内正在执行的项目开具的保函并支付费用的；

（9）申请建设境外企业和对外投资联络服务省级分平台补助的，分平台须在资金支持年度内完成建设，相关建设费用须在资金支持年度（含）之前支出；

（10）申请外派中方人员安全保险费用补助的，相关人员须在规定时间内实际派出并已支付相关费用。

5. 其他按规定应满足的条件。

二、支持方式和标准及限额

（一）对境外风险管理相关费用的补助

对我市企业为开展境外投资在项目所在国注册（登记）或对外承包工程签订合同（协议）之前，为获得项目而发生的境外风险管理相关费用进行补助，包括：

1. 委托具有相应资质资格的专业机构编制项目可行性研究报告、项目风险评估报告、环评报告、尽职调查报告等所发生的支出。

2. 委托具有相应资质资格的专业机构为对外投资项目提供法律、会计、技术、商务和投融资咨询服务等所发生的支出。

补助标准：对企业为获得项目而发生的境外风险管理相关费用予以支持，支持比例不超过50%，一个项目补助额最高不超过50万元人民币，一个项目只能享受一次支持，增资项目不予支持。

（二）贷款贴息

申请贴息贷款为一年以上（含一年）中长期境内非政策性贷款，贷款可从境内银行取得，也可由我国企业在境外设立的控股企业从我国银行在境外的分支机构取得；特许经营类对外承包工程项目的贷款可由境外项目公司从境内银行取得，也可从我国银行在境外的分支机构取得；贷款用于对外投资合作项目的建设及运营；规定项目贷款额不超过《企业境外投资证书》备案的贷款额度和对外承包工程项目合同额，人民币贷款贴息率不超过中国人民银行公布执行的基准利率，实际利率低于基准利率的，不超过实际利率；外币贷款年贴息率不超过3%，实际利率低于3%的，不超过实际利率。

补助标准：用于支持对外投资合作项目的贷款贴息，不超过贷款实际支付利息的50%；每个项目可获得累计不超过3年的贷款贴息支持，每年度不超过500万元人民币。

（三）境外投资的直接补助

我市企业申请境外投资项目直接补助的须是经市商务局或经市商务局报经商务部备案或核准取得《企业境外投资证书》，已在项目所在国（地区）依法注册，已履行完境内外全部手续。

补助标准：对境外投资项目在规定年度内直接投资额不低于5000万美元的投资，给予额度不超过200万元人民币的一次性补助；境外投资项目在规定年度内直接投资额不低于500万美元（北京自贸试验区企业直接投资额不低于300万美元）、少于5000万美元的投资，给予额度不超过100万元人民币的一次性补助；如达不到上述标准要求，符合支持重点且在规定年度内累计中方直接投资完成中方投资总额60%以上的，给予额度不超过50万元人民币的一次性直接补助。

（四）对外承包工程的直接补助

1. 我市企业开展对外承包工程业务，申请营业额补助的应为申请企业直接中标项目，不含从其他对外承包工程企业获得的工程分包项目；项目合同总额不低于500万美元（设计、咨询类项目除外）；以联营体形式承包工程的，企业承担项目情况按合同比例计算工程合同额。

补助标准：用于支持企业取得对外承包工程项目的补助，按照不超过项目申报期内已完成营业额的0.5%进行补助。一个项目当年补助额最高不超过80万元人民币。

2. 用于支持企业对外承包工程项目投标、履约保函费用的补助，不超过实际支付费用的50%，一个项目当年补助额最高不超过100万元人民币。

（五）外派劳务人员的直接补助

对按商务部、北京市规定开展对外劳务人员适应性培训，重点对外派劳务人员户籍所在地为“京津冀”协同发展区域内或全国范围内脱贫县的企业、符合打造对外劳务合作“北京服务”品牌高端劳务的企业进行直接补助（申报京津冀或脱贫县人员补助需提供所派出人员的“身份证复印件”，脱贫县以商务部提供的名单为准）。

支持标准：培训补助每人不超过500元人民币，其中，对派出人员户籍所在地为“京津冀”协同发展区域内或全国范围内脱贫县的，每人补助不超过1000元人民币。

（六）资源回运运保费的直接补助

我市企业开展境外能源资源开发，将其所获合作权益以内的产品运回国内，对从境外起运至国内口岸间的运保费给予补助。计算运保费的资源产品进口数量以海关统计数据为准。企业实施对外承包工程项目换回的，不超过与外方签署的开发投资合作协议合同总金额的资源产品运回国内，对从境外起运地至国内口岸间的运保费给予补助；享受补助的回运资源种类比照上述境外资源、能源开发合作项目执行。

补助标准：企业规定资源回运运保费支持金额不超过实际支付费用的50%，一个项目当年补助额最高不超过500万元人民币。

（七）海外投资保险保费的直接补助

对企业开展对外投资合作业务投保海外投资保险的保费进行补助。

补助标准：给予不超过申请企业实际支付保险费用50%的补助，一个项目当年补助额最高不超过500万元人民币。

（八）外派中方人员安全保险费用补助

鼓励我市对外投资合作企业为外派中方人员购买在国外工作期间人身意外伤害险、绑架与赎金综合保障险、传染病及医疗保险，海外救援服务等保障外派中方人员人身安全的产品，按每人实际发生保险费用的50%，给予不超过

1000元人民币的补助，一个申报企业当年补助额最高不超过100万元人民币。

（九）建设境外企业和对外投资联络服务省级分平台的直接补助

对我市企业为接入省级分平台的各项实际发生对接费用给予补助。

补助标准：给予不超过申请企业实际支出费用50%的一次性直接补助。

（十）企业（单位）建设支持本市企业“走出去”的公共服务平台，具体支持方式标准以确认考核和年度考核标准为准。

（十一）对受主管部门委托的企业（单位）为促进我市企业开展对外投资合作业务而组织的促进活动，按组织开展促进活动实际发生的费用进行补助。

（十二）同一申报企业当年获得本专项资金支持总金额不超过1000万元人民币。

三、申请审核和拨付

对外投资合作资金的申请详见当年申报通知，需提供以下基本材料：

（一）申请贷款贴息提供如下材料：

1. 北京市使用对外投资合作专项资金申请表；

2. 申请报告，包括项目基本情况、项目贷款、项目预期收益情况分析和发展前景等；

3. 申请企业营业执照复印件；

4. 企业持有的有效的《企业境外投资证书》《对外劳务合作经营资格证书》《对外承包工程项目投（议）标许可》或《对外承包工程项目备案表》等证书复印件；

5. 境外企业或机构注册文件复印件或合作项目合同副本；

6. 申报单位承诺书；

7. 与承贷金融机构签订的贷款合同及合同项下的借据及利息结算清单复印件；

8. 申请企业近两年的年度审计报告；

9. 要求报送的其他材料。

（二）申请直接补助提供如下材料：

企业除提供上述（一）项中序号1至6项所列材料外，还需提供如下材料：

1. 以对外承包工程项目提出申请的，需提供项目有效中标的证明文件［中标通知书、正式签订的合同、使馆经商参处意见、对外承包工程项目投（议）标备案（核准）表等材料复印件］，规定期内完成营业额的情况说明材料，申请投标、履约保函费用补助的还需提供保函复印件及费用支付票据；

2. 以对外投资项目提出申请的，需外汇核准文件和资金汇出证明（在当地或第三国融资、企业内部从第三国调动资金等方式的，可不提供外汇核准文件和资金汇出证明，但须提供相关证明）、项目所在国有关机构的验资证明，以设备等实物投资的须提供海关报关单复印件等证明项目已经实施的材料；

3. 以境外风险管理相关费用项目提出申请的，需提供相关费用支出相关合同、票据等材料；

4. 以境外企业和对外投资联络服务省级分平台建设提出申请的，需提供建设费用支出相关合同、票据等材料；

5. 以保费补助项目提出申请的，需提供投保保单、保费发票、合同等材料；

6. 受主管部门委托的企业（单位）为促进我市企业开展对外投资合作业务，组织开展的促进工作为由提出申请的，需提供促进活动已经开展的证明材料（开展促进活动文件、机票、合同及发票等）；

7. 以对外劳务人员适应性培训提出申请的，需提供培训的相关证明材料及外派劳务人员的户籍证明材料；

8. 要求报送的其他材料。

申报单位报送的材料凡与申请有关的外文资料，须同时报送中文译本，复印件须加盖单位公章，一式两份，按上述所列文件顺序列出规定文件目录并装订成册。

本实施方案自印发之日起实施。《北京市商务局 北京市财政局关于印发〈北京市外经贸发展资金支持北京市对外投资合作实施方案〉的通知》（京商财务字〔2020〕21 号）、《北京市商务局 北京市财政局关于印发〈北京市外经贸发展资金支持北京市企业境外投资项目海外投资保险统保平台实施方案〉的通知》（京商财务字〔2020〕22 号）同时废止。

北京市商务局关于调整促进绿色节能消费政策适用商品范围的通知

京商消促字〔2022〕47号

各相关单位：

为贯彻国务院常务会关于“要加快释放绿色智能家电消费潜力”的会议精神及商务部等13部门《关于促进绿色智能家电消费的若干措施》的文件精神，加快释放绿色智能家电消费潜力，进一步满足消费需求，发挥本市促进绿色节能消费政策引领作用，增加适用智能商品类别，现将有关事项通知如下：

增加消费券适用商品至46类，包含手机、笔记本电脑、平板电脑、自行车、显示器、空气净化器、洗碗机、电视机、空调、电冰箱、洗衣机、热水器、微波炉、吸油烟机、燃气灶具、电饭锅、打印机、投影机、电风扇、坐便器、净水机、淋浴器、扫地机器人、智能马桶盖、吸尘器、新风系统、照明系统、电烤箱、电吹风、电动牙刷、翻译器、学习机、按摩器、美容器、网络盒子、音箱、智能门锁、跑步机、体脂秤、耳机、理疗仪、手环、手表、眼镜、自行车配件、骑行穿戴设备。

其中，笔记本电脑、平板电脑、显示器、空气净化器、电视机、空调、电冰箱、洗衣机、热水器（其中燃气壁挂炉需满足一级能效）、微波炉、吸油烟机、燃气灶具、电饭锅、打印机、投影机、电风扇等16类产品须在中国能效标识网备案且达到二级能效及以上等级；洗碗机、坐便器、净水机、淋浴器等4类产品须在中国水效标识网备案且达到二级水效及以上等级。手机厂商应通过工业和信息化部关于智能手机绿色设计相关评审或项目验收，手机产品符合GB/T 26572—2011电子电气产品中限用物质限量要求，且经北京市经济和信息化局认定的品牌和型号。

本通知自发布之日起执行，《北京市商务局关于实施促进绿色节能消费政策的通知》（京商消促字〔2022〕24号）、《北京市商务局关于实施促进绿色节能消费政策的补充通知》（京商消促字〔2022〕29号）中相关内容与本通知不一致的，以本通知为准。

北京市商务局关于补充征集2022年度促进绿色节能消费政策参与企业的公告

各相关企业：

为稳定消费市场，加快释放绿色智能家电消费潜力，现就2022年促进绿色节能消费政策参与企业的补充征集工作有关事项公告如下：

一、征集对象

在北京市登记注册、具有独立法人资格并

统一收银的实体商业零售企业和电子商务企业。

二、申报条件

1. 申报企业应销售绿色节能消费券适用商品，与政府按照2∶3的比例共同承担绿色节能消费券资金，让利消费者。

2. 申报企业应为限额以上纳统零售企业，经营状况良好，财务管理制度健全。

3. 具有稳定的自营线上平台发放和核销绿色节能消费券。

4. 家居建材零售企业在京直营门店不少于3家；自行车销售企业在京直营门店不少于5家；超市在京直营门店不少于10家；家电零售企业在京直营门店不少于20家；百货及购物中心不受直营门店数量限制。

5. 电子商务企业应通过自建独立网站从事自营类商品销售。

6. 具备完善的配送、安装、调试、维修等售后服务体系。

7. 企业近三年内在工商、税务等方面无违法违规记录。

有下列情形的企业，不支持参与绿色节能消费券的发放：纳入全市联合惩戒“黑名单”的；纳入北京市商务领域不良信用记录名单，受到“不予支持”信用惩戒的；经市商务局审议其他不予支持的。

三、企业申报材料

企业申报材料一式五份，按顺序装订成册，加盖单位公章（全套申报材料需扫描电子版一并提交）。申报材料不予退回。

1. 申请表。

2. 营业执照、法定代表人身份证和银行开户许可证复印件；企业简介及银行资信等相关材料；企业在京直营门店目录及直营门店营业执照复印件（电子商务企业不需提供）；企业2020年度和2021年度财务报表。

3. 企业2020—2021年绿色节能商品销售统计表。

4. 企业参与促进绿色节能消费政策适用商品销售管理制度和适用商品报备表。

5. 企业参与促进绿色节能消费政策的实施方案；企业疫情防控应急预案；企业风险防控方案，包括线上线下销售企业防范“羊毛党”“黄牛党”恶意刷单或套现的具体方案和线上平台的风险防控方案。

6. 企业零售额增速、工业产值等支撑材料。

四、申报流程

（一）企业申报

符合条件的企业自愿申报，于2022年8月19日前向市商务局提交申报材料，纸质版（五份）邮寄至北京市商务局消费促进处（通信地址：北京市通州区运河东大街57号院5号楼518室；电话55579352），电子版发送至peiang@sw.beijing.gov.cn，逾期未送达不予受理。

（二）部门审核

市商务局对申报企业资料进行审核，由市商务局择优确定参与企业，并将参与企业名单向社会公示。补充征集的参与企业资格有效期与2022年促进绿色节能消费政策实施周期一致。

特此公告。

北京市商务局关于给予2022年度本市大型商场疫情期间补贴资金的通知

京商规字〔2022〕6号

各区商务局、经开区商务金融局，各相关企业：

为贯彻落实《关于助企纾困促进消费加快恢复的具体措施》（京发改〔2022〕907号）要求，加大受疫情影响突出行业帮扶，支持大型商场稳定发展，鼓励本市百货店、购物中心疫情期间给予入驻商户租金减免，拟对采取减免租金举措的运营企业给予适度补贴，现就相关工作通知如下：

一、支持范围和条件

适用于同时满足以下条件的百货店、购物中心的运营企业：

1. 本市行政区域内建筑面积2万平方米以上的百货店、购物中心（综合体仅为商业部分建筑面积，不含写字楼、酒店等）；

2. 2022年1月1日至8月31日，对超过30%的入驻商户（数量）采取了减免租金措施，减免时间超过30天（含）。

二、补贴标准

给予建筑面积10万平方米（含）以上的大型商场不超过50万元的资金补贴；

给予建筑面积5万平方米（含）至10万平方米的大型商场不超过25万元的资金补贴；

给予建筑面积2万平方米（含）至5万平方米的大型商场不超过10万元的资金补贴。

三、申报流程

本市大型商场于8月31日前，向所在区商务局、经开区商务金融局提交以下申请材料。

1. 营业执照副本复印件。

2. 使用自有用房的大型商场，需提交不动产登记证、规划建设许可证或其他房屋产权证明材料复印件（综合体仅需提交商业部分）；使用租赁用房的，需提交业主方相关材料及有效期内租赁合同复印件。

3. 承诺书。

4. 企业情况表。

申请材料一式两份，应按顺序装订成册，并加盖企业公章。项目申报材料不予退回。

四、工作要求

1. 各区商务局、经开区商务金融局负责对企业申报材料进行初审，确认申报面积和减租情况，9月10日前将确认后的企业名单和相关材料正式报市商务局复审，复审通过项目信息将在市商务局外网公示。各申报企业要确保申报材料内容真实、准确、完整，并接受有关部门的监督，如出现违法违规行为，将承担相应责任。

2. 资金拨付后，市商务局将委托专业机构对企业实际减免租金行为进行抽查，对虚假申报的，市商务局有权追回全部补贴资金，并按《北京市商务领域不良信用记录名单管理办法（试行）》规定进行处理。

3. 补贴资金使用要接受相关部门的监督管理，对违反有关规定的，根据相关法规进行处理。

4. 鼓励各区参考市级补贴政策研究出台本区对大型商场稳发展、促消费的政策，相关政策制定和支持情况请及时书面抄报我局。

特此通知。

北京市商务局关于申报2022年农村便民商业网点改造提升项目的通知

京商生活字〔2022〕48号

朝阳区、海淀区、丰台区、门头沟区、房山区、通州区、顺义区、大兴区、昌平区、平谷区、怀柔区、密云区、延庆区商务局，各有关企业：

为落实市商务局等12部门联合印发《加快建设一刻钟便民生活圈 促进生活服务业转型升级的若干措施》有关要求，市商务局组织开展农村地区便民商业网点改造提升项目。支持大型电商、连锁流通企业通过技术赋能、供应链整合、线上线下结合，向农村地区下沉渠道和服务，因地制宜促进农村地区便民商业网点改造提升。现将有关事项通知如下：

一、支持方向

发展连锁经营。鼓励商贸流通企业在农村地区设点布局，发展自营或加盟连锁经营，通过技术赋能和供应链下沉，提升村级便民商业网点供给水平，保障农村居民就近便利消费和基本生活服务。

鼓励一店多能。除为村民提供日用消费品外，搭载多项便民服务，助力多方资金对同一网点的精准帮扶，一方面实现网点功能叠加与客源引流，另一方面助力网点自我造血，形成可持续发展能力。

二、申报主体

申报主体为参与农村地区便民网点改造的大型电商、连锁流通企业等。需具备以下条件：

1. 在北京地区注册且具有独立法人资格的企业，从事商贸流通业经营、服务、管理的企业、机构、经济组织等单位。

2. 经营状况良好，财务管理制度健全。

3. 申报项目能够按计划实施。

4. 项目获得中央财政资金支持或其他市级财政资金支持的不得重复申报。

5. 成立满5年，注册资金5000万元以上（区商务局推荐的重点企业注册资金1000万元以上）；

6. 在北京地区连锁门店数量超30家；

7. 有下列情形的不予支持：列入《北京市新增产业的禁止和限制目录》禁止类和限制类范围的；纳入全市联合惩戒“黑名单”的；纳入北京市商务领域不良信用记录名单，受到“不予支持”信用惩戒的；经审议其他不予支持的。

三、改造提升对象

改造对象可为本市农村地区便民商业网点、本地小型连锁流通企业等。需具备以下条件：

1. 营业执照注册地址在本市农村地区的便民商业网点，具体城乡划分标准以国家统计局网站对外公布信息为准。

2. 面积不低于30平方米，以上级管理部门确认经营场所面积为准。

3. 经营业态为便利店、菜店、肉食、副食品等便民店、便民服务中心。

4. 截至申报之日，营业执照取得时间应满一年。

四、支持标准

本次支持的农村地区便民商业网点，按照5个面积档位分为5档支持标准，具体如下：

序号	面积档位	支持金额
1	$30m^2$（含）—$50m^2$（含）	3.5万元
2	$50m^2$—$100m^2$（含）	6万元
3	$100m^2$—$150m^2$（含）	9万元
4	$150m^2$—$200m^2$（含）	12万元
5	$200m^2$以上	15万元

五、申报材料

项目申报材料一式两份，应按顺序装订成册，加盖单位公章（全套申报材料应扫描电子版一并提交）。项目申报材料不予退回。申报材料如下：

1. 项目申报书。

2. 项目申报单位承诺书。

3. 农村便民商业网点改造提升项目申报情况表。

4. 申报主体法人证明文件（营业执照副本、统一社会信用代码证书、法定代表人身份证明等复印件）。

5. 申报主体近三年财务报表（资产负债表、损益表、现金流量表）。

6. 支撑材料。申报主体提供申请项目持续经营证明材料（收银系统数据、店铺监控录像留底材料、日常督导日志等）；改造前后营业网点对比照片（基础装修情况、门榾、货架、收银、冷链设备、搭载业态等）。

六、申报流程

1. 项目对接。意向申报主体通过区商务部门或直接与市商务局签订农村便民商业网点改造项目协议，约定2022年至2025年改造净新增计划、项目达标标准（商品单品SKU、统一采购率、功能搭载服务项目）、效果评判措施等。

2. 项目申报。申报主体自筹资金对符合本通知要求的农村地区便民商业网点进行改造，改造完成一批后，应最晚于2022年10月10日前报区商务部门对申报材料初审确认，由区商务部门填报《农村便民商业网点改造提升项目申报情况表》及《农村便民商业网点改造提升项目初审情况汇总表》。2022年10月10日以后改造完成的网点，可纳入次年申报。

3. 项目审核。符合初审要求的项目，应最晚于2022年10月30日前，由区商务部门将申报材料报市商务局复审，根据复审结果，对符合条件的相关企业给予支持，逾期不予受理。

七、工作要求

1. 申报主体应确保申报材料真实、准确、完整，保证项目各项建设手续合规、按时间进度推进。不得擅自篡改相关报表信息，对于伪造、提供虚假材料的项目申报单位，将按《北京市商务领域不良信用记录名单管理办法（试行）》规定进行处理，已获得的项目支持资金须退回市商务局。

2. 各初审单位应积极组织项目申报，切实做好指导与审核，严格把关，按照规定程序做好相关工作。各初审单位应加强对已支持项目的后续指导和跟踪监管，确保项目实施效果，充分发挥财政资金使用效益。

3. 获得资金支持的项目申报主体应积极配合相关监督检查、审计等工作。申报主体收到财政资金后，应按照《财政部关于印发修订〈企业会计准则第16号——政府补助〉的通知》（财会〔2017〕15号）相关规定进行账务办理，相关法律法规另有规定的从其规定。申报主体应承诺获得财政支持资金的网点自获得支持资金之日起持续经营时间不得少于1年，如有违反，原则上应退回相应支持资金。

4. 对于截留、挪用、骗取财政资金等违法行为，依照《财政违法行为处罚处分条例》（国务院令第427号，根据2011年国务院令第588号修订）、《中华人民共和国产品质量法》（主席令第71号，根据2018年主席令第22号第三次修正）等有关规定进行处理处罚。构成犯罪的，依法由司法机关追究其刑事责任。

5. 本文件由市商务局负责解释。

北京市商务局关于申报2022年外经贸发展资金项目的通知

京商财务字〔2022〕26号

各有关单位：

为培育外贸增长新动能，促进对外投资健康稳定发展。依据《北京市商务局 北京市财政局关于印发〈北京市外经贸发展资金管理实施细则〉的通知》（京商财务字〔2022〕16号）及相关资金实施方案规定，现将2022年度第一批外经贸发展项目申报工作的有关事项通知如下：

一、支持方向

外经贸发展资金对符合标准和要求的项目采取财政补助、贷款贴息、以奖代补等形式给予支持。主要支持跨境电子商务发展，有序开展对外投资合作，促进服务贸易创新发展，提升中小企业提升国际化经营能力，应对新冠疫情影响促进展会发展等方向。

二、申报流程

（一）项目申报原则上按照属地管理，由区商务局、北京经济技术开发区商务金融局初审后上报市商务局。

（二）经市商务局复审通过的项目，委托中介机构进行项目评审或资金审核。

（三）市商务局根据审核结果（涉密及不宜公示事项除外）和年度资金预算规模，由市商务局在官方网站上予以公示，公示期为7天，公示期满无异议后按国库管理制度相关规定办理资金拨付手续。项目单位收到资金后，按照国家统一的会计制度进行会计核算。

三、申报要求

（一）各项目申报单位应确保申报材料真实、准确、完整，并向市商务局做出书面承诺。

（二）对于伪造相关材料，提供虚假发票和虚假材料的项目申报单位，取消其当年申报资格，且三年内不得申报专项资金支持。

（三）获得财政资金支持的项目申报单位应积极配合相关监督检查、绩效、审计等工作。

（四）各初审单位应积极组织项目申报，切实做好指导与审核，严格把关，按照规定程序做好相关工作。

（五）各初审单位应加强对已支持项目的后续指导和跟踪监管，确保项目实施效果，充分发挥财政资金使用效益。

（六）项目单位收到财政资金后，应按照《企业会计准则第16号—政府补助》相关规定进行账务办理，相关法律法规另有规定的从其规定。

（七）项目申报所需资料，按照各支持方向申报指南要求执行。

四、有下列情形的不予支持：

（一）申报企业被列入《北京市新增产业的禁止和限制目录》禁止类和限制类范围的；

（二）申报企业被纳入北京市商务领域不良信用记录名单应受到“不予支持”信用惩戒或全市联合惩戒“黑名单”的；

（三）项目已获得中央财政资金支持或其他市级财政资金支持的；

（四）申报企业近三年在外经贸业务管理、财务管理、税收管理、外汇管理、海关管理、统计管理等方面存在严重违法违规行为，拖欠应缴还财政性资金的；

（五）经审议其他不予支持的。

五、其他事项

（一）各支持方向具体支持内容、申报条件、申报材料要求、项目申报流程、申报时限及咨询电话详见附件1—6。

（二）市商务局对本通知负责解释。

（联系人：财务处　张景云；联系电话：55579337）

北京市商务局印发《关于加快引导时尚类零售企业在京发展的指导意见（2022—2025年）》的通知

京商消促字〔2022〕32号

各相关单位：

现将《关于加快引导时尚类零售企业在京发展的指导意见（2022—2025年）》印发给你们，请结合实际认真贯彻落实。

特此通知。

（联系人：薛辛培；联系电话：55579592）

关于加快引导时尚类零售企业在京发展的指导意见（2022—2025年）

为贯彻落实《北京培育建设国际消费中心城市实施方案（2021—2025年）》，加快引导国内外知名时尚零售企业在京高质量发展，构建符合首都功能定位的时尚产业发展格局，特制定本指导意见。

一、指导思想

坚持以《北京城市总体规划（2016年—2035年）》为引领，立足新发展阶段，贯彻新发展理念，融入新发展格局，将时尚零售作为先行领域，培育时尚创意、研发设计、总部管理等高价值产业环节，形成专业集中度高、科技融合度高、品牌转化率高、资源整合力强的时尚消费高地，推动本市商业服务业高质量发展，不断增强消费对经济发展的基础性作用，更好满足人民群众品质化、多样化、个性化消费需求。

二、主要目标

力争到2025年，本市时尚消费繁荣度显著提升，初步构建具有国际竞争力的时尚消费品牌矩阵、首发中心和总部高地，人才培育、产业布局、公共服务等支撑体系逐步完善，基本建成彰显时尚的购物之城。

品牌集聚力显著增强。实施“五十百千”品牌计划，以服装服饰、化妆品、金银珠宝、运动健康、文化创意、智能穿戴、国潮老字号等领域为重点，吸引国内外品牌在京落地，力争打造3～5家百亿级、10家以上十亿级、100家以上亿级时尚零售企业，带动穿类商品零售规模达到千亿元以上。

潮流风向标逐步形成。打造“一周一节四中心”时尚潮流风向标，北京时装周、北京首发节等活动影响力持续增强；“运动+时尚”“老字号+国潮”“文创+新消费”“数字+科技”四大领域全球首发中心基本建成。落地2000家以上时尚类品牌首店。

创意设计能力持续提升。引进、培养一批时尚设计师、商业策划人、国际化知名买手等时尚创意设计领军人物，开设一批具有影响力的时尚创意设计机构。

产业链创新链基本打通。打造5个以上时尚产业重点承载区和10个以上集办公、设计、仓储、展示、销售、直播等功能于一体时尚产业示范园区。

三、重点任务

（一）建立时尚零售企业名录库。将国内外知名度较高、规模较大、增势较好且尚未在京落地的时尚类零售企业纳入重点引进企业名录库。将本地品牌价值高、发展潜力大的新消费和老字号等时尚零售企业纳入重点培育企业名录库。由市区两级商务、财政、税务、投资促进、市场监管等部门积极挖掘潜在企业，推荐纳入名录库，精准开展企业服务。（责任单位：市商务局、市财政局、北京市税务局、市投资促进服务中心、市市场监管局、市文化和旅游局、市文物局、各区政府、北京经济技术开发区管委会）

（二）强化各区引进和服务主体责任。鼓励各区制定专项措施，吸引时尚类零售企业落地，促进时尚产业高质量发展。加强考核激励，将推动时尚类零售企业在京高质量发展纳入国际消费中心城市建设绩效考核体系，对工作成效进行综合考评。（责任单位：市商务局、各区政府、北京经济技术开发区管委会）

（三）持续繁荣首店首发经济。对在京具有独立法人资格的企业在京新开设品牌亚洲首店、中国（内地）首店、北京首店、旗舰店、创新概念店的店面装修和房租等投资，最高给予500万元资金支持；对在京举办知名品牌新品发布活动的场租、搭建、宣传推广等费用，最高给予200万元资金支持。（责任单位：市商务局、各区政府、北京经济技术开发区管委会）

（四）打造全球首发中心。围绕“运动+时尚”“老字号+国潮”“文创+新消费”“数字+科技”，打造四类首发中心，以王府井、前门、新隆福、北京坊、西单、北京SKP、国贸商城、三里屯、中关村、华熙LIVE•五棵松、大悦城、万达广场、首钢园、郎园、798、751、张家湾设计小镇、怀柔科学城等地标为主要承载地，吸引品牌在京开展首发活动。（责任单位：市商务局、市公安局、市交通委、市城市管理委、市城管执法局、市应急局、市市场监管局、各区政府、北京经济技术开发区管委会）

（五）塑造时尚潮流风向标。提升中国国际时装周、北京时装周、首发节等活动专业化、市场化水平，打造集设计、发布、展示、销售于一体的时尚消费创新培育平台，强化线上线下订货交易功能，吸引专业买手和国际品牌在京集聚发展。（责任单位：市商务局、市经济和信息化局、市委宣传部）

（六）提升数字消费能级。支持品牌商、代理商、零售商积极发展网络零售，对全年零售额增量较大、增速较快的企业给予资金奖励支持。加快直播电商国际化规范化发展，支持直播电商基地试点建设，推动多行业多领域直播场景应用。加快发展跨境电商，对跨境电商企业建设电子商务销售平台、海外仓、保税仓、智能口岸仓、出口集货仓等，给予资金补贴支持。（责任单位：市商务局、各区政府、北京经济技术开发区管委会）

（七）优化总部企业认定和支持标准。支持时尚零售企业在京设立总部，对满足认定条件的企业颁发跨国公司地区总部认定证书。对时尚类规模较大、增势较好的存量企业及在京新设企业，符合总部政策相关标准的，推荐列为行业示范总部企业，给予相应政策支持。（责任单位：市商务局、各区政府、北京经济技术开发区管委会）

（八）加大专业化人才培育引进力度。实施“时尚北京计划”，对符合条件的时尚企业高管、商业策划人、高级签约设计师、国际化知名买手等专业化人才，给予人才引进落户、工作居住证办理、子女就近入学等便利化服务。支持北京服装学院、北京印刷学院、北京服装纺织行业协会等机构，与国内外知名时尚企业共建基地、共育人才，产学研用一体化发展，培育时尚领域人才。（责任单位：市商务局、市人力资源社会保障局、市人才局、市教委、各区政府、北京经济技术开发区管委会）

（九）打造时尚产业重点承载区和示范园区。依托京津冀协同发展做好创新链、产业链布局。支持朝阳、海淀、丰台、石景山、通州、顺义、大兴等区打造时尚产业重点承载区，鼓励各区利用文化创意产业园区、新消费品牌孵化基地等设施，打造一批各具特色的时尚产业示范园区，探索为时尚类企业、设计师工作室等提供集办公、设计、仓储、展示、销售、直播等于一体的空间资源，在登记注册、空间升级改造、仓储物流配送等方面给予便利。支持园区建设运营管理机构与专业金融机构、传媒推介机构合作，为入驻主体提供银行贷款、股权投资、宣传推广等一站式服务。（责任单位：各区政府、北京经济技术开发区管委会、市商务局、市经济和信息化局、市规划自然资源委、市住房城乡建设委、市市场监管局、市消防救援总队、市文资中心、市金融监管局、市委网信办）

（十）提升全流程全周期精细化服务水平。对企业登记注册、税务、类型变更等实行“一窗办理”，在市区两级政务服务大厅加大对各项优惠政策宣传解读。加大注册商标专用权保护力度。提升时尚消费品牌新品通关速度，建立服装类新品第三方采信制度，加快推广服装类商品“两段准入”“两步申报”通关便利化改革。以商圈、商街为重点区域，对时尚类零售企业项目选址、消防验收、广告牌匾设置、促消费活动开展等给予便利化支持。各区制定指导街道（乡镇）开展商圈商街执法检查的负面清单，营造良好商业氛围。（责任单位：各区政府、北京经济技术开发区管委会、市市场监管局、北京市税务局、市人力资源社会保障局、市商务局、市政务服务局、市城市管理委、市规划自然资源委、市住房城乡建设委、市公安局、市消防救援总队、市知识产权局、北京海关）

四、保障措施

（一）加强组织实施。充分发挥北京培育建设国际消费中心城市领导小组工作机制作用，统筹协调商务、市场监管等责任单位推动各项工作任务落实落细。

（二）强化政策协同。围绕创意设计、总部管理等时尚零售上下游产业链，以企业为中心，构建资金支持、金融扶持、人才激励、空间供给等政策支撑体系。

（三）优化营商环境。深化体制机制改革，进一步优化和完善市场准入、规范事前事后监管、提高登记审批效率、畅通政企沟通渠道，为市场主体营造公平透明、便利高效的良好环境。

（四）加大宣传推广。各区、各相关部门持续做好宣传解读，发挥新闻媒体和行业协会作用，对时尚地标、时尚活动、时尚企业等开展多渠道、多形式宣传推介，助力提升城市时尚氛围。

北京市商务局关于鼓励企业创新开展“2022北京消费季”促消费活动的补充通知

京商消促字〔2022〕51号

各区商务局、北京经济技术开发区商务金融局，各有关单位：

为贯彻落实市委、市政府关于充分释放消费潜力，力促消费回暖的决策部署，加大政策受益面和支持力度，现对《北京市商务局关于鼓励企业创新开展“2022北京消费季”促消费活动的通知》（京商消促字〔2022〕7号）相关内容进行优化调整，具体事宜通知如下：

一、支持范围

在北京地区注册且具有独立法人资格，从事商贸流通业经营、服务、管理的企业。

二、支持条件和标准

申报企业应严格落实疫情防控相关要求，报名参与北京消费季活动，并纳入北京消费季活动库，围绕北京消费季市级和所在区重点活动主题，创新开展促消费活动，加强北京消费季品牌活动宣传。

（一）城市商业综合体［注1］

支持条件和标准参照《北京市商务局关于鼓励企业创新开展“2022北京消费季”促消费活动的通知》（京商消促字〔2022〕7号）执行。

（二）限额以上线下零售企业［注2］

1. 基础支持。对当季度商品零售额同比增幅不低于当季度本市商品零售额平均增幅，且当季度商品零售额同比增量超过100万元的企业，给予资金支持。根据企业当季度商品零售额同比增量情况及申报情况，综合评定四档。

2. 增量支持。对当季度同比增量超过1亿元的企业，依据其［（当季度同比增量 -1亿元）×0.2%］给予额外资金支持。

3. 各档次最高支持标准为：

当季度商品零售额增量（万元）	最高支付金额（万元）	
	基础支持	增量支持
10000以上	50	150
5000—10000（含10000）	40	—
1000—5000（含5000）	20	—
100—1000（含1000）	4	—

（三）限额以上餐饮企业［注3］

1. 基础支持。对当季度餐饮收入同比增幅不低于当季度本市餐饮收入平均增幅，且当季度餐饮收入同比增量超过50万元的企业，给予资金支持。根据企业当季度营业额同比增量情况及申报情况，综合评定四档。

2. 增量支持。对当季度餐饮收入同比增量超过5000万元的企业，依据其［（当季度同比增量 -5000万元）×0.2%］给予额外资金支持。

3. 各档次最高支持标准为：

当季度营业额增量（万元）	最高支付金额（万元）	
	基础支持	增量支持
5000以上	25	75
1000—5000（含5000）	20	—
500—1000（含1000）	4	—
50—500（含500）	2	—

三、申报流程

（一）提交活动报名信息。申报企业应制定

参与北京消费季促消费活动方案，在企业经营区域积极营造北京消费季活动氛围，于活动实施前通过北京市商务局网站“北京消费季”参与通道，注册并网上报备企业参与北京消费季活动信息，经过属地商务主管部门初审通过后纳入北京消费季活动。当季度未纳入北京消费季活动的企业无法获得当季度资金支持。

（二）项目申报。自《补充通知》发布之日起，符合条件的企业可申报2022年第三、第四季度支持项目，分别于2022年10月1—25日、2023年1月1—25日，通过“北京消费季企业管理后台”线上提交项目申报信息，并将项目申报纸质材料提交属地商务主管部门。

（三）项目审核。属地商务主管部门对申报项目进行初审，于2022年11月10日、2023年2月10日前，将2022年第三、第四季度通过初审的项目经属地商务主管部门汇总报市商务局，市商务局对项目进行复核。

四、申报材料

项目申报材料一式两份，应按顺序装订成册，加盖单位公章（全套申报材料需扫描电子版一并提交）。项目申报材料不予退回。申报材料如下：

（一）资金申请表。

（二）企业简介。

（三）企业营业执照、法人代表身份证和银行开户许可证等法人文件复印件。

（四）提供参与北京消费季活动照片、北京消费季管理平台报名信息、企业业态、月度零售额（餐饮收入）报表等相关支撑材料。

（五）其他与项目相关的材料。

五、工作要求

（一）保证数据真实。申报企业不得擅自篡改相关报表信息，对于伪造、提供虚假材料的项目申报单位，不予支持，在政策实施周期内不得再次申报，并按《北京市商务领域不良信用记录名单管理办法（试行）》规定进行处理，已获得的项目支持资金须退回市商务局。

（二）不重复申报。本政策与“培育壮大网络消费市场相关奖励政策”不重复享受，如企业同时符合本政策中多项支持条件，由企业选择其中一项申报。

（三）信用记录良好。有下列情形的不予支持：列入《北京市新增产业的禁止和限制目录》禁止类和限制类范围的；纳入全市联合惩戒“黑名单”的；纳入北京市商务领域不良信用记录名单，受到“不予支持”信用惩戒的；经市商务局审议其他不予支持的。

（四）本文件自发布之日起执行。《北京市商务局关于鼓励企业创新开展“2022北京消费季”促消费活动的通知》（京商消促字〔2022〕7号）相关内容与本文件不一致的，以本文件为准。

六、其他事项

本文件由市商务局负责解释。

特此通知。

注释：

［注1］城市商业综合体是指以区域为中心，以购物中心为主导，融合商业零售、餐饮、休闲、娱乐、文化、教育等多项城市主要功能活动，面向各类消费人群提供综合性服务的大型建筑综合体。

［注2］企业应有线下体验门店或销售门店并纳统纳税，相关数据以企业统计报表数据为准。零售业统计限额标准：年主营业务收入500万元及以上。

［注3］企业应纳统纳税，相关数据以企业统计报表数据为准。餐饮业统计限额标准：年主营业务收入200万元及以上。

北京市商务局关于公布行政规范性文件清理结果的通知

京商法贸字〔2022〕40号

各有关单位：

为贯彻落实国家和我市行政规范性文件动态清理有关要求，市商务局对2022年6月30日前以市商务局（含原市商委、市商务委）名义制发或牵头制发的行政规范性文件进行了集中清理。

现将清理结果《北京市商务局决定废止的行政规范性文件目录》与《北京市商务局决定保留的行政规范性文件目录》予以公布。

特此通知。

北京市商务局

2022年9月28日

北京市商务局关于对二手车转出企业实施奖励的通知

京商流通字〔2022〕22号

各有关单位：

根据《北京市商务局等11部门印发〈关于加快二手车流通促进汽车消费升级的若干措施〉的通知》（京商流通字〔2022〕15号）要求，为鼓励本市二手车流通，对二手车转出本市作出贡献的企业给予资金奖励，现就相关工作通知如下。

一、支持对象

在北京地区注册，且在本市商务部门备案登记，从事二手车经营的企业（含二手车经销公司、二手车经纪公司、二手车拍卖公司）。

二、支持条件和标准

2022年6月1日至12月31日期间，企业经营车辆转出本市超过60辆后，每增加一辆给予500元补助，单个企业最高支持额度不超过500万元。企业按照实报实销的原则，转出车辆凡经核验通过可获得奖励资金。

转出本市的二手车，是指从办理完注册登记手续到达到国家强制报废标准之前进行交易并转移所有权的汽车，且在本市登记注册未达到强制报废标准的载客汽车和载货汽车。二手车转出时间以公安交通管理部门提供的车辆档案转出时间为准，并定期参加机动车检验且检验结果合格。

三、申报流程

（一）企业申请

二手车经营企业于2023年1月15日前提交以下申请材料。

1. 营业执照副本复印件

2. 经本企业转出二手车的相关证明材料（二手车周转指标确认书复印件；二手车销售统一发票复印件；机动车登记证书登记栏外迁项复印件）

3. 转出二手车统计表

4. 承诺书

5. 企业情况简介

（二）主管部门核查

1. 二手车经营企业持申请材料，向为本企业提供二手小客车交易周转指标配发服务的单位（二手车交易市场、行业协会）提出书面申请；

2. 由受理单位（二手车交易市场、行业协会）对申请企业提交的材料归纳整理并进行初审，对周转指标确认书及二手车销售统一发票进行核验确认。受理单位应接到企业申请后的10个工作日内完成初审；并将核验通过的申请企业的转出本市车辆明细表（含有周转指标、车辆牌照号码等信息）报市商务局。

3. 市商务局会同相关部门对企业提交的转出车辆进行复核，2023年2月底前完成。

（三）资金支付

市商务局根据审核通过的转出车辆数量，2023年3月底按照奖励标准完成给企业拨付奖励资金。

四、工作要求

各申报企业要确保申报材料内容真实、准确、完整，并接受有关部门的监督，如出现违法违规行为，将承担相应责任。对虚假申报，市商务局有权追回全部奖励资金，且3年内不得申请市商业流通发展资金。

北京市商务局　北京市财政局关于印发《外经贸发展专项资金支持北京市参加第五届中国国际进口博览会征集通知》的通知

京商会展字〔2022〕15号

各有关单位：

根据《财政部办公厅　商务部办公厅关于2022年度外经贸发展专项资金重点工作的通知》（财办建〔2022〕37号）、《北京市商务局　北京市财政局关于印发〈北京市外经贸发展资金管理实施细则〉的通知》（京商财务字〔2022〕16号），为扎实做好第五届中国国际进口博览会北京市交易团组织工作，保障促进各项活动顺利开展，市商务局和市财政局结合北京市实际情况，联合制定了《外经贸发展专项资金支持北京市参加第五届中国国际进口博览会征集通知》，现印发给你们，请遵照执行。

特此通知。

北京市商务局

北京市财政局

2022年11月8日

外经贸发展专项资金支持北京市参加第五届中国国际进口博览会征集通知

第五届中国国际进口博览会（以下简称进博会）定于2022年11月5—10日在国家会展中心（上海）举办。举办进口博览会，是以习近平同志为核心的党中央着眼于推进新一轮高水平对外开放作出的重大决策，是我国主动向世界开放市场的重大举措和行动。按照进博会组委会相关工作要求，常态化设置北京市交易团，设交易团秘书处（市商务局）、21个交易分团。

为扎实做好第五届进博会北京市交易团相关筹备工作，鼓励北京市企业利用进博会平台积极参与贸易洽谈，提升北京市交易团市场对接效果，根据《财政部办公厅　商务部办公厅关于2022年度外经贸发展专项资金重点工作的通知》（财办建〔2022〕37号）、《北京市商务局　北京市财政局关于印发〈北京市外经贸发展资金管理实施细则〉的通知》（京商财务字〔2022〕16号）精神，现就外经贸发展专项资金支持北京市参加第五届进博会提出如下征集通知。

一、支持对象和申报条件

（一）支持对象

在进博会官网报名系统登记注册并通过审核的北京市交易团企业和社会团体组织。

（二）申报条件

1. 申报主体为企业的，应在我市依法注册取得营业执照，并在营业期限内的企业；

2. 申报主体为社会组织的，应在我市依法注册，取得社会团体法人登记证书的社会团体组织。

（三）有下列情形的不予支持

1. 申报企业被列入《北京市新增产业的禁止和限制目录》禁止类和限制类范围的；

2. 申报企业被纳入北京市商务领域不良信用记录名单应受到“不予支持”信用惩戒或全市联合惩戒“黑名单”的；

3. 项目已获得中央财政资金支持或其他市级财政资金支持的；

4. 申报企业近三年在外经贸业务管理、财务管理、税收管理、外汇管理、海关管理、统计管理等方面存在严重违法违规行为，拖欠应缴还财政性资金的；

5. 经审议其他不予支持的。

二、资金支持内容

1. 赴上海参加第五届进博会的往返交通费用（飞机、火车）；

2. 参加第五届进博会期间的住宿费用。

三、资金支持标准

往返交通费用按实际选择交通方式给予补助，每家单位最多2人，补助金额不超过实际发生费用的50%（单程高铁补助上限为276.5元、单程飞机经济舱补助上限为680元）；进口博览会期间（11月3—12日），每家单位补助1个标准间费用，住宿费用的补助金额不超过实际发生费用的50%。（住宿费用补助最高不超过750元/天，最多不超过6天）。

四、资金申请及拨付

（一）申请资金支持的北京市企业及社会团体组织按要求提供书面申请材料；

（二）符合补助条件的企业及社会团体于2022年11月20日前向所属各区交易分团（各区商务局、经开区商务金融局）或重点交易分团（市国资委、市经济和信息化局、市卫生健康委、北京市天竺综合保税区管委会）提交书面申请材料，由各交易分团初审；各交易分团初审后于11月30日前上报北京市交易团秘书处（市商务局）审核；

（三）经北京市交易团秘书处（市商务局）审核通过的参会单位人员交通、住宿补助项目，委托第三方机构进行资金审核，审核通过后将在北京市商务局门户网站进行公示，公示期为7天。

公示期结束后，北京市交易团秘书处（市商务局）按照财务相关规定拨付资金。

北京市商务局关于2022年度延长促进绿色节能消费政策的补充通知

京商消促字〔2022〕62号

各相关单位：

为加快释放绿色节能消费潜力，促进智能家电消费，进一步满足多样化消费需求，现于2022年11月20日至12月31日期间延长执行促进绿色节能消费政策，在4—10月参与企业线上平台增发6批次绿色节能消费券，并根据疫情情况进行动态调整。

本通知自发布之日起执行，《北京市商务局关于实施促进绿色节能消费政策的通知》（京商消促字〔2022〕24号）、《北京市商务局关于实施促进绿色节能消费政策的补充通知》（京商消促字〔2022〕29号）、《北京市商务局关于调整促进绿色节能消费政策适用商品范围的通知》（京商消促字〔2022〕47号）中相关内容与本通知不一致的，以本通知为准。

北京市商务局

2022年11月18日

北京市商务局等4部门关于印发《“两区”建设国际收支便利化全环节改革工作方案》的通知

京商运指字〔2022〕3号

各区人民政府、北京经济技术开发区管委会，市发展改革委、市经济和信息化局、市水务局、市市场监管局，市金融监管局，北京海关、北京市税务局，国网北京市电力公司，各有关企业：

为充分发挥金融支持北京“两区”建设高质量发展的积极作用，提升北京地区国际收支便利化水平，服务更高水平开放型经济新体制，市商务局、人民银行营业管理部、北京外汇管理部与北京银保监局联合制定了《“两区”建设国际收支便利化全环节改革工作方案》，现印发给你们，请遵照执行。

特此通知。

北京市商务局

中国人民银行营业管理部

国家外汇管理局北京外汇管理部

中国银行保险监督管理委员会北京监管局

2022年11月21日

“两区”建设国际收支便利化全环节改革工作方案

为推进中国（北京）自由贸易试验区和国家服务业扩大开放综合示范区（以下简称“两区”）建设中重点领域改革任务，充分发挥金融支持北京“两区”建设高质量发展的积极作用，提升北京地区国际收支便利化水平，服务更高水平开放型经济新体制，现提出以下工作方案。

一、总体要求

（一）指导思想

以习近平新时代中国特色社会主义思想为指导，全面贯彻党的二十大精神，完整、准确、全面贯彻新发展理念，紧抓“两区”建设和金融业扩大开放重大机遇，推动国际收支便利化全环节改革，提升经常项目和资本项目便利化水平，推广跨境人民币结算应用，强化国际收支风险防控和综合服务能力，更好地增强市场主体活力和综合竞争力，助力推动“两区”建设高质量发展。

（二）基本原则

坚持全环节覆盖。聚焦事前、事中、事后全流程，覆盖主体准入、试点申请、业务办理、综合管理与服务的全环节领域。

坚持便利化改革。以金融服务实体经济为导向，针对国际收支事项优化流程、提高效率，提升便利化水平。

坚持防风险理念。建立完善资本流动的监测评估机制，持续提升改进国际收支管理能力；针对企业可能面临的汇率风险，充分引导企业树立风险防控意识、建立风险管理体系。

二、工作任务

（一）提升经常项目外汇业务便利化水平

1. 推动优质企业贸易外汇收支便利化试点工作扩容增效。支持具有参与意愿且符合条件的优质银行和企业适用贸易外汇收支便利化政策，鼓励银行吸纳“笔数多”“材料多”“有实需”的优质中小企业，持续扩大政策受惠面。（责任单位：北京外汇管理部、北京银保监局）

2. 支持银行持续优化服务贸易外汇业务办理流程。支持优质企业贸易外汇收支便利化试点银行在确保交易真实、合法，符合合理性和逻辑性的基础上，对于其试点企业单笔等值5万美元以上的服务贸易外汇支出可事后核验《服务贸易等项目对外支付税务备案表》。鼓励银行进一步便利外汇业务电子单证审核。银行按规定以审核电子单证方式办理服务贸易、初次收入和二次收入外汇收支的，可不打印电子交易单证。（责任单位：北京外汇管理部、北京银保监局）

3. 优化在华工作境外个人薪酬购汇业务办理。对在华工作境外个人在劳动合同有效期内，到同一银行再次办理合法薪酬收入购汇，可免于提交重复性材料。（责任单位：北京外汇管理部、北京银保监局）

4. 支持外贸综合服务等贸易新业态发展。符合条件的银行可凭交易电子信息为跨境电商和外贸综合服务等贸易新业态市场主体提供结售汇及相关资金收付服务。符合条件的外贸综合服务企业可根据客户委托，代办出口收汇手续，经办银行可凭外贸综合服务企业推送的交易电子信息办理出口收汇。（责任单位：北京外汇管理部、市商务局、北京银保监局）

5. 拓宽人民币NRA账户功能。允许人民币NRA账户办理定期存款业务，支持境内银行在履行相关手续后为境外机构人民币NRA账户内资金办理即期购汇汇至境外业务，提升账户管理的效率。（责任单位：北京外汇管理部、人民银行营业管理部、北京银保监局）

6. 支持银行优化中小企业国际收支服务。鼓励银行在结售汇业务中通过降低手续费、费用减免等方式让利中小微企业。鼓励银行以授信或保证金等方式提供汇率避险产品，助企纾困。（责任单位：北京外汇管理部、人民银行营业管理部、北京银保监局）

（二）推进资本项目外汇业务便利化改革

7. 探索跨境投融资高水平开放政策。跟踪研究跨境投融资高水平开放外汇管理改革试点，适时争取复制推广其他自贸试验区经验，提高资本项目便利化水平。（责任单位：北京外汇管理部）

8. 简化资本项目外汇业务办理。北京地区符合条件的非金融企业境外上市、境内上市公司外籍员工参与股权激励计划登记直接由北京外汇管理部辖区内银行办理，简化相关材料要求。（责任单位：北京外汇管理部、北京银保监局）

9. 支持跨国公司开展资金池业务。扩大本外币一体化资金池试点范围，探索优化跨国公司跨境资金集中运营政策，支持更多跨国公司更好统筹境内外资金使用。（责任单位：北京外汇管理部）

10. 扩大跨境融资便利化试点。扩大中关村跨境融资便利化试点范围，北京地区符合条件的高新技术和“专精特新”企业可在不超过等值1000万美元额度内自主借用外债，助力高新技术和“专精特新”企业拓宽融资渠道。在中关村科学城海淀园区和北京自贸试验区实施外债一次性登记试点。简化外债账户管理，允许非金融企业多笔外债共用一个外债账户。（责任单位：北京外汇管理部、北京银保监局）

11. 优化境外直接投资（ODI）和合格境外有限合伙人试点（QFLP）办理流程。推进境外直接投资（ODI）前置审批信息共享，利用电子证照强化跨部门协同，简化企业提交材料。对合格境外有限合伙人试点（QFLP）采用“一站式受理”方式，“即申报、即受理、即审核”。探索在北京自贸试验区设立专项业务窗口。（责任单位：市发展改革委、市商务局、市金融监管局）

（三）推广跨境人民币结算业务

12. 扩展跨境人民币使用场景。跨国企业可在京开展跨境人民币结算业务，跨国企业集团可开展经常项目下跨境人民币集中收付业务，便利集团内企业资金收付。境内银行可开展跨境人民币贸易融资、跨境人民币贸易融资资产跨境转让等业务。境内银行在满足交易信息采集、真实性审核的条件下，可按相关规定凭交易电子信息为贸易新业态提供经常项目下跨境人民币结算服务。境内银行可按照审慎经营原则开展境外贷款，对有实际需求的境外企业优先采用人民币贷款，为“走出去”企业提供跨境融资支持。（责任单位：人民银行营业管理部、北京银保监局）

13. 优化跨境人民币便利化政策。持续优化北京地区优质诚信企业跨境人民币结算便利化方案，进一步扩大北京地区优质诚信企业结算便利化名单范围，将更多符合条件的科技、数字经济、商务服务等服务业重点领域的企业纳入试点范围，落实对外承包工程类优质诚信企业跨境人民币结算便利化政策，支持企业境外项目的资金使用需求，提升试点企业资金划转便利度，帮助企业提高汇率避险意识，有效规避汇率风险。（责任单位：人民银行营业管理部、北京银保监局）

（四）提升企业主体风险防控能力

14. 指导企业建立健全外汇风控体系。引导企业树立外汇风险意识，提升企业基于“风险中性”的汇率风险管理能力，健全内部汇率风险管理机制，合理配置外汇衍生品，降低企业跨国经营过程中的汇率风险。（责任单位：北京外汇管理部、北京银保监局、市金融监管局、市商务局）

15. 鼓励理财公司探索多样化的外汇账户理财产品。指导理财公司服务企业的综合理财需求，探索多样化理财产品，创新汇率避险产品种类。资本项目外汇收入及其结汇所得人民币资金原则上可购买风险等级不超过R2级的银行理财产品或银行结构性存款。（责任单位：北京银保监局、北京外汇管理部）

（五）提高国际收支管理和服务水平

16. 建立完善企业跨境资信评估体系。集合企业跨境贸易、缴税、用电、用水等数据信息，利用大数据技术，推动建立企业跨境资信评估体系，对企业经营信用、跨境贸易等情况进行综合评估，为银行展业提供相关评估材料支撑，探索与北京自贸试验区组团管理单位数据信用平台对接。（责任单位：市经济和信息化局、市市场监管局、北京银保监局、市金融监管局、市发展改革委、市商务局、北京市税务局、北京海关、市水务局，国网北京市电力公司）

17. 持续优化国际税务服务。动态更新外汇涉税业务办理标准和典型问题解答，公开发布国际税收政策指引，进一步加强政策宣讲和纳税（缴费）咨询规范统一。（责任单位：北京市税务局）

三、保障措施

（一）建立组织保障。市“两区”办加强统筹，建立健全北京市国际收支便利化全环节改革专项工作组，积极调研市场诉求、协调解决相关问题，有序推动各项工作取得实效。

（二）加强政策研究。加强前瞻性国际收

支研究，聚焦新业态、新模式在北京的发展情况及其跨境资金需求和风险，制定相关政策和管理规定，支持创新发展。积极响应中国国际服务贸易交易会等重大展会和活动期间外汇收支业务中企业反映的个案诉求，在真实、合法、合理的基础上，指导银行为其提供个性化结算服务，并研究探索常态化推广。

（三）强化宣传培训。加强国际收支便利化措施及其成效宣传，扩大政策传导效应。联合银行通过“线上＋线下”培训、政府官网公开信息等多渠道开展政策解读，扩大政策覆盖面。

（四）坚持风险防范。坚持底线思维，完善与金融开放创新相适应的跨境资金流动风险防控体系，在确保有效监管和风险可控的前提下，稳妥有序推进各项国际收支便利化举措。

第三部分

主　要　业　务

一、内贸流通

国际消费中心城市建设和消费促进

【概况】年内，市商务局积极协调73家成员单位，按照市委、市政府主要领导和分管市领导近40次消费领域会议精神和110余件批示指示要求，狠抓“五个清单”，高标准实施“十大专项行动”，实施节能减排、绿色节能、文旅新消费奖励、体育竞赛补助等多项政策，圆满完成领导小组第一次全体会议重点工作，高效统筹疫情防控、生活必需品供应保障和促消费工作，全面推动国际消费中心城市建设再上新台阶。全市市场总消费额超3万亿元，消费升级趋势明显，服务消费占总消费比重55%左右，商品消费“高科技、大平台”优势进一步巩固，规模以上通信器材类、文化办公用品类商品零售占全国比重分别为1/3左右、1/4左右，推动全市消费结构实现历史性跨越。

（裴　昂、胡敬轩）

【推进国际消费中心城市建设】圆满完成领导小组第一次全体会议13项重点工作，优化全市商圈布局、推动重点零售企业在京发展、促进数字消费等8项工作出台相关措施和方案，促进体育消费等5项工作形成专题报告。狠抓“五个清单”出成效，182项任务年度目标稳步推进，累计竣工地标性项目71个，推出创新政策93项，建立200家商品消费重点企业常态化走访服务机制，诉求解决率达100%，举办全球首发节等重点活动24项，带动市场主体开展促消费活动3000余项。高标准实施“十大专项行动”，消费新地标加速布局，亮马河风情水岸等入选国家级夜间文化和旅游消费集聚区。消费品牌矩阵体系日益完善，全年落地首店812家，国际品牌占比近15%。数字创新基础不断夯实，新建5G基站1.4万个，完成数字人民币北京冬奥会场景试点。流通体系不断完善，全市离境退税商店数量达832家，居全国城市首位。消费环境及营商环境持续优化，在全国100个城市消费者满意度排名中位居第9。注重全媒体宣传，努力打造“北京样本”，统筹央市区媒体，举办系列新闻发布会、媒体通气会、政策解读会20余场，开展“媒体走商圈”5次，拍摄国际消费中心城市建设一周年宣传视频及“17区商务局长喊你来打卡”系列短视频，举办2022年度（第十六届）北京商业高峰论坛暨北京国际消费中心城市论坛，推出“迈向国际消费中心·北京日记”专栏报道52期。

（宫运晓、裴　昂）

【优化调整北京消费季奖励支持政策】1月，印发《关于鼓励企业创新开展“2022北京消费季”促消费活动的通知》，鼓励企业围绕北京消费季市级重点活动主题，创新开展促消费活动，对参与消费季活动、从事商贸流通业经营、服务、管理的独立法人企业给予支持。

（葛西来）

【举办“2022北京消费季”活动】3月1日，“2022北京消费季”在北京环球城市大道盛大开启。“2022北京消费季”以“约惠北京　乐享生活”为主题，加强商旅文体融合互动、线上线下联合共振，搭建“1+8+24+N”活动框架，开启首秀北京、时尚北京、潮购北京等8大活动板块，举办全球首发节、中国国际时装周、网红打卡地评选、88体育节、农民丰收节、冬至团圆节、年货节等24项标志活动，持续带动各区、各商协会和企业举办3000余项促消费活动，营造北京消费季“全城一节”的消费氛围。

（葛西来）

【出台首店3.0版政策】3月，市商务局会同市公安局等9部门印发《促进首店首发经济高质量发展若干措施》，年内约140个项目申报首店支持政策。推介国贸商城等6家首批全球首发中心，北京坊等6家培育类全球首发中心。打造全球首发中心共创平台，加强媒体、平台、机构与全球首发中心的资源对接。在政策带动下，全年共引进812家品牌首店，其中全球首店5家、亚洲首店1家、中国（内地）首店31家、北京首店775家。

（葛西来）

【节能减排促消费政策圆满收官】节能减排促消费政策延长实施至3月底。1—3月，共销售节能商品19.54万台，实现销售额9.38亿元，拉动一季度社零总额增长0.33个百分点，节电约2172万度，相当于0.7万户居民一年的用电量，折合标煤0.73万余吨，减排二氧化碳1.78万余吨，节水3.4万余吨。

（裴　昂）

【创新实施促进绿色节能消费政策】4月，发布《关于实施促进绿色节能消费政策的通知》，向在京消费者发放绿色节能消费券。全年累计核销绿色节能消费券111万张，带动销售量超150万台，销售额近50亿元，拉动杠杆1∶25。

（裴　昂）

【出台夜经济3.0版政策】7月，印发《北京市促进夜间经济繁荣发展的若干措施》，进一步优化夜间消费供给，丰富夜间消费场景，满足夜间消费需求。发布首钢园、环球影城等7个“夜京城”特色消费地标，新隆福、望京小街等24个“夜京城”融合消费打卡地，五道营胡同等14个“夜京城”品质消费生活圈名单。

（葛西来）

【创新发布时尚零售政策】8月，印发《关于加快引导时尚类零售企业在京发展的指导意见（2022—2025年）》，聚焦时尚零售短板，明确全市时尚产业发展方向，提出10项措施。年内，从“分升总”“小升规”“工设商”“集纳零”4个方面挖掘跟进企业140余家，推动励鼎汽车等6家消费类企业认定跨国公司地区总部。

（薛辛培）

流通规划建设

【概况】年内，全市流通规划建设工作稳步推进，传统商业设施升级改造纳入《北京市城市更新条例》，开展城市总规、核心区、副中心控规实施年度评估，配合开展新增产业的禁止和限制目录（2022年版）修订，印发《北京市商业消费空间布局专项规划》《北京市商圈改造提升行动计划（2022—2025年）》《北京市促进商业步行街高质量发展的指导意见》《全市重点商圈“一圈一策”策略》等文件，推进智慧商圈建设，推进前门大栅栏商圈改造提升，举办雁栖湖国际会展中心展销会。

（殷　亮）

【传统商业设施升级改造纳入《北京市城市更新条例》】11月25日，北京市第十五届人民代表大会常务委员会第四十五次会议审议通过《北京市城市更新条例》，将传统商业设施等存量空间资源提质增效项目纳入产业类城市更新。

（李洪臣）

【开展城市总规、核心区、副中心控规实施年度评估】开展商务领域落实城市总规、核心区控规、副中心控规情况自我体检，对三个规划的总体体检报告分别提出意见建议。

（李洪臣）

【配合开展新增产业的禁止和限制目录（2022年版）修订】市商务局配合市发展改革委，对2018年版禁止和限制目录中商务领域相关条目进行修订。2月14日，《北京市新增产业的禁止和限制目录（2022年版）》正式实施。

（李洪臣）

【编制《全市重点商圈“一圈一策”策略》】10月，对王府井、CBD等29个重点商圈开展实地调研、电话访谈，结合城市空间结构功能定位提出商圈发展方向，对标国内外优质商圈典型案例，编制29个城市级商圈的《全市重点商圈“一圈一策”策略》，指导16个区和经开区完成57个重点商圈“一圈一策”工作方案，因地制宜推动商圈差异化发展。

（张钦霖）

【印发《北京市商圈改造提升行动计划（2022—2025年）》】11月7日，印发《北京市商圈改造提升行动计划（2022—2025年）》。到2025年，在巩固上一轮22个商圈改造提升效能基础上，完成新一轮54个商圈改造提升工作，进一步增强本市商圈的整体性和差异化，在消费引力、商业活力、空间魅力、运营能力等方面综合实力显著提升，持续打造高品质、多层次的国际消费展示新窗口、城市体验消费新地标、区域综合消费承载地、社区居民消费首选地。

（杨　凌）

【印发《北京市商业消费空间布局专项规划》】11月23日，印发《北京市商业消费空间布局专项规划》。到2025年，构建起层次结构清晰、空间布局高效、功能业态完善、空间品质宜人的商业消费空间体系，初步建成便民优质的社区消费网络，有效激发城市动力与活力，推动高质量发展。到2035年，整体形成国际消费有魅力、城市消费有实力、地区消费有活力、社区消费高便利的全市商业消费空间新格局，充分展现首都风范、中华风尚与时代风情，助力首都政治中心、文化中心、国际交往中心、科技创新中心的功能实现，将北京建设成为“中国潮”“国际范”“烟火气”共融共生的国际消费中心示范城市、国际一流的和谐宜居之都。

（杨　凌）

【印发《北京市促进商业步行街高质量发展的指导意见》】11月30日，印发《北京市促进商业步行街高质量发展的指导意见》。到2025年，各区至少打造1条高品质商业步行街，全市建成一批商业繁华、文化浓厚、特色鲜明、环境优美、治理规范的高品质商业步行街。

（杨　凌）

【举办雁栖湖国际会展中心展销会】2月2日至8日，雁栖湖国际会展中心展销会举办。展销会共接待卢森堡、泰国、蒙古、吉尔吉斯斯坦等10个国家的12个代表团，服务外宾123人次，其中外国元首4人。让外宾感受新春佳节和冬奥盛事的双重魅力，开创了闭环管理下接待外宾购物服务的新模式。

（孙　健）

【推进智慧商圈建设】将王府井、前门大栅栏等5个商圈作为示范数字商圈，纳入北京国际消费中心城市建设重点项目协调推进；梳理数字技术和科技企业清单，为智慧商圈建设提供技术对接。9月，征集智慧商圈数字孪生底座“揭榜挂帅”项目，CBD、五棵松商圈揭榜。组织各区申报商务部首批全国示范智慧商圈、全国示范智慧商店，12月，三里屯商圈和三里屯太古里南区被商务部评为首批全国示范智慧商圈、全国示范智慧商店。

（张钦霖）

【加快推进前门大栅栏商圈改造提升】前门大栅栏商圈改造提升市级工作专班落实周报机制，定期调度工作进展，推动完成商圈改造提升行动计划（2022—2025）及配套清单、地区在途项目规划审批、地区旅游集散中心外迁、制定交通组织方案、天安门地区游客旅游流线引导、数字化商圈改造、制定前门大栅栏地区专项规划、编制“条块结合”联合执法方案等8项重点任务，持续推进前三门护城河正阳桥段水系景观恢复、制定特定区域临时占用公共空间开展特色经营活动方案、制定街区户外广告设施设置规划、组建前门大栅栏商会等4项重点工作。

（张钦霖）

流通发展

【概况】年内，稳步推进连锁超市保供稳价、老字号守正创新、新消费品牌孵化等工作，取得积极成效。一是高标准完成连锁超市保供稳价任务，组织18家大型连锁超市保障供应，不断货、不缺货，成功应对3次市民集中抢购保障。在春节冬奥期间、10月15日至31日，开展2次10种蔬菜“两不涨”工作，带动零售端蔬菜价格整体稳中有降；利用超市门店自提点缓解运力紧张。二是做好新老品牌发展工作，稳步推进老字号守正创新，扩大老字号传承队伍，借助优势展会促进人文交流，全年新认定17家北京老字号，总数达223家；推进新消费品牌孵化工作，东城区、朝阳区挂牌6个试点孵化基地，在孵品牌近60家，覆盖生活家居、餐饮、服装等领域。

（于　文）

【蔬菜“两不涨”活动成效显著】1月29日（腊月二十七）至2月20日（冬奥闭幕），市商务局组织北京市连锁经营协会发动连锁超市开展10种当家菜“两不涨”活动，实现黄瓜、西红柿、大白菜、油菜、菠菜、青椒、茄子、韭菜、茴香、芹菜等居民需求较大的当家蔬菜价格农历日同比不上涨、日环比不上涨（“两不涨”）。18家大型连锁超市销售10种当家菜平均价格农历日同比下降10.92%，带动全市零售端蔬菜平均价格连续下降14天，降幅达10.85%。

（魏新宇）

【举办国潮新消费品牌成长发布会】7月21日，“聚势蓄能——2022国潮新消费品牌成长发布会”在北京首创·郎园Station举办，发布“新消费品牌活力榜单Top30”，为新消费品牌的成长提供示范带头作用。

（甘　静）

【北京老字号集中亮相2022年服贸会】8月31日至9月5日，30家老字号企业组团亮相服贸会首钢园展区，累计销售额超66万元，累计客流量近4万人次，获人民日报、北京日报、北京广播电视台等媒体报道。

（刘　阳）

【举办北京新消费品牌孵化创新大会】9月9日，由市商务局、朝阳区人民政府、首旅集团、德勤中国四方联合举办的北京新消费品牌孵化创新大会启动。大会围绕新消费品牌孵化主题，以“主题大会+中秋市集”的形式举行。

（甘　静）

【北京老字号亮相2022年进博会】11月5日至10日，13家北京老字号企业集中亮相第五届进博会，吉祥戏院非遗技艺表演备受关注，国潮文创展现老字号蓬勃活力，累计客流量过万人次，获新华网等近20余家媒体报道、转载。

（刘　阳）

电子商务

【概况】年内，持续优化电子商务服务体系，培育壮大网络零售市场规模，加快发展数字消费、跨境电商新业态新模式，积极推进电子商务持续健康发展，助力消费提质扩容和贸易转型升级。一是电子商务规模持续平稳扩大，年内，全市限额以上批发零售业、住宿餐饮业实现网上零售额5485.6亿元，同比增长0.4%，占全市社零总额比重39.8%，创历史新高。二是电子商务主体日益丰富，截至年底，全市开展网络零售业务的规模以上批零企业达1436家，其中亿元以上企业218家，含千亿元以上2家、百亿元至千亿元3家、十亿元至百亿元企业43家、亿元至十亿元企业170家，推动形成龙头电商引领、骨干电商支撑、中小电商多点发力的发展格局。三是跨境电商新模式加快发展，全市跨境电商进出口额同比增长超过17%，其中跨境电商医药产品进口、B2B出口等新模式加速发展，同比增长均超1倍。

（佟广军、马樱娉）

【推进跨境电子商务创新发展的若干措施正式发布】 1月26日，市商务局印发《关于进一步推进跨境电子商务创新发展的若干措施》，从支持跨境电商平台做大做强、推动外贸新业态新模式创新发展、构建跨境电子商务对接合作平台、建立完善跨境电商协调调度机制4个方面提出加快推进跨境电商发展12项具体工作措施，支持跨境电商平台、独立站、海外仓等重点项目建设，加快推进跨境电商销售医药产品、跨境电商体验消费等新模式试点发展，加大跨境电商供需对接力度，提升企业国际化经营能力，促进跨境电商规范健康持续发展。

（宋志雷、马樱娉）

【多家电商平台参与“2022北京消费季”活动】 京东、美团、天猫、小米、多点等电商平台全面参与“2022北京消费季”首秀北京、时尚北京、潮购北京、智惠北京等多项主题活动，并围绕“三八”“五一”“6·18”“十一”“双11”等消费节点，为市民提供持续全年惠购体验。重点电商平台向北京消费者发放消费津贴过亿元，进一步满足多样化消费需求，助力消费市场繁荣。

（刘扬阳、林朴馨）

【“2022北京网络直播促销月”活动成功举办】 6月中旬至7月中旬，“北京网络直播促销月”成功举办。活动采取“5+3”形式，开展直播助农、智能科技、新品好物、特色直播场景、国货国潮等5个主题直播活动，采取明星直播专场、直播电商基地推介、促进直播电商发展政策等3方面举措，并通过专场对接交流、直播推荐榜单发布、活动成果评比等多种形式，搭建企业展示交流与合作对接平台，鼓励支持企业加快拓展直播渠道、扩大直播电商业务。活动共吸引北京特色新消费、老字号、智能制造等百余家品牌企业参与，累计开展直播活动2000余场次，总销售额破亿元。

（佟广军、林朴馨）

【电子商务创新发展高级研修班成功举办】 8月20日至22日，北京市电子商务创新发展高级研修班成功举办。高研班聚焦新时期数字经济发展战略和电子商务行业的新热点、新趋势，邀请对外经贸大学、中国国际电子商务中心、淘宝教育、快手集团、敦煌网研究院等资深专家和企业高管，通过主题报告、专题研讨、案例研修与现场教学等多种方式授课。全市电子商务领域的企业管理人员及部分中高职院校专业教师近60人参加培训，为电商领域政企校三方提供了深入交流学习的平台。

（宋志雷、马樱娉）

【“2022中国电子商务大会”成功举办】 9月1日至2日，“2022中国电子商务大会”在国家会议中心成功举办。阿根廷、哈萨克斯坦、斯里兰卡等国家驻华使节代表到场参会，全国各地60余个商务主管部门、国内外电商企业及媒体代表近1000人次出席大会主论坛及专题论坛。大会紧扣发展前沿趋势，聚焦数字经济与实体经济融合发展、电商平台创新实践、品牌及产业数字化、直播电商新业态探索等多个行业热点话题，诠释电商创新、融通、共享的发展主旋律。大会上，商务部公布14家“2022年新增补国家电子商务示范基地”名单、发布《中国电子商务报告（2021）》，市商务局、北京海关、朝阳区政府及专家企业代表共同启动“贸易科技联盟”，共同探索贸易数字化的新模式。大会通过服贸会官方视频直播平台、今日头条等10家主流媒体联合直播，全网观看量427.5万。央视新闻、人民网等40余家媒体到场采访及报道，《北京商报》整版刊登大会新闻，发行量13万份。

（佟广军、刘扬阳）

市场建设

【紧跟形势任务持续发布防控指引】年内，编制修订5版商品交易市场疫情防控指引，每周发布工作通知与防控工作提示，督促各区及市场主体严格落实“四方责任”。

（焦　刚、杨　鹏）

【菜市场“颜值”“内涵”双提升工作取得新成效】编制完成2022年社区菜市场转型升级月工作计划，现场指导10个拟提升点位开展工作，重点推动海淀、石景山、通州等项目落地。截至10月底，10家试点菜市场转型升级任务全部完成。市商务局与北京国际经贸标准化促进会联合举办“2022年社区菜市场升级改造工作线上推进会”，通过介绍政策措施、分享经典案例、推介经验做法，总结菜市场升级改造工作成效，形成示范效应。

（杨　冲、杨　鹏）

【紧抓行业安全风险防范工作】通过现场调研、供应督导、防疫检查等方式，督促企业落实好消防、应急管理、安全制度等工作，查纠问题隐患并立行立改。年内，实地督导了80余家专业市场和50余家社区菜市场抓好风险防范工作末端落实。

（李家旭、杨　鹏）

供应保障

【概况】年内，全力应对新冠疫情影响，圆满完成生活必需品供应以及冬奥会、冬残奥会、党的二十大、全国两会等重要会议重大活动保障，持续推进农产品流通体系建设和批发市场转型升级，取得较好成效。一是做好生活必需品供应保障工作。强化市场供应监测，发挥生活必需品供应信息化平台监测效能，坚持发展改革、商务、统计、粮食等部门定期会商机制，发挥主要连锁超市门店、重点农贸市场末端监测作用，向一线派驻工作专班与驻场人员，精准动态掌握生活必需品供给、流通情况与变化，及时协调解决问题。抓好货源组织供给，指导协调新发地、顺鑫石门等主要农产品批发市场发挥供应主渠道作用，引导企业加强产销对接和调运力度；加强交通服务保障，为本市重点生活必需品供应企业开具“重点物资运输车辆通行证”，做好车辆市内通行服务工作。优化政府储备调控，加强对政府储备的日常检查与管理，组织开展冬季蔬菜政府储备收储工作，储备总量达到5.3万吨，猪牛羊肉、鸡蛋等其他生活必需品政府储备足额到位；中秋国庆及党的二十大期间，分三批次投放政府储备冻猪肉1500余吨。发挥政策保障机制，强化外省供京蔬菜保供联动机制，实施农产品批发市场免除进场交易费和进京高速免费核酸检测服务政策，实施大型连锁超市主要品种蔬菜“两不涨”政策。做好应急响应准备，制定《北京市生活必需品和日常生活物资应急供应保障工作总体预案》，强化信息报送和应急处置，及时通过新闻发布会、实地采访等方式应对突发舆情，稳定市场预期。二是着力做好党的二十大供应服务保障工作。成立物资供应保障组，制定《物资供应保障组供应服务保障工作方案》。指导企业严格落实疫情防控有关规定要求，抓好相关人员闭环管理。供应服务保障期间，28 家供应企业累计供应食材食品商品 1391 种，供货总数量 1381 吨。三是持续推进农产品流通体系建设和批发市场转型升级。丰台区制定新发地批发市场转型升级方案；顺义区制定石门市场转型升级方案；水屯市场于年初完成市场平移功能，已开展正常运营；北京鲜活农产品流通中心完成竣工验收并启动试营业。四是扎实做好成品油流通管理等工作。制定印发《北京市成品油流通综合监管指导意见》的通知，加强与中石油、中石化北京分公司等主要成品油经营企业联系，保障发挥供应主渠道作用。组织开展全市成品油流通安全生产管理专项检查，组织各区开展成品油零售经营年度检查。

（王云峰）

【完成全国及北京市两会供应服务保障】提前部署，高标准完成全国两会、北京市两会食品原材料供应服务保障工作。及时入驻两会驻地，开展驻会保障工作，满足供应需要。

（陈　泽）

【高标准做好冬奥测试赛和赛时服务保障工作】遴选推荐 83 家供应企业作为食品原材料供应保障企业，组织供应保障企业、餐饮服务商、场馆餐饮运行管理团队等开展餐饮供应服务保障培训，多次组织供应企业与三村餐饮服务商、场馆餐饮服务商、签约酒店及京东集采商开展需求对接。配合冬奥组委设立三个供应大仓，派驻人员联合驻点办公，协调解决封控导致无法出库、国外人员特殊紧急食材需求等问题，做好冬奥食材供应保障。

（陈　泽）

【持续推进重要产品追溯体系建设】继续做好肉菜流通追溯体系运维工作，保障已建设的肉菜流通追溯节点持续稳定上传数据，保证消费者实现快速追溯查询。保障重要产品追溯统一平台正常运行，通过北京市大数据管理平台实现重要产品追溯数据共享交换。

（侯学群）

【车用成品油销售量略有下降】年内，全市成品油表观销售量下降 14.35%。其中汽油下降 20.39%，柴油增加 3.48%。

（陈德宏）

【京ⅥB 标准车用燃油供应稳定】协调中石油、中石化北京分公司等源头企业，监测成品油批发及库存变化情况，持续加强油品调运，保持合理库存，确保油品供应充足、稳定。

（陈德宏）

【蔬菜市场供应情况】年内，监测的 7 家主要批发市场蔬菜上市量达 804.7 万吨，日均上市量 2.20 万吨。

（刘　璇）

【生猪市场供应情况】年内，监测的主要一级批发市场交易总量 17091.8 万公斤，日均交易量 46.8 万公斤。

（刘　璇）

【牛羊肉市场供应情况】年内，监测的主要一级批发市场牛肉交易总量 2501.6 万公斤，日均交易量 6.9 万公斤。羊肉交易总量 3081.1 万公斤，日均交易量 8.4 万公斤。

（刘　璇）

【鸡蛋市场供应情况】年内，监测的主要一级批发市场鸡蛋交易总量 14288.2 万公斤，日均交易量39.1万公斤。

（刘　璇）

粮食流通和物资储备

【概况】年内，粮食和储备系统认真贯彻落实市委、市政府决策部署，坚决扛稳保障粮食和物资储备安全政治责任，全力保障党的二十大和冬奥会、冬残奥会胜利召开，粮食市场货足价稳，粮食安全党政同责体制机制逐步完善，粮食和物资储备安全管理改革稳步推进，专项整治走深走实，首都粮食和物资储备工作取得成效。

（石红兵、赵　静）

【全市粮食消费总量止增转降】年内，全市粮食消费总量止增转降，食用油消费总量稳步下降，粮油供需总体平衡，库存保持稳定。粮食直接消费量451.4万吨，同比减少8.3万吨，减幅1.8%。其中，居民口粮消费350.3万吨，同比减少2.4万吨，减幅0.7%；饲料用粮78.0万吨，同比减少4.3万吨，减幅5.2%；工业用粮22.2万吨，同比减少1.7万吨，减幅7.1%。食用油消费量56.2万吨，同比减少1.7万吨，减幅2.9%。全年粮食供给544.0万吨，食用油供给61.1万吨。

（惠春光）

【做好粮油和物资供应保障工作】结合粮食供应特点和新冠疫情形势，逐步完善工作机制，综合采取购销轮换、货源组织等方式，高效精准做好供应保障工作。保障党的二十大和冬奥会、冬残奥会等重要会议、重大活动期间粮油市场的正常供应和平稳运行。发挥政府储备积极作用，市、区储备粮油竞价交易36次，成交数量117.54万吨，成交金额39.52亿元。提高市内成品粮储备库存比例，市内成品粮库存保持在20天左右消费量。积极落实疫情防控要求，保障粮油产品运输畅通，做好通行证归口审发工作。加强与国铁集团合作，稳步提高铁路发运数量，缓解公路运输压力。在因疫情变化引发的采购热潮中，通过监测研判、加强备货、预期引导等措施，有效化解了粮油短期销量激增态势。全年北京居民粮食、食用油消费价格同比上涨1.2%和4.1%，涨幅低于全国均值1.6个和1.7个百分点。做好北京冬奥会、冬残奥会期间物资保障准备，完善应急保障工作预案，签订物资应急调运、应急采购合作框架协议。调运市级救灾物资3.1万件，支援新疆及北京基层一线疫情防控工作。

（惠春光、杨春彦）

【全力落实粮食安全责任制党政同责】市委、市政府高度重视粮食安全党政同责工作，成立由市委、市政府主要领导任组长，18个部门组成的考核工作组。印发本市粮食安全责任制实施方案，进一步明确各区、各部门责任。强化区级考核，将粮食安全工作纳入推进乡村振兴考核、全市性督查检查考核，首次将经济技术开发区纳入考核体系。组织开展市级储备粮管理和政策执行情况年度考核，切实管好市储备粮。

（綦瑞冰）

【推动粮食和物资储备安全管理改革】持续推进粮食储备安全管理改革，健全市储备粮竞价交易、监督管理等制度。推进军供站调整改革，有效解决军供站无仓储设施等资产问题，推动前运粮供应改革。调整市内成品粮储备费用补贴标准，落实军粮供应费用补贴标准。加快推进战略和应急物资储备安全管理改革，以市委办公厅、市政府办公厅名义印发实施方案。按照国家相关要求，建立成品油政府储备。根据疫情防控形势，延长口罩、消毒液政府临时储备期限，新建门磁政府储备。

（惠春光、杨春彦）

【持续深化粮食购销领域专项整治工作】组织召开全市粮食购销领域腐败问题专项整治工

作推进会，持续推动自查自纠。市粮食和储备局制定完善《北京市储备粮质量安全档案管理办法》《北京市储备粮出入库管理规定》等相关制度 23 项。市、区两级粮食部门自查自纠发现问题 103 个，整改完成率 100%。落实市委专项巡视反馈问题整改，106 项整改措施全部完成。市审计局对市级储备粮管理情况专项审计提出的问题全部整改完成。

（梅　伟）

【加强粮食供应保障体系建设】制定《成品粮储藏技术规范》等地方标准，市储备粮油宜存率达到 100％。制定《推进粮食绿色仓储能力提升指导意见》，市内市储备粮库总仓容 303 万吨，配备制冷和内环流控温设备的仓容分别达到 159 万吨和 123 万吨，市储备粮油科学保粮率达到 100％。加强粮食供应保障体系建设，出台粮食供应风险隐患排查办法等制度，修订《北京市粮食供给应急预案》，印发《北京市粮食应急保障企业管理细则》。优化应急体系布局，现有应急加工企业 33 家、应急配送中心 45 家、应急投放网点 871 个，签约应急加工企业日加工能力 4.6 万吨。

（熊　政）

【加强物资储备体系建设】市粮食和储备局认真做好救灾物资、成品油、民用防疫物资政府储备的日常管理工作。积极开展物资补充采购入库，确保储备规模。编制出台《救灾物资储备管理规范》北京市地方标准，进一步夯实救灾物资储备安全管理基础。首次召开京津冀应急管理部门、粮食和物资储备部门“3+3”联席会议，联合编制《京津冀救灾物资协同保障预案》，印发《京津冀地区应急救灾物资生产企业及产品目录（2022 年版）》，开展三地联合演练。

（杨春彦）

【平稳推进基础设施建设】“北京大兴国家粮食储备库楼房仓、成品粮物流仓库建设项目”全面竣工，大兴面包生产线建设项目按期推进。加强粮食购销领域穿透式监管，制定北京市推进粮食购销领域监管信息化建设实施方案，近 90% 地方储备粮实现可视化监管。建成 3 家粮食质检区域分中心，“1+3+N”的整体检验检测能力保障体系加快形成。完成房山南梨园粮库改造，建成救灾物资储备分库。

（周欣晴、杨春彦）

【强化粮油市场执法监管】组织粮食收购、市储备粮出入库、政策性粮油库存等专项检查，启动定期巡查工作。全市开展粮食行政执法检查工作 602 次，出动检查人员 1660 人次，检查企业 547 家次。强化协同监管，市粮食和储备局与市市场监管局联合印发《北京市粮食流通领域协同监管方案》。开展安全生产标准化建设，市级储备粮承储库点安全生产标准化（二级）达标率达到 85%，中央在京储备企业达标率达到 83%。开展粮食收购粮食质量安全监测，样品整体合格率均为 100%；开展小麦和玉米质量调查、品质测报相关指标监测，各项指标整体优于上年。

（暴瑞冰、熊　政）

【推动粮食产业高质量发展】认真落实《关于深入推进优质粮食工程的意见》和“六大提升行动”方案，出台《北京市深入推进优质粮食工程实施方案》。成功举办第四届服贸会“粮食现代供应链发展及投资国际论坛”，围绕“增强供应链稳定性，促进世界粮食安全”主题，搭建企业交流合作、行业资源共享平台。出台《“北京好粮油”产品遴选及管理办法》，实现好粮油产品动态监管。制定印发《推进粮食节约减损工作的指导意见》，明确粮食和物资储备行业在储存、运输、加工、消费等环节及科技创新、宣传教育的重点任务。发布《“北京好粮油”团体标准管理办法》，“北京好粮油”团体标准丰富到5种。持续优化营商环境，国有粮油仓储物流设施备案事项推行告知承诺，涉企经营许可实施清单式管理，行政许可事项办理时限由20个工作日压减至9个工作日承诺办结。制定《北京市粮食和物资储备局公平竞争审查办法》《北京市粮食领域不予行政处罚事项清单》。落实政府储备商品免税政策，共计免税1948.32万元。全市粮食企业实现主营业务收入980.47亿元，其中国有粮食企业791.08亿元；实现利润总额12.27亿元，其中国有粮食企业8.87亿元。

（周欣晴、蒲　莉）

【加强行业领军人才培育】1人推荐并获评技能大师，推荐全国粮食和物资储备领军人才候选人1人、青年拔尖人才候选人3人。

（张瑞琪）

二、对外开放

“两区”建设

【概况】年内，在市委、市政府坚强领导下，“两区”建设开足马力再出发，以制度创新为核心，以园区提升为承载，以项目落地为目标，全力提升开放显示度，示范引领作用不断增强。在国家服务业扩大开放试点示范评估中以90.3分名列参评省市第一，13项制度创新经验案例向全国复制推广，新涌现出一批“全国首个”“全市首创”，高水平开放和持续改革的动力源更加强劲稳定。一是多层级制度创新体系逐步形成。国家批复的251项试点任务已累计实施244项，完成了3年至5年期任务的近97%。累计形成近80项首创性突破性政策。围绕本市优势产业和关键要素开展集成式制度创新，推动全产业链开放、全环节改革，累计出台11个改革专项方案。聚焦小而美产业，开展离岸贸易、文化贸易、时尚消费、美丽健康等政策“会诊”。二是特色化园区组团功能显著提升。加快推进“两区”重点园区（组团）发展提升专项行动，20个重点园区先后出台发展建设三年行动方案。自贸组团围绕功能定位加快差异化探索，搭建“B&R·RCEP创新服务中心”等综合性、功能型服务平台，推动落地标志性项目。多区探索“管委会+运营公司（平台）”模式的体制机制改革。各区强化“六单”管理模式，积极建立海外招商工作站、出台招商引资平台激励办法，招商服务体系进一步完善。年内，20个重点园区入库项目2796个，占全市“两区”项目的48.3%。综合保税区建设升级扩容，天竺综合保税区二期围网完成获批，大兴国际机场综合保税区进入实质化运营，中关村综合保税区申报启动。三是立体化“两区”保障机制更加有力。高水平开放法治保障基础夯实，《中国（北京）自由贸易试验区条例》《关于促进国家服务业扩大开放综合示范区建设的决定》出台实施。宣传推介异彩纷呈，服贸会“北京日”——“两区”建设两周年主题活动和2022北京“两区”建设国际合作暨投资北京峰会成功举办，线上线下、境内境外同步发力，组织“‘两区’链接全球”推介活动21场。开放政策服务数字化进阶，“两区”政策导航平台正式上线。

（杜　磊、赵文捷、朱忠文、魏　拓、张竞天）

【“两区”工作领导小组第四次会议召开】4月11日，市“两区”工作领导小组召开会议。市委书记、市“两区”工作领导小组组长蔡奇主持会议，市委副书记、市长、领导小组第一副组长陈吉宁，市委副书记、市人大常委会副主任、领导小组副组长张延昆出席。会议听取了上年“两区”工作考核评价情况及年内工作安排汇报，审议了对接高水平经贸规则先行先试方案和重点产业领域开放行动方案，书面审议了落实RCEP北京发展行动方案。会议强调，要高质量推进年内重点任务，落地更多标志性、引领性项目，全力支持北交所做大做强，强化风险研判，建立与高水平开放相匹配的监管体系。

（赵冰清）

【“两区”工作领导小组专题会议召开】8月22日，市委书记、市“两区”工作领导小组组长蔡奇主持召开市“两区”工作领导小组专题会议，陈吉宁、殷勇、孙梅君、杨晋柏、赵磊、卢彦等市领导参会。会议听取了“两区”建设进展、指标体系及监测情况，“两区”招商引资工作情况以及重点产业领域开放行动方案推进情况等汇报，审议通过了《“两区”建设国际收支便利化全环节改革工作方案》。提出六点要求，一是强化政策实施，进一步释放改革开放红利，加快推动国务院批复“两区”建设剩余9项任务落地；二是强化制度谋划，进一步推动政策迭代升级，争取国家部委支持，开展国际高水平自由贸易协定规则对接先行先试，加快“两区”2.0版方案早日落地实施；三是强化园区建设，进一步推动可视化成果落地，形成一定规模和质量的外资聚集，把成效体现在外资项目落地上；四是强化招商引资，进一步打造外资集聚高地；五是强化统计监测，进一步推动开放提质见效，不断完善“两区”建设评估监测体系，与国家体系做好衔接；六是强化风险防控，进一步统筹开放发展安全。

（赵冰清）

【“两区”全产业链开放全环节改革方案出台】年内，市“两区”办统筹相关部门，系统谋划并出台实施了11个全产业链全环节开放改革专项方案。其中，全产业链开放涉及科技创新、数字经济、绿色金融、生物医药等4个产业，全环节改革涉及人才、知识产权、综合保税区、跨境贸易、投资、国际收支、对接RCEP等7个方面。

（李　飒）

【开展“两区”云推介和政策宣讲】开展2022北京“两区”建设全球超链接系列推介活动，实现“两区”推介线上线下频亮相、境内境外结硕果。全年推介活动推出链接自贸港（区）、链接京津冀、链接三平台、链接GaWC、链接RCEP、链接奥运城市、链接友城、链接国际展会等“八大链接”，共举办27场活动，包括线上云推介18场，线下走进“两区”沙龙3场，线上线下“双会场”“两区”开放场景境外演示会5场以及高端峰会——国际合作峰会1场，推介足迹遍布奥地利、法国、以色列、西班牙、巴西、墨西哥、尼日利亚、新加坡、中国香港等30多个国家和地区，覆盖企业近4000家，其中境外企业1200多家。

（孙思睿）

【“两区”法治保障更加坚实】3月31日，《中国（北京）自由贸易试验区条例》（以下简称《条例》）由北京市第十五届人民代表大会第三十八次会议二审表决通过，5月1日起正式实施。《条例》共11章68条，分别为总则、管理体制、投资开放与贸易便利、科技创新、数字经济发展、金融服务、优势产业开放、京津冀协同发展、管理创新、人才保障、附则。5月25日，市人大常委会第三十九次会议表决通过了《关于促进国家服务业扩大开放综合示范区建设的决定》（以下简称《决定》），自公布之日起实施。《决定》共16条，主要内容包括明确综合示范区建设的指导思想、发展目标，推进重点行业领域开放、重点园区示范发展，营造综合示范区的发展环境，明确政府及部门职责，号召全社会参与综合示范区建设等。《条例》《决定》的出台夯实了“两区”法治保障基础。

（李　航、刘晨爽）

【本市京津冀自贸试验区协同发展重点任务落实工作方案印发】为落实国家发展改革委和商务部印发的《关于推进京津冀自由贸易试验区协同发展的意见》，12月27日，市京津冀协同办与市商务局共同印发《本市推进京津冀自由贸易试验区协同发展重点任务落实工作方案》，分领域梳理本市任务，形成了16个方面53条落实措施。

（赵冰清）

【重点领域政策“会诊”持续推进】选取时尚消费、国际寄递物流、买手经济、美丽健康产业、低空经济等重点领域开展政策“会诊”，通过“揭榜挂帅”等方式，分别确定市商务局、市邮政管理局、顺义区政府、昌平区政府、密云区政府等作为牵头单位。开展各类座谈、调研活动，按时完成“一报告两清单”（调研报告、政策诉求清单、政策建议清单）。

（杨海姚）

【推进离岸贸易创新发展】6月29日，印发《北京市促进离岸贸易创新发展的若干措施》，围绕六个方面提出14项措施，提升贸易自由化便利化水平，稳步推进离岸贸易发展。年内，全市离岸贸易收汇额实现增长，结束了连续四年的下降趋势。

（杨海姚）

【“京贸兴”平台上线运行】7月6日，“京贸兴”新型国际贸易公共服务平台正式上线运行。平台接入75家船公司海运物流数据、90家航空公司空运物流数据、140个国家海关报关数据、全球99%船舶数据、全球99%合规性数据，有利于提高银行对离岸贸易交易背景的核验能力，促进跨境资金结算便利。

（杨海姚）

【“两区”项目成果丰硕】严格实施“三单”（政策清单、空间资源清单、目标企业清单）管理机制，指导各区梳理政策清单388个、空间资源清单11805.5万平方米、目标企业清单923个（其中GaWC企业122个），进一步明确招商引资重点目标和方向。持续推进“一库四机制”（项目库，服务管家、定期调度、政企对接、第三方督查机制），指导各区加大“两区”项目挖掘和储备，年内全市新增入库项目5794个，同比增长61.7%，预计投入资金9843亿元。其中，已落地出库项目3587个，落地率62.0%；在库推进项目1872个。入库外资项目568个，预计投入外资169.5亿美元。其中，在推外资项目279个，占在库推进项目14.9%。

（杨海姚）

【重点园区（组团）建设步伐加快】实施《促进“两区”重点园区（组团）发展提升专项行动方案》，加大协调、指导和服务，有序推进“三个一批四个一套”重点工作落地。指导各园区（组团）结合自身实际，研究形成园区（组团）发展建设三年行动方案，进一步明确发展方向和重点产业；探索建立“管委会+运营公司（平台）”模式，制定完善招商引资平台激励办法；完善交通、商业、休闲等配套设施，加快推动品质升级；开展园区管理服务系统建设，提升园区管理智能化水平；建立产业招商地图，建立海外招商工作站，搭建境外招商平台；多渠道、多形式加大园区宣传推广力度，推进“两区”标识规划建设。

（杨海姚）

【园区（组团）发展提升专项行动评价办法出台】12月12日，印发《北京市“两区”重点园区（组团）发展提升专项行动评价办法（试行）》，从园区重点任务落实、园区发展成效、企业主体感受度、园区特色指标等多个维度开展园区（组团）评价，进一步加强对园区（组团）的监督指导和监测评价，引导和推动园区（组团）高质量发展。

（杨海姚）

【一批“两区”标志性项目落地建设】1月，根据中国银保监会批复，韩国农协银行股份公司北京分行依法注册设立，7月顺利开业。3月，全国首家开设于保税区的艺术空间——里森画廊北京永久空间落户天竺综合保税区，该空间是全球第7家永久空间，位于国家对外文化贸易基地（北京）博乐德艺术中心，总面积达780

平方米。4月，汇丰保险经纪有限公司在京落地，成为银保监会发布保险中介市场对外开放有关措施后落地的全国首家外商独资保险经纪公司。7月，北京银保监局批复“中亚三国”首家在华银行代表处——塔吉克斯坦东方银行开放式股份公司北京代表处设立。

（李天玉）

【一批“两区”功能性平台落地建设】北京博锐开放政策研究院成立，研究院的宗旨是为“两区”政策制度创新提供支撑，业务范围主要涵盖“两区”政策制度及重点课题研究、相关政策咨询与人才培养、相关成效评估及政策研讨交流等。北京市数字经济标准化技术委员会成立，该委员会是全国首个以“数字经济”为工作领域的地方标准化非法人技术组织，推动形成标准引领的数字经济全面规范化发展新格局。全国首个服务跨境场景的数据托管服务平台投用，该平台由北京国际大数据交易所研发，是国内首个可支持企业数据跨境流通的数据托管服务平台。9月，国家文化与金融合作示范区服务中心落地东城区，旨在打造综合性文化金融服务平台。

（李天玉）

【一批“两区”体制机制创新落地实施】1月，深化与北交所战略合作，完善宣传培训、专业辅导、路演推介等合作机制，打造服务企业上市产业链生态链，依托“四创”，促进北交所和区域经济双发展。经开区于2022年1月印发《在相对集中行政许可领域建立“首席审批师”工作制度改革试点实施方案》，打造“跨领域、全环节、一个人、一次办”的首席审批师改革。3月，京津冀三地联合在北京市通州区、天津市武清区、河北省廊坊市三地开展“通武廊医疗卫生协调联动基本公共服务标准化试点”项目，构建全国首个三地协同适用的“代谢性疾病基本公共服务标准体系”，实现三地医疗数据互联共享。8月，平谷区市场监督管理局协调天津蓟州、河北三河、兴隆等周边市县建立“三省四地”知识产权合作机制，从知识产权创造、运用、保护、管理、服务五个方面入手，以共同利益为纽带，以知识产权为牵引，实现知识产权与产业发展深度融合，共同打造区域知识产权协同发展的示范区，实现针对知识产权的区域共治。

（李天玉）

【第二批市级改革创新实践案例印发】8月，为更好发挥“两区”建设的示范引领作用，从重点产业提质增效、核心要素优化供给、政府职能加快转变、开放平台不断加强等四个维度，归集形成“两区”建设第二批改革创新实践案例，共计31个，印发各相关单位，结合“两区”建设工作实际推进落实。

（李天玉）

【四案例被生态环境部印发全国学习借鉴】10月，生态环境部办公厅向全国印发自由贸易试验区加强生态环境保护推动高质量发展案例。中国（北京）自由贸易试验区报送的《北京大兴机场成为重大工程建设的绿色样板》《探索建立碳资产综合监测管理模式》《常态化生态环境正面清单差异化监管新模式》《向全球发布〈气候友好银行北京倡议〉推进绿色金融与可持续发展》4个案例入选。

（李天玉）

【多项改革举措入选国家服务业扩大开放最佳实践案例】11月，商务部印发国家服务业扩大开放综合试点示范建设最佳实践案例，北京市国家服务业扩大开放综合示范区6项改革创新举措被纳入其中，涉及科技成果转化赋权、知识产权保护、生物医药、通关物流、数据跨境托管、跨境贸易投资风险管理与服务、预付费资金监管、自动驾驶测试、区块链技术应用、固体废弃物数字化管理、国际人才服务等多个领域。

（李天玉）

【“两区”工作推进评估更加优化】按照坚持结果导向、兼顾公平性和差异性、量化可操作等原则，制发《中国（北京）自由贸易试验区和国家服务业扩大开放综合示范区工作推进评估指标体系（试行）》，据此对27家市级部门、16个区和北京经济技术开发区开展了2022年度“两区”工作推进情况评估，更好发挥“两区”建设指挥棒作用。

（李天玉）

【“两区”宣传多向发力】紧抓自贸试验区条例颁布、“两区”建设两周年等重要节点，全年组织召开新闻发布会8场。设立“两区”记者站，主动协助各区梳理宣传线索，为“开放北京”微信公众号提供原创宣传素材。利用宣传平台强化政策服务，组织有关部门累计编制政策解读视频19个，在网站、微信公众号等新媒体平台发布。联合10个重点园区拓展境外宣传渠道，编制“两区”深度专题报道和10集重点园区纪录片在凤凰卫视播出，收视人数达3.37亿人次。

（孙振国）

【服贸会“两区”建设两周年主题活动举办】9月1日，“两区”建设两周年主题活动在国家会议中心举办。活动以“盘点再出发”为主题，围绕“两区”两周年成果成效，发布改革创新案例以及公众评选的十大最具影响力政策，组织航空、汽车、通信等多个重点产业的58个项目现场签约，签约额达1024亿元。11个国家部委负责同志、多个国家驻华使馆代表、境外商协会负责人和50余家跨国公司高管出席活动，共同见证“两区”两周年建设成果。

（孙振国）

【“开放北京”公共信息服务平台建设加快推进】“开放北京”公共信息服务平台二期建设进展顺利，年内完成项目初验。建成社会公共服务子平台、外商投资全周期管理子平台、对外合作全周期管理子平台、对外贸易全周期管理子平台、扩大开放全过程管理子平台等5大平台15个子系统和1个移动应用、1个用户服务中心，实现自贸试验区企业全口径监测，将“两区”官网打造成“一站式”信息服务新平台，实现在线填报、提交、审核服务业扩大开放外籍人才出入境事项业务，以及“两区”任务协同管理、重点园区（组团）发展提升支撑、市场消费监测分析等功能。

（孙振国）

【“两区”政策导航平台1.0版上线】导航平台全口径汇集“两区”政策，首次搭建“两区”文件库和政策条目库，涉及文件300余件、政策条目5000余条。创新政策条目查询功能，将文件拆解到政策条目级别，便于用户精准检索和应用具体政策内容。将人工校正与智能学习深度融合，通过语义解析形成自动化政策拆解、政策标签、关键词提取等功能，提升用户便利度。增强检索结果延展性，提供政策解读，推送相似政策，链接政策原文和实施细则。政策导航平台1.0版上线为企业提供了集成化了解及应用政策的渠道，推动“两区”政策扩大受惠面。

（孙振国）

货物贸易

【概况】年内，北京地区货物贸易进出口额达3.64万亿元，同比增长19.7%，创历史新高；占全国进出口总值的8.7%，比重较上年提升0.9个百分点，外贸增长贡献率居全国首位。其中，出口5890亿元，下降3.8%；进口3.06万亿元，增长25.7%。进出口、出口和进口在全国分别排名第5、第8和第1位。一是出口规模稳中提质。出口机电产品2711亿元，增长0.7%，占全市出口总值的46.0%，比重较上年增加2.8个百分点。其中，自动数据处理设备及其零部件出口增长37.4%，集成电路出口增长22.8%，汽车出口增长41.0%，核心零部件及关键技术国际市场竞争力不断提升。二是进口强劲助力“双循环”。扩大进口成效明显，进口额达到同期历史最高峰值。高新技术产品进口2688.2亿元，同比增长15.2%。科技含量高的机电产品进口增长迅速，其中，集成电路进口增长89.5%。各类消费品进口持续高速增长，有效填补供需缺口、促进消费升级，牛肉进口增长44.5%，美容化妆品及护肤品进口增长19.9%。大宗产品增长迅速，原油、天然气分别增长47.5%、31.6%。三是因势利导开拓国际市场。北京地区企业与“一带一路”沿线国家贸易稳步向好，进出口1.59万亿元，增长28.2%，占地区进出口总值的43.7%。同期，对中东、非洲、拉美进出口分别为9005.6亿元、3249亿元、2757.7亿元，分别增长52.3%、19.7%、10%；对俄罗斯进出口1896.9亿元，增长42.1%。

（张华雨）

【出台跨周期调节政策】为做好跨周期调节，努力保订单、稳预期，促进外贸平稳发展，市商务局研究出台《北京市商务局关于做好跨周期调节进一步稳外贸的实施意见》，聚焦强化外贸载体多点支撑、确保跨周期外贸平稳有序、打造一流的营商环境、形成全流程金融支撑、推动新业态新模式发展、多策并举开拓国际市场、增强数字贸易便利度等方向，打造更大范围、更深层次、更高水平的外贸开放体系。

（郑　苑）

【北京获批汽车平行进口试点】7月，商务部等17部门印发《关于搞活汽车流通扩大汽车消费若干措施的通知》，并同意北京整车进口口岸开展汽车平行进口业务，北京正式获批汽车平行进口试点。经商务部核准备案，中国车辆进出口有限公司、北京市汽车贸易有限公司、北京北汽进出口有限公司、北京莉博宝信拍卖有限公司4家单位获批试点企业，金港汽车文化发展（北京）股份有限公司获批试点平台。

（路海轩）

【北京首个国家进口贸易促进创新示范区获批】11月3日，北京首都国际机场临空经济区（北京天竺综合保税区）获批国家进口贸易促进创新示范区。成为进口贸易促进创新示范区，对北京首都国际机场临空经济区进一步加强对外开放、扩大进口贸易等，将起到积极的推动作用。该区将进一步发挥国内规模最大、航空服务企业数量最多、开放水平最优机场临空区的优势，着力支持航空物流高质量发展，促进进口特色产业升级和推动国际化营商环境建设。

（郑　苑）

【新增3家二手车出口企业】开展第二批出口试点企业遴选工作。经企业自愿申报、资质初审、专家联合评审、公示等程序，确定北京汽车国际发展有限公司、汉盛控股集团有限公司、中国车辆进出口有限公司等3家企业为北京第二批开展二手车出口业务企业，并报商务部备案。截至年底，全市共有7家二手车出口企业。

（赵思聪）

【举行应对贸易经营风险工作培训会】3月17日，应对贸易风险工作线上培训会举行，全市200余家重点外贸企业业务负责人参训。商务部EDI中心就北京外贸重点监测信息系统操作进行具体讲解，人行营管部就跨境人民币等降低企业风险的具体措施进行宣讲，市商务局就企业出口短期信用保险相关工作进行培训。

（郑　苑）

【举办RCEP线上政策宣讲暨培训会】4月22日，市商务局联合北京海关、北京中日创新合作示范区举办"RCEP线上政策宣讲暨培训会（中日专场）"，佳能（中国）、欧力士等70余家重点企业参会。6月16日，北京市进出口企业协会组织开展RCEP专题培训，全市188家外贸企业参训。

（郑　苑、刘　博）

【举办外贸进出口线上展洽会（南美专场）】5月18日，北京市外贸进出口线上展洽会（南美专场）开幕。展洽会历时7天，来自阿根廷、巴西、秘鲁、智利等国家企业和团体设置了防疫物资与医疗健康、高新技术产品与智能装备、智慧生活、时尚生活、食品及日用品等五大主题的专题展览，举办9场对接洽谈会。境内外近600家企业依托"环球撮合荟"平台、"工业展览云"平台进行展览展示。京客隆、京东国际、物美集团与来自阿根廷、巴西的3家境外企业签署合作备忘录。

（郑　苑）

【开展"汇心为民"外贸企业汇率风险中性线上宣讲】5月24日，市商务局联合北京外汇管理部、北京地区外汇市场自律机制举办"汇心为民’汇率风险中性线上宣讲会"，全市百余家外贸企业参会。市商务局对各项外贸企业支持政策进行宣讲和答疑，在京金融机构对远期、掉期、期权及交叉货币掉期等套期保值工具进行讲解，帮助企业完善汇率风险管理，适应汇率双向波动新常态。

（赵思聪）

【开展小微客户服务节活动】5月31日，市商务局与中信保第三营业部联合开展小微客户服务节活动，部分银行合作机构及"小巨人"企业客户代表参加。活动中针对小微外贸企业支持政策、"专精特新"企业支持措施、银行普惠金融产品和服务产品进行了宣讲介绍。

（郑　苑）

【举办金融服务外贸企业线上推介会】7月15日，市商务局联合中国工商银行北京分行举办"创一流服务、助外贸发展"金融服务外贸企业线上推介会，向北京地区外贸企业宣传推广"稳外贸"支持政策及工商银行金融支持保障措施。来自能源保供、专精特新、先进制造等多个领域的150余家外贸企业参加。

（郑　苑）

【举办外贸进出口线上展洽会（西亚东南亚专场）】10月25日，北京市外贸进出口线上展洽会（西亚东南亚专场）开幕。展洽会以"深耕产业集群，打造专业平台"为主题，由一场开幕式和六场推介活动组成，共历时7天，来自沙特、阿联酋、马来西亚、印度尼西亚等等国家企业和团体通过西麦克"工业展览云"线上展览平台及工行"环球撮合荟"平台进行展览展示。

（郑　苑）

【办理各类货物进出口许可37695份】年内，市商务局为北京市进出口企业办理各类货物进出口许可37695份。其中，农产品进口关税配额证14份；化肥进口关税配额证1份；非机电自动进口许可证18762份；机电产品自动进口许可证8120份，出口许可证8609份；易制毒化学品进出口审批（核）260份；两用物项和技术出口许可证1769份；企业业务咨询函101份；两用物项和技术出口经营登记初审59份。

（路海轩、杜雨潇）

服务贸易

【概况】年内，全市服务贸易规模稳步提升，实现进出口额9906.9亿元，同比增长10.9%。其中，出口4322.3亿元，同比增长6%；

进口5584.6亿元，同比增长14.9%。

（徐子涵）

【数字服务贸易稳步增长】全市数字服务进出口规模4887.3亿元，同比增长8.6%，占全国同类的19.5%；占全市服务进出口总额的49.3%，高于全国7.4个百分点。其中，出口2740.1亿元，同比增长6.6%；进口2147.1亿元，同比增长11.2%。

（徐子涵）

【服务外包持续增长】全市离岸服务外包执行金额85.9亿美元，同比增长9.2%，高于全国4.2个百分点。其中，信息技术外包（ITO）保持第一大业务类型，执行额51.3亿美元，占全市总业务的比重高达59.7%，同比增长4.9%；业务流程外包（BPO）执行额6.2亿美元，占全市总业务的比重7.2%，同比增长29.9%；知识流程外包（KPO）执行额28.4亿美元，占全市总业务的比重33.1%，同比增长13.6%。

（许　鑫）

【提前完成服务贸易创新发展试点工作】为期3年的新一轮全面深化服务贸易创新发展试点85项任务已提前全部落地。形成了“数字化公共服务赋能出口基地发展”“打造服务跨境场景的数据托管服务平台”等10余个试点案例并向全国推介。

（马晓惠）

【新获评8家国家特色服务出口基地】3月，商务部等部委公布新认定国家特色服务出口基地名单，北京中医药、人力资源、地理信息、知识产权、语言等5个领域8家基地成功获评。目前，全市共有数字、文化、中医药、人力资源、地理信息、知识产权、语言等7类14家国家特色服务出口基地，获评领域齐全，数量居全国首位。

（徐子涵）

【构建基地协调推进机制】定期举办北京市国家特色服务出口基地协调推进会，为各基地搭建产业互动、项目对接平台，鼓励基地间资源共享、协同合作，不断优化服务贸易特色网络。

（徐子涵）

【高水平举办京津冀服务贸易和服务外包协同发展论坛】8月，“2022京津冀服务贸易和服务外包协同发展论坛”在京举办。论坛以“数字赋能新生态 共谋发展新未来”为主题，建立了由京津冀商务部门主导的京津冀数字服务国际合作协调推动机制，将以中关村软件园、天津经开区国家数字服务出口基地为主要抓手，进一步促进三地数字贸易协同创新发展。

（许　鑫）

利用外资和外资企业服务

【概况】年内，全市实际利用外资174.1亿美元，超额完成全年实际利用外资预期目标，同比增长12.7%［按可比口径（2022年5月起，根据商务部新修订的《外商投资统计调查制度》，实际利用外资金额为包含银行、证券、保险领域的全口径数据，同比为不含上述领域的可比口径），下同］，高于全国增速（8.0%）4.7个百分点。分行业看，租赁和商务服务业、科学研究和技术服务业实际利用外资规模增长较快，租赁和商务服务业实际利用外资36.9亿美元，同比增长1.1倍，占全市的21.2%；科学研究和技术服务业实际利用外资69.8亿美元，同比增长18.0%，占全市的40.1%。分区域看，海淀区、朝阳区实际利用外资引领全市，海淀区实际利用外资63.7亿美元，同比增长2.0%，占全市的36.6%；朝阳区实际利用外资63.1亿美元，同比增长32.1%，占全市的36.3%。分来源地看，香港是全市外商投资主要来源地，香港在京实际投资159.2亿美元，同比增长

20.8%，占全市的 91.4%；丹麦、英国、瑞典和韩国在京实际投资增长较快，同比分别增长 47.6 倍、2.1 倍、1.1 倍和 48.1%，分别在京投资 1.7 亿美元、1.0 亿美元、2.7 亿美元和 2.4 亿美元。

（吴中南）

【制定《中国（北京）自由贸易试验区投资自由便利专项提升方案》】对标国内国际先进城市好的经验做法，围绕投资便利重点领域、重点环节，从 8 个方面共提出 22 条具体措施，进一步优化自贸试验区投资环境，辐射带动全市投资自由便利水平持续提升。

（吴中南、郝晓星）

【印发进口设备免税审核通知】2 月 10 日，市商务局、市财政局、北京海关、北京市税务局联合印发《关于做好外资研发中心采购进口设备免税资格审核有关工作的通知》，规定了审核部门、资格条件、申请材料、审核流程、监督和管理等事项要求，明确已经市政府赋权，承接此项职权的有关机构可参照执行。

（叶卫东）

【编印《北京外商投资指南 2021—2022》】落实中央稳外资工作要求，市商务局联合市发展改革委、市科委中关村管委会、市经济和信息化局等 13 个部门，聚焦“两区”建设、高精尖产业发展、重点园区建设推进等方面，汇集新政策、新举措，编印《北京外商投资指南 2021—2022》（中英文版），让境外投资者及外资企业更好地认识北京、了解北京、投资北京。

（陈　辉、郝晓星）

【发布 2022 年北京市投资发展报告】《2022 年北京市投资发展报告》从经济实力与投资前景、扩大开放与创新改革、产业实力与空间优化、营商环境与城市韧性、首都人文与国际视野、外界眼中的北京等 6 个方面，展现北京在经济、科技、人文、生态等方面的综合实力、以高水平对外开放促进高质量发展取得的新成效，通过各类平台宣传推介，使海内外的投资者更深入了解北京、发现机遇，合作共赢。

（陈　辉、蒙　洁）

【商务部外资司来京督查外资投诉】7 月 18 日，商务部外资司司长陈春江一行六人来京督查外商投资企业投诉工作，并与市商务局开展工作交流。陈春江同志对北京出台办法、建立机制、公布办事指南、开展宣传培训、探索“未诉先办”等工作表示肯定。

（郭亚天）

【全国人大来京检查外资执法】7 月 20 日至 21 日，全国人大常委会副委员长万鄂湘率全国人大常委会执法检查组在京开展外商投资法执法检查，实地调研并召开座谈会听取有关情况汇报。万鄂湘同志对北京市贯彻落实外商投资法的措施和成效表示肯定，要求进一步深刻认识稳外资促发展的重要性，切实增强依法做好优化营商环境工作的责任感和紧迫感，紧抓影响法律实施的关键问题、制约外商投资兴业的重点问题、外资企业反映的突出问题，深入推进外商投资法全面贯彻实施。

（张　毅）

【组团参加第二十二届中国国际投资贸易洽谈会】市商务局和市投促服务中心以及区级单位组成北京代表团，参加在厦门举办的第二十二届中国国际投资贸易洽谈会。利用北京展区的线下空间和线上“云展厅”举办主题展示，宣传推介、项目对接、走访洽谈和云上项目发布接洽，围绕“共享‘两区’建设新成果，共创全产业链开放新格局”主题，大力宣传推介北京“两区”建设创新政策措施、营商环境和产业项目，推介各区发展优势和投资商机。

（郝晓星、王爱丽）

【举办第25届京港洽谈会商务板块专题活动】12月15日第25届京港洽谈会上，由市商务局、香港贸易发展局共同主办的“共享‘两区’开放机遇 共创京港合作未来”主题活动以线上线下结合的形式在京港两地成功举办。市政府、香港贸易发展局、香港特别行政区政府投资推广署等部门负责人以及京港企业代表等共100余人参加活动。市“两区”办、市经济和信息化局、市人才工作局和香港特别行政区政府投资推广署分别围绕“两区”政策及导航平台、建设全球数字经济标杆城市成效、人才发展环境、香港开放发展政策等情况进行交流；顺义区、丰台区分别介绍了本区“两区”建设成果、政策资源优势；默克、毕马威、WEWORK等企业分享了与开放北京同成长同进步的故事。活动对于扩大京港双向投资、促进双方贸易往来具有积极意义。

（郝晓星、王爱丽）

【持续做好外资企业服务工作】组织开展多轮外资企业调研，上线外资企业诉求征求系统，收集企业困难问题百余条，协调外资企业反映的“进京难”“进口非冷链物品静置期”等问题，做好重点服务包企业走访工作。组织各区商务部门为重点企业逐一配备联络专员，建立日常联络、定期走访工作机制，有针对性地组织开展企业服务和信息摸排工作。

（张　岩）

【台账式推进外资信息报告基础工作】全年共接收外商投资信息报告近1万条，逐案处理修改合同外资、国别错误等问题总计160件，涉及合同外资金额26.2亿美元，为全市外资企业服务管理、信息统计、数据分析等提供重要支撑。按月做好外资企业直报信息的催报及审核工作。

（张　岩）

对外经济合作

【概况】年内，全市企业非金融类对外投资合作表现出极强韧性。一是对外直接投资稳进提质。全市398家境内投资主体对全球70个国家（地区）的487家境外企业新增直接投资69.29亿美元，同比增长5.3%，增速高于全国2.5个百分点，占全国地方投资总额的7.4%，居省市第五位。行业分布贴合首都产业特色，呈现出以租赁和商务服务业为主导，信息传输、软件和信息技术服务业以及制造业等北京传统优势产业为驱动的境外投资产业结构特征。租赁和商务服务业全年投资金额13.87亿美元，是上年的3.7倍，占比20.0%，较上年提高14.3个百分点；信息传输、软件和信息技术服务业，电力、热力、燃气及水的生产和供应业投资金额分别为11.65亿美元、8.57亿美元，同比增长10.1%、823.9%，占比16.8%、12.4%。地域分布差距逐步缩小，呈现出亚洲与拉丁美洲差距逐步缩小、中国香港与英属维尔京群岛齐头并进的布局特征。从洲际看，对亚洲投资金额30.48亿美元，同比下降14.9%，占比44.0%，较上年减少15.4个百分点；对拉丁美洲投资金额23.25亿美元，同比增长107.9%，占比33.6%，较上年增加一倍。从国别（地区）看，中国香港以20.49亿美元的投资金额继续领跑，但同比下降35.1%，占比由48.0%降至29.6%；英属维尔京群岛投资金额18.06亿美元，是上年同期的4.6倍，占比26.07%，较上年提高20.7个百分点。“一带一路”投资表现亮眼，在沿线23个国家新增投资10.14亿美元，是上年同期的2.9倍，占全市总投资金额的14.6%，其中，巴基斯坦、新加坡是“一带一路”沿线对我市企业最具吸引力的国家。二是“一带一路”对外承包工程表现亮眼。年内，对外承包工程业务完成营业额53.23亿美元，同比增长44.5%；新签合同额101.14亿美元，是上年同期的2.1倍。在“一带一路”沿线38个国家完成营业额29.01亿美元，占总额的54.5%，同比增长83.9%；新签合同额49.91亿美元，占总额的49.3%，是上年同期的2.3倍。三是对外劳务合作健康发展。年内，累计派出各类劳务人员17128人，期末在外各类劳务人员35701人，同比减少18.0%；实际收入总额5.04亿美元，同比下降2.9%。新冠疫情以来，受人员出入境困难及境外项目停产停工影响，全市对外劳务人员输出及实际收入均较2019年同期呈明显下降趋势，分别减少53.5%、23.8%。

（薛俊芳、罗 群）

【自贸试验区投资活力迸发】在已实现对外投资备案（核准）无纸化的基础上，对自贸试验区商务主管部门赋权，鼓励基层商务主管部门通过更便利化的对外投资备案程序、更具针对性的管家式服务充分激发企业投资活力。年内，自贸试验区对外投资渐显活跃，7个自贸组团投资金额3.84亿美元，占全市总投资额的6.6%（不含再投资分摊）。其中，北京经济技术开发区自贸组团投资金额占全区投资总额的85.7%。

（薛俊芳、罗 群）

【发布《对外劳务合作经营资格核准事项告知承诺实施意见（修订）》】1月17日，发布实施《对外劳务合作经营资格核准事项告知承诺实施意见（修订）》，在北京自由贸易试验区所属的朝阳、海淀、通州、顺义、昌平、大兴、经济技术开发区全域范围内对“对外劳务合作经营资格申请”事项开展告知承诺审批。

（袁 渤）

【第七届“一带一路”高峰论坛北京专场暨北京双向投资促进系列活动——走进副中心成功举行】8月31日，第七届“一带一路”高峰论坛正式揭幕，作为本次论坛的配套活动之一的北京专场暨北京双向投资促进系列活动——“走进副中心”如期举行。活动以“携手共创新篇章”为主题，邀请京港两地的企业交流对话，介绍京港两地企业在“走出去”过程中，香港专业服务发挥的不可或缺的作用并作案例分享，助力北京企业国际化战略以及高质量发展的国际合作。香港和北京企业代表约100人参加此次活动。

（罗 群）

【第二届亚洲医疗健康高峰论坛北京专场暨北京双向投资促进系列活动——“走进昌平”成功举办】11月11日，市商务局联合香港贸易发展局、昌平区人民政府、商务部中国国际电子商务中心举办第二届亚洲医疗健康高峰论坛北京专场暨北京双向投资促进系列活动——“走进昌平”。活动以“携手合作 创新里程”为主题，昌平区企业代表分别从中国创新药发展、中国基因编辑治疗展望和干细胞在大健康领域的应用等方面进行了项目推介和经验分享；香港专业服务机构代表介绍了在助力京港两地企业“走出去”过程中所能提供的国际战略筹划、法务、金融等专业服务；昌平区投资促进服务中心、生命园管委会分别推介了昌平区的营商环境及产业优惠政策。

（罗 群）

【举办“走出去”课堂系列活动——俄乌涉外合规风险培训】3月18日，“中国企业如何应对俄乌局势下的涉外合规风险”在线研讨会举办。研讨会在细致分析俄罗斯制裁局势、美国出口管制与经济制裁相关制度的基础上，探讨中资企业如何通过有效的风险关注、合规判断、合规体系搭建等应对策略成就有效的涉外合规管理。北京在俄、乌及周边国家投资的重点企业负责人参加在线研讨。

（罗 群）

【举办“走出去”课堂系列活动——泰国东部经济走廊投资机遇交流会】4月26日，“泰国东部经济走廊投资新机遇及优惠政策”线上交流会举办。交流会介绍了“泰国4.0战略”和东部经济走廊地区（EEC）的12个重点目标产业以及EEC办公室税收优惠计划、非税收优惠和贸易便利化等激励手段。全市近200家“走出去”企业参加活动。

（罗　群）

【举办“走出去”课堂系列活动——越南、新加坡投资机遇交流会】5月24日，“越南和新加坡投资机遇线上交流会”举办。交流会详细介绍了越南和新加坡的贸易及投资环境现状、外汇金融管制体系、外商管理政策，分析梳理了中资企业对两地投资、贸易所涉及的相关法律问题，并分享了中资企业“走出去”服务案例。

（罗　群）

【举办“走出去”课堂系列活动——泰国投资法律问题及风险研讨会】7月19日，“中企海外投资和贸易需关注的主要法律问题及风险——泰国专场”线上研讨活动举办。线上研讨会介绍了泰国投资环境、投资趋势，并重点就泰国相关外商投资法律法规、设立程序以及企业在泰投资可能遇到的法律风险进行详细解读。全市近百家“走出去”企业参加了本次活动。

（罗　群）

【举办“走出去”课堂系列活动——金融服务专场】9月22日，“走出去”课堂系列活动——金融服务专场举办。活动以“京企出海　精心护航”为主题，旨在为京企参与对外经贸合作提供优质的金融支持服务。全市近200家对外投资企业、外贸企业参加。

（罗　群）

【举办“走出去”课堂系列活动——合规经营服务专场】10月24日，“走出去”课堂系列活动——合规经营服务专场举办。活动以“美欧最新监管要求形势分析及企业应对”为主题，邀请多位专家共同探讨当前国际监管形势和企业应对策略。全市百余家芯片、半导体、集成电路领域“走出去”企业线上参会。

（罗　群）

【举办“走出去”课堂系列活动——安全培训专场】11月15日，“走出去”课堂系列活动——安全培训专场在线上举办，活动以“京企出海　精心护航”为主题，聚焦境外严峻复杂的安全形势，共同探讨中国企业“走出去”海外安全风险及应对策略。全市对外投资和对外承包工程企业近80人参加。

（罗　群）

【举办“走出去”课堂系列活动——网络安全培训专场】12月9日，“走出去”课堂系列活动——网络安全培训专场”举办。活动以“京企出海　精心护航”为主题，聚焦境外严峻复杂的网络安全形势，共同探讨当前“走出去”企业面临的网络安全风险和应对策略。全市80余家“走出去”企业代表参加。

（罗　群）

【开展境外企业（项目）安全管理专项巡查】9月21日、27日，市商务局会同市委国安办、市委市政府市外办、市发展改革委、市国资委、国家外汇管理局北京外汇管理部等部门及专家联合开展2022年北京市境外企业（项目）安全管理专项巡查。在前期对外投资合作领域企业自查的基础上，重点选取小米科技、三一重工、城建集团等22家企业主体在亚非地区16个高风险和极高风险国别投资的23个境外企业、对外承包工程重点项目实时巡查，对企业境外项目安全管理提出针对性意见建议。

（罗　群）

口岸建设与发展

【概况】年内，随着疫情防控政策优化调整，北京口岸出入境人次同比小幅增长，海关监管进出口货物量、离境退税额同比仍有所下降。全年北京口岸出入境人员58.43万人次，同比增长10.00%。其中，入境22.48万人次，同比增长31.53%；出境35.96万人次，同比下降0.20%。全年无144小时过境免签旅客。共申请办理离境退税单201张，同比下降33.00%；办理离境退税额513.42万元，同比下降33.24%，涉及的商品销售额6253万元，同比下降26.52%。

（徐凤武）

【多措并举优化口岸营商环境】建立完善市级迎接世行评价机制，深入研究BEE概念书，梳理考评点任务清单。明确改革路径和落实举措，倒排工期、挂图作战，推进北京市营商环境创新试点城市建设和优化营商环境5.0版改革工作任务。围绕“简单证、优流程、降成本、提效率”，出台26项跨境贸易改革举措。开展跨境贸易便利化全环节改革，出台《北京市推进跨境贸易便利化全环节改革实施方案》，重点支持生物医药、跨境电商、集成电路、文化会展等行业产业高质量发展。依托北京国际贸易“单一窗口”打造“双枢纽”电子货运平台，开展“双枢纽”空港口岸营商环境优化提升行动。

（徐凤武）

【持续开展口岸涉企违规收费整治工作】市商务局会同市市场监管局、市财政局、北京海关等单位，每季度对口岸收费主体进行联合检查，对检查发现的问题督导改正。年末，全市口岸58家企业的1121条收费信息在中国（北京）国际贸易单一窗口系统线上公示。口岸涉企违规收费整治工作做法被国家发展改革委推广。

（徐凤武）

【首都机场集团出台《服务质量标准》】《北京首都国际机场货运区服务质量标准（暂行版）》《北京大兴国际机场货运区服务质量标准（暂行版）》于1月1日起试行，针对截载下拉、提货、中转、卡车航班、安检、查验调拨、分单操作等作业环节，制定8个类别60余项货运服务质量标准，进一步优化空港物流流程，提高物流效率。

（赵　晗）

【首都机场圆满完成冬奥会冬残奥会保障任务】首都机场坚持“最高规格、最强部署、最严措施、最佳状态”，与口岸查验单位密切配合，圆满完成冬奥会冬残奥会保障任务。冬奥会冬残奥会期间，首都机场共保障涉奥航班1087架次、旅客42958人次、行李113288件，各保障环节总体平稳有序，实现“零事件、零失误、零投诉、零感染”目标。

（徐凤武）

【建立首都机场、大兴机场货运区服务质量评价体系】6月，首都机场集团有限公司货运发展办公室制定《北京首都、大兴国际机场货运区作业服务质量评价办法》，针对作业服务质量标准中的关键指标进行评价，由货运信息系统和安检货邮信息系统采集指标数据，自动分析形成作业服务质量评价报告。10月，《首都、大兴机场货运服务质量评价指标体系》编制完成，涵盖货主满意度评价指标（4大类18项指标）、航空公司满意度评价指标（4大类18项指标）、运行服务指标（8大类68项指标）、服务质量评价与赋值办法等。12月，面向航空公司和货运代理人开展了首次货运区服务满意度调查。

（徐凤武）

【积极推动大兴国际机场国际货运航班恢复】市商务局积极协调北京边检、北京海关、大兴临空经济区管委会、首都机场集团、南方航空公司等单位，促进大兴国际机场国际货运恢复。7月31日南航执飞大兴—杜尚别国际货运航班，标志大兴机场国际货运出港航班顺利实现复航首飞。

（赵　晗）

【大兴国际机场进境食用水生动物、植物种苗指定监管场地通过终验】12月26日至27日，海关总署组织10名专家采用远程视频方式对大兴国际机场进境食用水生动物、进境植物种苗指定监管场地开展终验。专家组在审阅北京市申报材料的基础上，听取指定监管场地建设情况汇报、海关监管能力及实验室检测能力汇报，采取实况转播方式对申报材料和汇报内容进行远程视频抽点位核查审核，并出具验收审核通过报告。

（徐凤武）

【到丰台口岸开展调研服务】为做好新年度重点企业“服务包”工作，推动丰台货运口岸创新发展，持续提升陆港口岸通关便利化水平，2月17日，市商务局联合北京海关与丰台口岸运行主体进行座谈，研究丰台口岸规划发展工作，对开行国际货运专列、申请建设保税仓库、开展跨境电商业务等进行交流并研究提出解决路径。

（康　凯）

【指导督促丰台口岸进口非冷链货品常态化疫情防控工作】4月13日，市商务局联合北京海关到丰台口岸指导督促疫情防控工作，传达全市对进口非冷链货品疫情防控要求，对企业诉求予以回应。

（康　凯）

【举办线上政策宣讲沟通会】5月27日，市商务局联合北京海关召开海关政策线上宣讲沟通会，结合丰台口岸实际情况为企业拓展口岸功能、引入新兴业态提出切实可行的实现路径。

（陈其忠）

【北京“单一窗口”冬奥无纸化通关管理系统上线】北京“单一窗口”开发上线冬奥无纸化通关管理系统，基于区块链技术，实现企业、冬奥组委、海关之间的数据共享。冬奥会冬残奥会期间，系统在线签发316份《北京2022年冬奥会和冬残奥会进境物资证明函》，涉及31个国家约968.4吨物资，为冬奥会和冬残奥会暂时进境物资高效通关提供便利。

（董　琦）

【北京“单一窗口”中介服务评价系统上线试运行】6月，北京“单一窗口”中介机构服务评价系统上线试运行。系统通过建立对中介服务企业多维度的评价体系，展示中介服务企业的运营情况及服务质量，面向广大货主企业和中介服务企业，搭建更全面、客观、便捷的中介机构服务评价平台。

（董　琦）

【积极推动“贸易科技联盟”成立】9月2日，“贸易科技联盟”于2022服贸会高峰论坛正式成立。“贸易科技联盟”由北京“单一窗口”联合中国电子口岸数据中心北京分中心、北京微芯区块链与边缘计算研究院、电子商务交易技术国家工程实验室、北方工大、普华永道、富士康、中外运等机构发起，将加快研究可信贸易协作网络的数据标准、共识机制和应用架构，推动构建安全、高效的贸易数据共享技术体系。

（董　琦）

综合保税区建设

【综合保税区发展实施意见落地见效】依托“两区”督查工作机制和综合保税区联席会议机制，《北京市人民政府关于支持综合保税区高质量发展的实施意见》各项任务有序推进。截至年底，59项任务取得阶段性进展，占比91%，剩余6项涉及国家事权的任务正在积极推进中。

天竺综合保税区和大兴国际机场综合保税区以项目为抓手，突出发展成效，全球最大的医疗保健集团强生公司设立强生制药有限公司布局医药贸易，全国第一家考古新发现博物馆正在建设，国际顶级画廊里森北京永久空间落户；中关村综合保税区积极摸底企业入区意愿，已有协同创新研究院、科兴生物等41家企业明确反馈入区意愿。多项改革创新实践案例向全国、全市范围复制推广。

（姜　珊）

【大兴国际机场综合保税区正式运营】4月25日，大兴国际机场综合保税区首批业务顺利通关，正式进入实质运营阶段。截至年底，大兴国际机场综合保税区完成进出口总值约3.57亿元，区内注册企业108家。

（卓海静）

【天竺综合保税区完成二期验收】成立天竺综合保税区规划调整及二期围网验收工作专班，每日调度天竺综合保税区二期围网建设验收备案以及规划面积核减批复事项。6月，天竺综合保税区完成规划调整（二期）1.820平方公里现场验收。12月27日，海关总署批复二期围网验收。

（钟　源）

【中关村综合保税区申请报国务院】7月，市政府将申请设立中关村综合保税区的请示报至国务院。中关村综合保税区选址地块位于海淀区温泉镇，地处中国（北京）自由贸易试验区科技创新片区海淀组团范围内，规划面积约0.401平方公里。按照以促进研发创新为特色的综合保税区的目标定位，拟构建“2+2+N”保税业务谱系，即以集成电路产业和医药健康产业为核心，以人工智能和科技服务产业为重点，拓展总部经济、跨境电商、数字文化、融资租赁、高端软件服务外包等多个保税服务业态。

（姜　珊）

中国国际服务贸易交易会

【概况】2022年中国国际服务贸易交易会（以下简称服贸会）于8月31日至9月5日在北京成功举办。本届服贸会是在全球疫情形势严峻复杂、世界经济复苏步履维艰的背景下举办的重大国际经贸活动。经过多方共同努力，大会取得圆满成功，特色鲜明、富有成效，国际影响力进一步提升，日益成为全球服务的国际公共产品。习近平总书记向大会专门发来贺信，指出“服贸会是中国扩大开放、深化合作、引领创新的重要平台，为促进全球服务业和服务贸易发展作出了积极贡献”，强调“中国愿同世界各国一道，坚持真正的多边主义，坚持普惠包容、合作共赢，携手共促开放共享的服务经济，为世界经济复苏发展注入动力”，彰显了对外开放的坚定决心与合作共赢的中国主张，国际社会反响热烈。本届服贸会以“服务合作促发展，绿色创新迎未来”为主题，举办了15.2万平方米展览展示以及7场高峰论坛、128场专题论坛、4场边会和65场推介洽谈活动。韩正同志出席全球服务贸易峰会并发表主旨演讲，提出坚持普惠包容、坚持创新驱动、坚持绿色低碳转型、坚持交流合作四方面倡议，明确了进一步扩大开放的具体举措。巴西副总统莫朗、伊朗第一副总统穆赫贝尔、印度尼西亚经济统筹部长艾尔朗加、新加坡副总理兼经济统筹部长王瑞杰、乌兹别克斯坦副总理兼投资和外贸部长霍扎耶夫，世贸组织总干事伊维拉、经合组织秘书长科曼、联合国贸发会议秘书长格林斯潘，通过视频方式致辞，就多边及双边合作表达了强烈意愿，24位外国部长级嘉宾和政府代表线上出席。71个国家和国际组织以国家或总部名义设展办会，比上年增加13个，其中阿联酋、瑞士等10个国家首次以国家名义设展；2400余家企业线下参展，7800余家企业线上参展，线下参展企业国际化率达20.8%，比上年提高近3个百分点；360位境内外重要嘉宾线上线下出席论坛会议活动，服贸会“朋友圈”进一步扩大。各类参会主体洽谈采购活跃，共达成各类成果1339个，成交规模和质量均高于上届。

（张之梅、刘 扬）

【集中展示服务贸易十年发展成就】继续设置中国服务贸易成就展，全面回顾党的十八大以来中国服务贸易十年发展历程和贡献，重点展出中国自主研发的近20项优秀实物案例，包括中国首台七轴双臂协作式机器人、8K裸眼3D显示屏等先进技术及应用。首钢园区首次设置创新服务特色展示馆，展示往届服贸会优秀成果及近年来的推广应用情况，吸引众多观众驻足参观。

（张之梅、刘 扬）

【优化办会模式】在延续上年“综合+专题”“线上+线下”“一会两馆”基础上，继续优化办会模式。新增国家会议中心二期作为服贸会展览场地，重点展示绿色低碳相关内容，展示空间进一步扩大优化。首钢园区优化打造升级版服贸会场馆，延续冬奥热度，充分利用滑雪大跳台等冬奥资源，增强沉浸互动体验，形成服贸会“打卡地”。服贸会数字平台持续完善功能，形成“展、会、洽、贸、服”5类服务场景，线上办展办会更加便利。“事业单位+企业集团”运作模式继续发挥优势，持续加大市场开发力度，赞助、展位、广告等市场开发收入高于上届。首次发布推出服贸会吉祥物“福燕”，以北京雨燕为主体形象，寓意服务贸易发展造福世界，受到广泛关注和欢迎。

（王超然、刘 扬）

【聚焦绿色创新热点】首次专门设置环境服务专题，聚焦“双碳”战略，集中展示低碳环保、绿色节能等全球环境服务领域的最新成果。各展区展台搭建多采用可循环利用的绿色环保材料，围绕绿色创新，展示了绿色低碳云计算服务器、ESG碳足迹计算、绿色个人电脑等多项新产品、新技术。各专题围绕绿色低碳和可持续发展，举办24场论坛会议活动，深入探讨绿色发展的全球合作之路。突出数字科技，中国首个自主研发的5G智慧码头等服务贸易数字化解决方案、国内首个5G建筑巡检机器狗等多项数字“黑科技”精彩亮相，采用元宇宙技术打造1万余平方米的体验馆和成果发布厅，集中展示元宇宙场景应用，呈现一场虚拟与现实相融合的“科技盛宴”。

（张之梅、刘 扬）

【筑牢疫情防控防线】新冠疫情防控工作纳入首都严格进京管理联防联控协调机制、8小时涉疫风险人员应急处置机制、疾控专家疫情动态分析会商机制，制定疫情防控工作方案、应急预案及各类人员疫情防控指南，落细落实场馆疫情防控措施，实现“四个首次”：首次在办展办会流程中全面嵌入防疫管理要求，确保防疫要求和措施落实到位；首次在服贸会数字平台中开发专门的防疫管理模块，实现涉疫风险在线前置排查；首次构建智能化查验体系，在快速便捷无感式查验的同时，实现身份识别、智能测温、健康宝状态、核酸状态、疫苗状态等信息实时查询；首次规模化采用皮基站技术，布设270余台皮基站设备，精准有效开展入场人员涉疫风险识别、信息追踪和分级处置。在会期日均入场流量近6万人规模情况下，实现“零病例、零感染”。

（王超然、刘 扬）

三、行业发展

生活服务业和餐饮业

【春节家政服务市场保供工作圆满完成】1 月 25 日至 2 月 15 日，组织家政服务企业开展春节家政服务市场保供行动。采取举办宣传动员会、组织慰问活动、表彰先进典型以及发放慰问品等多种形式，确保家政服务人员留京保供。爱侬、中青家政等 10 家员工制家政服务企业，以及 58 到家、阿姨来了等重点企业积极响应，节日期间全市约 5 万名家政服务人员参与保供行动。截至 2 月 6 日，10 家员工制企业及 58 到家、阿姨来了等企业累计完成订单 10866 单，累计派工 58656 人次，服务近 32 万人次。

（胡　滨）

【举办“一刻钟品质生活节”系列活动】3 月 4 日，北京消费季“一刻钟品质生活节”系列活动正式启动，活动以“一刻钟圈出美好生活”为主题，突出“便利、品质、温度、智能、多元、跨界”等关键词，围绕一刻钟时空半径，贯穿全年组织开展涵盖美发美容、服装服饰、餐饮美食、家政便民服务、家电家居等行业系列促消费活动，提升社区消费商品和服务供给品质，提升居民生活幸福指数。

（姚　诚）

【生活服务业进入“转型升级”阶段】7 月，市商务局等 12 部门联合印发《加快建设一刻钟便民生活圈　促进生活服务业转型升级的若干措施》，明确 2025 年全市实现一刻钟便民生活圈全覆盖，全市生活服务业进入“转型升级”阶段，以生活圈建设为抓手，统筹推进便民商业服务功能融合发展与便民商业网点精准补建。

（李　威）

【发放餐饮消费券约两千万张】7 月 18 日至 8 月 28 日，通过美团等 6 个平台发放北京餐饮消费券，覆盖全市八成左右餐饮商户，全市 2300 多万人次参与领取消费券，累计使用核销超过 467 万张，拉动餐饮消费约 5 亿元，带动全市餐饮收入由 6 月单月同比下降 31.5% 提升至 8 月同比增长 11.4%。

（王会俊、高婧妍）

【餐饮业营商环境持续优化】9 月，市商务局会同 9 部门推进餐饮业“6+4”事中监管创新改革工作，研究制定《关于创新和加强北京市餐饮行业事中综合监管实施方案》《北京市餐饮行业事中监管综合检查单》《北京市餐饮业合规经营手册》，并组织在朝阳区、平谷区街道层面落地试点。11 月，市商务局会同市发展改革委等 8 部门印发《落实新增产业禁限目录地下空间从事餐饮商业性经营实施细则》，推动解决地下空间从事餐饮商业性经营有关条款“落地难”问题。

（王会俊）

【首届生活服务业发展大会成功举办】9 月 5 日，首届生活服务业发展大会在首钢园成功举办，市商务局发布北京市一刻钟便民生活圈动态地图 2.0，中国连锁经营协会发布《中国生活服务业数字化报告（2022）》等 4 份分析报告，阿姨来了等 5 家企业分享数字化转型升级案例，助力行业数字化发展。

（王翰阳、姚　诚）

【评定首批员工制家政服务企业】 市商务局联合市人力社保局、市发展改革委开展员工制企业征集工作，鼓励支持家政服务企业实行员工制管理，保持从业人员的稳定性，提供服务的可追溯性，推进行业信用体系建设的完整性，提高对从业人员的权益保障。首批 14 家企业入选 2022 年度北京市员工制家政服务企业。

（胡　滨）

【334 辆蔬菜直通车纳入 2022 年目录制管理】 落实市商务局、市公安交通管理局、市住房城乡建设委、市城市管理委、市市场监管局等 5 部门联合印发的《关于加强社区蔬菜直通车管理的指导意见》要求，将全市 334 辆规范化社区蔬菜直通车纳入 2022 年目录制管理。

（张　爽）

商贸物流业

【概况】 年内，围绕保障城市运转和居民生活必需品供应，积极应对新冠疫情影响，努力提高商贸物流高质量发展水平，不断增强服务保障能力。

（丁冠阳）

【推动新增物流基地规划建设】 督促相关市级部门加强政策保障，积极破解新增物流基地规划建设的难点问题。房山区完成《窦店物流基地一期产业用地规划综合实施方案》，并报市规划自然资源委审批。昌平区向市政府报送《关于报审昌平南口物流基地选址方案的请示》，初步明确选址方案。

（丁冠阳）

【加快现有物流基地转型升级】 加强走访调研，了解企业诉求，组织召开专题调度会，协助解决在升级改造中遇到的建筑规模指标、容积率等方面的问题。平谷马坊物流基地的食材共配中心项目竣工验收，流通加工中心项目、中国智能骨干网北京平谷项目、正创集团华北新零售智慧物流园项目建设稳步推进。顺义空港物流基地的北京顺丰全自动仓储分拣中心项目竣工验收，投入试运行。通州马驹桥物流基地的京东智慧物流基地项目正式进场施工，持续推进北京东南高速公路智慧物流港项目、北京市供销合作总社马驹桥冷库改造工程项目。

（丁冠阳）

【做好商务领域企业保通保畅】 为全市大型连锁超市、连锁便利店、连锁餐饮、电商等生活必需品重点保供企业开具《应急运输转运证明》《北京市重点物资运输车辆通行证》3 万余份；启动临时通行保障措施，为 90 余家企业的 3900 余辆车办理临时通行证近两万辆次，保障全市生活必需品供应。督促企业严格落实防疫责任，司机未出现防疫问题。

（丁冠阳）

商务服务业

【概况】 年内，全市租赁和商务服务业规模以上法人单位实现营业收入 9254.5 亿元，占第三产业总收入的 5.6%，在 13 个服务业行业中居第 4 位。商务服务业成为落实“四个中心”战略定位、拉动全市经济增长的重要力量。租赁与商务服务业实际利用外资 36.9 亿美元，同比增长 1.1 倍，占全市的 21.2%；对外直接投资位居首位，金额达 13.9 亿美元，是上年的 3.7 倍，占全市的 20.0%。商务服务业“引进来”和“走出去”步伐加快，开放水平不断提高。

（宋丹妮、全国卿）

【东西朝海四区商务服务营业收入占八成】 年内，东城区、西城区、朝阳区和海淀区四个区规模以上租赁与商务服务业企业营业收入共占全市的 82.8%。其中，朝阳区租赁与商务服务业企业营业收入占比最大，占全市的 42.5%；其次是海淀区，占全市的 19.8%；西城区与东城区规模相近，分别占全市一成左右。

（仝国卿、付　彧）

【建立商务服务企业“双联络”机制】市商务局会同市市场监管局、市人力资源社会保障局等 8 个商务服务业细分行业主管部门和朝阳、海淀等 5 个重点区相关单位，逐步建立商务服务企业“行业主管部门 + 商务部门”双联络机制，结合行业运行情况开展企业调研加强服务。

（宋丹妮、陈　枫）

【优化“北京商务服务业发展地图”】市商务局会同市财政局、市司法局、市人力资源社会保障局、市市场监管局等行业主管部门，聚焦会计、法律、人力、广告等重点领域，邀请全市重点商务服务企业参与商务服务业发展地图优化升级工作。共有超过 50 家涉外商务服务机构上线地图，助力商务服务企业与目标客户精准对接。

（宋丹妮、陈　枫）

【精心打造服贸会“供应链及商务服务”专题展】圆满完成 2022 年服贸会“供应链及商务服务”专题展系列工作。积极邀请商务服务重点领域头部企业参与展览展示、会议论坛等活动，协助司法部律师工作局组织 14 个省市共计 43 家法律机构参展，助力中智集团等 9 家人力资源服务机构和中国上海人力资源服务产业园等 5 个国家人力资源服务出口基地参加展览展示。第二届中国国际服务贸易法律论坛、人力资源服务贸易高峰论坛成功举办，打造行业领域高水平合作、高质量发展的对外开放平台，集中展示境内外高端商务服务品牌形象和创新成果，共吸引超过 120 家企业及机构线上线下参展。

（陈　枫、张　多）

【开展助企纾困座谈调研】聚焦广告、人力资源、会计、法律等商务服务重点领域，组织召开助企纾困座谈会，积极回应企业诉求。市市场监管局联合市商务局开展广告业头部企业发展座谈会，与腾讯传媒、苹果广告、京东等重点企业逐一交流，稳定企业发展信心，持续做好跟踪服务。市商务局会同市人力资源社会保障局等单位，分别与北京外企人力资源服务有限公司、爱普生（中国）有限公司、中国石油化工集团有限公司等企业召开专题座谈会，详细了解企业经营情况和面临的主要问题，加强部门联动、市区合力，结合行业和区域特点提供精准服务。

（付　彧、张　多）

总部经济

【概况】截至年底，北京共有总部企业 4292 家，国高新企业 1182 家。入围《财富》世界 500 强企业数量达 54 家，连续 10 年位居全球城市榜首，其中 3 家企业跻身榜单前五。总部企业空间集聚效应明显，超七成集聚在朝阳、海淀、西城、东城、经开区和丰台区。创新势头强劲，全年专利申请量 95276 件，其中发明专利申请量 69272 件；专利授权量 83044 件，同比增长 13.2%，其中发明专利授权量 42482 件，同比增长 16.5%；软件著作权登记量 12510 件。新认定跨国公司地区总部 16 家，累计认定达到 217 家；新认定外资研发总部 15 家，累计认定 17 家。

（柏际平）

【认定跨国公司地区总部 16 家】年内，新认定跨国公司地区总部 16 家，认定数量再创新高，是“十三五”期间年均认定数量（6 家）的 2.7 倍。认定企业国际影响力大，三星数据、日立能源的境外母公司均为《财富》世界 500 强，拉法耶特百货的境外母公司为全球家族企业500强，克诺尔轨道车辆的境外母公司为世界领先的德国隐形冠军企业。认定企业时尚消费品牌类占比高，拉法耶特、天好等6家企业为时尚消费品牌类总部，占当年认定数量近四成，成为提升全市消费品牌影响力的重要载体。

（杜大琳）

【外资研发总部认定取得新进展】在全国率先开展外资研发总部认定工作，全年新认定15家，累计认定17家。市商务局联合市科委中关村管委会推动外资研发总部自动纳入外资研发中心，实行互认并同时享受总部政策和外资研发中心政策支持。

（杜大琳）

【签发首张外资研发总部电子证书】4月，李宁（中国）体育用品有限公司获得全市首张外资研发总部电子证书，真正实现企业办事“零跑路”。跨国公司地区总部申报材料由原来的6份精简至4份，办理时限由原来10个工作日压缩至3个工作日，通过告知承诺方式即时办理，并推行电子证书，实行“全程网办”。

（杜大琳）

【修订完善跨国公司地区总部告知承诺实施意见】6月28日，修订印发《关于跨国公司地区总部认定事项告知承诺制度的实施意见（修订）》，推行告知承诺和容缺办理，精简申报材料，压缩办理时限，优化办理流程，为企业提供办理便利。

（杜大琳）

【参加第三届跨国公司领导人青岛峰会】6月19日至21日，由商务部、山东省人民政府主办的第三届跨国公司领导人青岛峰会在山东青岛举行。峰会以“跨国公司与中国”为主题，聚焦后疫情时代全球产业链供应链重购、RCEP落地生效、优化营商环境和高质量发展等议题，设置14大类44场活动，来自全球186家世界500强企业和290家行业领军企业，国际组织、专家学者，国家有关部委和山东省有关负责同志、各省区市商务部门负责同志参会。市商务局出席峰会开幕式、营商环境论坛等活动，调研跨国公司与中国主题展、“山东预制菜走进峰会”展示区。

（石　龙）

【北京入围《财富》世界500强企业数量连续10年位居全球城市榜首】8月，《财富》世界500强榜单发布，中国145家企业上榜，连续第四年位居各国之首；中国上榜企业总营收占比31%，首次超过美国。北京上榜企业54家，占比10.8%，连续十年位居全球城市榜首。北京上榜企业发展态势良好，57%的上榜企业排名上升，中国中煤能源集团有限公司、中国电子科技集团有限公司排名上升均超百位；超七成的北京地方上榜企业排名上升，北京汽车集团有限公司、首钢集团有限公司、小米集团排名分别提升10位、83位、72位。北京互联网企业发展强劲，京东集团排名上升至46位，成为央企之外排名最高的中国企业。

（张德金）

【第七届中国总部经济国际高峰论坛取得丰硕成果】9月3日，由北京市商务局、世界贸易网点联盟联合主办，北京总部企业协会承办的“第七届中国总部经济国际高峰论坛”在国家会议中心成功举办。论坛以“创新驱动资源融合推动总部经济高质量发展”为主题，邀请国内外知名智库专家、国际组织、跨国公司精英企业围绕创新驱动、资源融合、推动总部经济高质量发展展开深入对话。论坛上为10家新认定的跨国公司地区总部授牌，并首次现场为10家新认定的外资研发机构总部授牌；发起北京总部企业创新发展行动倡议，启动北京总部企业创新发展行动计划。论坛成果丰硕，北京新航城控股有限公司推出“新国门服务创新场景展示”；北京大兴国际机场临空经济区、中建科技集团华北有限公司、北京世纪好未来先后进行项目签约；北京总部企业协会分别与大兴区政府、中国科学院老专家技术中心、全国工商联城市基础设施商会、诚通人力公司完成平台合作签约。

（张德金）

【参加默沙东与国药集团合作签约仪式】 9月28日，默沙东举行与国药集团新冠病毒口服药物莫诺拉韦在华合作协议签约仪式，副市长靳伟和国家有关部委、市商务局等市级部门同志出席活动。该签约是默沙东和国药集团在共同推进药物在中国境内落地的重要环节，双方将继续探讨该药物的生产、供应和商业化运作模式，积极推进本土化生产和供应。默沙东是全球医疗行业的领先者、《财富》世界500强企业，默沙东研发（中国）有限公司作为全球四大研发中心之一，是北京市认定的首家外资研发总部。

（杜大琳）

【“总部政策直播间”开播】 5月起推出“总部政策直播间”，面向各区、园区、产业集聚区以及商协会组织的重点企业宣讲总部政策，提振企业信心、推动复工复产。全年成功举办10余期总部政策直播活动，市有关部门、各区商务局、行业协会及企业代表近千人次线上参加。

（刘　佳）

会展业

【概况】 年内，积极推进疫情防控常态化下会展业健康发展，组织企业参加境内重点展会。

（赵　晶）

【编制完成北京市“十四五”时期会展业发展规划】 规划从优化会展空间布局、突出发展重点、打造首都会展旗舰品牌、培育国际品牌会展、加强会展人才培养、健全会展促进机制、营造发展良好环境等方面，大力提升北京会展业服务“四个中心”建设的支撑能力和行业国际影响力。

（范　启）

【推动会展业健康发展】 贯彻落实《北京市统筹疫情防控和稳定经济增长的实施方案》，全面梳理本市展会举办情况。推动HICOOL2022全球创业者峰会暨创业大赛、世界机器人大会、2022世界新能源汽车大会等重点展会项目成功举办。

（赵　晶、王　孜、李　其）

【推动国家会议中心二期项目建设】 会展中心主体部分完成整体工程的71.16%；配套写字楼、酒店设施部分已完成整体工程的56.72%；新国展二期会展项目顺利完成2022年度施工目标，完成全部土护降、桩基础和底板施工，地下主体结构施工完成约70%，地上主体结构施工完成约20%；大兴国际机场临空经济区国际会展消费功能区项目，已完成全球创意征集活动和全球创新挑战赛比赛部分。11月30日，启动城市设计国际方案征集并召开项目介绍会。

（赵　晶）

【组织企业参加境内重点展会】 常态化设置北京市交易团，组织参加第五届中国国际进口博览会，共注册2947家单位、7570人，交易团中企业共2446家，占比83%，其中民营企业1184家，中小微企业1380家；通过“数字进博”平台开展“云对接”“云签约”，线上线下共达成意向订单117笔，签约金额约22.7亿美元，比上届增长4.9%，高于当届进博会总成交额增长率1个百分点；搭建北京专区，集中宣传“两区”建设、国际消费中心城市建设、招商引资项目及政策环境等内容，展示服贸会、王府井国家级步行街、中国会客厅等对外开放典型成就和案例。组织439家次外贸企业参加第131届、第132届网上广交会，利用网上广交会平台连线展示、洽谈对接，参展企业累计上传展品7.7万余件，累计连线展示1041场次。组织40家次企业参加第二届中国国际消费品博览会、第85届全国药品交易会、2022年中国西部国际投资贸易洽谈会、第19届中国—东盟博览会、第七届中国—南亚博览会，参展参会企业累计意向签约额约7000万元，现场销售约100余万元。

（赵　晶、王　孜、孙金骊、李　其）

专项流通行业

【出台北京市新能源车置换补贴政策】6月26日，为优化汽车结构，促进汽车消费增长，市商务局等7部门联合印发《北京市关于鼓励汽车更新换代消费的方案》，鼓励市民将乘用车置换新能源小客车，最高可获1万元补贴。置换补贴政策实现新车销售额约50亿元，燃油车置换新能源车占置换总量超过50%。

（曹　民）

【出台加快二手车流通和汽车消费升级政策措施】7月18日，市商务局等11部门出台《关于加快二手车流通 促进汽车消费升级的若干措施》，通过“便利交易、加快流通、扩大消费”的总体思路，提出13项具体措施，旨在进一步优化二手车流通环境，为新车消费创造更大的市场空间。

（曹　民）

【“2022北京购车节”正式启动】7月22日，“2022北京购车节”在朝阳区酷车小镇中央广场启动，活动以“缤纷消费季 购车嘉年华”为主题，通过营造节点性IP，打造新车展示发布、购车优惠促销、动态试乘体验、沉浸式互动为一体的购车嘉年华系列活动，为汽车消费注入新动能、新活力，带动全市汽车消费稳定增长。

（曹　民）

【拍卖行业管理】年内，审批办结从事拍卖业务许可共计452件（含告知承诺方式办理29件）。其中，许可审批249件，变更审批176件，注销审批10件，延续审批15件，补证审批2件；完成2021年度拍卖企业核查1197家（核查通过企业304家、核查不通过企业71家、应检未检企业822家）。

（丁　颖）

四、区域商务协同

商务领域京津冀协同发展

【持续深化商务领域京津冀协同发展】年内，聚焦商务领域京津冀协同发展，以全市协同发展任务为抓手，推动疏解整治促提升、完善物流体系、加强京津冀港口群对接、加快建设大兴国际机场临空经济区和综合保税区等工作落实，完成全市年度京津冀协同发展工作、构建以首都为核心的现代化都市圈重点任务、北京市“十四五”时期推动京津冀协同发展规划任务等商务领域重点工作。

（焦　刚、吕祥森）

【圆满完成对已疏解提升市场新一轮察访核验即“回头看”工作】修订完善新一轮察访核验工作标准，组织各区开展自查自评工作，委托第三方随机抽取100家市场进行实地察访核验。本轮“回头看”未发现反弹回流现象，达标率100%。

（吕祥森、商贤才）

【百荣世贸商城新一轮升级工作取得新突破】立足实际研究百荣世贸商城新一轮升级工作方案，确定了严控批发业态、严控商户规模、严防疏解反弹及加快业态调整等4个方面共9项年度任务。截至9月底，年度任务均已完成。

（焦　刚、商贤才）

区域商务合作

【促进商贸流通领域消费帮扶】年内，商贸流通领域32家企业共计采购内蒙古、西藏拉萨、新疆和田、青海玉树、湖北、河南、河北等地特色农副产品金额166.07亿元，其中，采购自内蒙古7个盟市31个旗县的农副产品共计67亿元。

（丁　颖）

【推进京蒙协作】为进一步深化京蒙协作，共同打造具有首都特点、通辽特色的商务协作发展新模式，12月，市商务局与通辽市人民政府共同签署《商务协作框架协议》。

（丁　颖）

【开展帮扶促消费主题活动】年内，在抓好疫情防控基础上，市商务局全面调动商务领域各方面力量，多渠道、多形式开展多项帮扶促消费活动。以“凝心助帮扶　携手促消费”为主题的帮扶活动，在上年基础上新增餐饮系列活动，取得良好效果，积极带动帮扶地区特色农副产品在京销售。

（丁　颖）

五、商务环境建设

依法行政

【概况】年内，市商务局坚持以习近平新时代中国特色社会主义思想为指导，学习贯彻党的二十大精神，深入学习宣传习近平法治思想，按照《2022年推进法治政府建设工作要点》等要求，结合工作实际，扎实推进依法行政各项工作。

深化学习贯彻习近平法治思想。组织在局党组会（办公会）会前专题学习《习近平法治思想学习纲要》，进一步学习领会习近平法治思想基本精神，把握核心要义。以培训为抓手组织学习《习近平关于全面依法治国重要论述》、习近平总书记在中央人大工作会议上的讲话精神等内容，持续强化学习要求，着力提升商务领域法治促进治理能力现代化的效能。一是持续提升决策法治化水平。落实《重大行政决策程序暂行条例》，落实政府法律顾问制度、公职律师制度，推进政府法律顾问参与重大决策等议题的法律会商。持续强化对行政规范性文件的合法性审核与备案工作，全年备案各类行政规范性文件39件。配合全市行政规范性文件库建设工作，梳理、填报规范性文件117件。主动开展规范性文件动态清理1次，清理文件123件，清理结果对社会公布。二是深入推进“放管服”改革。深入推进政务服务事项告知承诺制改革，在市商务局网站设置专栏向社会集中公示实行告知承诺制事项。全年新增实行告知承诺制事项3项，累计已在“跨国公司地区总部认定”等5个领域完成告知承诺事项20项。落实全市权力清单动态管理办法，新增5项行政检查权力事项。持续深化“证照分离”改革，通过“双向寄递”等方式实现事项办理“零跑腿”，进一步提升企业办事效率。大力推进政务服务事项标准化，分批次开展事项审核要点梳理填报、事项承接、办事指南核查整改等工作，以标准化带动政务服务规范化、便利化。三是大力开展学法普法。推进“八五”普法宣传工作，研究制定《2022年北京市商务局普法依法治理工作方案》。组织开展商务领域“迎接二十大 送法进万家”“12·4”国家宪法日宣传等形式多样的主题普法宣传活动。年内开展市商务局局党组会（办公会）会前学法4次，开展全局依法行政培训2期，举办领导干部法治专题讲座2次，组织线上旁听案件庭审1次。

（卢　跃）

【推动完成“一条例一决定”立法】推动做好《中国（北京）自由贸易试验区条例》与《北京市人民代表大会常务委员会关于促进国家服务业扩大开放综合示范区建设的决定》立法工作。两部地方性法规分别于5月1日、5月25日起实施。

（卓　娜）

【出台《北京市商务领域行政执法协作方案（试行）》】市商务局与市市场监管局联合印发《北京市商务领域行政执法协作方案（试行）》，在商务部门与市场监管部门之间建立案件线索移送、案情通报等信息推送及共享机制，旨在加强部门协调配合，形成行政执法协作合力。

（赵超越）

【全年未发生行政纠纷案件】市商务局全年

未发生行政复议与行政诉讼案件。

（韩思超）

【新增5项行政检查事项】市商务局新增5项行政检查事项，并动态调整权力清单。同时按照行政执法公示等要求，及时调整行政执法人员与涉企行政检查单。

（韩思超）

【政务服务告知承诺制事项累计达20项】年内，市商务局继续深入推进政务服务事项告知承诺制改革，在已有17项政务服务事项实行告知承诺制的基础上，新增3项事项实行告知承诺制。至此，市商务局已实施告知承诺制改革事项共20项，并在官方网站设立“告知承诺制事项”专栏对社会公布。

（夏　柳）

【梳理确认7项行政许可事项】年内，按照全市编制行政许可事项清单工作部署，梳理确认从事拍卖业务许可、对外劳务合作经营资格核准等7项行政许可事项，并纳入《北京市行政许可事项清单（2022年版）》。

（夏　柳）

【清理行政规范性文件123件】年内，市商务局主动开展行政规范性文件动态清理，共清理文件123件，其中，废止文件20件，保留文件103件。清理结果向社会公布。

（赵超越）

【商务举报投诉受理工作圆满完成】市商务局持续推进落实《北京市接诉即办工作条例》，构建快速响应、首问负责、回访督办、信息通报、责任追究商务领域特色工作机制，落实365天×8小时值守，通过接诉即办、面访、信函等渠道，共受理来件1959件，办结率100%。严筛行业诉求清单，共计72批51711条。在市属机构“三率”考核中5个月评分第一（含并列）。

（余　丽）

【国家级服务业标准化试点（商贸流通专项）工作稳步推进】年内，市商务局联合市市场监管局深入落实国家级服务业标准化试点（商贸流通专项）有关任务，持续加强对试点企业的跟踪指导，督促企业做好经验总结，并向商务部推荐北京九合优鲜生态农业科技发展有限公司在标准化支撑商贸物流高效运行方面的典型经验做法。

（赵超越）

【开展“宪法进商场”宣传活动】12月4日是第九个国家宪法日和第五个宪法宣传周，市商务局集中在君太百货、国贸商城、王府井集团、翠微百货等29家重点商场户外大屏、终端设备等集中播放宪法公益宣传片，集中滚动播出宪法宣传口号，在商场醒目位置张贴宪法宣传海报和宣传标语，同时面向消费者发放宪法宣传袋。

（梅　焱、张越扶）

公平贸易

【概况】年内，市商务局密切跟踪贸易环境形势变化，积极指导应对各类贸易摩擦案件，减少歧视性做法对企业的影响。进一步深化贸易摩擦预警与法律服务，研究制定应对贸易摩擦工作站管理制度，规范全市商务领域贸易摩擦应对工作。跟踪分析贸易救济形势变化，及时了解贸易对产业的影响，有序推进贸易调整援助试点工作，探索贸易救济与维护产业安全新途径。加大宣传普及国际经贸规则的力度，增强政府部门、行业、企业的规则意识，提高合规决策水平。

（卢　跃）

【发展中经济体对华发起贸易救济调查占比近七成】2022年，在对华启动贸易救济调查的16个国家（地区）中，发达经济体6个，分别是美国、欧盟、英国、加拿大、新西兰和韩国，共启动贸易救济调查14起，占同期国外对华贸易救济调查总数的30.4%；发展中经济体10个，共启动贸易救济调查32起，占比69.6%。分国家（地区）看，对华启动贸易救济调查最多的国家为印度，有15起，占比32.6%，同比增长25%。

（梅　焱、张越扶）

【美国“337调查”北京企业涉案数量有较大增长】2022年，美国发起的22起涉华“337调查”中，北京企业涉案6起，同比增加2起，增长50%。

（梅　焱、张越扶）

【加强重点行业涉外贸易领域风险防范】4月28日，市商务局、市司法局联合召开“生物医药企业贸易风险应对视频研讨会”，帮助企业提升风险意识、合规意识和应对能力。科兴中维、中国医药、同仁堂、热景生物等48家北京生物医药企业以及北京先进医疗设备产业创新联盟、中国疫苗行业协会供应链分会、北京市律师协会等机构参与研讨。

（梅　焱、张越扶）

【举办贸易壁垒应对视频培训会】12月28日，市商务局、市司法局联合京津冀三地贸促会举办“2022年贸易壁垒应对视频培训会”，对当前面临的贸易壁垒形势及应对、国际贸易合规体系建设、绿色贸易壁垒及发展趋势等内容进行专业解读，帮助外经贸企业进一步了解主要伙伴国有关最新贸易政策，更好运用规则稳定产业链供应链。1800余人参与培训。

（梅　焱、张越扶）

营商环境

【概况】年内，一体推进世行新一轮评价、国家营商环境创新城市试点、全市营商环境5.0版改革任务落实，推动跨境贸易便利化全环节改革，持续优化空港口岸营商环境，“点、线、面”结合，推动商务领域营商环境改革取得新进展。持续做好重点企业“服务包”工作，推进落实市领导走访的重点企业服务事项，统筹推进重点服务企业诉求解决和措施落地。

（柏际平）

【完成国务院《优化营商环境条例》落实情况试评估工作】7月26日至27日，国务院办公厅委托国务院发展研究中心对北京、上海和重庆三市开展《优化营商环境条例》第二次调研试评估。市商务局结合全市营商环境1.0版至5.0版改革、国家营商环境创新试点改革、世行迎评关键点和创新点，挖掘商务领域改革落实亮点成效、典型案例及先进经验汇编成册。梳理形成落实情况报告，并组织特斯拉、戴姆勒等10家外商投资企业参加问卷调查和座谈，圆满完成迎评工作。

（马俊杰）

【做好世行国际贸易指标迎评准备工作】2月初，世界银行发布新一轮营商环境评估体系初步概念书。落实全市将营商环境创新试点城市、5.0改革任务和迎接世行评价工作一体推进、一体落实要求，2月18日及22日，市商务局副局长赵卫东开展系列座谈研讨，会同北京海关以及对外经贸大学、德勤公司行业专家，就新一轮世行营商环境评价指标体系、迎评思路进行深入探讨。7月12日，组织召开国际贸易国际规则专题讲座，邀请中国世界贸易组织研究会专家洪晓东就WTO《贸易便利化协定》授课，市级跨境贸易小组各有关部门参加学习。8月30日及9月5日，市商务局副局长李燕凌分别带队赴北京海关、市委网信办，就世行国际贸易指标研究及迎评准备工作进行沟通，细化工作思路，做好磋商和迎评准备。

（郭鹏飞）

【对接经合组织完成新一轮世行评价磋商预演习】5月23日，中国与经济合作与发展组织（OECD）跨境贸易便利化评价视频磋商会举行，财政部、国家口岸办、北京等地方负责同志参会。OECD专家团队对跨境贸易便利化国际评价指标体系、评价内容、数据收集、分值评定等进行详尽讲解释疑，磋商会取得预期效果，双方一致同意保持持续沟通与交流。

（马俊杰）

【开展跨境贸易“局处长走流程”活动】3月8日，围绕智慧口岸建设和货物通关准备工作，在大兴国际机场开展跨境贸易便利化“局处长走流程”活动。现场了解大兴空港通关情况、大兴机场空港电子货运平台运行情况，实地调研智慧卡口、“单一窗口”空港电子货运提交货运行情况，以及无纸化协同查验流程，查看国际货站建设情况及运行准备工作情况。通过“局处长走流程”进一步梳理通关流程，全面做好大兴国际机场国际货运航班复航准备，切实优化提升“双枢纽”空港口岸营商环境。

（郭鹏飞）

【程红率队走访中国五矿集团有限公司】6月上旬，市领导陆续启动年度联系走访重点企业工作。6月15日，市政协副主席、民盟北京市委主任委员程红率队赴中国五矿集团有限公司走访调研，了解企业在京发展情况和服务诉求。

（吕轻舟）

【拜访香港特区政府驻北京办事处】8月9日，市商务局拜访香港特区政府驻北京办事处，介绍北京市近年来优化营商环境、推进跨境贸易便利化开展的工作和取得的成效。香港特区政府投资推广署介绍了香港优化营商环境、服务企业发展的经验做法。双方就推进输港禽蛋电子检验检疫证书联网核查试点深入交流，并同意在促进货物贸易、服务贸易、总部经济发展等方面深入合作。

（郭鹏飞）

流通秩序

【概况】年内，市商务局持续开展服务质量评价工作，开展商业服务业技能大赛活动，提升商业服务业整体服务质量，加强商务领域单用途预付卡秩序规范管理，牵头推进商务领域复工复产，推进商务信用建设，各项工作取得积极成效。一是开展商业零售企业服务质量评价工作。重点组织对全市16个区和经开区的商业零售业、餐饮服务业、家政服务业三大业态服务质量进行评价，共发放9100余份调查问卷，涉及712家企业和门店。全市商业服务业服务质量综合评价得分75.40分，其中，商业零售业78.61分、餐饮服务业77.75分、家政服务业69.85分，朝阳、东城、昌平、海淀、大兴区排名前5位。二是加强商业企业风险隐患排查工作。结合备案、季度数据报送、消费者诉求和日常监测情况，组织排查单用途商业预付卡发卡企业风险，强化季度督促指导。重点关注经营出现困难、资金保障不到位、可能发生兑付风险的备案企业，靠前防范商务领域风险隐患。开展企业约谈，要求关注预付卡风险和加强管理，起到良好的震慑作用和治理效果。三是加强商务领域信用体系建设。开展诚信兴商宣传活动，大力弘扬商务诚信文化，发挥诚信榜样示范引领作用，营造安全放心的消费环境。落实联合奖惩机制，在电子商务、家政服务、节能减排促消费、生活必需品储备和对外经济合作等重点领域对失信企业开展联合惩戒。四是建立保供人员“白名单”机制。统筹外卖骑手防疫和生活物资配送，组建加强防护、灵活调配、动态管理的物资保供队伍，持“北京市保供人员通行证”可在低风险区和无疫情地区进出各类卡口、开展配送。“白名单”机制扩展到交通、卫生、国资等多个领域，最高达到13万余人，为保障城市管理和运行发挥重大作用。

（朱春彬、陈 静、刘 伟、王 勇）

【印发单用途预付卡服务合同（示范文本）】 6月14日，市商务局与市市场监管局发布并推行《零售、餐饮、居民服务业单用途预付卡服务合同（示范文本）》，引导企业提高依约退费意识，提高消费者理性谨慎办卡意识，积极解决商务领域预付式消费退费难问题。

（原 野）

【召开商业服务业技能大赛总结表彰会】 6月19日，召开第十一届商业服务业技能大赛总结表彰会，首次采用云端视频、网络直播方式，120余万人线上同步观看。通过人民网、央视网等20余家媒体进行宣传报道，进一步扩大商业服务业技能大赛活动的影响力和吸引力。

（王 勇）

【修订《商场、超市能源消耗限额》】 市商务局修订的《商场、超市能源消耗限额》（标准号：DB11/T 1159—2022）地方标准已由市市场监督管理局于6月21日发布，并于10月1日实施。

（孙景东）

【征集“诚信兴商”倡议企业案例】 6月15日，“诚信兴商”倡议企业典型和信用应用场景案例征集活动启动。活动共推选诚信兴商倡议企业281家，诚信兴商典型案例32个。其中，吴裕泰、燕京啤酒、小熊美家入选商务部2022年全国“诚信兴商典型案例”，并受邀参加2022年全国“诚信兴商典型案例”发布暨诚信企业银企对接会，向全国宣传推广。

（刘 伟、原 野）

【北京市单用途商业预付卡协会成立】 8月19日，北京市单用途商业预付卡协会的成立大会暨第一届会员大会第一次会议在中石化北京分公司召开。协会由中石化牵头发起，首批会员由发卡企业、金融保险和商业服务机构等45家企业共同组成，助力全市预付卡市场健康有序发展。

（朱春彬、刘 伟）

【开展诚信兴商宣传月】 11月，市商务局会同商务部市场体系建设司于开展“诚信兴商”北京主题日活动，组织行业协会举行诚信自律公约签署仪式，并组织企业代表举行诚信兴商倡议活动。有关部门、各区商务局、相关行业协会及企业代表6000余人线上参与活动。

（刘 伟）

【组织第十二届商业服务业技能大赛】 大赛共设置21个竞赛项目，涉及15个行业，741家企业、1957家门店参赛，39265名员工参加各层级业务培训、岗位练兵、技能竞赛，2920名岗位技能优秀选手参加行业选拔赛，280名选手参加市级决赛。

（王 勇）

【动态更新商务领域疫情防控指引】 根据疫情防控形势变化，先后于6月、8月两次动态更新餐饮、外卖、家政、商场超市、美容美发、洗染、商品交易市场、农产品批发市场等重点行业和领域疫情防控指引，并在首都之窗、市疾控中心和市商务局官网发布。12月，根据国家卫生健康委发布《关于对新型冠状病毒感染实施“乙类乙管”的总体方案》，进一步优化商务领域新冠疫情防控措施，取消商务领域重点人员和场所核酸检测要求。

（陈 静、李小晔）

安全生产

【概况】年内，市商务局坚持以习近平总书记关于安全生产重要论述为指导，认真贯彻落实市委、市政府决策部署，牢固树立“生命至上、安全第一”理念，坚持“预防为主、综合治理”方针，精准统筹安全生产和商务发展，认真落实责任，狠抓隐患治理，突出宣教引导，注重基层基础，行业安全生产形势平稳有序，未发生有影响的生产安全事故。

（宋 军、陈玉全）

【完善创新安全生产工作相关制度】印发《北京市商务局安全生产检查制度》《北京市商务局安全生产调研指导制度》《北京市商务局安全生产通报制度》《北京市商务局安全生产约谈制度》《北京市商务局安全生产部门联动工作制度》等5项制度，为各区商务部门加强正规化管理提供遵循。

（宋 军、陈玉全）

【强化责任推动工作落实】每周1—2次赴企开展安全调研，重大活动和重要节日期间每天1—2组局领导带队巡查，督促指导安全生产工作，将安全生产纳入年度考核指标。

（宋 军、陈玉全）

【扎实开展行业疫情防控工作】严格履行防疫工作职责，积极构筑高效严密防控应急体系，有力应对多轮疫情冲击，最大限度保障全市商务行业安全平稳运行，为生活必需品市场保供筑牢健康防线。年内，先后完成10余次疫情防控培训，累计出动检查指导人员近2万人次，指导督促经营单位、场所近8万家次，发现并整改各类问题隐患9100余处。

（宋 军、陈玉全）

【开展生活服务业疫情风险排查督查】市商务局联合市市场监管局、市城管执法局成立17个督查小组，组成“督查办公室+3个片长+17个督查小组+17个区级联络员”的工作架构，形成“纵向施压、横向夯紧、重点突出”的三维督查工作格局。6月16日至7月10日，通过制度核查与现场抽查相结合、广覆盖大督查与针对性“回头看”相结合、有计划督查与随机抽查督导相结合、宣传正面典型与曝光反面案例相结合等方式，坚持每日信息报送机制、每日会商机制、每日“双通报”机制，完成了对全市16个区和经济技术开发区共343个街乡镇的全覆盖督查，督促落实辖区疫情防控“四方责任”，推动生活服务业从业人员“上簿”工作取得明显成效。

（宋 军、陈玉全）

【推进商务领域重点人群疫苗接种】落实全市疫苗接种组织协调工作组要求，推进商务领域重点行业重点人群第二剂次疫苗接种工作，保供“白名单”、连锁超市、外卖电商、大仓等领域共21659人完成疫苗接种。

（赵 晶、李 其）

【开展城市安全风险评估工作】组织开展“护航冬奥百日攻坚专项行动”，开展商业零售和餐饮经营单位安全风险管控，编制完成其他生活服务业安全风险管理报告，对涉奥场所周边117家重点经营单位进行调研摸底、风险管控、多轮检查。通过对全市4万余家其他生活服务业经营单位的近8万个风险点位进行辨识分析，共排查出极高风险源0个、中风险源8595个、低风险源70917个，9类风险类型为低。制定印发《北京市城市安全风险评估三年工作方案（2022—2024年）》，动员企业登录安全风险云服务系统，做好风险监测和动态更新，共有15万余家经营单位开展安全风险评估，排查发现各类安全风险源近34万项，重大风险源动态清零。

（宋 军、陈玉全）

【扎实推进各类专项整治】年内，组织开展安全生产大检查，认真贯彻落实国务院安委会安全生产15条硬措施及市级36项措施。统筹推进安全生产整治“百日行动”、隐患排查治理“百日攻坚”、首都功能核心区“迎接二十大 全力保安全”消防安全大检查百日攻坚专项行动、“喜迎二十大 全力保平安”消防安全十大攻坚行动、高层建筑重大火灾风险专项整治等行动。持续抓好外卖平台电动自行车专项整治工作，153家供应商签订安全承诺书，涉及经营站点1449处，安装集中充换电设施站点276个，外卖从业人员10万余人、外卖电动自行车数量9万余辆，电动自行车火灾事故起数稳定地控制在个位数。配合做好城镇燃气安全整治工作和协助抓好自建房排查整治。

（宋 军、陈玉全）

【推动危险化学品安全风险集中治理】印发专项实施方案，组织各级严格落实危险化学品安全生产形势分析制度，562家企业、7300余名从业人员开展学习《危险化学品目录》和《危险化学品安全管理条例》活动。组织建立并动态更新涉危单位基础台账，涵盖全市商务行业944家加油站、11家易制毒化学品进出口企业，未发现涉危实验室，基本实现底数清、情况明。部署开展汽车和成品油流通安全生产管理专项检查，共检查加油站695座，发现并指导问题整改178个。

（宋 军、陈玉全）

【开展商务行业安全生产培训】印发年度宣传工作方案，举办安全生产线上大课堂、安全生产普法教育、咨询日主题宣传，宣传“五进”，开展“六个一”、“119消防宣传月”等活动。组织1672家经营单位、34万余名从业人员同步收看“安全生产月”活动专题宣传节目；组织2627家重点经营单位、3.6万余名从业人员进行线上安全培训。开展安全宣传咨询日活动，共张贴宣传海报2185份，发放宣传资料2.7万余份，设置专栏、板报等宣传园地1000余个，在王府井、西单、国贸等大型商业街区利用280余块电子显示屏常态化开展公益宣传。

（宋 军、陈玉全）

【深化攻坚安全生产专项整治三年行动】制定年度目标任务清单和监督检查计划，加强工作统合，密切部门协作，强化市区联动，有序有力推进10个专题专项整治任务，年度目标任务清单完成率100%、挂账隐患抽查核验整改合格率100%，总结上报三年行动自评报告。

（宋 军、陈玉全）

【全面做好国务院安委会巡查考核反馈问题整改工作】指导督促区级商务部门抓好问题整改，对平台经济存在监管盲区和薄弱环节、安全生产职责履行不到位问题进行查证与说明，按要求做好国务院安委会巡查考核反馈问题整改工作。

（宋 军、陈玉全）

第四部分

海　关

北京海关

基本职能

北京海关是海关总署下属的正厅级海关。北京海关的业务管辖范围为北京市的各项海关管理工作。负责本关区征税、监管、缉私、出入境检验检疫、统计等各项工作。

内设机构

正处级内设机构：办公室（党委办公室）、法规处、综合业务处、关税处、卫生检疫处、动植物检疫处、进出口食品安全处、商品检验处、口岸监管处、行邮监管处、统计分析处、企业管理处、稽查处、财务处、科技处、督察内审处、人事处（党委组织部）、教育处。

其他正处级工作机构：机关党委（思想政治工作办公室、党委宣传部、党委巡察工作办公室）、监察室（党委纪检组）、离退休干部办公室。

正处级党委派驻纪检组：党委第一至第八派驻纪检组。

另有1个副厅级缉私局。

隶属海关单位

首都机场海关、海关总署税收征管局（京津）、北京大兴国际机场海关、北京车站海关、北京邮局海关、中关村海关、北京东城海关、北京西城海关、丰台海关、海淀海关、通州海关、顺义海关、亦庄海关、天竺海关、北京朝阳海关、平谷海关、北京会展中心海关、北京海关风险防控分局。

事业单位

中国电子口岸数据中心北京分中心、北京海关后勤管理中心、海关总署（北京）国际旅行卫生保健中心（北京海关口岸门诊部）、中国质量认证中心北京海关评审中心、北京海关动物隔离场。

业务工作

【概况】年内，北京海关坚持以习近平新时代中国特色社会主义思想为指导，深入学习贯彻党的二十大精神，认真贯彻落实海关总署党委及北京市委、市政府的各项部署要求，全面深化“铸忠诚、担使命、守国门、促发展、齐奋斗”，始终坚持首善标准，以“走前列、创一流”为目标，圆满完成各项工作任务。北京地区进出口规模再创历史新高，进出口总值达3.64万亿元人民币，较上年增长19.7%；占全国进出口总值比重达8.7%，较上年提升0.9个百分点；对全国进出口增长贡献率达19.9%，居全国首位。

（李静婷）

【做好口岸疫情防控工作】坚持“外防输入、内防反弹”总策略和“动态清零”总方针。进一步健全完善“境外、口岸、境内”三道防线，坚持“人、物、环境”同防、多病同防、人病兽防，进一步做好口岸卫生检疫工作，做到源头严防、一线严查、全程严管、协作严密；同步加强对埃博拉病毒病、黄热病、猴痘、拉沙热等重大传染病防控力度，严防疫情叠加。

（李静婷）

【促进外贸保稳提质】坚决落实“六稳”“六保”部署和海关总署促进外贸保稳提质十条措施，实施“四优四提促五子”服务工程，助力北京“五子”联动融入新发展格局。成立了以关长为组长的稳外贸工作专班，第一时间出台《北京海关“四优四提促五子”促进外贸保稳提质工作方案》，细化28项具体措施，实施项目化推进、清单式管理，千方百计促进外贸保稳提质。

（李静婷）

【高质量保障重大活动】圆满完成中国共产党第二十次全国代表大会、2022年中国国际服务贸易交易会、北京国际电影节以及北京冬奥会、冬残奥会等重大活动的通关保障任务，有力确保首都安全和通关秩序。自北京冬奥会保障工作启动至冬残奥会闭幕，北京海关共监管冬奥进出境航班1048架次，涉奥人员4.4万余人次，验放冬奥物资1339票，价值35.3亿元，高水平完成人员物资通关监管任务。

（李静婷）

【持续优化营商环境】打造“世界一流、国内领先”口岸营商环境，深度对接国家营商环境创新试点建设，扎实开展跨境贸易便利化专项行动。统筹做好迎接世界银行营商环境新评价（BEE）、中国营商环境评价、北京市国家营商环境创新试点城市建设、北京市优化营商环境5.0版改革、海关总署促进跨境贸易便利化专项行动等“五个专项”，实施简单证、优流程、提时效、降成本“四轮驱动”，以优化跨境贸易的“软环境”培育首都高质量发展的“硬实力”。

（李静婷）

【稳步推动“两区”建设】全力支持中国（北京）自由贸易试验区、国家服务业扩大开放综合示范区建设，充分释放海关政策红利，培育制度创新新高地。一是支持天竺综合保税区打造文化贸易先行区、服务贸易特色区、空港保税标杆区，首创“库门监管”“库位监管”等保税监管模式。二是推动全国唯一跨省区划综合保税区——大兴国际机场综合保税区高标准建设、高起点运营、高质量发展。三是全力支持亦庄、中关村综合保税区申建工作，助推形成“两场四区”的大开放大平台大集群。

（李静婷）

【协同推进区域发展】北京海关联合天津海关、石家庄海关出台建立京津冀海关保通保畅协调工作机制、加快口岸货物通关、建立重点企业重点物资通关“绿色通道”、加速京津冀地区进出境货物跨关区流转、加强京津冀关企信息互享互通等措施，全力保障京津冀地区产业链供应链安全畅通。加强快速响应和协同处置能力，京津冀三地海关16个主要通关现场全部开通热线，统筹保障重点企业经北京、天津、河北口岸进出口货物实现快速通关，全力支持外贸货物保通保畅。

（李静婷）

【创新升级监管模式】深入推进实施“主动披露”制度和容错机制，开设“CCC免办管理系统”便捷通道，推动生物医药企业进口研发“白名单”制度成功落地实施，建立专用通道保障新冠疫苗检疫审批通关“零延时”，创新综合保税区文化保税展拍模式。

（李静婷）

2022年北京地区进出口总值一览表

项　目	价值（万亿元人民币）	比2021年增减（%）
进出口总值	3.64	+19.7
出口总值	0.589	-3.8
进口总值	3.06	+25.7

（李静婷）

名 录

单位名称：北京海关

法人代表：张格萍

通讯地址：北京市朝阳区光华路甲 10 号

邮政编码：100026

电　　话：85736114

传　　真：85736919（白）

　　　　　65831568（夜）

网　　址：beijing.customs.gov.cn

（李静婷）

第五部分

开发区、综保区、行政区商务

北京经济技术开发区

概　况

2022年，北京经济技术开发区商务金融局（简称经开区商务金融局）主要负责商品流通和生活性服务业（不含住宿业）、商务服务业、疫情期间保供稳价相关工作，并落实相关政策措施。重点围绕GDP分解指标中产业在地批发和零售业销售额指标任务完成，加强引导和调度，严格落实对商超、餐饮、仓储物流、汽车销售、电商平台、商务服务业（会展服务）、批零企业（互联网销售、酒水销售、服装销售、通信设备销售等）行业主管责任。在疫情防控的前提下，多措并举促进消费提档升级，提振消费信心，释放消费潜力，培育新兴消费，升级传统消费，推广健康消费，扩大服务消费，进一步稳定消费市场运行，更好发挥消费对经济发展的基础性作用，精准有序推动复商复市，进一步提高生活性服务业品质。

（赵　齐）

【聚焦重点，落实国际消费中心城市建设】经开区商务金融局统筹编制经开区国际消费中心城市“1+6”配套实施方案，定期向市级报送工作进展和试点成效，以“五个清单”为抓手，加强落实。开展系列促消费活动，自2月1日起开展“亦心抗疫·留京过年”消费券发放活动，发放消费券3210万元，带动消费额5937.1万元，号召24.2万居民或职工留京过年；自8月8日起开展“亦城享生活·亦企欢乐GO”消费券发放活动，共发放财政资金1个亿。其中，好车亦城消费券，通过补贴申请7793例，带动订单总金额21.8亿元，杠杆率48.6；畅购亦城消费券核销率96.9%，带动订单金额9383.4万元，杠杆率4.8。推动北京龙湖亦庄天街项目于9月16日开业并良好运营、推动南海子体育休闲产业园项目于12月底完成主体竣工建设。

（赵　齐）

【精准施策，推进高端商务服务业发展】经开区商务金融局2022年开展《北京经济技术开发区促进高端商务服务业提升行动计划（2023—2025年）》研究工作，制定《北京经济技术开发区加快商务经济高质量发展的若干措施（试行）》，从增量引进、存量提升、环境优势等方面，支撑区内高精尖产业发展。落实精准招商工作，建立健全招商企业台账，对潜在企业实行“一对一”服务。充分调度商圈运营主体，利用其招引更多首店、品牌店等时尚零售业品牌总部入驻。目前，通过联合招商，入驻龙湖亦庄天街的优质内容品牌、区域首进品牌超过150个，占比超50%，龙湖和于9月30日开业的中海环宇坊纳税纳统从不足50%均提升至85%以上。

（赵　齐）

【多措并举，助力商贸流通领域管理提升】经开区商务金融局研究制定马驹桥物流基地转型升级方案，确定物流基地4大转型升级路径。持续跟进重点项目：京东智慧物流基地、首发东南高速智慧物流港、北京市供销合作总社马驹桥5#库冷库改造工程和珠江三惠数字化智慧物流产业园项目。研究制定《物流产业项目入区评价标准》，根据物流企业年度绩效评价结果，实施差别化要素资源配置，进行分级分类管理。研究制定《汽车销售企业管理办法》，推动区内汽车销售行业高质量发展。研究商业综合体“6+4”事中综合监管工作，形成《北京经济技术开发区创新和加强对商业综合体事中监管构建一体化综合监管体系工作方案》及配套实施方案、《综合检查单》、《合规经营手册》，并获得国务院批示。

（赵 齐）

【守护民生，提升生活性服务业保障能力】经开区商务金融局年内完善街区商业生态配置指标，建设经开区“生活性服务业网点电子地图”，完成60平方公里范围内基本八项便民服务网点核查工作和经开区生活性服务业调查报告。根据《北京经济技术开发区生活服务业网点调查报告（2022年）》，核心区60平方公里范围内的17个社区、24个商务楼宇、34个园区共有八项生活性服务功能网点603个，较2021年5月的网点数量450个增加了153个。其中荣华街道188个、博兴街道138个、楼宇147个、园区130个。经营面积约6万平方米，其中连锁化网点为410个，连锁化率68%。按照每百万人拥有320个连锁便利店网点的要求，16.6万人应配置约53个。现有66个连锁便利店（不含无人便利柜），总体已达标。

（赵 齐）

【牢记使命，筑牢疫情防控坚实屏障】经开区商务金融局根据2022年12月14日正式对外公布的，由经开区管委会研究制定的《北京经济技术开发区关于推动复工复产 支持企业高质量发展的若干措施（6.0版）》政策规定，已完成对2022年11月14日至12月9日期间经开区参与保供保畅的企业，纳入北京市商务局保供人员“白名单”的快递、物流及商超等从业人员的第一批政策兑现工作。经开区商务金融局全年严格落实“菜篮子”工程，扎实做好区内重点超市价格和供销监测工作。疫情期间，积极承担经开区保供稳价工作，出台《保供单位疫情处置指引》。建立保供企业“日调度”工作机制，做好保供企业服务工作，落实保供人员“白名单”工作机制，建立一线保供人员闭环管理制度。组织区内重点商超一对一进社区，组织“蔬菜直通车到家”点对点供应，开通社区群以满足特殊时期个性化采购需求，完成荣华街道、博兴街道、瀛海街道、亦庄镇10125份蔬菜包和553份预制菜配送发放工作；协调新石器无人车进社区，以“无接触购物”的方式减少社会面接触，形成“网上订购送达+无人售卖补充”的生活服务保障模式，满足特殊时期线下购物体验。同时，配合制定《北京经济技术开发区应对30例规模性新冠病毒疫情生活必需品保障工作方案》，保障全区粮油肉蛋菜等生活必需品全年供需总体平衡、价格稳定。

（赵 齐）

外资外贸

【概括】2022年，经开区坚持以发展高端产业为主线，以国际化、便利化为抓手，推进“两区”建设。全年实际利用外资约为3.92亿美元，外贸进出口总额为259.06亿美元，其中出口额为72.44亿美元、进口额为186.61亿美元。

2022年，经开区保障外资外贸企业平稳发展，按照“一企一策”原则提供“管家式”点对点服务，助力企业跑出发展“加速度”，推动“两区”项目库新增入库504个项目，其中外资项目17个，总投资额超过1133亿元。全年工业总产值为5371.1亿元，其中外资企业工业总产值为3706.9亿元，占比69%；规模以上大中型外资制造业企业有50家，包括拥有研发中心的企业36家，占比72%。

（董　立）

【自贸试验区亦庄组团三年行动方案编制】 7月26日，经开区“两区”办编制完成《北京自贸试验区高端产业片区亦庄组团发展提升三年行动方案》。经开区“两区”办与各部门及区内重点企业沟通协商凝练出“两区”创新任务（自选动作）28项，吸收市“两区”建设要求的任务安排（规定动作）18项，该方案提出赋能产业发展、营造创新生态、塑造营商环境、升级人才服务、加强组团管理5个部分工作内容，按照用足、用好自贸试验区条例的要求，以组团的制度创新、政策创新、机制创新推动经开区新一轮创新发展。

（董　立）

【亦庄综合保税区申建】 年内，经开区“两区”办与中国报关协会共同组成专家团队，通过与全国重点综合保税区调研对标、与行业协会集中座谈、重点企业一对一访谈、专家研讨、行业观察员问卷访谈等方式，研究论证新址长子营工业园申建综合保税区的可行性问题，在此基础上编制完成《亦庄综合保税区可行性研究报告》《亦庄综合保税区建设思路方案》。

（董　立）

【“两区”建设政务服务中心挂牌】 7月27日，全市首个“两区”建设政务服务中心在经开区政务服务中心国际人才服务厅挂牌。该中心是在原“两区”建设服务窗口基础上升级成立的，叠加经开区“两区”建设政策与特色服务优势，陆续引入各类涉外服务资源，可提供RCEP专项服务、质量基础设施一站式服务、离岸贸易服务、自由贸易服务、涉外法律咨询等服务内容，并先后设立国际人才服务窗口、RCEP专项服务窗口、质量基础设施一站式服务窗口3个“两区”特色服务窗口。其中，RCEP专项服务窗口为企业提供RCEP政策解读、成员国商务应用指南、原产地证书办理及相关培训等免费服务。

（董　立）

【“两区”标识系统工程实施】 年内，经开区“两区”办实施“两区”标识系统工程，在区内增加“五区”标识显示度。其中，完成经开区内6处点位的中国（北京）自由贸易试验区高端产业片区亦庄组团道路指引牌设立、高速路亦庄组团指引牌设立；完成大屏广告设计及投放测试，在核心地带的4处大屏广告及亦庄高速路口显示屏滚动播放“两区”标识；在经开区政务服务中心门前设立“国家服务业扩大开放综合示范区”“中国（北京）自由贸易试验区”立柱。

（董　立）

【走进高端产业片区（亦庄组团）在线沙龙】 1月20日，走进高端产业片区（亦庄组团）在线沙龙在北京、澳大利亚同步举办。活动由市“两区”办联合经开区管委会、澳大利亚商会主办，设置线下实景带看、线上双语宣讲、产业互动对接等环节。市“两区”办介绍北京“两区”建设的深刻内涵和开放政策，提升相关企业对北京“两区”开放创新的关注度。澳大利亚优斯康生物医药公司、澳佳医药科技有限公司、澳丰集团（AusfengGroup）等32家企业参与活动。

（董　立）

【北京奥地利绿色经济（新能源汽车）对接会】 7月26日，2022北京“两区”建设全球超链接系列推介活动——北京奥地利绿色经济（新能源汽车）产业合作对接会在北京、奥地利维也纳同步举办。对接会由市“两区”办、顺义区人民政府及经开区管委会主办，奥中商业协会等3家机构承办。市“两区”办、顺义区、经开区分享推介“两区”建设新动态新案例新成果、区域经济优势、产业发展特色等；北京理想汽车有限公司、北京新能源汽车股份有限公司分享企业发展和产业未来合作方向；奥地利国民议会议员、前农业部部长尼古拉斯·贝拉科维奇等嘉宾分享交流奥地利及欧洲绿色能源、智能电动车产业发展情况。中澳政商界及电动汽车、科技创新、人工智能、商务服务等领域近50家企业负责人参加对接会，并围绕北京“两区”开放热点开展交流探讨。

（董　立）

【商务部领导调研自贸试验区亦庄组团】 7月28日，商务部自贸区港建设协调司司长唐文弘一行7人组成调研组到中国（北京）自由贸易试验区高端产业片区亦庄组团开展调研。调研组到“两区”建设政务服务中心实地考察，参观经开区政务服务中心功能区划分、窗口设置情况，重点听取RCEP专项服务窗口、质量基础设施一站式服务窗口等“两区”建设特色窗口情况汇报。唐文弘表示，经开区作为北京市扩大和深化对外开放的窗口，肩负北京市“两区”建设急先锋的使命，是北京市在“十四五”期间工作的重要发力点；“两区”建设政务服务中心体现经开区贯彻北京市“两区”建设方针的决心，为北京市“两区”建设工作树立示范典型。市商务局党组成员、市“两区”办专职副主任刘梅英一同调研，经开区管委会副主任郑海涛等参加调研。

（董　立）

【第一届RCEP报关协会国际论坛】 11月7日，第一届RCEP报关协会国际论坛在北京国家会展中心举办。该论坛由海关总署指导，中国报关协会、亦庄控股、中国国际进口博览局等单位共同主办，经开区管委会作为论坛支持单位参加论坛，围绕“互联互通促进RCEP地区贸易便利化”的主题，分别开展RCEP实施及贸易便利化前景——报关协会的视角主题演讲、RCEP实施及贸易便利化前景——外交使节发言、论坛成果发布、RCEP框架下农产品国际贸易高质量发展圆桌对话等活动。论坛期间，亦庄控股作为国内企业代表与各参会方共同发布《RCEP报关协会互联互通促进RCEP地区贸易便利化宣言》，建立长效沟通协调平台，推动中国国际进口博览会及各类国际化优质资源落地；RCEP联络处落户亦庄控股，助力亦庄控股转型升级。论坛采用线上线下相结合的方式，邀请世界海关组织秘书长、国际报关协会同盟主席、RCEP成员国报关协会和部分国家驻华外交官员，以及国内外贸易企业代表共百余人参加论坛。论坛在“跨境贸易服务行业微信视频号联播矩阵”同步直播，线上访问量突破1万人次。

（董　立）

【探索招商引资新模式】 年内，经开区围绕“四区一阵地”功能定位和高精尖产业创新，组织筹划系列招商活动，探索元宇宙全球现场展示等“沉浸式”招商引资新模式。在2022年中国国际服务贸易交易会期间，经开区开辟全球推介、创新发布、论坛展厅、亦城会客厅、商务考察5个窗口，设置生物医药、商务服务、高端制造、数字经济、信软服务5条商务考察线路，组织重大项目签约，签约金额达63.55亿元，达到“宣传开发区、结识新朋友、落地新项目、锻炼队伍”的发展效果。

（董　立）

【通关再提速为外贸添动力】 年内，亦庄海关在北京海关统筹下，巩固压缩整体通关时间成效，全面落实“证照分离”制度改革，为集成电路、人工智能、生物医药等高精尖产业发展和进出口保稳提质增添动力。其中，在生物试剂通关方面，推动19项检疫监管及通关便利政策落地，创新开展生物试剂一站式集中查验，实现相关货物智能审批、即到即验，供货周期由原来的 1～2 个月缩短至平均 1 周，特殊物品卫生检疫审批时间由法定的 20 个工作日缩减至 3～5 个工作日。

（董　立）

【“六单”管理机制持续推进】年内，经开区收集首批“六单”(政策清单、空间资源清单、目标企业清单、企业诉求、政策建议、政策及项目收获）内容约 300 条，从产业政策、空间载体、企业诉求和建议等方面对“六单”内容进行深度分析，实施精准产业“画像”。经研究分析，经开区聚焦生物医药医疗器械和自动驾驶 2 个细分产业领域，收集完善“六单”内容，围绕企业需求开展政策会诊，梳理痛点、堵点，研提政策建议，推动相关产业高质量发展。

（董　立）

【“两区”建设国际化服务水平提升】年内，经开区提升“两区”建设国际化服务水平。其中，提升多语种服务能力，组建多语种服务队伍，提供英、德、日、俄、韩等多语种服务；规范外文标识设置，更新办事大厅外文标识，提供双语办事指南；开展“外国人走流程”活动，邀请外籍雇员体验工作类居留许可、签证证件咨询等业务流程。全年开展外语系列培训 10 余场；各级政务办事大厅设置外语标识 70 余处、外语服务窗口 6 个；国际人才服务厅各类业务办理总量为 1.5 万余件，150 余名外籍人才享受到“两证联办”服务。

（董　立）

【涉外税收营商环境优化】年内，经开区出台多项税收“硬举措”，为涉外企业带来“真便利”。其中，开展政策宣讲，为 504 家涉外企业开展线上直播培训，帮助企业用好、用足境外投资税收抵免等税收优惠政策，合理规避投资风险，提升境外经营合规性和国际竞争力；确保快速响应，建立“走出去”企业网端咨询矩阵，形成“专人负责、全员服务、限时完成、跟踪问效”快速响应机制，为“走出去”企业提供专业的税收支持；坚持提质增效，中国税收居民身份证明办结时限由 5 个工作日压缩至 1 个工作日；聚焦纳税情况证明推出“一企一策”“税务管家”特色服务，助力企业及时享受境外行业会费减免，提升竞价优势。

（董　立）

名　录

单位名称：北京经济技术开发区商务金融局

局　　长：刘文虎

地　　址：北京经济技术开发区荣华中路 15 号朝林大厦

邮　　编：100176

电　　话：87246101

传　　真：67881261

（赵　齐）

北京天竺综合保税区

概　况

北京天竺综合保税区于2008年批复设立，是全国首家空港型综合保税区。规划面积5.466平方公里，截至目前已经完成全域封关验收。园区分为口岸操作区与保税功能区，区港一体。口岸操作区与首都国际机场货运停机坪无缝连接，拥有现代化的航空地面处理设施，承担着首都航空货运口岸通关职能。保税功能区通过区港联动通道连接口岸操作区，具有区内企业之间货物流转免税、进口货物入区保税、国内货物入区退税等功能。

2022年，在市委、市政府和区委、区政府的坚强领导下，天竺综合保税区深入学习领会习近平新时代中国特色社会主义思想、党的二十大精神和习近平总书记对北京重要讲话精神，贯彻落实市、区主要领导指示批示精神和重要决策部署，切实发挥党建引领作用，紧密围绕首都发展大局，推动疫情防控工作落实到位、区域融合发展取得实效、主要经济指标稳步增长、园区实现平稳运营、机关运转效率有效提升，为建设首都对外开放新高地、扩大经济核心竞争力与国际影响力提供有力支撑。

（孙　林）

【经济指标】年内，园区工商注册企业实现营业收入920.2亿元，其他保税服务业务营业收入28.8亿元；完成属地税收17.6亿元；固定资产投产额5.9亿元。园区实现进出口总值871.0亿元，同比增长1.8%，居全国空港型综合保税区第二位，五年平均增长率为17.8%。注册企业达到1160家，培育了业务规模超200亿元的大型综合服务型医药企业科园信海公司，建成了占地200亩的新宜跨境电商产业园，吸引了强生公司入区运营，促成了填补我国高推力航空发动机维修领域空白的罗罗飞机发动机维修项目落地，走出了一条以口岸贸易、加工贸易、保税物流为基础功能，不断向研发创新、文化贸易、融资租赁等高端、高附加值功能拓展的创新发展之路。

（孙　林）

【创新发展实现新突破】形成两项复制推广案例，“保税功能助力文化展示拍卖新业态发展”案例向全国复制推广，“依托特殊监管优势深入开展现代服务业发展模式创新”案例向全市复制推广。实现一批政策功能创新，获批全国首家空港型平行车进口口岸、北京市首个国家进口贸易促进创新示范区；实现了基于区块链技术的艺术品鉴证功能创新；批复了国家实施保税维修白名单以来天竺综合保税区首家保税维修项目；扩大第五航权安排示范效应逐步显著。提升了协同发展水平，建立由五镇一街、中国航空集团、首都机场集团组成的统筹协同发展机制。

（孙　林）

【产业集聚迈入新阶段】园区推动罗罗发动机世界第五大维修中心项目完成入区签约，注册了北京航空发动机维修有限公司。成功引入中航材利顿、国际航协北亚办事处重点项目入区。为7家航空货运企业申报促进发展支持措施奖励资金约1.6亿元。强生制药有限公司正式落户，上药康德乐（北京）医药有限公司在园区注册，特殊生物制品查验平台投入运行。新国展三期项目招商引资工作有序推进，岗山地块规划取得进展。国家工业互联网顶级节点展厅实现试运营。与中科院工程热物理研究所签署《战略合作协议》，就合作建设顺义园区事宜达成一致。中交物业服务有限公司顺利落户，丰富了园区“央地”合作业态。

（孙　林）

【营商环境形成新标准】加快推进跨境贸易便利化标准化试点工作，初步形成包含国标、团标等标准化文件体系，通过了中期评估。完成口岸区域卡口智能化改造，助力“双枢纽”跨境贸易营商环境提升。中检院进口生物制品批签发受理窗口、北检所绿通窗口启动试运营。优化入区企业注册流程指引，做好北京工作居住证审批权和人才引进受理权承接。着力协调解决服务包企业高管人员子女入学、人才引进、公租房申请等事宜。

（孙　林）

【规划建设取得新成果】天竺综合保税区规划调整（二期）正式通过海关总署备案，验收面积为1.82平方公里；街区控规编制实现积极进展。整车进口及药品进口检测实验业务用房项目完成竣工验收，新宜中国投资跨境电商产业园项目工程全部完工。园区“十四五”发展规划发布，市、区两级支持综合保税区开放发展工作措施压茬推进实施，利用民航高质量发展战略合作协议推进园区航空物流发展，加快园区改革创新升级发展。

（孙　林）

【平安园区步入新模式】整合首都机场临空经济区安委会机构设置、工作职责及工作制度，圆满完成二十大、冬奥会和冬残奥会、两会等重点时期服务保障工作，获北京市冬奥先进单位称号。实施货运口岸联防联控工作机制，全面动态掌握国际进港货物量及重点从业人员数量，突出“人物同防”，“第一国门”实现平稳运营。持续做好常态化疫情防控工作，依托电子围栏、京心相助等监管平台，持续高效做好辖区风险人员排查管控和动态跟踪管理工作，完成大数据信息核查历史派单14652单。设置了7个常态化核酸检测点，开设了9条通道，日均检测5500余人，确保应检尽检。加强疫苗接种宣传动员，园区第三针接种完成率为97.24%。全面开展风险排查管控及隐患排查，累计检查1000余次，企业700余家，发现并整改隐患700余项，整改率100%。

（孙　林）

【“两区”建设再提速　央企中航材融资租赁公司落户】2月28日，中航材（北京）融资租赁有限责任公司注册设立，已成功吸引聚集了中航租赁、中恒租赁、芯鑫租赁、华夏金租、长城金租、文科租赁等融资（金融）租赁公司及SPV公司超100家，产业金融特色突出。中航材融资租赁公司由中国航材集团、南航集团、中航集团、东航集团等大型中央航空企业旗下航材保障服务公司全资设立，注册资本2亿元，专注于航材领域的融资租赁业务，短期内主要以现有起落架租赁业务为发展重点，长期战略将致力于打造国产飞机航材综合保障体系建设。

（孙林）

【文物局科研基地落户园区】3月18日，北京市文物局第四家重点科研基地正式落户北京乐石文物修复中心有限公司。该公司已承接百余项可移动文物修复项目，现与国内200余家国有博物馆、文博单位及科研院所建立了合作联系。公司提倡科学修复文物理念，在与四川省文物考古研究院合作开展的江口明末战场遗址部分出水金银器（2017年全国十大考古新发现）的保护修复工作中，开创了传统修复工艺与现代科技手段相结合的科研性创新修复模式，此项目荣获“2021全国十佳文物藏品修复项目”奖项。科研基地成立后，公司将依托天竺综合保税区功能政策优势，大力开展文物修复科技研发、成果转化、人才培训等方面工作，切实提高首都文化遗产保护修复整体水平，服务北京文博事业发展，拓展海外文物修复业务，助力全国文化中心建设。

（孙　林）

【多种渠道持续加强对外推介】5月31日，天竺综合保税区参与了由北京市“两区”办主办的线上对韩专场推介会，韩国相关政府部门、韩国仁川自由贸易港相关负责人及近30家韩国企业共同参会。会上，天竺综合保税区就园区政策功能优势、重点发展产业等方面进行重点介绍，促进韩国有需求的企业与园区开展交流合作。未来，园区将继续积极参加境内外各类宣传推介系列活动，参与多边交流合作，力促形成良好的合作结果。

8月25日，首都国际机场临空经济区管委会成功举办“提升新能级 释放新动能——中国临空经济创新发展国际论坛暨北京首都国际机场临空经济区全球招商推介会”。会上，首都国际机场临空经济区推介了发展优势，同步发布了《“十四五”时期北京首都国际机场临空经济区发展建设规划》和《中国临空经济发展指数2022》等，多个领域的20余个项目进行签约、涉及资金总额超700亿元；会议开展了4场主题演讲、5场平行论坛，近百名各产业领域企业高管、国内外行业组织、专家学者，共话临空经济产业发展。

9月4日，首都国际机场临空经济区管委会在北京国家会议中心成功举办了第四届“空中丝绸之路”国际合作峰会，会议主题体现“数字+低碳”的智慧民航发展特点。峰会共有180多家航空相关企业及机构的近300名代表参加。

（孙　林）

【强生制药有限公司正式落户天竺综合保税区】6月，该公司是由强生（中国）投资有限公司投资设立的外资企业，注册资本金5000万元人民币，主要开展强生公司自主研发的新冠、呼吸道合胞病毒等疫苗的进口、销售业务。企业入驻后，将加强与中国临床和科研机构联动，充分利用天竺综合保税区政策功能，加速新药引进及相关研发工作，满足中国不断增长的医药卫生需求。这是继默克雪兰诺之后，入驻天竺综合保税区的第二家世界500强医药企业。

（孙　林）

【中国—中东欧国家文化贸易对接会成功举办】7月6日，北京天竺综合保税区管委会联合四川省自贡市人民政府、安徽省合肥市蜀山区人民政府通过线上线下结合方式举办了以“共创新时代 共享新机遇”为主题的中国—中东欧国家文化贸易对接会。外交部、商务部相关司局领导以及匈牙利驻华使馆、联合国教科文组织代表出席会议并致辞，来自中国和中东欧国家的20余家机构和企业代表进行了交流推介，100多家国内外企业、商协会的300余名代表出席了线上线下对接会。本次活动聚焦文化交流互动、促进文化贸易合作，活动在“我聚”线上活动平台同时举办了“中国—中东欧国家文化贸易线上展”，国内外企业加入线上展，上传宣介视频、图文资料，即可与感兴趣的企业开展线上贸易与投资洽谈，29家中外企业上传了280余件展品。

（孙　林）

【当代唐人艺术中心北京总部空间正式开放】7月24日，位于天竺综合保税区国家对外文化贸易基地（北京）的当代唐人艺术中心北京总部空间正式开放，并带来开馆群展“后我世代：如何书写年轻艺术家”。展览汇集了9个国家和地区的18位当代出色的年轻艺术家的48幅作品，这也拉开当代唐人艺术中心北京总部空间对年轻艺术家群体研究工作的序幕。唐人总部空间总面积近3000平方米，画廊总部负责北京、曼谷、香港、首尔四地空间的运营、管理和协调，除了按照国际标准设立的展厅空间，还同步拓展了VIP展示厅、研发中心、地下储存空间等，满足了唐人全方位协调服务的需求。未来，国家对外文化贸易基地（北京）将持续打造国际画廊空间聚集地，鼓励高端艺术机构入驻，推动高水平国际文化交流活动落地，促进文化贸易高质量发展。

（孙　林）

【获批汽车平行进口口岸】7月，商务部批复在中国（北京）自由贸易试验区开展汽车平行进口试点工作，北京首都国际机场口岸具备了汽平行进口口岸功能。

（孙　林）

【获批国家进口贸易促进创新示范区】11月，在第五届中国国际进口博览会开幕之际，商务部等八部门发布了新设的29个国家进口贸易促进创新示范区名单，天竺综合保税区所在的首都机场临空经济区位列首位，这也是北京市首个国家进口贸易促进创新示范区。北京天竺综合保税区进出口值在全国空港型综合保税区中持续处于领先地位，进口促进创新、促产业、促消费成效显著，围绕航空、医药、文化、升级型消费等进口相关领域形成了30余项政策功能创新，口岸进出口规模突破千亿美元，疫苗进口规模占全国九成以上，实施跨境电商销售进口医药产品、免税保税相衔接、跨境电商线下自提等新业态新模式，有力丰富了首都消费市场。

（孙　林）

【新宜中国跨境电子商务产业园项目完成竣工验收】12月，新宜中国跨境电子商务产业园项目完成竣工验收。该项目总投资4691.7万美元，位于天竺综合保税区保税功能三区，总占地面积约12.9万平方米，总建筑面积19.56万平方米，计划打造集电商分拨、贸易 结算、金融服务、展示交易、供应链科技、城市配送及综合服务于一体的高端跨境电子商务产业园区。

（孙　林）

【中国文物交流中心展览馆在国家对外文化贸易基地（北京）正式挂牌】12月29日，中国文物交流中心展览馆在国家对外文化贸易基地（北京）正式挂牌，全球首展“触梦三星堆——12K沉浸式数字展”精彩亮相。本次展览是以三星堆文化为主题的全球首展，也是“文化+科技”的集中展现。

（孙　林）

机构设置与管委会领导

管理机构：首都国际机场临空经济区（天竺综合保税区）

内设处室：办公室、规划建设处、应急管理处、政策研究与制度创新处、航空服务处、贸易发展处、商务会展金融处、科技产业处、宣传推广处、组织人事处

事业单位：首都国际机场临空经济区营商服务中心

国有独资公司：

北京综合保税区开发管理有限公司

北京空港经济开发有限公司

管委会领导：

顺义区委书记、北京首都机场临空经济区工委书记（兼）龚宗元

顺义区委副书记、区政府党组书记、区长，北京首都机场临空经济区工委副书记（兼）、主任（兼）崔小浩

北京首都国际机场临空经济区管委会（天竺综合保税区管委会）副主任，顺义区政府党组成员、副区长（兼）宋鹏

北京首都国际机场临空经济区管委会（天竺综合保税区管委会）副主任满群杰

北京首都国际机场临空经济区管委会（天竺综合保税区管委会）副主任王卿

（孙 林）

招商部门

责任部门：航空服务处

联系电话：80479871

责任部门：贸易发展处

联系电话：80474537

责任部门：商务会展金融处

联系电话：80474345

责任部门：科技产业处

联系电话：80478637

责任部门：营商服务中心

联系电话：69478267

（孙 林）

东城区

概　　况

东城区商务局（简称区商务局）是主管辖区国内外经济贸易和对外经济合作的工作部门。

全年，局党组以习近平新时代中国特色社会主义思想为指导，深入贯彻党的十九大、十九届历次全会精神和党的二十大精神，全面贯彻新时代党的建设总要求，以政治建设为统领，始终把党建工作作为引领发展的第一推动力和保障力，汇聚奋力推动东城商务事业高质量发展的强大动力。共组织党组理论学习中心组学习 14 次、领导讲党课 8 次、主题党日活动 12 次、主题参观 2 次、党小组学习 12 次。通过领导带头学、全局集中学、小组交流学等形式迅速掀起学习党的二十大精神和北京市第十三次党代会精神热潮。创建“党旗领航　兴商惠民”党建品牌，在疫情防控、下沉值守、文明城区创建、党员志愿服务等方面充分发挥支部战斗堡垒作用和党员先锋模范作用。协助考察副处级领导干部 1 名，选拔任用副科长 2 名，晋升一级主任科员 4 名，完成招录公务员 1 名，安排 4 名干部交流轮岗，接受 1 名挂职干部，外派 2 名借调干部。全年开展提醒谈话 11 次，对新晋升、新入职、新调入和转正干部开展任职廉政谈话 17 人次。抓好重要时间节点的廉政提醒和监督，开展明察暗访 4 次。通过文件学习、案例通报、廉政参观、观看教育视频、党组书记廉政讲话、廉政自测等多种形式组织廉政教育 8 次，强化廉洁意识、纪律意识、自律意识。

（朱　迎）

【助力老字号企业创新发展】持续整合市、区资源，推动老字号企业与新消费、科创领域融合创新。7 月 19 日，东城区商务局、东城区老字号协会为辖区内珐琅厂、龙顺成、红都、盛锡福、东来顺、同仁堂 6 家老字号企业挂牌老字号创新体验馆并赠送 VR 设备，内置东城区消费季启动仪式、非遗大师技艺展示、老字号博物馆场馆实景等内容，进一步增强老字号实体空间的体验感、沉浸感，提升老字号对年轻消费群体吸引力。

（刘　杰）

【新消费品牌成长】结合品牌成长需求与知识产权保护需要，联合区中小企业服务中心，邀请相关领域专家于 7 月 7 日开展《新消费品牌知识产权保护》线上培训活动，近 20 家单位参与培训活动。增强新消费品牌企业的知识产权保护意识，深化对重点企业的知识产权服务，推动企业提高市场竞争力，助力高质量发展。

（刘　杰）

【行业监管】全年出动安全生产检查人员 5770 人次，检查督导企业 3552 家次，排查整改各类安全隐患 1467 处。落实常态化隐患排查整治，深入开展春夏火灾防控、燃气安全隐患排查、大型商业综合体消防安全等专项排查整治行动；做好疫情防控保障工作，引导商业、餐饮、家政、快递、物流等行业企业精准落实防控要求，推动复工复产复市。扎实推进商务行业“百日行动”和安全生产专项整治三年行动，推进安全生产标准化建设、城市风险防控体系建设等，实现安全生产标准化创建全覆盖，行业监管关口前移，源头管控；落实责任，扎实推进商圈交通综合治理、垃圾分类和光盘行动等工作。

（刘　娜）

【生活性服务业品质提升】新建或规范提升便民商业网点23个，完成市级年度任务的153%，区级建设任务的115%。其中，新建蔬菜零售网点3个、便利店15个、早餐网点4个，规范提升便利店1个。制定《东城区生活必需品应急供应保障工作预案》，新冠疫情防控期间通过强化应急机制、持续监测预警、畅通保供渠道、强化巡查检查等举措，保障了生活必需品市场总体供应稳定和价格平稳，累计编制生活必需品监测日报222期。

（蔡　伟）

【粮食安全责任制考核】坚持以人民为中心的发展思想，树牢粮食安全发展理念，东城区商务局牵头相关责任部门做好2022年度东城区粮食安全责任制考核，从落实粮食风险基金和粮食储备责任、落实粮食应急供应保障责任、落实粮食流通管理责任、落实维护粮食市场秩序责任、落实粮食质量安全监管责任、落实加强粮食行政管理能力建设责任六大方面完成考核任务。2022年度北京市粮食安全责任制考核结果，东城区被评为优秀等次，位列城六区第二名。自考核以来连续六年获得优秀等次。

（梁俊丽）

【应急储备物资保障能力建设】区商务局加强东城区应急物资保障能力建设，加大应急物资储备，完成了95.4万元的应急物资购置工作。在16个区率先制定了全面系统的《东城区商务局应急储备物资管理暂行办法》，加强对应急物资的购置、储存、调拨、轮换、管理。申请区财政54万元新建国瑞城中区2000平方米库房。全年分23批次向政法委、旅游局、各街道等21个部门调拨帐篷、大衣、被褥等1138件，有力保障了全区防疫工作。

（梁俊丽）

【疫情防控物资保障组工作】按照区防控办的总体工作部署牵头区卫健委、区机关服务中心等单位开展防疫物资保障工作。建立健全“1+3+17”的区街物资保障架构和“三个三”物资保障体系，确保物资“买得到、可比选、有保障”。全年物资保障组共补充采购N95口罩、防护服、隔离衣、抗原试剂盒等物资近60大类500余万件近5200万元。全年向17个街道和地区、隔离点、封管控区及相关单位发放了帐篷、应急灯、N95口罩、防护服、抗原试剂盒、门磁报警器等民用及医用防疫物资1000余万件。

（梁俊丽）

【参与中国国际服务贸易交易会】2022年中国国际服务贸易交易会于2022年8月31日至9月5日在国家会议中心和首钢园区举办。东城区组建交易团，组织安永、信永中和、中诚信国际信用评级、视联动力、嘉德等306家企业线上注册并搭建展台，通过云展览、云洽谈，以更低的成本连接全球市场，为打造永不落幕的服贸会作出东城贡献。在“两区”建设两周年主题活动现场，周金星区长代表东城区与和睦家、北京未末卓然科技有限公司等“两区”建设重大项目签约。以“紫禁之东投资兴业，服务贸易繁荣发展”为题作招商推介，携手毕马威举办主题为“服贸在东城　消费新北京”的东城区商圈推广活动，联动安永举办主题为“文化焕彩·璀璨绽放”的东城区“文化+”融合论坛等，全方位宣传东城区营商环境及区位优势，吸引重大项目落地。

（张玉婷）

【北京消费季之“惠聚东城　绽放京彩”】2022东城消费季以4月18日启动仪式为起点，以“惠聚东城　绽放京彩”为主题，携手东城区五大商圈及商旅文体企业合力打造“五六叁拾”东城系列消费活动（“五”指东城区五大商圈五个节日，“六”指六大主题板块，“叁拾”指三十项花式消费活动)。与此同时，钟鼓楼广场举办了为期三天的消费市集，时间从4月16日持续到启动仪式当天，该市集联合26家东城企业，聚集优质品牌资源和老字号资源，重点分为“智慧消费场景体验区”“冬奥体验区”“智能出行体验区”“非遗技艺体验区”“直播体验区”“智能家居体验区”六大主题区域，邀请东城区重点品牌企业参与，全面展现东城文商旅体的融合发展。

消费季主旨在于推动东城区五大商圈联动，以节兴市、以节兴商、以节聚势，使广大消费者感受东城消费活力、激发东城消费热情，让消费信心“足”起来，消费市场“热”起来，消费需求“火”起来，消费品质“提”起来，营造多商圈联动、多点位布局、多元化主题、多频次开展繁荣有序的消费氛围，打造区域标志性消费IP，推动服务消费提质扩容，形成消费新增量。

（王 珂）

【东城区培育建设国际消费中心城市示范区】 推进“1+5”工作体系，落实1个实施方案，围绕5个清单任务，坚持清单化管理、项目化推进。组织召开东城区第一次领导小组全体会议，总结2021年工作进展，部署2022年工作任务，审议通过《东城区培育国际消费中心城市2022年工作方案》《东城区商圈发展工作方案》《东城区培育建设国际消费中心城市示范区领导小组组建方案》等文件。2022年需完成的3个重点项目、21项任务已全部启动，启动率100%，其余任务均已启动并取得一定成效：五大商圈建设持续稳步推进，王府井商圈成功入选全国示范步行街和国家级夜间文化和旅游消费集聚区；“文化金三角”联动发展，积极探索隆福寺数字化、智能化、科技化消费新模式；品牌首店加速集聚，全年共引进首店101家，数量位居全市第二；努力挖掘消费市场潜力，开展系列促消费活动，全力打响东城消费季品牌，切实营造了良好的国际化消费氛围。

（王 珂）

【进口博览会】 按照《第四届中国国际进口博览会北京市交易团组织工作方案》要求，制定《第四届中国国际进口博览会北京市交易团东城区分团组织工作方案》，结合我区工作实际，成立进口博览会北京市交易团东城区分团。本届进口博览会北京市交易团东城区分团审核通过94个单位合计429人的参会申请。

（刘 佳）

对外经济

【概况】 东城区对外经贸工作由区商务局主管。年内，东城区新设外商投资企业35家，其中独资20家，合资13家，合伙2家，同比下降42.6%；实现实际利用外资6.73亿美元，同比增长5.5%，全市排名第五位，圆满完成市里下达的实际利用外资指标额任务；实现进出口额1327.0亿元，同比增长30.2%，进出口规模达十年来新高，在全市排名第六位。其中出口额206.4亿元，同比增长12.0%，高于全年目标数值5.9个百分点，超额完成全年目标任务；进口额1120.5亿元，同比增长34.2%。

（王 京、刘 佳）

名 录

单位名称：北京市东城区商务局

党组书记：周刚

党组副书记、局长：胡异峰

地 址：永定门内东街中里13号楼

邮 编：100050

电 话：67079146

传 真：67079102

（朱 迎）

西城区

概　况

西城区商务局（简称区商务局）是负责辖区商贸流通、消费促进、对外及对港澳台经济合作和生活性服务业发展工作的区政府工作部门。年内，高效统筹疫情防控和经济发展，克服复杂外部环境和疫情冲击等超预期因素影响，高质量发展取得新进展、新成效。新增“两区”项目177个，项目总金额1504亿元，项目平均金额8.5亿元，项目总金额、项目平均金额连续两年均居全市首位。23个项目入选全市标志性项目。服贸会“两区”重大项目签约155亿元，京港洽谈会签约79.35亿美元，均排名全市第一。新设外商投资企业23家，比上年下降45.2%；吸收合同外资742177万美元，比上年增长701.1%；实际利用外商直接投资130443万美元。制订《西城区应对新冠病毒疫情物资保障及保供稳价组工作方案》，成功应对4月下旬和5月中旬的市场供应突发事件。完善防疫物资、生活必需品、菜篮子等3个区域临时应急物资储备库管理，先后为15个街道和相关单位紧急调拨物资，为西城区疫情防控提供物资保障。市级年度区级党委政府落实粮食安全责任制考核工作获“优秀”等级。入选全国第二批城市一刻钟便民生活圈试点地区，新建21个基本便民商业网点，提升改造百姓生活服务中心2个。受疫情影响，实现社会消费品零售总额987.3亿元，比上年下降9.4%。组织开展具有行业特点的宣传教育和培训，指导、督促商务领域重点单位的安全生产工作。受理“12345”市民热线投诉举报2994件，其中预付式退费2126件，占比71%；表扬反馈18件。

（柴晓虹、赵杰平、杜　颖、丁　宁、马　岩）

商贸管理

【商务行业安全生产管理】2022年，区商务局做好重要节日和重大活动安全服务保障工作，推进“安全生产三年行动”“商务行业燃气安全排查整治活动”和“平安创建活动”，检查单位1500家次，出动2260人次，其中商业零售730家次、餐饮单位770家次，发现一般性隐患733个，均整改。开展商务行业安全生产宣传、教育、培训，利用线上线下组织310余家规模以上餐饮和零售企业安全生产负责人，落实“新安法”“285号令”及用火、用电、电动自行车、危化品使用安全、燃气安全、有限空间作业、应急演练等方面培训。“安全生产月”“119消防月”期间，组织企业开展隐患自查自纠、应急演练等活动，分别组织指导帕米尔食府、长安商场等企业应急演练，相关企业观摩，企业各联组相互学习，完善企业应急预案，提高企业员工处理突发事件能力。推动企业安全生产标准化达标工作，完成16家规模以上餐饮和零售企业三级安全生产标准化达标创建工作。

（杨尚宗）

【商业无障碍环境建设】2022年，区商务局贯彻落实市委、市政府关于无障碍环境建设工作要求，提升区内无障碍设施规范化、精细化、常态化管理水平。冬残奥会期间，就重点商超进行日常巡查，加强宣传，督促无障碍设施维护。巡查过程中发现的问题及市民诉求要求企业立即整改。

（赵杰平、史　倩）

【诚信兴商典型案例征集】 2022年，区商务局开展诚信兴商典型案例征集活动，通过评选，菜百股份、瑞蚨祥、内联升、正兴德、福奈特、长安商场、汉光百货、好邻居、西西友谊、贯通建徽酒店等企业获评“诚信兴商十大典型案例”，推动企业形成人人知诚信、人人讲诚信的良好风尚。

（赵杰平）

【拍卖企业初审及年度核查】 2022年，区商务局完成辖区35家拍卖企业新设初审工作和变更、延续、注销拍卖经营许可批准证书工作及55家拍卖企业2021年度核查初审工作。

（张晓燕）

【单用途商业预付卡备案管理】 2022年，区商务局要求备案企业从资金管理制度、实名登记制、限额发行制、非现金购卡制、单用途卡章程和购卡协议等方面进行单用途商业预付卡自查。做好每季度系统审核，完成35家企业备案。

（赵杰平）

【冬季控烟】 2022年，区商务局引导企业建立禁止吸烟管理制度，公共场所设有醒目的禁止吸烟标识、控烟举报投诉电话，建立控烟检查记录，部分企业设工作人员监督检查。做好员工培训，要求员工在工作场所禁烟，互相监督，增强自我控制力，对来店宾客做好宣传引导，倡导建立无烟环境。

（赵杰平、史　倩）

【行业公厕管理】 2022年，区商务局依据《北京市主要行业公厕管理服务工作标准》，加强重点商超日常巡查，按照标准，对消毒液配比、工作人员配戴N95口罩、行业公厕卫生、标识张贴等加强宣传，督促整改。为广大市民群众提供整洁、舒适的如厕环境。

（赵杰平、史　倩）

【重点企业获市商业专项资金支持】 2022年，区商务局组织辖区商贸企业申报2022年市商业流通发展资金，其中北京聚宝源电子商务有限公司聚宝源创新概念店等15个项目获得市商业专项资金667万元。项目涉及商业品牌首店建设、老字号传承发展、生活性服务业品质提升等方面。

（柴卫红）

【成品油流通行业管理】 2022年，区商务局组织辖区16家加油站完成上年度成品油零售经营资格年检；完成法人变更2家，做好信息“双公示”；完成成品油行业国民经济动员调查表填报；完成辖区成品油流通安全生产管理专项检查。

（柴卫红）

【物资保障和保供稳价】 2022年，制订《西城区应对新冠病毒疫情物资保障及保供稳价组工作方案》，做好防疫物资、生活必需品、菜篮子等3个区域临时应急物资储备库管理，建立“6+3+18”市场供应体系①，保障街区及驻区重点机构整体供给能力，构建四类应急场景，保障区域市场异常波动情况下的有效供给，成功应对4月下旬和5月中旬的市场供应突发事件。组织辖区内骨干企业为封（管）控区域居民提供蔬菜包36367份，为18家保供企业办理车辆保供通行证205个，做好重点保供企业配送人员“白名单”管理工作。在北京新冠疫情感染高峰期，确保药品、抗原试剂、N95口罩等物资及时供应，保障

① “6”指6个紧急供应集散地（另设6个后备地），接收应急物资在辖区的一级集散与分发。“3”指全区超市、百姓生活服务中心和重点便民菜店组成的三级供应平台，实现社区生活必需品供应全覆盖。“18”指15个街道各建立菜篮子供应联组与区发展改革委、区金融服务办、区外联办3家单位，组成供应保障联盟。

45 万户家庭、5.45 万财政领薪人员、8000 家“七小”门店健康防疫包发放。为 15 个街道和相关单位多次紧急调拨物资。

（柴晓虹、丁　宁）

【申报大型商场疫情期间补贴资金项目】 2022 年，按照北京市商务局《关于给予 2022 年度本市大型商场疫情期间补贴资金的通知》要求，西城区庄胜百货、北京中基信和置业有限公司、汉光百货、华润置地（北京）股份有限公司——西单更新场、西单商场、长安商场西城分公司、金融街购物中心、西西友谊、长安商场、天虹商业管理有限公司、复兴商业城、西单大悦城、北京坊（大栅栏永兴置业有限公司）、拉法耶特百货（北京）有限公司、北京华威大厦有限公司、北京君太太平洋百货有限公司等 16 家大型商场，在疫情期间坚持营业，减免措施符合通知要求，获得疫情期间减免租金补贴共 330 万元。

（赵杰平）

【稳发展助企纾困落实】 2022 年，制订《西城区 2022 年控疫情稳发展助企纾困工作方案》，对疫情防控期间，严格执行防疫措施，承担保障市场供应的大型综合商场及购物中心、综合性生活超市、百姓生活服务中心实体门店分别给予持续保供奖励、防疫支出补贴；符合条件的重点餐饮经营单位，通过开展促消费活动，以消费券配资形式给予补助，助力活跃餐饮市场。为 111 家企业拨付帮扶资金 1799.5 万元。

粮油经销

【粮食流通监管】 2022 年，区商务局严格粮食流通事中事后监管，严肃查处违法违规行为，监督检查辖区内 11 家重点涉粮企业粮食流通全覆盖。经检查，企业均能认真执行国家粮食流通统计制度，设专人负责粮食购销存活动统计、报送、保管等工作，统计台账记录普遍全面详细、数字准确、账账相符，未出现囤积居奇、哄抬粮价、计量作弊等扰乱粮食市场秩序违法违规行为。针对检查中发现的个别企业登记不规范等问题，检查人员现场培训企业工作人员，指导企业及时整改问题。

（柴晓虹）

【社会粮油供需平衡调查】 6 月，西城区完成 2022 年度社会粮油供需平衡调查。调查选取辖区城镇居民 30 户、餐饮企业 70 家（含有关单位食堂）作为调查样本，数据显示年内全区居民口粮消费折合原粮为 149754 吨，比上年下降 0.14%，以面粉、大米为主，折合原粮消费小麦和稻谷分别占粮食消费总量的 56.14% 和 40.19%；全区居民年消费食用油 20240 吨，比上年增长 4.17%，以菜籽油、葵花油、花生油为主，分别占消费总量的 27.72%、23.37%、19.57%，辖区居民粮食供需基本平衡。居民家庭期末库存相当于 33 天的消费量，满足日常生活和突发情况应急需要。

（柴晓虹）

【粮食科技宣传】 5 月 21 日至 28 日，区商务局组织开展“2022 年粮食和物资储备科技活动周”。宣传推广年度活动主题“科技兴粮兴储，创新有你有我”。宣传科技法律法规、科技创新成果，开展优质粮油进社区、进家庭、进企业、进机关等活动。2000 余人参与线上线下活动，张贴主题宣传海报 500 余张，向消费者和社区居民发放主题宣传手册 1000 余份。

（柴晓虹）

【粮食安全宣传】 10 月 16 日（第 42 个世界粮食日），区商务局组织开展“2022 年世界粮食日和全国粮食安全宣传周活动”。宣传推广年度世界粮食日主题“不让任何人掉队。更好生产、更好营养、更好环境、更好生活”和粮食安全宣传周主题“保障粮食供给 端牢中国饭碗”。宣传科学储粮、健康饮食、节粮减损等科学常识，引导涉粮企业和百姓共同关注国家粮食安全，维护全球粮食安全。有关单位张贴发放活动宣传品千余张。

（柴晓虹）

生活性服务业

【一刻钟便民生活圈试点地区】8月，西城区入选北京市唯一的全国第二批城市一刻钟便民生活圈试点地区。确定德胜街道阳光丽景社区、西长安街街道西单北社区、新街口街道西里二区社区、金融街街道砖塔社区、椿树街道椿树园社区、陶然亭街道新兴里社区、展览路街道团结社区、月坛街道三里河二区社区、牛街街道西里一区社区、广外街道名苑社区10个街道社区作为西城区一刻钟便民生活圈试点社区。

（丁 宁）

【便民服务网点建设】2022年，西城区新建基本便民服务网点21家，其中蔬菜零售2家、便民早餐1家、便利店11家、美容美发2家、末端配送（快递柜）4处、“第三空间”1处（居民在家庭第一空间、工作单位第二空间之外的街区生活服务与公共交流空间）。截至年底，全区有八类基本便民服务网点3349个，连锁化率54.4%，基本便民商业服务功能社区覆盖率100%。利用大数据手段，通过对全区八类基本便民网点实地调查，制订发布并动态更新《社区商业生活服务业建设导则》。坚持民意立项常态机制，加强供需精准对接。与街区更新有机衔接，注重商业与民生、环境、文化和谐共生，打造社区生活网红店和“静美”街区，推动“小而美”“小而精”服务配套逐步实现全覆盖。深挖利用西城有限空间资源，打造国际消费中心城市“一网托底”的一刻钟社区美好生活圈。引进国内外龙头企业不断扩大发展规模，推动国有企业发挥示范作用。

（丁 宁）

【百姓生活服务中心提质升级】2022年，按照北京市《标准化菜市场设置与管理规范》工作要求，区商务局重点推进月坛街道万发恒顺菜市场和展览路街道百万庄百姓生活服务中心完成提质升级工作。对房顶、外墙等硬件进行翻修升级，增加蔬菜水果零售面积、调整业态布局、增设居民需求的便民服务项目。

（丁 宁）

【《社区商业生活服务业建设导则》实施】区商务局结合网点监测与核验相关工作，持续统筹推进《社区商业生活服务业建设导则》实施，更新15个街道导则，包括街道基本情况、配置标准、提升路径、发展建议、工作举措、扶持政策和保障措施等主要内容，为各街道提供个性多元、动态更新的“一街一则”支持，深入对接百姓需求，实施“民生工程民意立项”机制，打造生活性服务业精细化便民商业服务圈。

（丁 宁）

国际消费中心城市示范区建设

【“西城消费”平台服务】2022年，区商务局发挥“西城消费”平台数字赋能作用，陆续开展4大版块、21个系列、24个主题、405场次活动，累计覆盖商户335家次，在线服务消费者213.8万人次，综合撬动消费13.5亿元。

（杜 颖）

【“一店一策”改造】2022年，西城区按照“一店一策”工作要求，完成地佰改造项目。新地佰秉持“中国式新生活”主题和“高品质、重文化、强吸引”定位，囊括潮玩零售、国潮餐饮、艺术文化和高端办公等多元业态。商场于12月开业，一层与B1层商户开始营业，其他楼层商户完成签约。验收完成谦祥益改造项目。作为全国重点文物保护单位，谦祥益改造被列为中轴线申遗保护西城区重点项目。通过外立面修复工程，排除文物建筑安全隐患，改善外立面形象，提升前门——大栅栏商圈整体环境风貌。

（耿嘉俊）

【商圈品质提升】2022年，区商务局研究出台《西单金融街商圈综合提升实施方案》《西单金融街商圈业态导则》，完成商圈一统多分方案。确定地安门外商圈、西直门商圈四至范围，报市商务局备案。修改《地安门街区业态调整提升实施方案》《地安门商业区业态发展指导细则》《西直门商圈业态调整提升实施方案》，打造区域重点商圈。

（党文君）

【北京西单时尚节举办】8月29日至10月31日，区商务局围绕“精耕高品质发展新生态构筑国际消费新西城”主题，举办“2022（第十二届）北京西单时尚节”。坚持科技引领、数字赋能，贯穿线上+线下、平台+现场、虚拟+现实场景模式，呈现7大版块、95家次、144场次活动，“西城消费”平台共投放消费券52万张，统筹让利2302.5万元，在线服务消费者49.5万人次，带动商业企业会员增长19.6万人次，综合撬动消费10.45亿元，配合活动及品牌推广宣发公众号推文71篇次、网络宣传108篇次、视频16篇次，阅读量132.7万人次。

（杜　颖）

【“两展一节”线上茶业博览会】11月28日至12月27日，中国茶叶流通协会、西城区政府、北京展览馆集团共同主办2022年北京国际茶叶展、马连道国际茶文化展、线上惠民消费节（简称2022“两展一节”线上茶业博览会）。在线注册企业超过500家。在“中国茶叶流通协会”微信小程序、“西城消费”微信公众号原有平台基础上增加“乐享北展”微信公众号、黑龙江茶业产业发展促进会微信公众号为新展示平台，增设哈尔滨大发国际茶城分会场。设立文旅成果专区、海峡两岸文创产品专区、国茶轮播和茶叶百科专区、线上茶空间展示专区。通过“中国茶叶流通协会”微信视频号、“西城消费”抖音号进行“直播带货”。

（章建平、洪　娟）

老字号振兴发展

【第二届西城区老字号餐饮文化节】9月29日，西城区第五届时尚美食节暨第二届老字号餐饮文化节正式开幕，持续至12月。活动依托“西城消费”平台，开设时尚人气美食评选活动专区，开展餐饮特色菜品人气美食网络评选；同步启动“第二届老字号餐饮文化节”活动专区，设置多层次满减让利活动，发布《百年字号，品在西城》专辑，开展西城区老字号餐饮文化巡展。

（赵杰平、杜　颖）

【老字号餐饮振兴发展计划】2022年，区商务局继续实施西城区老字号餐饮振兴发展计划，采取线上线下相结合方式，制作《百年味道，吃在西城》第二辑，开辟“西城消费”平台线上活动专区等系列内容，展示老字号餐饮匠心品质、文化魅力，提升品牌客群覆盖力、行业引领力，推动餐饮老字号传承创新发展，引导和扶持老字号高质量发展，推动老字号数字化转型提质。

（赵杰平、史　倩）

【制定《西城区进一步促进老字号传承与创新发展的意见》】2022年，立足贯彻落实商务部、市政府关于促进老字号改革创新发展有关文件精神，制定并发布《西城区进一步促进老字号传承与创新发展的意见》（以下简称《意见》），通过促进老字号治理结构升级、着力老字号人才队伍建设、推动老字号经营模式创新、加强老字号文化传承保护、扩大老字号品牌宣传推介五大措施，建立健全老字号传承创新发展的支持体系，通过加强工作组织领导、强化分层分类指导、加大资金支持力度、统筹多元支持政策四个方面，就《意见》落地实施提出保障性措施。

（赵杰平、史　倩）

对外及对港澳台经济贸易

【对外贸易经营者备案登记】2022年，区商务局办理对外贸易经营者备案登记151件，比上年上升7%。其中新办67家，比上年下降4%；变更84家次，比上年上升25%；注销1家，下降75%，迁出2家。

（郝家莹、贾明达、郭艳芳）

【服务外包】2022年，西城区服务外包新增合同签约金额4.61亿美元，服务外包执行金额0.76亿美元。完成驻区5家企业申报市服务外包奖励材料初审工作，其中办理北京市服务外包企业新录用人员补助1家4人；一般服务出口项目类1家；技术出口2家；离岸外包业务类1家。

（贾明达）

【外资外贸企业服务】2022年，区商务局统筹发挥稳外资外贸工作合力，针对重点企业开展“服务小分队”式走访服务，向驻区外资外贸企业宣传西城区在全市率先出台的《〈关于继续加大中小微企业帮扶力度加快困难企业恢复发展的若干措施〉的落实指引》，为重点企业高管返京、申请外籍高层次人才永久居留权、复工复产等提供全面服务。在区政务大厅开设外籍人才工作和居住“两证联办”窗口；创新“企业管家”全程帮办导办落户全过程“陪伴式”服务机制，为拟引进外资机构和驻区机构提供综合服务方案，“两区”重点引进外资企业实现当日办照。汇集区内“金开十条”“服务北交所十条”等4个部门6个政策，形成西城区产业政策“一图读懂”汇编，受到企业欢迎。

（郝家莹、贾明达）

【与香港投资企业合作】12月，区商务局利用北京赴香港首办境外投资推介机会，向香港企业和境外投资者宣传区域产业优势和营商服务政策，同多家重点企业交流，取得积极效果。14日，在北京国家会议中心举行的第25届京港洽谈会上，西城区签约项目金额79.35亿美元，排名全市第一。

（马　岩）

【中国国际进口博览会推介活动】11月6日至10日，西城区参加第五届中国国际进口博览会（上海）。进博会期间，菜百股份与汇丰银行（中国）建立长期合作关系，签约1150万美元的金融服务采购合同。10日、11日，西城区分别参加北京市投资促进服务中心线上举办的第五届进博会外资企业专场推介会和重点产业专场推介会。

（贾明达、马　岩）

【与白俄罗斯列宁区企业线上推介会】9月27日，西城区与国际友城白俄罗斯明斯克市列宁区在新动力金融科技中心举办企业线上推介会。西城区委副书记、代区长刘东伟与列宁区区长罗曼·梅利尼克分别致辞，介绍两地最新发展、产业园区建设及企业发展等情况。区委常委、副区长聂杰英解读“两区”政策和“金开十条”等吸引外资入驻系列配套扶持政策。推介会上，王府井集团北京长安商场有限责任公司（中）、北京中科钛领科技有限公司（中）、明斯克第二冷冻联合工厂（白）等40余家企业、10家企业代表作项目推介和交流，涉及商业流通、高新技术、食品酒类、纺织服装等多个领域。两地政府“云”签署《北京市西城区人民政府与明斯克市列宁区政府深度开展经贸领域合作备忘录》，扩展“两区”建设国际友城招商合作链，为推动两地间企业引进来、走出去，扩大双向投资和经贸合作打开新空间。

（洪 娟）

“两区”建设

【“两区”建设改革创新案例申报】8月29日，西城区申报北京市“两区”建设第二批改革创新案例18个，其中2个案例入选，向全市推广。《优化跨境税收智慧化管理机制》案例对传统征管服务模式进行数字化更新迭代，跨境涉税事项网上申报率达99.6%，助力税款“应征尽征”、材料“应简尽简”、优惠“应享尽享”，推动西城区国际税收收入整体规模排名全市前列。《疫情防控“常态化”下的登记服务体系创新》案例，创新“联审联办”场景机制、“零接触”服务方式和“小颖话营商”服务品牌，新增最快10分钟取照，通过“证照联办”最快2.5小时即可获取营业执照和食品经营许可证。

（马 岩）

【“相约西城 共享未来”西城推介会】9月2日，北京市商务局、北京市投资促进中心、西城区政府在海清苑共同举办招商推介会。面向国内外商会代表、驻华外资企业代表、世界500强企业家代表、知名金融机构代表、媒体等，聚焦高水平开放、高质量发展，展示西城区建设成果，宣传建设项目、区位和政策优势，推介西城区营商环境，投资和消费促进资源等。推介会由副区长陈朝晖主持，商务部投资促进事务局副局长于广生，北京市商务局副局长赵卫东，北京市投资促进中心副主任唐永宏，区委副书记、代区长刘东伟先后致辞；副区长聂杰英以“开放共促发展以合作共创未来”为主题做专题推介；西城区联合国工业发展组织中国投资促进办公室主任武雅斌与西城区分享合作签约项目；西城区商务局、发展改革委、金融街服务局、科信局、文旅局、西城园、金服公司等部门作为“服务管家”与企业代表见面交流。推介会现场以展板形式展示西城区“两区”建设两年以来的成果及金融、金融科技、数字经济、专业服务等政策清单；菜百、内联升、瑞蚨祥、一得阁等中华老字号、马连道茶文化，通过沉浸式场景体验，展现西城区深厚的历史文化底蕴。

（洪 娟）

【服贸会参展】9月3日至7日，区商务局牵头组团参加中国（北京）国际服务贸易交易会。西城交易团线上注册参展企业495家，搭建展台321个，成果预筹各类项目17个，其中金额类项目11个，金额7.42亿美元。在服贸会“北京日”暨“两区”建设两周年主题活动上，区委书记孙硕以“坚持制度创新引领，打造开放发展高地”为主题做“两区”建设创新经验发言。代区长刘东伟代表区政府与1个重要国际组织和金融、金融科技领域2家重点企业签约，签约总金额155亿元，排名全市第一。副区长聂杰英受邀在“投资北京会客厅”上做西城“两区”招商引资主题推介。在首钢园区搭建金融服务、文旅服务特色主题展区，全面展示发布“两区”建设两周年高质量发展成绩单。市委书记蔡奇视察金融街展区。

（贾明达、马 岩）

【“两区”建设工作会】9月22日，西城区召开建设国家服务业扩大开放综合示范区工作领导小组会议。区委书记孙硕出席会议并讲话，区委副书记、代区长刘东伟主持会议。会议审议通过《西城区建设国家服务业扩大开放综合示范区工作领导小组调整方案》，区委常委、副区长聂杰英总结“两区”建设两年来工作成效，部署下一步重点工作指标与任务安排。区商务局汇报“两区”建设整体进展，金融街服务局、西城园管委会、区税务局、区市场监管局作经验介绍。

（马　岩）

【金融业开放取得成效】2022年，“国家服务业扩大开放综合示范区”标识牌在金融街i客厅挂牌。北金所落地北京地区首单不良资产跨境转让项目。“两区”建设以来，西城区首家引进境外银行——香港创兴银行北京分行落地金融街。中邮人寿保险获批增资引进境外战略投资者香港友邦保险，项目交易引资金额120.33亿元，创我国保险业历史最高。摩根大通证券（中国）有限公司北京分公司、高盛（北京）企业管理公司等在金融街集聚发展。全年金融业实际利用外资11.32亿美元，占全市金融业实际利用外资的84.7%。

（马　岩、郝家莹）

【总部经济发展】2022年，根据市级认定，西城区总部企业达478家，较上年度增幅约10%，占全市总部企业总量的11%，体现了首都功能核心区减量背景下高质量发展的特征与优势。年内，拉法耶特百货（北京）有限公司、一起教育科技有限公司被新认定为跨国公司地区总部。

（马　岩、贾明达）

名　录

单位名称：北京市西城区商务局

党组书记、局长：袁利

地　　址：西城区北滨河路9号

邮　　编：100055

电　　话：83509335

传　　真：68012342

（谢　莉）

朝阳区

概　况

2022年，北京市朝阳区商务局坚持以习近平新时代中国特色社会主义思想为指导，深入学习贯彻党的二十大精神，全面贯彻落实中央、市、区决策部署，消费市场逐步回稳、外资利用稳中有进、对外贸易逆势增长、批发零售业和租赁商务服务业平稳运行，"两区"建设取得新进展，商务运行总体稳中向好。年内，实际利用外资63.1亿美元，实现进出口总额18139.7亿元，新增跨国公司地区总部7家，实现社会消费品零售总额3179.8亿元，新建（改造）便民服务网点67个。

（张维民）

【推进"两区"建设】年内，加快推动项目落地，聚焦"商务、金融、科技"三大重点领域，持续深化"三单"管理，梳理细化"政策、企业、空间"三张清单，全区新增入库项目740个（完成累计入库项目指标数168.2%），其中已落地项目353个，外资项目136个。形成两批共36个创新案例，落地16个示范引领性项目。强化政策创新突破。持续推进与国际先进规则相衔接的开放政策制度创新。在全市率先开展国际收支便利化全环节改革试点工作，进一步提升跨境投融资自由化便利化水平。依托北京国际大数据交易所，研发建成国内首个实现数据跨境流通功能的数据托管服务平台。探索率先发布数据确权和交易规则白皮书，创新数据交易的规则、技术实现路径和商业模式，争取数字贸易创新试点和相关政策突破。健全司法领域多元解纷体系，探索建设全球争议解决中心，推动构建以高效快捷和平等磋商为特征的高标准争议解决制度体系。扎实推进重点园区建设。按照市级重点园区工作统一部署，围绕园区（组团）发展定位和产业特色，编制三年行动方案，探索特色化差异化发展路径。朝阳组团和中关村朝阳园的三年行动方案形成初稿。

（张维民）

【促消费情况】年内，全区实现社会消费品零售总额3179.8亿元，占全市总量的23.2%，始终位于全市首位。强化顶层设计。印发《朝阳区建设国际消费中心城市领导小组工作规则》《朝阳区建设国际消费中心城市领导小组办公室及下设专项工作组职责分工》，建立完善工作机制，深化落实措施体系，加快建设国际消费中心城市主承载区。规划空间布局。优化区域消费版图，打造"一纵一横"商业带（一纵：加快构建"14号线商业带"；一横：加快建设亮马河国际风情水岸）。促进商圈提质升级。稳步推进"一圈一策"工作，11个商圈已经形成"一圈一策"工作方案。加快推动CBD商圈转型升级，引入新产品、新品牌、新业态，打造千亿规模世界级商圈。发挥重点项目带动作用，三里屯太古里北区北城市更新项目稳步推进，teamLab朝阳大悦城馆、望京凯德Mall二期等项目完工开业。推动新消费品牌孵化。举办北京新消费品牌孵化创新大会，推动新消费品牌与场景、资本等加速对接。发布《朝阳区商业招商白皮书》，吸引更多优质消费品牌。开展系列促消费活动。开展“潮朝阳 新消费”系列促消费活动，围绕“潮市集”“咖啡节”“时尚秀”等板块，举办各类促消费活动近400场。举办“来14号线，就购了”、首届“一带一路”咖啡文化嘉年华等主题活动，大力培育消费热点。提升优质消费供给。加快推进“咖啡之城”“美食之城”“时尚之城”建设，打造朝阳消费“金名片”。大力发展首店经济，引进首店433家，以显著优势位居各区首位。对接美团，引入“黑珍珠餐厅指南”发布项目，促进精致餐饮高质量发展。持续加强便民商业体系建设，新建改造便民服务网点67个，提前超额完成市级建设任务。

（张维民）

【推动总部经济发展】年内，建立总部企业、跨国公司地区总部、外资研发总部三本台账，定期走访并宣讲市区两级总部政策，为重点企业提供一对一管家式服务。年内新增跨国公司地区总部7家，全区跨国公司地区总部增至145家。

（张维民）

【完成冬奥会餐饮服务保障任务】成立冬奥专班，建立完善沟通会商、场馆供餐日报、应急餐饮服务商互保、防疫督导检查等工作机制，为区内“3+7”场馆点位约27500余人提供餐饮保障，为16家不具备供餐条件的涉奥驻地协调对接餐饮事项。自1月4日启动小闭环起至4月7日，累计供餐362万余人次，为全市最大供餐量，在冬奥服务保障过程中发挥了重要作用，获评“北京冬奥会、冬残奥会北京市先进集体”。

（张维民）

【参与2022年服贸会】举办“2022数字经济发展”大会，发布《2022年度朝阳区外资外贸发展报告》，加大宣传推介、招商引资力度。打造“永不落幕服贸会——朝阳”线上主题展，近400家知名企业参展，全方位展示朝阳在服务贸易领域取得的最新成果。积极促进重点项目签约，全区实现签约项目17个，共计17.43亿美元。

（张维民）

【两行业发展情况】年内，朝阳区批发零售业和租赁商务服务业共形成区级收入174.13亿元，同比下降11.67%，占全区的34.31%（全区507.54亿元，同比下降4.58%）。其中，批发和零售业实现区级收入87.56亿元，同比下降21.09%；租赁和商务服务业实现区级收入86.58亿元，同比增长0.46%。

（张维民）

【外贸进出口情况】年内，全区累计完成货物进出口总额18139.7亿元，同比增长24.8%，占全市总量的49.8%。其中，进口完成16608.5亿元，同比增长24.1%，占全市总量的54.4%；出口完成1531.2亿元，同比增长33.1%，占全市总量的26.0%。全年货物进口、出口及进出口总额均居全市首位。

（张维民）

【利用外资情况】年内，朝阳区新设外资企业424家，同比下降41.2%，占全市30.1%；实际利用外资63.1亿美元，同比增长32.1%，占全市36.3%；吸引合同外资34.8亿美元，同比下降81.1%。

（张维民）

【政务服务工作】年内，办理粮油仓储单位备案5次；企业境外投资备案3家；受理服务外包合同数量3588笔；出具软件出口合同登记证书740份，合同金额33.95亿美元，执行金额35.43亿美元；受理对外贸易经营者备案登记共1250家；拍卖企业（分支机构）申请取得从事拍卖业务的许可177笔，拍卖企业年度核查320件次；共办理成品油零售经营资格审批44家。

（张维民）

名　　录

单位名称：北京市朝阳区商务局

党组书记、局长：刘佳

地　　址：北京市朝阳区日坛北街33号

邮　　编：100020

电　　话：65099185

传　　真：65094325

（张维民）

海淀区

概　况

2022年海淀区商务局坚决落实“疫情要防住、经济要稳住、发展要安全”的要求，以党建为统领，围绕党的二十大，市、区第十三次党代会确定的奋斗目标，落实海淀区委区政府重点工作，从防疫保供、“两区”建设、外资外贸、国际消费中心城市建设、接诉即办等方面全面推进海淀区商务工作再上台阶。

（万　融）

商业服务业

【概况】 2022年，海淀区国际消费中心城市建设阶段性成效显著，7个现有商圈和2个待培育商圈纳入全市重点商圈名录。新建早餐、便利店等业态在内的便民服务网点50个，区域便民服务品质不断提升。开展“悦动海淀”系列促消费品牌活动，借助各大节日节点，开展品牌消费节、国际美食节、社区生活节、冰雪消费节、中关村舞剧节等标志性主题活动。打造具有影响力的“夜京城”特色消费地标、融合消费打卡地、品质消费生活圈，开展景区公园夜游和夜间特色文体活动等，丰富夜消费供给。华熙LIVE·五棵松获“年度城市商业新地标”奖。

社会消费品零售总额实现2716.5亿元，比上年下降7.0%，增速高于全市-7.2%的平均水平，居城六区第三名，占全市比重的19.5%。其中限额以上批发和零售业、住宿和餐饮业实现网上零售额实现961.2亿元，比上年增长1.2%，占全区社会消费品零售总额的35%，占全市的17.4%。

（张世璞）

【国际消费中心城市建设】 海淀区商务局围绕市级年度工作要点和《海淀区国际消费中心城市建设实施方案（2021—2025年）》方案安排，推进实施“数字+”科技消费新范本、消费新地标打造行动、文旅体消费融合升级、提升教育医疗消费新供给、打造高品质生活典范区以及优化消费发展环境等六项重点任务，持续打造具有国际影响力的科技消费示范区和高品质生活引领区，构建科技创新消费、人文商旅融合的消费体系。

（张世璞）

【数字消费产业】 年内，区商务局围绕“7+2+2”[①]规划布局，持续开展商圈“一圈一策”顶层设计方案的深化研究。打造“数字+”国际科技消费新范本，构建海淀数字消费产业生态。引导商圈差异化、特色化发展。依托“城市更新”“片区更新”等工作，推动公主坟、五棵松等重点商圈商业主体业态调整提升的同时，围绕区域轨道交通接驳、城市环境提升等进行专题论证，优化商圈总体环境；加快推动中关村广场、五棵松万达等存量商业改造；为西三旗万象汇等新建大型商业项目的首批商户执照办理开通绿色通道。推动西北旺万象汇、中粮大悦城、永丰TOD项目配套商业等科学城北区大型商业项目实施进程，引导形成高品质商业供

① “7+2+2”商圈布局：中关村、五道口、公主坟、五棵松、世纪城、万柳、清河等7个既有商圈；西北旺、永丰等2个在建商圈；巨山、翠湖2个远期规划商圈。

给；推动现有和新增大型商业主体引入国内外知名品牌首店、旗舰店、创新概念店和体验店，培育区域消费新热点。全面推行“商圈党建”工作，以世纪城商圈党建为范本，推动7大商圈形成完善的工作机制，以“党建+”带动商圈治理模式创新，促进商圈服务质量、安全生产、停车管理、环境秩序等全面提升。

（张世璞）

【2022北京消费季·悦动海淀系列活动】3月1日，“2022北京消费季·悦动海淀”系列促消费活动启动。活动围绕国际消费中心城市建设主线，按照“政府搭台、企业唱戏、市区联动、部门协同”原则，设置“嗨购海淀”——满足不同群体消费需求、“寻味海淀”——品尝舌尖上的美食盛宴、“智惠海淀”——推广数字消费新场景、“文享海淀”——感受全新文化娱乐新地标、“爱尚海淀”——提升服务业消费品质、“炫彩海淀”引领北部商业民俗潮流6大主题板块，依托“3+N”[①]活动体系，释放区域消费潜力，通过串联重点商圈、互联线上线下、着重科技场景应用、融合文旅教体多领域共同发力，带动各商业协会和企业举办N项促消费活动，打造汽车消费节、社区数字生活节、中关村国际美食节、深夜食堂节、海淀商业服务业职业技能风采大赛、夏季世界杯啤酒节、数字艺术节等20余个悦动海淀消费季重点活动，周周有活动、月月有主题、季季有亮点、全年有效果，促进消费能级不断提升。活动持续至年底。

（张世璞）

【消费帮扶】2022年，将海淀区消费扶贫双创分中心更名为海淀区消费帮扶双创分中心，对现有的11家分中心进行重新认定考核，保留8家分中心。优化形成集批发市场、电子商务、连锁商超、商贸中心等于一体的全方位消费帮扶联盟。围绕《北京市消费帮扶工作2021—2022年实施方案》和《2022年海淀区东西部协作和支援合作工作计划》，坚持政府引导、社会参与、市场运作、创新机制的原则，搭建平台、凝聚社会力量，挖掘消费帮扶新动能。开展“消费帮扶·温暖华夏”消费帮扶工作。在重大节日采购高峰，协调全区各消费扶贫分中心备货，开设消费帮扶专区，全年助力6个结对地区累计完成消费帮扶总金额12.52亿元。组织内蒙古兴安盟科尔沁右翼科右中旗商务局及12家当地企业组成的商务团队到海淀区锦绣大地、车客家园等分中心及西部马华等企业实地考察，举办产销座谈对接，拓展销售渠道，提升市场份额；依托红伟安民在西北旺镇搭建的科右前旗草地羊旗舰店，采取消费协助、帮扶的方式，通过“以买代帮”帮助科右前旗巩固帮扶成果。会同区发展改革委、工商联等委办局，组织8个消费帮扶分中心、部分海淀企业到内蒙古科右前旗、中旗进行产销对接，与受援地24家企业进行洽谈，签订意向书50余份。深度探索直播、吃播、带货等创新方式助力消费帮扶，迅速提升受援地优质产品热度，助力6个消费帮扶地区完成消费帮扶总金额12.52亿元。协调各消费扶贫分中心开设消费帮扶专区，线上线下扩大销售额度；协调区总工会、教委、卫健委等单位优先采购受援地的农副产品作为慰问品、节日福利；加大食堂采购受援地农副产品比例，区消费扶贫分中心共销售受援地脱贫农副产品1022.49万元。借助“我在乡村有亩田”扶贫助农项目，指派海淀区消费扶贫第一分中心在内蒙古科右前旗、科右中旗、敖汉旗划定种植区，设立种植品种，全程进行监督、指导，为采

---

① “3”即海淀品牌消费节、中关村国际美食节和海淀社区数字生活节3大主力活动平台。“N”即各行业领域企业的N项促消费活动。

购方在农产品种植初始环节把好“健康关”。

（古海涌）

【全国粮食和物资储备科技活动周活动】 5月21日至28日，以“科技兴粮兴储，创新有你有我”为主题的2022年全国粮食和物资储备科技活动周举行。海淀区通过线上线下相结合的方式，组织开展形式多样的科技和人才助力兴粮兴储、科技支撑优质粮食工程、粮油营养健康消费等宣传和成果推广活动，激发全社会自觉践行爱粮节粮行动。

（董艳芳）

【第十八届海淀品牌消费节】 8月12日，由海淀区商务局支持，海淀区商业联合会主办的2022年第十八届海淀品牌消费节启动。消费节围绕“新场景”“新趋势”“新能级”“新势力”“新体验”5大板块，举办“自然时光”城市微度假户外生活节、城市青年交友节、精品市集系列活动、智能汽车消费展、“智惠海淀”节、主题房车节、岁末购物节等凸显“文化十商业”等特色活动。启动当日，区商联会与宁波银行北京分行签署战略合作协议，与美团、宁波银行北京分行等单位携手上线2022海淀线上品牌消费节，结合微信群、流量联动、视频号直播等多种线上形式为消费节造势，现场为韵禾数字直播基地、医疗大健康专业委员会授牌。本届消费节在海淀悦界主题街区、上地华联、领展购物广场·中关村、华熙LIVE·五棵松、蓝景丽家、西苑饭店、中关村环保科技示范园等地举办多主题分会场活动，推动新消费向体验化、品质化和数字化方向提档升级，解绑“城市消费”复苏。全区重点商圈、上百家百货、购物中心、超市及专业卖场，汽车专委会88家会员参与全程。重点监测商业企业样本数据显示，9月30日至10月6日，受监测企业实现销售6.57亿元，同比增长4.6%，服务顾客292.6万人次。受监测的海淀区重点商场购物中心、超市及专业店等实现销售额4.79亿元，同比增长8.06%。活动持续至年底。

（李 哲）

【2022“京湘情”年货大集】 1月17日，海淀饮服协会联合区工商联举办线上2022“京湘情”年货大集。湖南省驻京办、湖南省湘西州驻京联络处、湖南省花垣县政府、海淀区工商联、海淀饮服协会、上地街道商会负责人及海淀区企业代表30余人参加线上启动仪式，12家企业下单采购，销售10余万元。

（李 哲）

【第二十届中关村国际美食节】 8月17日，由北京市商务局指导，海淀区商务局支持，海淀饮服协会主办的第二十届中关村国际美食节在七叶香山德式花园餐厅开幕。美食节为2022年北京消费季·悦动海淀分会场活动之一，采取线上线下联动方式举行。开幕式上，海淀饮服协会发布“四季养生菜品推荐”系列活动之夏季吃夏菜，启动第十二届香山德国啤酒节、查安康海淀消费券和2022海淀深夜食堂节，发布深夜食堂消费地图。美食节主要活动：城乡购物中心举办第三届城乡美食节、中塔旋转餐厅举办巴西风味美食季、“海淀美食汇”小程序推出“云尚火锅节”、抖音探店系列活动“四季养生菜品推荐”、基辅罗斯餐厅举办第五届俄罗斯美食节等上百家品牌餐饮。举办美食街区主题活动，在上地华联、五彩城、万柳华联、新中关、领展等美食聚集区，举办国际休闲零食展、“全民吃货日”、美食试吃分享等活动。美食节持续至年底。

（李 哲）

【第十六届海淀区商业服务业职业技能风采大赛】 本届大赛以“风采展现价值，技能传承使命”为口号，分别从服务质量提升、商务直播培训，行业应急安全管理、商业服务人才风采展示等方面通过快闪区设计、超市堆头、服装服饰搭配、服务礼仪培训、“拿手好菜”等竞赛项目，“以赛促训 以赛促优”的模式常态化激励和引导海淀区商业服务技能人才在实践中检验服务技能，让优秀技能人才脱颖而出，进一步保障海淀区商业服务业服务水平。

截至2022年，风采大赛已连续举办16届，完成各类比赛项目126项，比赛场次174场，各类比赛培训近110次，推出120余项不同岗位行业标准，累计参加人次达70万余人。经过十六年的历练与沉淀，风采大赛为商服人才的成长提供了快速通道，如今已经成为区内一线员工打磨专业技能的平台。

（李　哲）

对外经济贸易

【概况】2022年，海淀区实际利用外资63.71亿美元，连续五年保持全市第一。外贸进出口总额 3176.6亿元，位居全市第二。举办服贸会海淀之夜、数字贸易发展论坛、央视—北京对话会等活动，海淀区企业25个项目达成合作意向，执行金额15.99亿美元。其中，成交项目类项目14个，执行金额3.36亿美元；投资类项目11个，执行金额12.63亿美元，执行金额位居全市第二。大中小企业融通创新新模式、常态化生态环境正面清单和以数字化公共服务赋能出口基地高质量发展三项创新案例入选“改革创新实践案例”向全市复制推广；“两区”重大项目总签约项目6个，签约金额145.5亿元，位居全市第二。建立海淀区总部企业联席会机制，完成2022年度总部企业贡献奖励资金的兑现工作，41家企业获得总部企业贡献奖励，奖励金额10135万元，占全市奖励总额的35.47%，奖励企业数和资金总额均位居全市第一，总部企业引领作用突显。开展跨国公司地区总部和外资研发总部认定及相关政策宣讲会，英特尔、理光软件、瑞萨、小马慧行、西克麦哈克等8家企业被北京市外资研发中心认定为总部企业。海淀区总部企业累计达921家。

（万　融、王静雯）

【外资外贸】2022年，海淀区新设外商投资企业321家，吸引合同外资53.30亿美元，实际利用外资63.71亿美元，比上年增长2.04%，全市占比36.6%，居全市第一。外贸进出口总额3176.6亿元，比上年增长0.2%。其中，进口额1722.5亿元，比上年增长1.2%；出口额1454.1亿元，比上年下降0.9%，占全市比重的24.7%，位居全市第二。

（王静雯）

【外资外贸企业走访】海淀区商务局建立重点外资外贸企业库，落实“管家服务”机制，及时了解、协调解决企业困难。通过走访调研、线上会议、电话沟通、座谈交流等形式，定期与合同外资1000万美元以上的外资企业对接，了解企业在经营发展、融资到资等方面的困难及诉求；对接走访英特尔、联想、诺维信、达佳互联、博彦科技、小米、首钢国际、中建材等100余家重点外资外贸企业，为企业送服务、谋发展；为西门子西伯乐斯协调解决疫情期间企业员工核酸检测及生产原材料供应难题，协助旅悦科技、华米、多点等企业申请市科委外资研发中心补贴。

（王静雯）

【第七届服贸会—央视北京对话会】 9月4日，由海淀区政府和央视财经节目中心《对话》节目携手打造的第七届服贸会—央视北京对话会在中关村国家自主创新示范区展示中心录制。对话会主题为“当数字化遇上能源”，邀请中国电子云执行总裁马劲、百度副总裁李硕、腾讯云副总裁石梅、南方电网数字电网集团有限公司总经理李鹏、三一重能董事长周福贵、能链智电 CEO 王阳等嘉宾，聚焦数字与能源领域，探讨服务贸易在数字化时代的今天，跟能源究竟会擦出什么样的火花。9 月 10 日，对话会在中央广播电视总台财经频道《对话》节目播出，100 余家国内外媒体进行转播报道。

（王静雯）

【2022 服贸会“海淀之夜”活动】 9 月 2 日晚，由海淀区政府主办，海淀区商务局、海淀区国际商会联合承办，英国驻华大使馆、以色列驻华大使馆、葡萄牙驻华大使馆、比利时驻华大使馆支持的 2022 中国国际服务贸易交易会“海淀之夜”活动在中关村国家自主创新示范区展示中心举办。“海淀之夜”活动以“数字智慧赋能医疗健康新发展”为主题，共同构建数字健康生态圈，以线下展览和闭门会呈现。全球服务贸易联盟理事长姜增伟，市商务局副局长郭文杰，区委副书记、代区长李俊杰等出席活动并致辞，区委常委、副区长林剑华出席活动。来自英国、以色列、意大利、荷兰、葡萄牙、土耳其、比利时、南非、瑞士、塞尔维亚 10 个国家驻华使馆使节，以及国内外行业机构、业内专家与企业知名人士近百人出席。“海淀之夜”活动设置展览展示、致辞推介、主旨演讲、重磅发布、现场签约等环节，分享全球健康产业发展的现状与最新趋势，共商共建共赴医疗大健康生态。特别邀请国内外智能制造、健康和生物经济相关机构，分享医疗大健康领域关于智慧精准医疗、海外高端医疗器械产业化落地等最新观点；英国、以色列、意大利、荷兰等国家使节分享本国医疗创新发展、数字医疗最新研究成果。设立医药健康成果展，集合北京市医疗机器人产业创新中心、纳通科技、腾盛博药等 14 家海淀区医疗大健康领域领军企业，展示医疗大健康领域最新产品与尖端科技成果，由海淀企业——北京罗森博特科技有限公司生产的全球首个复杂骨折复位手术机器人亮相。活动现场，海淀“两区”建设重点项目签约，昱言科技、巢生源科、艺妙神州等十余家优质企业与区政府签约。举办“科技创新助力零碳新经济”主题对话会、围绕“数字技术赋能绿色经济”的 2022 数字贸易发展论坛，组织 300 余家线上企业参展。

（王静雯）

【2022 数字贸易发展论坛】 采取线上、线下相结合的方式于 9 月 5 日在国家会议中心大宴会厅召开。围绕“数字贸易新动力、全球贸易新格局”的主题，以共同构建数字经济生态圈为目标，来自德国、菲律宾、印度等驻华机构代表会同波士顿咨询、IDC、和君咨询等国内外知名咨询公司分享和探讨各国数字贸易发展的现状和趋势；来自卡车、无人驾驶以及汽车智能系统解决方案等领域的企业对“数字化技术赋能汽车行业数智化”等问题进行深入交流。论坛还发布了“2022 海淀服务贸易重点企业”名单及“2022 海淀数字贸易企业典型案例”，助力海淀企业提升国际影响力，加快企业走出去的步伐。本届论坛还进行了跨国界、跨行业项目对接，进行海内外优质项目资源推介。

（王静雯）

【发布《出口逆势增长中的中关村力量》】 首次发布《出口逆势增长中的中关村力量》外贸课题研究成果，在国外逆全球化浪潮及全球疫情持续的形势下，海淀区出口总额三年间持续保持稳步上升，2019 年到 2021 年增长了 45.1%。课题从 2019—2021 海淀区外贸出口三年全景入手，梳理了三年来海淀区出口结构、优势产业，近年来国家、北京市及海淀区层面对外贸的支持政策等，并进行了大量的企业实地调研走访等综合分析，得出海淀出口逆势增长展现了战略思想力、核心科技力、企业制度力、贸易数智力、产业生态力五种中关村力量。

（王静雯）

【政策宣贯指导】2022年，海淀区商务局精准对接区内企业需求，举办招商对接会、政策解读会等活动，为企业提供产业、税收、人才、知识产权等领域相关政策的深度解读，助力企业加快融入新发展格局，鼓励企业享受“三区”①叠加的政策红利。同时，引导企业通过搭建合作平台、项目对接等方式鼓励企业在贸易投资、科技创新、产能合作、基础设施建设等领域与“一带一路”沿线国家开展深层次、高水平的项目合作。

（王静雯）

【促进总部经济能级提升】建立海淀区总部企业联席会机制，圆满完成2022年度总部企业贡献奖励资金的兑现工作，41家企业获得总部企业贡献奖励，奖励金额10135万元，占全市奖励总额的35.47%，奖励企业数和资金总额均位居全市第一，总部企业引领作用突显。开展跨国公司地区总部和外资研发总部认定及相关政策宣讲会，推动英特尔、理光软件、瑞萨、小马慧行、西克麦哈克等8家企业获评2022年度北京市外资研发中心认定，助力区域打造更高能级总部经济。

（王静雯）

疫情防控

【疫情常态化防控】2022年，海淀区商务局向29个街镇统筹收发核酸检测设备5000余台/次。统筹协调支援丰台区相关核酸检测设备的调配以及到支援工作人员慰问品保障。筹集核酸检测设备近千台，向丰台区相关街镇发放3000余台/次，发放慰问品3750份。协调全区120家生活必需品重点保供企业对封管控区提供生活必需品保障。为封管控区居民发放爱心蔬菜包215273份，折合人民币1076.36万元。疫情管控期间，为各超市、线上平台等重点保供企业员工解决集中住宿部分费用共9.66万元。为社区一线防疫人员购买防寒服6912套，总计691.2万元。为27家企业共计1万余人申请办理“白名单”，为保供企业从业人员发放抗原试剂145334人份。负责海淀区注册企业的生活必需品及日用生活品进京货车的网上申请审批工作，审核重点物资运输、绿通车2660辆，其中符合条件办理的有效通行证1773辆。每周统计汇总行业疫苗注射、核酸检测等相关数据，收集汇总2373家企业28637人信息，录入海淀区重点行业新冠疫苗接种摸排登记系统。登记企业20582家，登记自然人112157人，平均周期检测率83.43%以上。

（古海涵）

【疫情生活物资保供】5月12日，海淀区商务局为应对全区疫情生活物资保供，迅速指导各商超和线上企业紧急调货、按照平日3倍以上备货、张贴缺货商品到货时间。对32家重点商超开展巡查指导工作，帮助企业协调货品补充、保障供应。海淀区有121家生活必需品应急供应网点、6家重点电商平台企业、9家蔬菜直通车企业三种保供渠道，线上平台及线下实体店所有货品均备货充足。要求从5月13日起，各重点保供企业均按照平日2～5倍备货。区商务局依托生活必需品“点对点”监测补货保障机制，及时掌握市场动态，了解售卖情况、库存量、供货能力等情况，发现补货慢、短时

①“三区”：中关村国家自主创新示范区核心区、中国（北京）自由贸易试验区科技创新片区、国家服务业扩大开放综合示范区。

断货等情况，及时提示企业。同时关注便民商业网点供应情况，发挥“市—区—街镇—社区”四级联动工作机制作用，指导各街镇通过“大店带小店”补货机制、市级点对点食材供应配送企业等多种方式，协调非连锁小店进行资源对接，丰富物资供应渠道。

（古海涌）

【完成进口冷链食品首站中转查验库建设】 5月20日，由海淀市场监管局、海淀区商务局、海淀区卫健委、海淀区疾控中心等部门指导在超市发公司榆庄子库区建成海淀区首站中转查验库的冷库，验收合格，正式竣工挂牌。

（古海涌）

“两区”建设

【概况】 2022年，海淀区融入新发展格局，高水平推进“两区”建设。一是建立工作机制、强化工作力量。海淀区“两区”办承担自贸试验区海淀组团管理职能，北京实创科技服务有限责任公司作为海淀组团的实体化运营公司，研究成立自贸试验区促进会。二是加强顶层设计、开展制度创新。编制《海淀区“两区”建设深化改革创新实施方案》《中国（北京）自由贸易试验区科技创新片区海淀组团发展建设三年行动方案》，研提149项制度创新措施和50项任务措施。三是促进项目落地、搭建“六单”管理平台。优化“服务包”和重大项目入库管理机制，新增“两区”重点项目666个。推进“1+1+N”[①]全域园区联动开放行动，加强政策联动创新。研究搭建“六单”管理系统，预计2022年底试运行，引导企业和人才用足用好政策。四是推动任务落地、形成创新案例。收集创新案例21个，向北京市“两区”报送3批14个案例，其中向全国复制推广1项（常态化生态环境正面清单差异化监管新模式入选生态环境部“自贸试验区高质量发展典型案例”），向全市复制推广3项（先行先试海淀联合基金打造基础研究政产学研用新模式、以数字化公共服务赋能出口基地高质量发展、大中小企业融通创新新模式）。五是加强统计宣传，提高“两区”显示度。2022年，自贸试验区科技创新片区海淀组团新增工商注册企业数2127家，其中内资企业2107家，外资企业20家。完成自贸试验区交通道路指引标识点位3处，标识牌4处。组织宣传推介14次，媒体报道200余次，印制“两区”建设两周年大事记、招商地图宣传册。依托中关村科学城（海淀区）规划展览馆“两区”建设展厅，打造“两区”主题展示推介空间和各产业园区展示推介空间。

（张天昊）

【2022年海淀区“两区”建设线上推介会活动】 2022年7月13日，由北京市海淀区人民政府主办，海淀区商务局与海淀区国际商会承办，中欧数字协会支持举办的“全球互联·智赋未来2022年海淀区‘两区’建设线上推介会”活动在京成功举办。

北京市海淀区委常委、副区长林剑华、国际战略合作伙伴中欧数字协会主席鲁乙己（Luigi Gambardella）、中国欧盟商会政府事务论坛主席刘畅博士出席本次活动并分别发表致辞。

活动通过线上线下结合的形式邀请到来自多个行业的中欧企业家与学者共聚焦海淀区最新“两区”发展重点战略以及2022年国际招

① “1+1+N”全域园区联动开放行动，其中，第一个“1”是指以海淀组团作为核心区，第二个“1”是指以中关村软件园作为联动创新区，“N”是指以若干个重点园区作为辐射带动区，加快建立海淀组团与中关村软件园、东升科技园等重点园区的联合合作机制，加快形成“1+1+N”联动开放格局。

商引资重点行业、中欧高新技术与产业深度合作等热点内容。期间，林剑华副区长对最新的海淀区“两区”建设情况及营商环境进行了详细介绍。英中贸易协会科技创新行业总监Mark Hedley，罗兰贝格全球管理委员会联席总裁戴璞（Denis Depoux），葡中工商会秘书长伯纳（Bernardo Mendia）先后就数字创新产业发展、海淀区经济区位优势、产业融合创新、中欧商贸交流等话题同与会嘉宾进行了分享。十余家欧洲高新技术企业、商业机构线对海淀“两区”建设的战略规划、中欧数字经济与高新技术企业技术研发合作、商业场景落地以及高科技企的“两区”落地政策等多方面进行了深入交流。海淀区国际商会与中欧数字协会在现场同步签署了《国际战略合作备忘录》。通过双方共建的国际合作平台，双方未来将共努力加强会员企业间在技术、资本、信息、人才等领域的深度合作，提高企业国际化水平，并在企业落地方面提供帮助。

（张天昊）

【2022中关村论坛系列活动——“创业中华·中关村侨海创新发展高峰论坛”】2022年6月29日，由中国侨联、中关村论坛执行委员会办公室共同指导，北京市侨联、海淀区人民政府共同主办，北京市海淀地区海外联谊会、海淀区侨联、中关村科学城管委会交流合作与人才工作处共同承办，中关村归国留学人员联谊会、北京中关村国际会展运营管理有限公司共同支持，北京市海淀区侨创产业协会运营的2022中关村论坛系列活动——“创业中华·中关村侨海创新发展高峰论坛”成功举办。

北京市侨联副主席苏泳，北京市海淀区委常委牟晓春，北京市侨联兼职副主席、海淀区侨联主席石岳等相关领导出席了此次活动。

该论坛聚焦能源安全和绿色发展，邀请全球科技前沿科学家、学者展开分享与探讨。同时，作为中国侨联“创业中华”品牌活动，本次论坛发表了3个主旨演讲、举办了2场圆桌会议、集中发布了100个侨海创新项目，其中10个项目进行路演并对接。近百家海外知名高校在京校友会、海外名校创业协会及相关投资机构共同参与，彰显了侨联组织服务首都高质量发展、高水平开放，助力北京国际科技创新中心建设的责任担当。整场活动通过中关村论坛官方账号、中国国际教育电视台、新浪微博、爱奇艺等平台进行了全球直播，当日观看量达50万人次、全网点击量1000万人次。

（张天昊）

【2022北京自贸试验区科技创新片区海淀组团创新论坛】2022年4月12日，北京自贸试验区科技创新片区海淀组团创新论坛在中关村壹号召开。本次论坛由海淀区金融办、实创公司联合主办。北京市地方金融监督管理局党组成员、副局长赵维久，海淀区委常委、副区长林剑华等出席了此次论坛。

会上，北京自贸试验区科技创新片区海淀组团“创业投资基地”和“科创金融会客厅”正式揭牌。随即，两项重要签约落地。一是实创公司与北京银行中关村分行达成战略合作，未来三年，北京银行中关村分行将支持实创公司的自贸试验区建设，支持自贸试验区入区企业的融资需求。支行将进一步推进科技金融服务体系建设、创新科技金融特色产品，重点支持园区建设、助力区域内企业高质量发展。二是由北京实创科技投资有限公司和北京市中小企业引导基金共同发起设立2亿规模的北京翠湖原始创新二号创业投资基金（简称：翠湖二号）正式启动，以“空间+投资+服务”的模式，通过资源整合、资本合作、科技服务等多种方式助推科技创新片区高新技术企业快速健康发展。在落户项目的签约环节，丝路科华基金，以及民生银行、中国银行、邮蓄银行、国信证券自贸区分支机构等集中亮相。

下一步中关村科学城北区将进一步强化金融发展规划，引导更多金融要素向科技创新片区布局，从扩大金融领域开放、推进金融科技深度融合创新、强化金融服务实体经济等方面发力建设科创金融高地。

（张天昊）

【“两区”建设两周年新闻发布会】2022年9月9日，“两区”建设两周年新闻发布会在海淀区召开，会上对两年来北京市“两区”建设工作在科技创新领域取得的成果进行详细地介绍和解读。北京市统计局、北京市科委、中关村管委会、北京市知识产权局、北京市税务局分别对“‘两区’建设成效”“结合推进科技创新开放发展，支持设立外资研发中心的相关政策及成效”“‘两区’知识产权创造、运用、保护全环节改革进展情况”“技术转让所得税、公司型创投企业所所得税优惠政策实施情况”等方面进行了介绍。区委常委、副区长林剑华重点发布了海淀区两年来“两区”建设成果并对未来进行了展望。

发布会现场，海淀区“两区”办发布《2022海淀区“两区”建设工作两周年大事记》，从组团、运行机制、经济效益、创新案例、企业服务以及宣传推广等多个方面，通过高起点、高水平、高效能、高热度的方式对2020—2022年海淀区“两区”建设的成果进行了展示。海淀区融媒体中心通过北京海淀微信视频号、“北京海淀”今日头条、“海淀第一手”快手号、“海淀新闻”微博、“北京海淀”百家号、政府网等等平台，对发布会进行了全程直播。

（张天昊）

名　录

单位名称：北京市海淀区商务局
党组书记、局长、二级巡视员：张立红
地　　址：海淀区四季青路6号招商大厦东侧
邮　　编：100092
电　　话：88496986
传　　真：010-88496790

（万　融）

丰台区

商业贸易

【概况】2022 年，丰台区商务局认真落实党中央决策部署和市、区工作要求，深入学习贯彻党的二十大精神，迎难而上、砥砺前行，高效统筹疫情防控和经济发展，商务事业稳中有进。

（汤　衡）

【国际消费中心城市培育建设】加快构建“2+4+N”空间版图，围绕五个清单，全面推进“八大行动”。丽泽 × 首都商务新区被纳入全市 4 个国际消费体验区之一。升级商圈焕发活力，印发 4 个重点商圈“一圈一策”工作方案并推动实施。2022 年我区实现社零额 1328.8 亿元，增速居城六区第二，其中冬奥特许商品实现销售额超 20 亿元。

（史　浩）

【2022 丰台消费季】2022 年 3 月 1 日，丰台消费季在成寿寺地区的新业广场拉开序幕，2022 年丰台消费季由“3+7+22+N”框架组成，包括发布三大消费攻略，开启七大主题板块，打造 22 个丰台消费季标志性活动，同时调动市场主体力量，联动相关协会、企业等开展 N 场主题促消费活动，释放区域消费活力。

（史　浩）

【提升消费供给品质】2022 年引进万达红旗体验中心、森林象亲子餐厅等 49 家北京首店。丽泽天地、平安幸福汇开业，银泰百货大红门店、资和信百货、凯德 mall 完成提升改造，丽泽泰舍书局成为新晋网红打卡地，三联书店落地方庄。

（史　浩）

【提升生活性服务品质】年内，全区新建便民商业网点 40 个，继续保持基本便民服务社区全覆盖，便利性水平位居全市第四。

（陈　龙）

【升级农批和专业市场】年内，按照市区领导要求，明确新发地批发市场转型升级目标及市场功能定位，结合区域规划综合实施方案编制工作，联合市商务局研究提出新发地市场转型升级工作初步方案。

（陈　龙）

【保障生活必需品市场供应】聚焦“人、车、货、场”四要素，指导新发地、岳各庄批发市场完善应急保供方案。加强货源组织，制定四条紧急货源调运措施；畅通物资运输，组织固定商户办理重点物资通行证，实现“应办尽办”。疫情期间，新发地日均蔬菜上市量 1.74 万吨，水果日均上市量 0.84 万吨，均高于市级考核目标值。

（张　萍）

【线上线下保障零售供应】年内，指导协调物美、首航、家乐福、盒马等企业，拓宽供货渠道，日常供应量基础上增加 2 ～ 3 倍货源供应，确保货源充足。引导美团买菜、叮咚买菜等生鲜电商平台提升外卖运力，增加“预约购买”服务，引导消费者预约、错峰下单。组织 64 辆蔬菜直通车服务 94 个小区，指导连锁超市门店设立 64 家自提点，保障生活必需品供应“最后一公里”。发挥“白名单”机制优势，组织 36 家保供企业及 10 家快递企业上报“白名单”，加大人员的统筹力度，为白名单企业累计发放抗原11.7万份。

（张　萍）

【推动复工复产和疫苗接种】在保障疫情防控安全的前提下，协调属地落实保供企业网点临时管控原则上24小时解封，实现精准防控、快封快开，满足百姓需求。牵头组织外卖、商超等重点企业人员接种疫苗，商场、规上连锁超市、便利店从业人员三针接种率98%以上，积极动员重点人群接种第二剂加强鼻喷疫苗。

（李　蕊）

【落实粮食安全区长责任制】推进粮食安全责任制考核，高质完成各项任务指标，在市级考核中获得城六区第一的成绩。制定《丰台区粮食安全责任制实施方案》，进一步压紧压实我区粮食安全责任。全面落实2154.4吨区级储备粮存储、轮转以及管理机制，坚决保障区级储备粮安全。

（张　萍）

【为群众办实事】办理市区政协提案22件，满意率100%。在区政府网站公开发布信息214条，通过区商务局微信公众号发布信息447篇。“吹哨报到”24次，协调相关部门全部圆满解决；连续10个月接诉即办“三率”成绩均为100%，在月均考评30件以下部门中排名前列。

（王　宇）

【做好安全生产行业管理】督导检查商业经营单位3801余家次，出动督导检查人员7000余人次。组织开展线上安全生产专题培训5场，参会企业近1600家。开展人员密集场所消防安全、燃气安全、电动自行车充电安全、隐患排查等专项活动，加强全区商务行业企业安全防范意识，提高安全技能。局安全生产督查检查队荣获北京市“2022年应急先锋集体”称号。

（李学兵）

对外经贸

【政策创新促发展】围绕金融、科技、轨道交通、航空航天等重点领域，会同区金融办、区科信局、园区管委等部门开展深入调研，形成了4个“两区”研究报告。会同相关部门研究形成丽泽金融商务区、中关村丰台园高质量发展三年行动方案，积极打造开放发展新高地。开展离岸贸易开放和创新路径研究，成功推进丰台区纳入市级“离岸贸易创新发展集聚区”政策。

（汤　衡）

【外资外贸稳增长】落实“1511”产业发展提质工作，牵头做好外资招引工作，培育引进外资企业51家。完成实际利用外资1.8亿美元，同比增长34%；完成出口额371亿元，同比增长8%，出口额居全市第五，增速居城六区第三。

（汤　衡）

【创新案例出成果】协调区相关部门总结形成9个制度创新实践案例，其中，“‘丝路学堂’打造职业教育服务‘一带一路’新标杆”作为我市“两区”建设创新实践案例在服贸会“北京日”活动期间发布。

（汤　衡）

【树立对外开放形象】9月5日，在首钢园组织召开跨国公司高质量发展论坛暨丰台区开放合作推介会，国务院发展研究中心副主任隆国强，市政协党组副书记、副主席张家明出席并讲话，福特、拜耳等70余家跨国公司共商发展。联合联合国工业发展组织和中国国际进口博览局在丽泽举办中国汽车市场展望及外资车企发展国际研讨会，商务部副部长盛秋平出席活动并致辞，丰田、捷豹路虎等国际知名车企建言献策。

（汤　衡）

【深度参与服贸会】深度参与服贸会，两专题展充分展示数字金融和文化旅游发展成就；4个重大项目在“北京日”现场签约，总签约额达91亿元，排名全市前列。

（李　蕊）

【加强重点工作宣传】人民日报、北京日报、丰台有线等媒体深入报道工作成果数百篇，微信公众号发布信息398篇。

（汤　衡）

名　　录

单位名称：北京市丰台区商务局

党组书记、局长：许渊源

地　　址：北京市丰台区东安街三条六号

邮　　编：100071

电　　话：63830550

传　　真：63838670

（汤　衡）

石景山区

概　况

2022年是实施“十四五”规划的关键之年，是北京冬奥会、冬残奥会举办之年，是党的二十大召开之年。2022年是我国踏上全面建设社会主义现代化国家新征程、向第二个百年奋斗目标进军的重要一年。这一年，在区委、区政府的正确领导下，在区人大、区政协的监督指导下，深入贯彻落实党的二十大精神，区商务局积极谋划、主动作为，准确把握新发展阶段，深入贯彻新发展理念，主动融入新发展格局，统筹推进疫情防控和经济社会发展，促进石景山区商务行业高质量发展。

【国际消费中心城市培育建设】2022年，我区商业载体迎来扩容升级的机遇期，首钢园六工汇、金安环宇荟、五里坨金海洋购物中心相继开业，新增大型商业载体面积12万平方米；落地品牌区域及以上首店113家，业态涵盖餐饮、酒店、会展等。启动2022年京西消费节，以“潮购石景山　双奥惠生活”为主题，发布6条主题消费路线，设计6大主题板块、26项主题促消费活动，带动线下客流约10万人、线上曝光量超过200万次。出台促消费奖励政策，牵头制定《石景山区促进消费增长和商务经济高质量发展若干措施》，包括“新品牌”集聚、“新场景”打造、“新活动”举办等7大方向，涉及支持首店落户、促消费活动、夜间经济等共计29条措施。制定“一圈一策”方案，调研全区重点商圈和项目发展情况，摸清商业设施和业态资源，形成“1+4”个商圈方案。受疫情影响，2022年石景山区社会商品零售总额393亿元，同比下降10.7%。

（刘　斌、康烁辰）

【保障生活必需品市场供应】根据防疫政策不断完善《石景山区生活必需品及日常生活物资应急供应保障工作预案》，完善细化了“2张图+7本账”，成立保供工作专班，采取“线上+线下”相结合的模式进行保障。同时密切监测生活必需品市场情况，通过区级生活必需品市场监测系统平台，每日研判市场走向趋势，加强监测预警。建立保供“白名单”队伍。要求各重点商超、电商企业建立保供“白名单”队。依托“12345”市民热线、网络舆情，密切关注舆情变化，通过北京石景山微信公众号、区电视台等区级媒体准确报道我区市场情况。（备注：“2张图”即应急保障流程图、重点保供网点分布图，形成挂图作战；全面摸清“7本账”，即应急保供网络台账、重点保供商超台账、快递网点和线上平台企业台账、快递人员台账、外卖人员台账、重点商超人员台账、住宿经营单位台账。）

（刘　斌、康烁辰）

【持续推动消费扶贫】持续推动消费帮扶分中心、专区专柜和区内重点企业采购、销售支援协作地区农特产品，2022年全年帮助支援协作地区累计销售农特产品1983万元。积极鼓励“电商+消费”帮扶，通过832电商平台节目或直播带货等形式，加大对支援合作地区农特产品的推介力度。积极组织区内商贸流通企业开展“爱心捐赠”活动，捐款总额达100余万元。发挥展会引流作用，服贸会期间搭建展示平台，搭建线上农特产品展示中心，对莫旗、竹山、宁城、称多等对口帮扶地区的风土人情、名胜古迹、农特产品等情况进行集中宣传展示。

（刘　斌、康烁辰）

【一刻钟便民生活圈建设】统筹推进“城市一刻钟便民生活圈”试点，累计在6个街道建设10个试点圈，覆盖19个社区。推动衙府居园、翡翠山晓配套菜市场实现综合服务供给，保障居民家门口的基本便民业态。完成方圆六合菜市场智慧化升级改造，指导古城南路商业步行街申报“北京市生活性服务业示范街区”，提升生活服务品质。9月5日，在首届中国生活服务业发展大会上专题分享了石景山区在实施城市更新和产业转型战略过程中，建设一刻钟便民生活圈的实践和探索。

（滕小宇）

【压实粮食安全责任】2022年，石景山区保持650吨区级粮食储备规模，其中小麦粉450吨、粳米200吨。修订《北京市石景山区粮食安全工作领导小组成员单位和职责分工》，制定《北京市石景山区落实粮食安全责任制实施方案》，印发《北京市石景山区商务局粮食流通监督检查工作规程（试行）》。保持粮食供应应急网点24个，开展粮食行政检查15家次。在区级党委政府粮食安全责任制首考中获评城六区第一名。

（滕小宇）

【区级救灾物资和民用防控应急物资管理】全年，按程序向各街道、委办局调拨区级救灾物资45批，共6类、2788件，并在“应急物资管理平台”系统动态更新出入库信息，实现信息化管理。调拨民用防控应急物资57批，共19类约388万件。完成2022年度区级救灾物资年度补库和16批防疫物资采购，涉及资金共计1554.29万元。

（滕小宇）

【总部经济】2022年，石景山区共有市级认定总部企业110家，涉及信息传输、软件和信息技术服务业26家，房地产业22家，金融业19家，批发和零售业17家，制造业6家，建筑业5家，租赁和商务服务业5家，科学研究和技术服务业3家，电力、热力、燃气及水生产和供应业3家，采矿业1家，工业1家，教育1家，文化、体育和娱乐业1家。其中，经济贡献重点总部企业102家（其中1家同时为跨国公司地区总部，北京新唐思创教育科技有限公司），行业示范企业总部8家。

（李　璨）

【扎实推进行业安全生产监管工作】2022年，制定并下发了《2022年石景山区商务行业安全生产、消防及公共安全工作要点》，对安全工作实行“一把手”亲自抓，定期组织召开党组会、局长办公会研究行业安全生产、消防安全、反恐防暴、扫黑除恶等各项工作，加强对行业安全工作的督促指导。在冬奥会、全国两会、党的二十次全国代表大会等重大活动期间，结合安保重点有针对性地制定工作方案。积极落实“商务行业消防安全隐患大排查、大清理、大整治”工作、消防安全隐患集中排查、燃气安全专项整治行动、安全生产三年专项整治、电动自行车、有限空间等专项整治任务，2022年，我局累计出动检查人员1159人次，检查督导商务行业企业544家次，排查治理各类安全隐患375处，约谈企业4家次，做到了工作有重点，行动有计划，排查有整改，整改必到位，为商务行业安全生产形势持续稳定好转奠定了坚实基础。

（刘　颖、张　然）

【商务行业创城工作】区商务局始终坚持“创建为民，创建惠民”的原则，让居民有更多的获得感、幸福感和安全感。充分发挥行业引领作用，努力营造文明宣传氛围，协调各企业落实创城社会面宣传布设的要求，努力构建多维度、立体式、全覆盖的“大宣传”格局，运用多种行之有效的宣传方式，全面推动文明宣传，形成强大宣传声势，突出区域特色，打造商务行业文明形象，累计规范设置海报、台卡、嵌入广告等宣传品万余份。推动万达广场整体修缮，完成东西广场地砖更新，增设宣传布设，较好地提升了万达商圈整体环境。

（张　然）

【商务行业疫情防控工作】全面抓好行业疫情防控基础工作。建立动态情况报告机制，排查企业返京人员情况，建立台账。摸排涉及中高风险地区重点人员13人。协助复工复产组大数据核查人员。落实外卖、快递、家政、市场从业人员定期开展核酸检测工作。加强督导检查力度，累计检查行业经营场所544家次，督促企业落实扫码登记、体温检测、佩戴口罩、一米线、日常清洁消杀、个人防护和健康监测等疫情防控措施。

（刘　颖、张　然）

【外贸进出口】年内，石景山区外贸进出口额83.5亿元人民币，同比下降3.1%，占全市比重的0.2%，出口额36.1亿元人民币，同比增长1.6%，占全市比重的0.6%，进口额47.4亿元人民币，同比下降6.5%，占全市比重的0.2%。

（王子丹、王凯蒂）

【外商投资】年内，石景山区新设外商投资企业29家，同比增长7.4%，新设企业合同外资1.5亿美元，同比增长134.4%；增资企业8家次，增资合同外资1.8亿美元，同比下降69%；全年实际利用外资3.4亿美元，同比增长44.1%。

（王子丹、王凯蒂）

【外资来源】截至2022年底，全区外商投资主要来源于全球30个国家和地区。其中企业数量最多的为中国香港，共设立港资企业169家，合同外资额为41.4亿美元；英国（含维尔京群岛和开曼群岛），共设立企业21家，合同外资额为1.1亿美元；台湾地区位列第三，共设立企业21家，合同外资额为5080万美元；三个国家和地区的投资企业数分别占全区外资企业总数的54.3%、6.7%和6.7%。

（王子丹、王凯蒂）

【外资来源】截至2022年底，全区开业外商投资企业310家。按企业生产方式划分，生产型企业25家，非生产型企业285家；按合作方式划分，独资企业209家，合资企业90家，合作企业3家，股份制企业3家，合伙企业5家。累计投资总额84.3亿美元，合同外资21.3亿美元。

（王子丹、王凯蒂）

【“两区”建设】高标准推进“两区”建设，融入开放发展新格局。一是建立健全推进机制。制定印发2022年工作方案，清单式推进90项任务。筹建“两区”专家智库，遴选首批专家11名。二是开展宣传推介。市区两级联合举办2022年首场走进“两区”部委沙龙活动，上线“两区”云讲堂，印发“两区”信息专刊9期，集中宣传展示“两区”建设成果。三是加强项目储备。年内，新增“两区”入库项目183个，完成年度任务进度的210%，其中外资项目9个；落地项目132个，落地率达56%，其中外资项目11个。四是强化制度创新成果。深入重点产业、重点园区、重点企业开展调研和政策会诊，形成数字经济、工业互联网等产业领域专项调研报告及政策建议。聚焦重点领域、要素供给等方向，形成智能化“园区经济”生态建设、数字人民币“无纸化”兑现惠企政策新模式等4个案例，其中“信用＋医疗”服务模式、知识产权质押模式2个案例入选北京市新一批“两区”建设改革创新实践案例。

（王子丹、王凯蒂）

【服贸会】统筹2022年服贸会属地工作，借势推动高质量发展。一是圆满完成属地服务保障任务。成立书记、区长任双组长，下设“1办12组”的属地筹备工作领导小组，组建现场指挥部，实施周调度、日调度工作机制，统筹场馆建设运行、安保、交通、防疫等属地保障工作一体推进。服贸会首钢园场馆设施、服务保障双双升级2.0版，服贸会期间，累计接待22万余人次观众入场，全面升级的沉浸式会展空间和全新的观展体验，广受各方赞誉。二是打造品牌会展配套活动。以“一起向未来”为主题，统筹全区“1+N”峰会论坛，其中城市更新和产业转型主论坛线上直播点击量超过600万人次。组织全区百余企业线上、线下参展。统筹组织商务考察、促消费等配套活动。首次搭建石景山会客厅，接待中铁建资本控股集团、特斯联集团等企业嘉宾。3条商务考察路线累计接待百余展商走进石景山。文商旅体企业联动推出面向展商专属优惠30余项。三是持续扩大展会溢出效应。400余家海内外权威媒体发稿2100余篇，新媒体端发布445条，对我区活动进行宣传报道。服贸会期间，我区共收集项目83个，金额超430亿元。《石景山区促进侨商侨企创新发展与交流合作支持办法》等政策发布，形成53项招商企业清单，持续推动招商工作。

（王子丹、王凯蒂）

【服务贸易】年内，我区服务贸易统计监测系统累计登记注册企业68家，13家服务贸易企业上报281项出口合同执行额，共计2.7亿美元，5家企业上报203项进口合同执行额，共计9995.1万美元。

（王子丹、王凯蒂）

【进博会】我区组建石景山区交易分团参与第五届进口博览会，组织企业现场参会、洽谈采购、开展合作对接，共63家企事业单位177名专业观众注册参团。展会期间，物美集团与路易达孚、纽仕兰、宝洁等展商开启合作洽谈；当红齐天集团与英特尔达成合作意向，将在元宇宙体育领域展开合作；北京承上国际贸易有限公司与乌拉圭URUGUAY签订订单，采购价值12.4万美元的农产品。

（王子丹、王凯蒂）

名　录

单位名称：北京市石景山区商务局
局党组书记：董湘水
局党组副书记、局长、一级调研员：吕松涛
地　　址：北京市石景山区石景山路18号
邮　　编：100043
电　　话：68607227
传　　真：88683281

（王子丹、王凯蒂）

门头沟区

【综述】2022年，北京市门头沟区商务局（简称门头沟区商务局）坚持以习近平新时代中国特色社会主义思想为指导，以党的二十大精神为引领，全面对标市委全会精神和区委十三届历次全会各项任务部署，深入贯彻落实市、区两级绩效考核要求。稳步推进“疏整促”专项行动、区级折子工程和为民办实事任务，全力提升社零额增速，高标准推进“两区”和国际消费中心城市建设工作，高质量开展促消费、粮食储备、稳外资、稳外贸等重点工作，保障商务行业有序运行，市场发展充满活力。

2022年，完成建设和提升便民商业网点16个，完成年度任务的160%，开展便民服务进社区、进军营活动14次，完成年度任务的140%。完成全区社会消费品零售额108.8亿元，同比下降3.7%，位列全市第三名。扎实落实粮食安全责任制，严格做好粮食储备与调控等工作。达成“两区”入库项目237个，完成市级考核任务的430.91%。全年实际利用外资2919万美元，全区进出口额6.7亿美元，同比增长20.9%。

（陈雪珊）

内贸流通

【促进社会消费品零售额增长】年内，全区社会消费品零售额完成108.8亿元，受疫情影响同比下降3.7%（全市平均下降7.2%），全市排名第三。

（梁　艳）

【重点商圈“一圈一策”工作方案印发】年内，牵头制定《门头沟区重点商圈“一圈一策”工作方案（2022—2025）》，积极推动永定商圈（上岸商圈）、河滩商圈传统商业消费聚集区和檀谷商圈新增培育消费聚集区提升，实施方案经区政府常务会审议通过，并以门头沟区加快推进北京国际消费中心城市培育建设领导小组办公室名义印发至全区各相关单位。

（梁　艳）

【国际消费中心城市建设工作稳步推进】年内，“一核两圈三地”消费空间布局更清晰，门头沟区承接的数字高尔夫科技馆市级重点项目已建成运行。年内新增北京首店10家，新增离境退税店6家，首店和离境退税店新增数量在生态涵养区名列前茅。充分利用媒体通气会，通过公众号、报刊、电视、网络、融媒等媒体平台，全方位展示门头沟消费品牌。

（梁　艳）

【新增培育檀谷商圈】年内，新增培育檀谷商圈，依托“两寺一峰”及周边精品民宿，促进文旅融合发展，推动职住学游一体化建设，举办系列首店首发活动，推动水岸酒吧街、生活美学街区开业，创造新生活方式，打造未来美学空间。

（梁　艳）

【消费季工作稳步推进】年内，制定《2022“We购门头沟”主题消费季工作方案》，在落实相关行业防控指引，确保行业安全稳定前提下，统筹谋划做好全区促消费稳增长工作。共协调组织“春漫青山水消费季启动仪式”“消费季论坛”“绿水青山门头沟 金虎送福欢乐购”等活动5次，鼓励区内商业企业围绕10余个主题开展60余场促消费活动，举办直播、走播、探店近10场，累计收看人数近百万人次，发动20余家餐饮企业参与消费券发放工作，促消费活动成效明显。

（梁 艳）

【指导企业积极申请政策】年内，共指导2家企业申报市级消费季政策，4家企业申报市级网络零售政策，3家企业申报疫情期间大型商场补贴，共计资金179.6万元；为区内商业综合体、市级首店共申请区级补助资金90万元。

（梁 艳）

【完成商务部信息监测报送工作】年内，完成商务部商贸流通业统计监测系统报送工作。组织商贸统计企业完成2021年度年报、2022年度季报及月报，报送率达到100%。完成年度监测样本企业信息员补助发放。根据样本企业报送数据量、报送频率、贡献率等，组织我区2022年度商贸流通业统计监测体系的28个优秀样本企业申请市级资金补助。

（梁 艳）

【便民商业网点建设】年内，累计建设和提升八类基本商业便民网点16个，（其中：1个蔬菜零售，8个便利店，4个早餐，2个洗染，1个美容美发），完成年度目标任务的160%，城镇社区八项便民服务网点功能覆盖率达到100%。

（杨 楠）

【便民服务活动】年内，为解决疫情期间社区居民购物不便和部分社区商业设施不足带来的暂时性购物不便问题，区商务局累计开展便民服务进社区、进军营活动14次，完成年度任务的140%。

（杨 楠）

【消费帮扶】年内，圆满完成支援合作地区特色农副产品采购任务和预算单位30%采购份额。进一步拓宽农产品销售渠道，推动武川县特色农产品在京市场的流通，提高产品的知名度和市场认知度，推动消费帮扶工作取得良好成效。

（杨 楠）

【生活必需品供应保障】年内，完成日常、节假日、重要会议、冬奥会和疫情防控期间的生活必需品市场销售及供应数据的采集、汇总和分析，重点对蔬菜、肉蛋奶及粮油的价格、进货量、供应量、库存量等进行监测。制定《门头沟区生活必需品及日常生活物资应急供应保障工作预案》《门头沟区应对疫情及重大活动期间生活必需品市场供应保障应急预案》《门头沟区应对每百万人30例以上规模性新冠病毒疫情封控管控小区（村）生活必需品保障工作方案》《门头沟区封控管控小区（村）生活必需品保障工作方案》《门头沟区XX镇（街道）XX封（管）控区域生活必需品保障工作措施》模板、《门头沟区工作专班进驻农贸市场工作方案》《门头沟区生活必需品“网格化供应”应急保障工作预案》；召开商务行业冬奥会期间保供稳价工作部署会，号召企业推出5～10种保价菜；指导重点保供企业制定生活必需品及日常生活物资应急供应保障工作预案，并制定区内3家二级市场单独的防疫管理和保供方案，指导其细化“四个一”材料、完善“六本台账”；延续保供组织机构，组建区级工作专班进驻区内农贸市场，持续做好统筹协调工作；将区内重点保供企业列入“白名单”，免费提供抗原检测试剂；疫情期间为重点企业办理运输通行证。

（杨 楠）

【完成社会粮油供需平衡情况调查】年内，完成2021年度社会粮油供需平衡调查工作，调查结果显示：2021年度，我区粮油消费总量略有增加。城乡居民的口粮消费有所差异，城镇居民的粮食供给略低于需求，乡村供给要高于需求。

（王　欢）

【修订粮食应急预案】年内，修订并印发《门头沟区粮食供给应急预案（2022年修订）》，组织区内全部粮食应急供应网点负责人及各镇街粮食应急工作联络员开展年度粮食应急线上培训。

（王　欢）

【印发《门头沟区储备粮管理办法》】年内，制订并印发《门头沟区储备粮管理办法》，进一步加强区储备粮管理，保证区储备粮安全，提高政府调控粮油市场能力，有效发挥区储备粮在政府调控中的作用。

（王　欢）

【疫情防控物资调拨出库】年内，根据区疫情防控领导小组要求，为区内机关单位、一线防疫人员、通州区入境防疫隔离点等重点岗位人员提供物资保障，完成物资调运506771件。其中：帐篷18顶、棉大衣220件、场地照明灯7台、口罩149395只、隔离衣2400件、一次性手套2485双、隔离面屏2485只、消毒液100桶、抗原试剂盒349661份。

（王　欢）

【足额保障区级储备粮规模】足额落实区级储备粮规模10000吨，保持区级临时储备粮储备品种及数量，提升疫情期间特殊情况下应急供应保障及调控能力。

（王　欢）

【协调保障区内药品供应】组建药物试剂保障专班，牵头协调11项市药监局药品调令，各类新冠肺炎常备药调配至门头沟区各医疗机构、市场药店，保障药品供应有序、储备充足，切实维护人民群众生命健康。

（王　欢）

对外开放

【取得北京首个RCEP原产地证书】通过门头沟区一对一的业务指导，帮助企业熟悉RCEP具体规则，门头沟区外贸企业北京大源非织造股份有限公司成为北京地区《区域全面经济伙伴关系协定》（RCEP）正式生效后首家审核签发RCEP原产地证书的企业。

（王　维）

【成功申请1名创新创业人才在华永居】门头沟区积极开展外籍创新创业人才在华永久居留积分评估指导推荐工作，对符合认定标准的北京市重点企事业单位外籍高层次人才、创新创业人才等进行一对一指导，根据积分评估，向市“两区”办推荐，为区重点企业益普索咨询公司成功申请1名创新创业人才的在华永居。

（王　维）

【报送案例获评全市复制推广案例】年内，门头沟区“两区”办报送的“工矿转型发展助力文旅产业聚集”入选全市复制推广第二批“两区”建设改革创新实践案例，并在年内的服贸会“盘点再出发”——“两区”建设两周年主题活动上进行发布。

（王　维）

【召开“两区”建设发布会】年内，召开服贸会门头沟区专场推介会暨“两区”建设成果新闻发布会和投资北京会客厅门头沟专场发布会。

（王　维）

【新增项目全年任务进度排名全市第一】年内，“两区”建设项目库新增入库项目237个，完成全年任务进度431%（全年新增入库项目任务55个），完成进度排名全市第一。

（王　维）

【项目落地率排名全市第一】年内，“两区”建设项目库新增入库项目已完成落地200个，落地率74%，排名全市第一。

（王　维）

【项目预计投入资金进度排名全市第四】年内，“两区”建设项目库项目预计投入资金149亿元人民币，完成全年任务进度130%（全年任务115亿元），完成进度排名全市第四。

（王　维）

【稳步推进稳外资、稳外贸工作】2022年门头沟区新增外商投资企业17家，同比下降26%；实际利用外资2919万美元，同比下降61.7%；全区进出口6.7亿美元，同比增长20.9%。其中出口3.8亿美元，同比增长22%；进口2.9亿美元，同比增长19.5%。

（马　洁）

【参展参会工作】8月31日至9月5日，区商务局组织全区50家机关、事业单位和企业参加2022年北京国际服务贸易交易会。我区共办理人员证件408张，有110家企业参加线上、线下展。

（马　洁）

【外贸企业备案工作】年内，区商务局办理对外贸易经营者备案72件，其中新增46件，变更26件。

（马　洁）

行业发展

【行业促进提升服务水平】根据《关于开展“北京市有突出贡献人才”评选表彰工作的通知》，结合行业实际，组织行业企业积极申报，推荐顶风针烘焙师参加“有突出贡献的高技能人才”评选。以赛代训提高服务水平，组织开展2022年“食在门头沟”之“匠心年夜饭 京西地道菜”餐饮行业技能大赛、2022年“食在门头沟”之餐饮类特色小店评选活动，激发从业者学习新技能、钻研新技术、掌握新本领的积极性。结合行业实际，有序推进行业职能技能培训，截至目前，累计开展商务行业各类培训136期，受训人数2449人次，提前超额完成目标任务。

（杨　楠）

【落实市级商发资金政策】按照《北京市商务局关于申报2022年度商业流通发展项目的通知》要求，为符合条件的企业提供政策指导。经过公开征集，“东方饺子王”连锁经营发展、小菜园新建直营连锁餐饮、“荣德泰”老字号升级改造、韵达山区建设快递柜项目已完成初审并上报市商务局。

（杨　楠）

【把好业态布局和配套商业设施转让关】落实《门头沟区重点商业项目及配套商业服务设施业态布局工作方案》《门头沟区关于出售居住配套商业服务设施业态布局的工作方案》，按照“保基本”和“提品质”原则，推动配套商业优先用于便民网点建设工作，为“中昂时代广场”“欢乐大都汇”“华远裘马四季”“金融街融悦汇”等项目提出业态布局建议。全年召开重点商业项目业态布局工作专班会25次、出售居住配套商业服务设施业态布局工作专班会1次。

（杨　楠）

【完成拍卖年检工作】审核完成2022年度拍卖企业年审工作，新批准设立1家拍卖企业。

（杨　楠）

商务环境建设

【扎实做好行业安全工作】按照市、区安全生产工作要求有序开展安全生产专项整治三年行动、城市安全隐患治理三年行动及城市安全风险评估、消防安全专项治理、燃气安全专项治理、安全生产整治“百日行动”、危险化学品安全风险集中治理、有限空间作业“双防一推进”专项检查行动、“喜迎二十大全力保平安”消防安全攻坚行动、城市安全隐患治理、安全生产标准化三级达标创建、安全生产责任保险投保等工作。2022 年全年共出动督导人员 1058 人次，督导企业 529 家次，排查整改隐患问题 137 处。

（李　腾）

【全力做好行业疫情防控工作】围绕商务行业单位、快递外卖企业疫情防控工作，督促指导企业严格落实各项疫情防控措施，持续不间断开展宣传督导，及时消除隐患问题。配合相关部门对重点场所，特别是进口冷链生产经营场所开展核酸检测工作。全年共出动 1626 人次，督导 813 家次，整改问题 207 处。

（李　腾）

【组织开展生活服务业核酸比对登记工作】按照北京市市场防疫组督查组《关于建立全市生活服务业从业人员台账及管理有关工作的通知》要求，主动对接市商务局，组织各镇街、石龙管委参加专项培训，建立完善门头沟生活服务业核酸比对工作联络机制，每天由专人负责转达市级部门及京办技术团队指引要求，收集问题后予以沟通、解答，实现我区生活服务业从业人员疫情防控智慧监管。

（李　腾）

【实施二十条措施后工作】积极做好行业从业人员的居家、阳性病例、到岗率等监测工作；为快递小哥、外卖骑手提供抗原试剂盒、N95 口罩、手消等防疫物资；积极协调企业，多措并举，充实配送力量，促进运力恢复，满足区内群众购物需求。积极稳妥推进新型冠状病毒“乙类乙管”各项工作，按照上级相关工作要求，认真贯彻落实商务行业单位新型冠状病毒疫情防控操作指南，要求邮政快递、重点商场、超市、餐饮服务单位落实主体责任，提高员工防护意识，完善防控制度，做好口罩、手套、洗手液、消毒剂等防疫物资保障工作，保障企业正常运行。

（李　腾）

【扎实推进创城工作】严格按照创城标准和要求，扎实推进，积极落实创城工作。对照创城指标，采取定岗、定人、定责“包点位”的方式，对规模以上超市明确一名责任人，定期到包干点位逐一开展巡察，做到反复查、查反复，做好记录，建立整改台账，及时督促企业按期做好整改落实，为防止反弹，采取不定期的复查形式确保成效。同时，积极向重点商务行业单位传达有关垃圾分类、光盘行动的规定要求，深入企业开展宣传活动。

（李　腾）

【优化营商环境】积极落实营商环境新文件、新政策，开展优化营商环境培训工作。组织开展本单位工作人员内部培训、“千人千题”一周一测等工作。同时，对商务局各科室进驻政务中心的政务服务事项进行多次梳理，及时更新服务事项，提高服务效率。积极落实一企一策服务包制度，不断提升服务水平，切实服务企业。

（李　腾）

名　录

单位名称：门头沟区商务局
党组书记、局长：杨少培
地　　址：门头沟区双峪路 39-1
邮　　编：102300
电　　话：69842571
传　　真：69842571

（陈雪珊）

房山区

概 况

房山区商务局（简称“区商务局”）原名房山区商务委员会，2019年3月25日依据《北京市房山区机构改革方案》更为现名。依据《中共北京市房山区委办公室、北京市房山区人民政府办公室关于印发〈北京市房山区商务局职能配置、内设机构和人员编制规定〉的通知》，区商务局是区政府工作部门，为正处级，加挂北京市房山区粮食和物资储备局（简称区粮食和储备局）牌子，下设办公室、规划发展科、外经贸发展科、市场调控管理科（粮食和物资储备科）4个内设机构。区商务局机关行政编制为18名。设局长1名，副局长3名。科级领导职数4正2副。

2022年，房山区商务局立足新发展阶段，紧紧围绕“一区一城”新房山建设和“三区一节点”功能定位，不断优化营商环境，持续改进作风，狠抓任务落实，圆满完成了年初确定的各项任务目标。全区实现社会消费品零售额349.1亿元，同比增速高于全市0.6个百分点；外贸出口总额32.4亿元，同比增长10.1%。窦店物流基地项目高标准推进，生活性服务业“六化”（“规范化、连锁化、便利化、品牌化、特色化、智能化”）水平大幅提升，粮食安全扎实稳步落实，外经贸工作有序推进，全区商务工作总体保持稳中有进的良好发展态势。

（黄诗涵）

商业流通规划与发展

【房山区社会消费品零售额增速高于全市平均水平】2022年，房山区力排新冠疫情不利影响，实现社会消费品零售额349.1亿元，同比增速高于全市0.6个百分点。

（黄诗涵）

【推进落实国际消费中心城市建设成效显著】2022年，坚持“任务、项目、政策、企业、活动”清单化管理，聚焦消费深入挖掘“五子联动”交叉契合点，各项工作均取得了新进展、新成效，圆满完成全区73项重点任务、24项重点项目工作目标。

（黄诗涵）

【发放1000万元汽车消费券】2022年6月20日，启动房山区汽车消费券发放活动，活动为期11天，对全区限额以上零售额同比增长的贡献率为79.7%，拉动社会消费品零售总额整体增长5.5个百分点，为市场回暖与稳定注入一针强心剂。

（黄诗涵）

【长阳商圈实现高质量发展】2022年，完成《长阳商圈高质量发展工作方案》，做好企业诉求摸排工作，与商圈内重点企业建立联系机制，随时跟进点位周边交通治理情况。推进首创奥莱一期立体车库建成投用，有效缓解了节假日高峰时段停车难问题。进一步丰富高品质供给，引进北京首店10家。聚焦商务领域城市更新，顺利推进燕山美廉美、长阳·京投港购物中心完成升级改造，为周边居民提供更优质的休闲购物环境。

（黄诗涵）

【“北京消费季之‘悦动房山　品质生活’”活动举办】2022年，区商务局牵头协调相关部门，制定《房山区2022年消费季活动方案》《夜京城活动方案》《9—12月促消费工作方案》，以“悦动房山，品质生活”为主题累计开展330余项消费季活动。重点打造“白天畅游绿水青山，夜间打卡靓丽房山”“中秋月圆，情系房山”“国庆有礼，乐在房山”“大美房山——微度假趣京郊”、“8·8体育消费节”等品牌活动，充分激发市场主体的积极性和创新性，稳定和扩大消费，全力促进消费回补。

（黄诗涵）

【“悦动房山　品质生活”消费季宣传活动形式多样】2022年，加强纵向、横向沟通，积极组织电视新闻、直播访谈、短视频、公众号等全媒体渠道宣传推广我区促消费活动，协调北京电视台拍摄我区“国际消费中心城市建设一周年”“香椿采摘周”等专题片5个；协调房山新闻报道促消费活动8次，在房山报开辟消费季专属板块，刊发专题报道18期；协调北京交通广播、房山电视台《今日关注》《都市生活》《房山在线》栏目报道房山区“中秋月圆，情系房山”“国庆有礼，乐在房山”等系列促消费活动累计37次；积极协调新媒体平台，通过北京房山、青春房山公众号宣传房山区国际消费中心城市工作成效、促消费活动等共计25期；在北京房山官方抖音号、大美房山视频号推出12期促消费活动宣传视频；拍摄录制房山区“白天畅游绿水青山，夜间打卡靓丽房山”专题宣传片，繁荣夜间经济。

（黄诗涵）

【窦店物流基地建设高标准建设】2022年3—12月，编制完成《窦店物流基地一期产业用地规划综合实施方案》，完成规综方案三次报审工作。主管副区长带队赴平谷马坊物流基地开展调研，接待市发展改革委、市商务局等领导考察，与京东集团、中国物流集团、中外运、普洛斯等数十家头部物流企业保持密切沟通，开展面对面座谈会4次，线上座谈8次，就建设路径、土地开发模式、发展前景、市场需求、业务开展等相关工作进行交流座谈，为物流基地规划建设提供有力支撑。

（黄诗涵）

【生活性服务业“六化”程度稳步提升】2022年，在进一步巩固基本便民服务功能全市社区全覆盖成果的基础上，超额完成了补建和提升基本便民商业网点的年度任务，群众生活“便利性”有效提升，生活性服务业“规范化、连锁化、便利化、品牌化、特色化、智能化”程度显著增强。2022年我区全年计划补建和提升基本商业便民服务网点20个，全年实际完成27个，其中：新建26个，提升改造1个。按业态划分，便利店12个，蔬菜零售8个，早餐5个，末端配送1个，洗染1个；按属地划分，长阳镇7个、拱辰街道7个、燕山地区5个、城关街道4个、西潞街道2个、窦店镇2个，完成全年任务量的135%。

（黄诗涵）

【深化消费帮扶对接，“原味乌兰察布”首进房山】为贯彻落实9月27日房山区党政代表团到察右中旗对接京蒙协作工作精神，巩固脱贫攻坚成果，助力实施乡村振兴。区商务局组织召开乌兰察布消费帮扶座谈会，促成乌兰察布、北京味道云图科技有限公司就消费帮扶达成合作，充分利用味道云图线上平台展销察右中旗特色农产品，深化“互联网+”消费帮扶。并充分发挥华冠超市等消费帮扶专区专柜、网点优势，在华冠购物中心、乐活城超市、鸿顺园超市等门店，开展特色农产品进商超活动，进一步拓宽内蒙古特色农产品在京销售渠道，保质保量完成5次特色农产品推介活动。组织华冠购物中心在超市区设置消费帮扶产品展柜，于10月3日正式上架燕麦片、莜面等十余种内蒙古乌兰察布市察右中旗特色农产品（北京仓供货），充分利用两地帮扶对接工作优势，展销消费帮扶农产品，让房山消费者在国庆期间共享“原味乌兰察布”。

（黄诗涵）

【市场改造升级持续推进】2022年，区商务局落实市商务局关于社区菜市场（农贸市场）转型升级方案，升级改造佳世苑菜市场，市场硬件设施得到整体提升。

（黄诗涵）

市场运行与管理

【生活必需品市场监测供应持续加强】2022年，区商务局认真做好生活必需品市场监测，每日收集、汇总4家连锁超市的蔬菜、肉类、米面油等47种生活必需品的产销、库存和价格数据，汇总分析形成《房山区生活必需品价格监测情况》日报，督促指导企业做好保供稳价工作，传达市区疫情防控工作要求，督促指导区内重点商业加大蔬菜等生活必需品备货力度，做好春节、五一、端午期间货源保障工作，确保生活必需品不脱销、不断档，保证市场供应。

（黄诗涵）

【生活服务业核酸比对登记簿工作有序开展】2022年，区商务局按照市、区工作要求，有序开展生活服务业核酸比对登记簿工作。将覆盖全区商业的16个业态、7491家企业、21460名从业人员纳入核酸监管台账，多措并举，持续加强行业管理，筑牢疫情防控安全网。从2022年7月25日全市公布排名开始至12月6日，自9月下旬我区生活服务业核酸检测率由最初全市并列第八跃升至全市前五名，并持续保持。

（黄诗涵）

【相关行业人员疫苗接种有效落实】2022年，区商务局按照市、区两级文件精神，及时制定下发工作通知，明确责任分工，细化工作任务，及时做好疫苗接种工作，多次发送通知要求属地政府和行业主管部门对市场领域从业人员接种情况进行再摸排、再动员，做到应接尽接。其中重点行业规上餐饮、规上零售、家政行业、外卖行业从业人员5580人，加强针5435人，接种率97.4%。

（黄诗涵）

【落实党委政府粮食安全责任双考核】严格按照《关于开展2022年度区级党委政府落实粮食安全责任制考核工作的通知》，从落实粮食风险基金、粮食应急供应保障、粮食流通管理、维护粮食市场秩序、粮食质量安全监管、粮食行政管理能力建设6个方面开展自查评分，全力做好2022年我区党委政府粮食安全责任考核。

（黄诗涵）

【粮食安全责任制有效落实】2022年，区商务局按时、足额拨付粮食风险基金资金6242790.15元；健全全区应急供应网点，79个网点覆盖了全部25个乡镇（街道）；组建以2家企业为核心的粮食配送体系，日粮油应急配送能力达1500吨。以竞价交易方式通过北京国家粮食交易中心增加成品粮1250吨，达到市粮食和储备局核定的储备规模。

（黄诗涵）

【粮食应急供应网点不断完善】2022年，区商务局核实规范区保供企业北京华冠商业科技发展有限公司应急供应网点建设情况，将该公司在区内销售粮油的51家直营门店，全部确定为区粮食应急供应网点，将北京金点点商贸有限公司的21家超市门店也纳入区粮食应急供应网点，两家保供企业的应急网点共覆盖全区18个乡镇（街道）。对于网点未覆盖的7个深山区乡镇，区商务局要求当地政府明确7家单位作为粮食应急供应网点。目前全区共有80个应急供应网点，覆盖了全部25个乡镇（街道），确保了应急情况下的粮食供应需求。

（黄诗涵）

【粮食宣传活动持续开展】2022年5月，区商务局认真组织开展2022年粮食科技周活动，力排疫情封控影响，采取线上宣传的形式，以“科技兴粮兴储·创新有你有我”为主题，围绕科技和人才兴粮兴储、科技支撑优质粮食工程、粮油营养健康消费等在房山区官方微信“北京房山”上开展广泛宣传和成果推广，进一步提高了粮食科技周的知晓度和宣传覆盖面。

（黄诗涵）

【粮食领域执法检查持续加强】按照“双随机、一公开”要求，区商务局持续开展行政检查，明确检查对象，突出重点，确保对纳入国家粮食局粮食直报系统的9家粮食企业监督检查覆盖率100%。坚持日常监管、专项检查与“双随机”检查相结合，有计划、有重点开展粮食质量、储粮安全、生产安全、防汛安全检查，共组织检查企业67次，出动检查人员190人次。经查，我区粮食质量安全稳定，政策性用粮使用规范，粮食应急管理工作落实到位。

（黄诗涵）

【圆满完成全年防疫物资保障工作】全年累计为封（管）控区、乡镇、隔离点等37个单位调拨各类防护物资1553.15万件；组织华冠、点点等7家大型连锁超市近百家门店和3家保供农贸市场、2家面粉加工厂、3家重点运输企业等，圆满完成物资保障工作。

（黄诗涵）

外资外贸

【稳外贸稳外资同步推进】2022年，全区外贸出口总额32.4亿元，同比增长10.1%，实际利用外资3002万美元。

（黄诗涵）

【外资外贸审批备案有序开展】2022年，全区新设外商投资企业36家，合同外资金额90433.2万美元，新设77908万美元，增资12554.3万美元。企业年度报告共完成226件，其中，外商投资初始报告43件，变更报告100件；办理对外贸易经营者备案登记224件，其中对外贸易经营者备案初次办理147件，变更69件，注销7件，跨省市迁入1件。办理服务外包及软件合同登记事项共4家，合计合同金额652万美元。

（黄诗涵）

【外经贸发展专项资金初审工作持续推进】2022年，区商务局继续落实市商务局相关资金政策，组织区内外贸出口企业参与资金申报。已完成2021年度（第一批、第二批）支持外贸企业提升国际化经营能力项目资金拨付材料初审工作，共计71个项目，初审金额206.15万元。完成2022年第一批支持外贸企业提升国际化经营能力项目申报工作，涉及17家企业申报的44个项目。完成市局外贸高质量发展专项资金支持项目申报，4家企业符合资金支持标准。完成市局2022年支持跨境电商发展项目（B2C、B2B方向）资金拨付初审工作，共计4家企业申报且符合资金支持标准。完成2022年优化服务进出口结构资金项目资金拨付初审工作，共1家企业符合支持条件。

（黄诗涵）

【跨境贸易便利化培训工作持续开展】2022年，区商务局持续跟踪区内重点外贸企业生产经营情况，及时了解重点外贸企业诉求，开展“送政策入企业”工作，开展跨境贸易业务线上培训40次，推送培训课件40余次，培训区内重点外贸企业600余家次。

（黄诗涵）

【2022服贸会房山交易分团组织搭建线上云展台工作圆满完成】 8月31日至9月5日，2022中国国际服务贸易交易会在北京举办，区商务局组织我区企业积极搭建线上云展台，展会期间共完成194家企业线上注册，181家企业完成展台搭建工作，超额完成服贸会执委会向各区政府下发的任务目标。配合区“两区办”完成9月2日房山区“两区”建设成果发布暨重大项目签约仪式，嘉宾邀请、参会证件办理等及其他相关工作。

（黄诗涵）

【第五届进博会房山分团组织工作圆满完成】 2022年11月5日至10日，第五届中国国际进口博览会在上海举行，区商务局组织全区101家企业222人报名注册，131人办证参会采购。

（黄诗涵）

名　录

单位名称：北京市房山区商务局
党组书记、局长：李雪生
地　　址：北京市房山区长阳镇昊天北大街38号CSD商务广场C座6层605室
邮　　编：102445
电　　话：81312935
传　　真：81312958

（黄诗涵）

通州区

概　　况

2022年，在区委、区政府的坚强领导下，区商务局始终坚持以习近平新时代中国特色社会主义思想为指导，全面贯彻落实党的十九大和十九届历次全会精神，统筹疫情防控和经济发展，坚持稳中求进的工作总基调，以史为鉴、开创未来，埋头苦干、勇毅前行，不断推动副中心商务事业高质量发展。

（季　旭）

【消费市场繁荣发展】2022年通州区实现社会消费品零售总额539.6亿元，增速排名全市前6，高于全市平均水平3个百分点。

（季　旭）

【打造特色商圈】环球城市大道入选国家级夜间文化和旅游消费集聚区；九棵树、北苑商圈“一圈一策”改造提升方案编制完成；远洋乐堤港商业综合体实现竣工，并开始招商。北苑商圈万达广场调整升级品牌，东8yeah巷酷乐潮玩特色商业街全新开业，引入沉浸式、体验式新消费场景。九棵树商圈举办“新消费创新创业”大赛，打造特色网红美食“拾味街”，培育一批具有新IP、引领消费风向的新消费业态。月亮河休闲小镇，与华业东方玫瑰步行街区、华远好天地消费商圈共同形成了三条环球影城周边的特色餐饮街区。

（季　旭）

【培育新消费品牌，完善消费矩阵】2022年全区新增首店17家，均为北京首店（含旗舰店）。开展“欢乐通州·欢乐购”系列活动，依托“新场景”“新趋势”“新能级”“新势力”“新体验”五大板块，滚动开展汽车消费节、“点亮夜京城”等21项系列活动。以“云购物·尚通州”为主题，开展了三波“通州网上年货节”促消费活动。春节期间各相关企业累计销售额约2.6亿元，各企业平均销售额同比增长约15%。多次对接苏宁易购和居然之家，开展家具家电惠购活动。举办副中心“品质生活节”，聚集了各商家优惠券，通过“小票互通”和“自行发券”等多种方式，实现企业联动让利，相互赋能，11家参与企业通过发放专属优惠券带动消费近2000万元。组织苏宁易购、通州万达、国泰百货3家企业积极参与“北京消费季线上团购节”活动，团购优惠信息直达消费者，进一步促进消费市场加速回暖。用好绿色节能消费券政策，联合苏宁在全市首办内购活动，一周内拉动销售额达3192万元，其中7月23日单日销售额达2620万元。联动通州美食协会启动“舌尖盛宴　食在通州”人气美食评选活动，有效激发域内消费活力。

（季　旭）

【推进民生工程】制定了《2022年生活性服务业品质提升工作任务清单》《通州区加快建设一刻钟便民生活圈促进生活服务业转型升级的若干措施》，形成上下联动、共建互融的工作机制。2022年新建或规范提升各类便民商业网点93个，完成全年任务的155%，推进便民商业建设向农村延伸，依托京东大型电商企业，完成全区60个村60个便民商业网点一村一店升级改造。持续释放政策红利，着力助企纾困，激发市场活力，发挥区级生活性服务业品质提升专项资金引导作用。对10个商业网点支持资金522.39万元。推进物流和现代流通体系专项规划落地，推动完成于家务直供中心项目前期论证，相关手续办理。

（季　旭）

【抓好粮食管理】一是统筹规划，开展通州区“十四五”期间粮食发展规划课题研究，重新修订了粮食应急预案。二是重新制定了《通州区储备粮管理办法》《通州区储备粮动用方案》，已征求相关专家评审意见。三是强化对区级储备粮的管理和监督检查，完成区级储备粮的轮换、移库、品类调整等工作，保证区储备粮在应急状态调得动、用得上。四是以“保障粮食供给端牢中国饭碗”为主题，以“时光品粮”“百姓话粮”“未来展粮”三大版块为主线，开展粮食安全宣传，增强公众对国家粮食安全的重视，了解粮食安全对保障国家民生的重要意义。

（季　旭）

【筑牢商务领域防疫阵地】一是制定《通州区应对每百万人口30例以上规模性新冠肺炎疫情生活必需品应急保供系列预案》，区乡联动、政企联动、线上线下联动，保市场、保运力、保队伍，构建“1+3+22+X”的生活必需品供应保障体系，梳理10类保供资源清单，将各类疫情防控物资的政府储备增加到17类。二是先行先试，印发《通州区重点保供企业配送人员“白名单”工作方案》，在全市第一个启动“白名单”制度，获得市、区各部门的一致肯定；多管齐下，通过驻点巡视，建立重点区域监督“专线”等方式，第一时间掌握市场供应和保障需求情况，协调290余车次蔬菜直通车和6200份蔬菜包，要求重点保供企业3～5倍备货，开展结构性备货，随时补充货源。力保物资充足、价格平稳，百姓生活必需品供应充足。三是协调区内相关部门通力配合，在全市率先完成中转查验库建设，得到北京进口冷链食品防疫指挥部的表扬；通过大排查建立了全区餐饮、市场、家政、商超、美容美发等15个生活服务业行业15本工作台账，推动6241家企业、41420名从业人员纳入北京核酸比对系统，确保行业防疫安全。

（季　旭）

【坚守安全防线严密风险防控】摸底统计38个委办局、22个乡镇街道、10家商超；统计2020年以来经商务局发出的防疫物资和应急救灾物资，为应急情况下增储数量作参考依据。将常态化的监督检查和重点时期管控相结合，圆满完成冬（残）奥会、全国“两会”、市党代会等重大活动服务保障。聚焦重点领域，开展风险隐患排查整治攻坚行动，全区商务领域安全形势持续稳定向好。组织开展安全风险评估、应急预案备案及新安全法重点内容解读等的专题培训，构建职责明确、依法行政的治理体系。

（季　旭）

商业贸易

【推进“两区”建设】2022年，自贸区通州组团新设外商投资企业17家，注册资本合计33052.22万美元，合同利用外资31675.16万美元，实际利用外资6693.06万美元。

（季　旭）

【支持重点企业发展】落实“四个一”招商工作机制，制定印发《北京城市副中心（通州区）商务服务产业高质量发展三年行动计划（2022—2024年）》。积极对接上海大钱公司、小笨鸟信息技术公司，推动数字平台企业落户。将北京小笨鸟科技有限公司纳入区“两区”建设重点项目库。完成“四清单两台账”，储备项目 140 余项。大力推进海关特殊监管区建设，共同推动四环制药公司保税仓申报。

（季　旭）

【优化营商环境】实现“粮食收购”“储粮熏蒸”“成品油年检”服务事项全程网办零跑动。进一步压缩审批时限，将从事拍卖业务许可延续、补证、注销事项的承诺办理时限从原来 9 个工作日压减至 5 个工作日，让企业群众办事更方便、更快捷、更高效。

（季　旭）

对外及对港澳台经济贸易

【外贸形势】总体向好，实现逆势增长。2022 年，全区完成进出口 197.5 亿元，同比增长 11.1%。其中，出口 89.6 亿元，同比增长 19.1%；进口 107.9 亿元，同比增长 5.2%。

（季　旭）

【推动新型陆海空口岸体系建设】与通州海关进行初步对接，推动构建服务京津冀、辐射全国的陆海空口岸体系，推进京津冀通关物流数据共享共用，创造更加高效便捷的通关条件。

（季　旭）

【打造副中心开放高地】利用 2022 年中国国际服务贸易交易会、中国国际进口博览会等国家级展会平台，宣传展示城市副中心开放包容的良好形象、服务贸易及“两区”开放创新发展成果。与市商务局联合举办第七届“一带一路”高峰论坛暨 2022 北京双向投资促进活动。2022 年牵头组织“两会三展”精彩亮相服贸会，共完成线上参展注册企业 406 家，同比增长 19.1%；线上搭建展台企业 291 家，同比增长 13.6%；上报并通过审核成果类项目 19 个，合同一年内可执行金额 3.38 亿美元，同比增长 61%。

（季　旭）

【推进惠企政策】同步传导便利新政。根据市商务局惠企改革方案，按照时间节点逐项传导落实惠企新政。2022 年 1 月 1 日起，开展通州区自贸试验区内企业在境外开办企业（金融企业除外）备案管理业务。线上搭建展台企业 291 家，同比增长 13.6%；审核通过成果类项目 19 个，合同金额 3.38 亿美元，同比增长 61%。

（季　旭）

名　录

单位名称：北京市通州区商务局

局党组书记、局长、二级巡视员，区粮食和物资储备局局长：李霞

地　　址：北京市通州区新华东街 254 号

邮　　编：101199

电　　话：69543319

传　　真：69521735

（季　旭）

顺义区

概　况

年内，累计完成社会消费品零售总额576.66亿元，同比降低5.3%，高于全市增速1.9个百分点。完成进出口总额1268.9亿元，全市排名第7，平原新城排名第2。其中出口额182.7亿元，进口额1086.2亿元。实际利用外资8.8亿美元，同比增长21.1%，全市排名第4位，平原新城排名第1位。累计吸引合同外资14.6亿美元，同比增长0.5%。

（李聪新、张　曼）

商业流通

【完成展会保障与会展政策编制工作】年内，参与HICOOL与智能网联大会的保障工作。按照《顺义区“十四五”时期会展业发展规划》相关工作要求，研究并编制完成《顺义区鼓励会展产业集聚发展扶持办法》，预计2023年一季度对外发布。

（荆振葆）

【重点商业项目建设】年内，积极推进重点项目建设，通过月统计、不定期调度的工作机制，召开项目调度会9次，完成商业项目建设工作简报20期。老城区商圈锦荟港项目、国泰大厦升级改造项目投入运营，钱粮市集城市更新项目已基本完工；注重补充城南地区商业不足，临河棚改地块龙湖商业、旭辉商业陆续开工；加大空港地区招商力度，国门一号升级改造项目列入市级重点项目库，开市客、澳金园、岗山地块王府井站前综合体、国展三期商业等项目稳步推进洽谈中；新城商业加大供给，中建鲲熙里加紧施工中，金宝天阶二期已完成主体结构施工。

（隗　地）

【电子商务产业平稳发展】年内，持续加强对顺义区电子商务产业发展扶持力度，进一步推进线上线下融合发展，积极指导企业申报电商方面惠企政策，帮助企业用好用足政策资金，用心用情助企纾困。组织申报网络社零额奖励项目2个，“互联网+”流通项目5个，跨境电商项目17个，共计24个。

（隗　地）

【打造“双枢纽”国际消费桥头堡】年内，全面推进市区两级重点任务，国际消费中心城市102项任务清单，年度45项重点任务均已完成，16个在建项目已建设完成7项；制定房租减免奖励政策助企纾困，鼓励非国有商业设施运营单位为小微商户减免2022年5—7月份房屋租金，全区共有6家商业企业对379户承租商减免房租，累计减免金额2871.55万元；印发《顺义区加快国际消费中心城市建设的相关措施》，着重从企业支持、网络零售、首店引入、总部企业、商圈升级等方面发力。

（李聪新）

【创新模式促进消费】年内，组织顺义区商业企业成立顺义区消费联盟，以区域电商平台顺品汇为依托，举办顺义消费季和汽车消费季活动，发放汽车消费券984.9万元。带动线上4S店共销售各型号车辆2629台，销售额7.6亿元。累计组织中粮祥云小镇、华联、新世界、顺商集团等重点商圈和重点企业开展200余场线上线下促销、文化活动（包含8项直播活动）。

（李聪新）

【加快商贸物流体系建设】年内，按照《北京物流专项规划》，初步确定顺义区物流节点位置，共规划物流基地1个、日常综合型物流中心1个、专业类物流中心2个、配送中心2个。完成空港物流基地转型升级方案编制；京北（大孙各庄）智慧物流园区完成土地征地结案，取得“多规合一”协同平台供地审核意见。

（苏 芮）

【展会服务保障周密高效】圆满完成HICOOL2022全球创业者峰会暨创业大赛和2022世界智能网联汽车大会服务保障工作，为展会提供一站式、便捷式服务。

（苏 芮）

【持续做好消费帮扶工作】年内，继续巩固脱贫攻坚成果，深化乡村振兴战略，消费帮扶产品销售共计4307.8万元，完成率112.5%。在全区范围内开展多种形式的消费帮扶宣传推广活动，提高帮扶地区产品在我区的知晓度。组织召开2022年顺义区与内蒙古东西部协作地区消费帮扶产销对接会，带动帮扶地区群众实现稳定增收，不断推动消费帮扶工作发展。

（孙学维）

【助力创建文明城区】年内，按照《创城示范商超评选方案》中创建达标项的六大类34条标准和提升项的三大类10条标准进行评选，顺商集团鑫海韵通百货店、顺商集团石园大卖场、隆华购物中心共三家商超成功入选顺义首批创城“示范商超”。联合区委宣传部，在德润福食府举办“行节约之风，传‘食’尚之美”光盘行动主题活动，共发放宣传品30余份。组建4人文明巡访团，不定期实地巡访区内重点餐饮企业“光盘行动”和公筷公勺工作情况，开展志愿服务，进行文明劝导，听取企业和市民意见，发现先进典型，找出问题不足，提升市民群众的知晓率和参与度，已寻访点位30个。通过微信公众号、微信工作群及时向商务领域重点企业餐饮企业转发倡导使用公勺公筷、践行“光盘行动”、文明餐桌和节约粮食的相关新闻报道和工作信息共计40余篇。

（杜莲红）

【全力保障防疫物资】年内，牵头区物资保障组，积极组织区内国有企业加大防疫物资采购力度，全面保证全区重要人群防疫防护，同时制定多项市场保供措施，实施物资集中管理调配。全力做好救灾物资储备工作，组织储备帐篷、棉大衣等各类救灾物资10600件。做好疫情防控物资保障协调工作，建立健全物资调配制度，为重大活动、一线工作者和隔离酒店等调配N95口罩230.2万只，防护服43.8万套，手套、医用帽、面罩、护目镜、鞋套等相关防护用品1000余万个（双）。为全区65岁及以上老年人发放27253份“爱心包”。为居家人员和特殊人群发放36633份“健康防疫包”。为企业配发抗原试剂约125万剂，助力企业复工复产。

（陈 娟）

【牵头石门市场疫情防控和保供专班】从常态化疫情防控、市场网格化管理、外埠货车及司机管理、皮基站数据排查、物资保供等方面指导石门市场精准高效开展各项工作，确保疫情防控工作落实到位、市场供应稳定。

（张天堃）

【生活性服务业品质提升】年内，坚持以人民为中心，围绕“七有”要求和“五性”需求，完善商业服务设施。建立便民连锁企业、镇街和商务局三方沟通协调机制，组织建设或提升蔬菜零售、便利店（超市）、早餐等八类基本便民商业网点 34 个，超额完成市区两级任务。

（赵思清）

【加快连锁便利店发展】年内，按照市级要求制定了《生活性服务业发展项目申报指南》《顺义区提高乡村流通现代化水平实施方案》等措施，大力发展连锁便利店、连锁超市。截至年底，全区共有盒马鲜生 1 家、7-11 便利店 5 家、便利蜂 24 家、供销益家超市 18 家、鑫绿都便民连锁菜店 22 家、顺家便民连锁超市 6 家。

（赵思清）

【生活必需品供应充足】年内，组织增储方便面 480000 袋、蔬菜 1000 吨、鸡蛋 45 吨、婴幼儿奶粉 2 吨、瓶装水 675 吨。牵头各属地、4 家区属国有单位、6 家连锁品牌企业和 3 家电商平台，共同构建顺义区生活必需品应急保供体系；指导保供企业根据市场需求超量备货，强化货源组织；派驻专人监测区内连锁超市、石门市场货架供应及价格波动情况，建立“点对点”供应机制，协调封闭社区（村）生活必需品保障工作，保障全区生活必需品供应充足。

（赵思清）

【全力做好冬奥会服务保障】按照市、区领导关于 2022 年冬奥会和冬残奥会期间餐饮和防疫物资保障工作指示精神以及各保障工作组相关要求，为保障冬奥会的 3 个运行团队提供安全优质的餐饮服务，同时为 3 个运行团队、7 个闭环酒店和相关工作组等共计 17 个点位提供防疫物资保障。

（张海亮）

【商务行业安全有序运行】年内，组织商务领域安全生产培训会 12 场，培训企业从业人员 4000 余人次，发放宣传材料 300 余份，组织反恐、消防、有限空间应急演练 10 场，完成企业风险评估、三级标准化评审共计 32 家，保障商务领域全年运行平稳，未发生安全生产事件。

（赵　金）

【疫情防控工作落实落细】年内，持续做好全区重点商超、餐饮、农产品批发市场、农贸市场常态化疫情防控督导检查，严格落实疫情防控各项措施。组织开展人员排查，持续开展重点场所、重点人群的常态化核酸检测工作。年内，共组织开展 82 轮农贸市场常态化核酸检测和 59 轮商超、餐饮企业核酸检测工作，累计完成 736246 人次和 323952 个环境点位的检测任务，检测结果均为阴性。全年共计出动 1953 人次全覆盖开展督导检查，督导检查企业 880 家次，发现并消除隐患问题 750 余项，织密疫情防控“安全网”。

（邓国军）

【圆满完成重要活动服务保障任务】全力做好重点时期安全服务保障工作，贯彻落实市、区两级有关工作部署，组织企业开展反恐防暴应急演练，进一步提升企业处置突发事件的能力。

（邓国军）

【明确粮食安全责任】将原顺义区粮食安全工作领导小组调整为区委、区政府粮食安全责任制工作组，组长由区委书记、区长担任，副组长由区委副书记、分管农业工作的副区长、分管商务工作的副区长担任，执行副组长由分管商务工作的副区长担任，工作小组成员由 47 个增加到 66 个；2022 年区委区政府围绕粮食领域工作召开会议 6 次，开展调研 7 场次，组织工作调度 11 场次，切实压实粮食安全责任。

（王雪飞）

【专项巡察整改持续推进】制定印发《北京市顺义区区级储备粮轮换管理办法》《顺义区 2022 年粮食行业安全生产工作要点》《顺义区成品粮监管方案》，细化区储备轮换《交易细则》；25 项整改任务全部整改完毕，依规向党内和社会公布整改情况。

（王雪飞）

【粮油供需平衡调查常态化落实】开展粮油供需平衡情况调查工作，掌握区内粮食生产、消费、流通和库存情况，提高粮油市场保供稳价能力。共调查全区转化用粮企业3家，餐饮企业50家，抽样调查记账城镇居民住户20户，乡村农民住户40户，发放台账300余份。

（王雪飞）

【粮食供应保障扎实有力】完成顺义区粮食应急保障工作，形成以1家储运企业、2家应急加工企业、4家应急配送中心和45个应急投放网点为支撑的粮食应急保障体系，常态化备齐20辆运输配送车辆，应急状态下可保障全区居民30天的口粮需求，同时组织13个部门、25个镇街开展了粮食应急供应保障综合演练。

（王雪飞）

【粮食监督检查行政执法进一步强化】建立健全联合执法工作机制，协同防范和严厉打击粮食购销违法行为；健全问题线索移交机制，整合“12325”全国粮食流通监管热线、“12345”政务服务便民热线信息，主动发现违纪违法问题线索并及时移送。

（王雪飞）

对外经贸

【概况】年内，完成进出口总额1268.9亿元，全市排名第7，平原新城排名第2。其中出口额182.7亿元，进口额1086.2亿元。全区实际利用外资8.8亿美元，同比增长21.1%，全市排名第4位，平原新城排名第1位；累计吸引合同外资14.6亿美元，同比增长0.5%。

（张　曼）

【“两区”建设高效推进】年内，全力推进市、区两级制度创新和改革任务落地实施，北京天竺综合保税区二期围网已通过现场验收，完成最终验收备案；制定出台《顺义区“十四五”时期推进建设国家服务业扩大开放综合示范区和中国（北京）自由贸易试验区发展规划》《顺义“两区”建设2022年工作要点》。截至2022年底，已完成90项“两区”建设重点任务，形成15项“全国首创或首批”试点政策，其中2个试点政策全国独有，3个案例向全国推广，4个案例向全市推广；7项政策入选北京“两区”突破性政策。大力推动重点项目和龙头企业落地，落地一批具有重大影响力的项目，顺义组团的储备项目、落地项目、在推项目数均位于全市前列。

（白　雪）

【抓实专班工作全力稳外资】年内，充分发挥稳外资工作专班作用，持续梳理潜在外资项目、合同外资项目两本台账，对未落地及未全部到资大项目进行跟踪服务，推动重点项目资金加快落地。按季度报送稳外资专班工作简报，形成外资工作简报4份，全面分析、部署全区稳外资、促外资工作，提前超额完成全年市级指标任务。推荐1个重点外资项目纳入全国重点外资项目清单，定期跟踪。

（张　曼）

【加大外资企业服务力度】年内，审核外商投资信息报告572份；完成2021年度外商投资企业联合年报工作，共审核956家年报信息；随机抽取7家企业开展外资信息报告监督检查，采取书面与实地检查相结合的方式，提示企业严格履行信息报告制度。

（王晓斌）

【做好重点外资企业监测】年内，紧盯重点外资企业，每月动态梳理2019年以来千万美元以上合同外资大项目，每月对28家重点外资企业市级直报信息平台月度报表进行催报、审核。

开展重点调研，形成《顺义区商务局关于外商投资企业受疫情影响情况的调研报告》，为市区信息决策提供依据。

（王晓斌、张　曼）

【搭建平台服务企业】年内，开展4场外资外贸系列“云”培训。积极摸排走访20余家重点外资、外贸企业，及时了解企业生产经营情况及诉求，协调相关部门解决企业问题；搭建平台扩大宣讲，讲解外商投资信息报告、提升国际化经营能力项目、出口信用保险等企业关心的政策、问题，组织企业参与直播并进行线上互动，覆盖200余家次，助推企业稳定经营、稳增业绩。

（张　璇）

【助力企业开拓国际市场】年内，鼓励外贸企业积极参与国际市场竞争，扩展产品销售渠道。指导企业申报并受理初审提升国际化经营能力项目，2021年度第一批35家企业的80个项目获得市级资金支持273.7万元，最后一批共初审23家企业的42个项目。

（张　璇）

【优化外贸政务服务事项】年内，受理并办结对外贸易经营者备案登记初次备案158家，变更128家，注销12家。12月30日，《中华人民共和国对外贸易法》修订后，取消对外贸易经营者备案登记事项，及时传达落实并停止办理该备案事项，同时为企业做好解释，化解企业顾虑。

（丁梓烨）

【国际航空物流工作落实到位】年内，深入推进北京国际航空物流体系建设，依据按月统计、定时调度的工作机制，协调有关部门有序推进落实《顺义区国际航空物流发展工作方案》及《任务清单》，共完成任务22项。

（张　璇）

【组织保障“进博会”并达成合作成果】2022年11月5—10日，组织区内企业参加第五届中国国际进口博览会，共组织参展企业56家，办证人员达114人。顺义区赴会企业成交签约4单，意向签约额10117.82万美元，达成合作协议5项并参与1场创新合作论坛。

（陈　晨）

【立足“服务包”机制服务企业卓有成效】对接“服务包”企业87家，组织召开涉企政策规划解读培训会15次。协同属地深挖存量企业新设立机构和落地项目，“服务包”企业在谈新项目3个，企业诉求解决率、满意率均为100%。

（陈　晨）

【服务贸易增长态势良好】年内，服贸直报系统和服务外包系统累计审核通过105家企业的5353次合同执行，涉及进出口总额20.99亿美元，同比增长14.24%。其中，运输行业所涉进出口总额16.28亿美元，占服务贸易总额的86.26%，支柱地位显著。

（王成莉）

【加大服务贸易企业服务力度】年内，积极落实服务贸易各项市级政策措施，对企业的日常走访调研，开展政策解读培训，鼓励服贸企业积极参与项目申报。5家企业的7个项目获2022年服务贸易及服务外包专项项目资金332.174万元，51家重点监测企业获2022年服贸系统填报补助资金18.36万元。

（王成莉）

【企业境外投资稳步推进】年内，自贸区顺义组团累计审核通过5家境内主体企业的12家新设境外企业申请及4家境内主体企业的5家境外企业增减资变更申请，共涉及计划投资总金额1.378亿美元，前三季度，顺义区（含自贸区）累计完成投资金额1.062亿美元。

（王成莉）

【高效开展总部企业服务】截至2022年底，顺义区共有13个行业类别226家企业被认定为总部企业，其中经济贡献重点总部企业184家，行业示范企业总部39家，跨国公司地区总部7家（含4家经济贡献重点总部、1家外资研发总部），为9家重点总部企业争取2021年度奖励资金共计792万元，其中市级资金554.4万元，区级资金237.6万元。

（陈　晨）

【落实营商环境创新改革试点任务】完成4项营商环境5.0任务及《区级营商环境创新试点改革任务清单》中涉及任务，协同开展跨境贸易便利化工作，总结报送营商环境改革典型经验案例2个。

（陈　晨）

【世行评价、国内评价有力落实】牵头区级营商环境评价一级指标——外商投资指标评价相关工作，填报数字营商平台外商投资领域招商服务激励机制等5个考题，梳理上传57条证明材料。

（陈　晨）

名　录

单位名称：北京市顺义区商务局
党组书记、局长：杨蓬勃
地　　址：北京市顺义区复兴东街3号政务服务中心北楼5层
邮　　编：101300
电　　话：010-69443513
传　　真：010-69446407
电子邮箱：shangwu@bjshy.gov.cn

（李聪新、张　曼）

大兴区

概 况

总消费及社零额完成情况。2022年，大兴区总消费额累计实现1229.4亿元。全年社零额完成640.1亿元。

实际利用外资完成情况。2022年，大兴区实际利用外资完成15194万美元。全年新设立外资企业116家，同比增长16%；其中注册资本在1000万美元以上重点外资企业13个，合同外资合计128066万美元。

（史文亮）

内贸流通

【总消费及社零额完成情况】2022年，大兴区总消费累计实现1229.4亿元。全年社零额完成640.1亿元。

（史文亮）

【扎实推进促消费工作】统筹资源做好2022北京餐饮消费券、养老助残券及新能源车补贴等的宣传和推广工作，提振市场活力。持续开展“礼享大兴”消费季活动，组织区内重点商业企业、商业综合体，围绕北京消费季活动主题策划开展了60余场形式多样的促消费活动，投入财政资金3800万元发放两期汽车券、两期通用券，拉动社零额增长30亿元。推进4号线与周边商业联动促消、宣传，充分利用区融媒体矩阵、抖音、微信、社区联播大屏等渠道发布宣传推广信息、短视频等，扩大活动影响力。探索成立“大兴区吃住游购”联盟，在全区推广“商业企业+特色景区”购游线路和自由行攻略。重点调度区内商业企业与北京野生动物园对接，形成产业相融、创新相促、良性循环的新兴消费产业链。加强企业走访调研，切实摸清企业需求，精准有效帮助企业纾困解难。

（史文亮）

【中小微餐饮企业担保贷款】修订完善《大兴区中小微餐饮企业担保贷款政策实施细则》，安排1000万区级财政资金，为中小微餐饮企业提供贷款担保服务，对按期偿还贷款本息的企业给予贴息支持，助力餐饮行业渡过难关。全年共审批餐饮企业75家、担保贷款金额3802万元。

（史文亮）

【提升生活性服务业品质】全年新建和规范提升便民商业网点58个，完成市级任务（55个）的105.5%，其中便利店（超市）26个、末端配送14个、便民早餐8个、蔬菜零售4个、便民理发4个、洗染2个。其中，45个为连锁网点，连锁化率达到77.59%，社区覆盖率达100%。便利蜂、山姆、罗森等一批知名连锁便民网点相继在大兴区落地，满足区域群众多样化需求。

（安 伟）

【国际消费中心城市建设】制定西红门、火神庙、天宫院三大商圈高质量发展工作方案，初步形成了“高端引领、梯次发展、服务区域”的发展格局。完成国际消费枢纽、国际会展中心（一期）两大项目选址，成立国际消费枢纽项目研究专班进行全球创意征集成果整合。综合保税区（一期）项目已经通过验收交付使用。国际航空总部园项目于10月31日开工建设。对总部企业、首店、商圈改造、便民商业等给予资金支持。全年引进北京首店 18 家。引导西红门商圈补足京南地区高端化妆品消费功能，引进了香奈儿、兰蔻等 11 家全球一线化妆品品牌。西红门沃尔玛山姆会员店于 2022 年 12 月开业。

（史文亮）

外资外贸

【实际利用外资】2022 年，大兴区实际利用外资完成 15194 万美元。全年新设立外资企业 116 家，同比增长 16%，其中注册资本在 1000 万美元以上重点外资企业 13 个，合同外资合计 128066 万美元。

（韩 猛）

【稳步推进“两区”建设】2022 年入库“两区”建设项目 473 个，其中，外资项目 67 个，提前超额完成全年招商引资任务指标。聚焦制度创新，归纳总结提炼形成创新实践案例 26 个，5 个案例报送参加全市及全国实践案例评选，其中京冀两个案例参与商务部全国改革试点经验评选，离岸贸易案例入选全市第二批“两区”建设改革创新实践案例。上线京津冀地区首个离岸贸易公共核验平台“京贸兴”，通过探索搭建公共服务平台，向企业提供出境合规咨询、风险自评估、数据安全保障等服务。

（王军祥）

【组织企业参展 2022 年服贸会】2022 年服贸会大兴区注册参展企业 209 家，超额完成参展注册任务，其中 160 家企业通过图片、视频等形式搭建了企业展台，向世界展示企业形象、企业产品。办理人员证件 878 人次，组织专业观众 1000 余人次，参与企业和人员数量均创历年之最。

（付英鑫）

【举办 2022 服贸会·大兴区全球招商推介会】9 月 3 日，2022 年中国国际服务贸易交易会·大兴区全球招商推介会在大兴机场木棉花酒店举办，以“宜居宜业新大兴 繁荣开放新国门”为主题，通过“兴潮澎湃”“兴益互通”“兴耀未来”三大篇章，开展产业推介、重要发布、企业家演讲、合作签约等活动，对接全球资源，促成签约项目 31 个，签约总额 17.1 亿美元，加快建设新国门新大兴步伐。

（王军祥）

9 月 3 日，2022 年中国国际服务贸易交易会 · 大兴区全球招商推介会在大兴机场木棉花酒店举办

【外贸企业服务】加强对外贸企业的调研和服务工作：送政策上门，邀请专家实地授课，提供管家式服务；利用新媒体技术手段，建立全区外贸企业交流平台，及时发布相关政策、国内外展会和相关外贸进出口信息，收集整理企业需求，协助企业解决出口通关、海外物流信息、资金流方面的问题。

（付英鑫）

粮食安全

【维护粮食流通市场秩序】持续开展“亮剑”专项执法行动。强化对辖区内政策性粮食出入库、储存、收购、统计制度落实等环节的检查力度，全年开展 70 余次专项检查、16 次联合检查。完成政策性粮食库存检查工作，组织并指导各企业完成库存检查系统分解登统工作。加强进口粮风险管控，督促进口粮储备、加工企业落实安全风险和疫情防控相关制度。

（程 蕾）

【**提升粮食供给应急保障水平**】建立63个应急供应网点，覆盖全区所有镇、街道，完善应急供给。组织各保障企业开展涉粮专项培训5次，应急演练1次，提高处置突发粮食事件应急响应和应急保障能力。

（程 蕾）

应急物资储备

【**应急物资储备及管理**】组织完成应急物资采购工作，共采购棉大衣1210件，电暖气300件，已组织物资管理公司清点入库。

（程 蕾）

【**应急物资调拨**】配合区应急局做好应急物资紧急调拨，2022年共调拨12平方米棉帐篷103顶，12平方米单帐篷7顶，50平方米棉帐篷1顶，棉大衣2727件，棉被20件，被罩12件，电暖器12件，防潮垫180件，睡袋180件，折叠床2040件，共计5282件，为一线疫情防控提供有力支持。

（程 蕾）

行业安全及服务

【**商务行业安全**】依托“4·15”全民国家安全教育日、安全生产月等重要时间节点在大型商业综合体开展线上线下安全生产宣传活动。全年组织商务行业安全培训2次、综合性演练2次，出动1600人次开展行业安全生产检查800家次，发现并整改安全隐患700余起，保障了两会、服贸会等重要节点及节假日期间商务行业的安全稳定。联合应急局、市场监督管理局、生态环境局对商超、汽车、拆解厂、粮油、企业年报等领域完成27批2288家次的“双随机、一公开”联合检查，提高企业从业人员安全意识和应急防范能力。

（张 学）

【**推动商务行业创城创卫**】开展“发展绿色商业 创建文明城区”系列活动，发放各类宣传品20000余份，建成外卖快递综合休闲驿站8座，创建市级“健康超市”2处，引导骑手自愿加入外卖快递行业文明监督队，通过线上线下相结合，树立先进典型等方式，营造了文明卫生的商务氛围。

（张 学）

11月9日，区商务局在大悦春风里举办“119消防宣传日”宣传演练活动，开幕式图

【**优化政务服务**】2022年，商务局窗口共办理商务事项897项，所有办理事项均在规定时限内办结，为企业和群众办事提供了极大便利；全年接待企业和群众咨询共计1726人次，全年共办理跨区通办事项37项；2022年，全部商务事项共计20大项、51小项，实现委托受理率100%，授权审批率100%。

（孙 强）

疫情防控

【**全力保障生活必需品供应**】深化制度机制建设，完善疫情期间生活必需品保供稳价应急预案，启动“干部包超市”机制，多次全员出动下沉至规模以上超市现场协调督导，与主要商超建立联系，密切关注商品销售情况，随时报告异常苗头，确保供应平稳有序。同时通过大型超市增加3～5倍物资储备、101辆蔬菜直通车“点对点”应急供应24小时待命补位、建立日监测机制等方式，有效化解多轮散发疫情居民集中抢购生活必需品现象，仅24小时生活必需品消费市场恢复按需购买状态。

（安　伟）

区商务局机关干部深入超市一线开展生活必需品保供驻场监测

【保障防疫物资供应】成立物资保供专班，优化防疫物资保供流程，建立“实物+渠道”储备模式，科学精准储备、高效规范配送物资，为一部一办十七组、区级集中隔离点等近70个部门提供防疫物资1910.21万件，价值5994.02万元。

（安　伟）

【商务行业疫情防控】成立四支企业疫情防控工作专项检查组，按照每5天实现一轮商业综合体全覆盖检查、每10天实现一轮规模以上超市全覆盖检查的检查频次，累计检查985家次，发现并督促企业整改完毕问题915个；以“促、盯、抓、比、查”五字工作法推动大兴区生活服务业核酸比对登记簿工作，共登记行业16个，企业11337家，从业人员34028人，做到“应检尽检，不漏一人”。加强政策传导，指导区内商务行业企业严格落实《进口非冷链货品常态化疫情防控指引（第四版）》、《新型冠状病毒肺炎防控方案（第九版）》、《餐饮行业新冠肺炎疫情防控指引（2022年8月版）》、“疫情防控新十条”等疫情防控相关政策，确保政策传达不断链。

（张　学）

名　录

单位名称：北京市大兴区商务局

党组书记、局长：肖雄

地　　址：北京市大兴区永华南里桐城办公楼甲14号

邮　　编：102600

电　　话：010-81298203

传　　真：010-81298204

（史文亮）

昌平区

区情概述

【概况】年内，区商务局在区委、区政府的坚强领导下，坚持以习近平新时代中国特色社会主义思想为指导，深入贯彻党的二十大和二十届一中全会精神和习近平总书记对北京重要讲话精神，坚持党建引领，强化“四个意识”，坚定“四个自信”，做到“两个维护”。统筹抓好政治建设、思想建设、组织建设、制度建设、纪律建设、作风建设，紧紧围绕“两区”建设、国际消费中心城市培育建设、粮食安全、新冠疫情防控、商业流通体系完善等重点工作，全力推动商务领域事业发展。全区实现社零额683.6亿元，总量排名全市第6，同比下降3.9%，增速排名全市第4（全市社零额同比下降7.2%），较2021年整体水平稳步提升（2021年全年昌平区社零额总量排名全市第6、增速排名全市第14）；实际利用外资3.69亿美元，同比增长145.67%；完成进出口额192.4亿元，同比增长15.6%。

坚持党建引领，干部队伍作风明显好转。扎实开展党史学习教育，充分发挥“党员先锋岗”作用，号召党员积极参与疫情防控、“桶前值守”等活动，全机关共参与下沉等志愿服务1500余人次。推选优秀的年轻干部进入支部委员会，为新一届支部注入新鲜血液，增加支部工作创新活力。职级职务晋升干部8名，有为才有位的选人用人导向深入人心。

落好“两区”建设，各项工作取得新进展新成效。在服贸会“两区”专场新闻发布会、“两区”建设两周年新闻发布会上发布昌平区“两区”建设成果，市区两级媒体集中宣传发布相关新闻资源100余条，提高公众及企业对我区“两区”建设工作的认知度和关注度。强化国际对接交流合作，与市“两区”办联合主办以色列医疗健康产业专场推介会、北京“两区”建设之法国专场推介会，在北京“两区”云推介日本专场活动上开展政策推介，成功举办第二届亚洲医疗健康高峰论坛暨2022年北京双向投资促进系列活动。在商务部欧洲司支持下，组织10家法资企业（包括空客、法巴、欧莱雅、法国电力等）参加“走进昌平”考察交流座谈会。

优化消费供给，加快推动项目落地成果显著。全力提升招商引资和跟踪服务水平，基本形成改造提升一批、落地见效一批、持续推进一批、引进储备一批的项目接续机制。梅赛德斯奔驰北京旗舰店已于1月顺利开业；累计吸引雅诗兰黛奥莱、春鱿记铁板烧22家企业落地。首开LONG街已完成工程建设，珠江摩尔合生汇、公园悦府两家商业工程建设进展顺利，正在加快推进潜水、攀岩等业态招商对接；积极引进京东七鲜品牌、家家悦超市等落地。

聚焦疫情防控，物资储备管理有序。较好完成了支援丰台和朝阳、冬奥会和冬残奥会及移出期、4月24日及10月28日疫情期间等物资保障工作。制定了《防疫物资门磁管理制度》，局主要领导现场调度，服务保障好重要时期物资保障。研究制定了分级物资储备方案，根据形势变化，适时调整存储目录、储备数量。

对照储备清单，按照“随发随储”的原则，管好用好民用防护物资和应急物资。

（沈洪宇）

【“两区”建设工作】年内，实施先行先试政策。聚焦生物医药、科技创新等产业和知识产权等环节，落地“药械注册流程简化”等31项政策，阳光诺和等23家昌平区企业享受到高新技术企业认定“报备即批准”政策，保诺科技、诺诚健华等4家企业获评2022年度首批北京市外资研发中心；优化金融服务，成立“两区”金融服务专家团队，累计办理跨境人民币便利化结算业务超过4亿元、外籍人员薪酬便利化业务落地规模超过100万美元；主动对标国际先进经贸规则，助推7家企业办理RCEP原产地证书50余份，其中福田拿下北京首份对马来西亚RCEP原产地证书；深入开展美丽健康产业“政策会诊”，形成《北京市美丽健康产业政策会诊研究报告》及企业诉求清单、政策建议清单；梳理形成6个创新案例，其中“生物医药产业孵化‘飞镖’加速新模式”入选北京市“两区”建设第二批改革创新实践案例。园区发展特色不断凸显。编制未来科学城及自贸试验区昌平组团发展建设三年行动方案，园区承载功能不断增强，形成更大产业集聚优势。未来科学城引进昆仑北斗、能源数字产业园等一批优质项目，750余家能源企业持续聚集；自贸试验区昌平组团引入清华工研院细胞与基因治疗创新中心等标志性载体，维泰瑞隆、炎明生物、华夏英泰等知名科学家创办企业先后入驻。2022年，“两区”新增入库项目总数达到416个，新增投入资金总额643亿元，落地项目285个，落地率达到52%。开放引领示范效应有效释放。在服贸会“两区”专场新闻发布会、“两区”建设两周年新闻发布会（生物医药全产业链开放专场）上发布昌平区“两区”建设成果。与市“两区”办联合主办以色列医疗健康产业专场推介会、法国专场推介会，成功举办第二届亚洲医疗健康高峰论坛暨2022年北京双向投资促进系列活动（走进昌平自贸试验区篇）、生命科学国际论坛、全球能源转型高层论坛。各大活动品牌效应日益增强，昌平“两区”建设朋友圈持续扩容升级，区域开放能级不断提升，创新高端要素加速聚集，2022年，全区实际利用外资3.69亿美元，同比增长145.67%，其中自贸试验区昌平组团实际利用外资2.04亿美元（占全区比重的55.19%），同比增长245.79%。

（关丽丽）

【国际消费中心城市培育建设工作】年内，按照市委市政府、区委区政府指示精神，区商务局会同国际消费中心城市培育建设工作领导小组69家成员单位，锚定全年消费增长调度目标，以抓消费融合创新为重点，持续优化消费供给。

优化消费供给，推动项目落地。全力提升招商引资和跟踪服务水平，基本形成改造提升一批、落地见效一批、持续推进一批、引进储备一批的项目接续机制。

沙河镇梅赛德斯奔驰北京旗舰店于1月开业，全年实现销售超4亿元；累计吸引春鱿记铁板烧、奇檬点DIY手工坊等15家北京首店和诺悠翩雅奥莱店、雅诗兰黛奥莱店等7家昌平首店落地。

昌平首条步行商业街区“首开LONG街”已完成工程建设；珠江摩尔合生汇项目已完成总工程量的65%，积极引进家家悦超市、敏华冰室等首店入驻；公园悦府商业项目已完成总工程量的70%，推进京东七鲜等品牌落地。

加快任务推进，服务重点企业。立足回天地区资源禀赋与自身特色，全面把握回天地区消费现状和居民消费需求，统筹谋划回天地区打造“商圈+生活圈+夜经济”消费重地，高品质培育“回天有购”，编制完成《回天地区打造“商圈+生活圈+夜经济”消费重地研究报告》。

落实“服务包”工作制度，加大助企纾困力度，针对重点商业企业及社零额贡献大户开展专项“送政策”上门，结合企业实际情况及未来发展规划，详细梳理企业可享受支持政策，走访企业23家，并通过企业微信群、微信公众号等新媒体手段持续做好政策宣传工作。

紧抓消费节点，做好活动策划。举办2022昌平消费季启动仪式，区委书记甘靖中、区长支现伟、副区长郭清尧及相关委办局主要领导、企业代表参加活动。以北京消费季品牌活动为统领，坚持“政府搭台、企业唱戏”，整合各类资源要素，将形成月月有主题、周周有活动、场场有成效的2022昌平消费季全年系列宣传推介活动，全年累计举办各类好多40余场。

依托《昌平区加快国际消费中心城市融合消费创新示范区若干促进措施》，举办四季购车嘉年华活动，引导40余家汽车销售企业参与活动，累计核销消费券近4000万元，拉动新车销售超10000台，拉动销售额超20亿元，有效活跃昌平区汽车消费市场。

“商旅文体融合”，通过“京畿长城”国家风景道线路体验活动推介长城文化主题旅游精品线路，包含居庸关长城、八达岭奥莱、乐多港假日广场、明十三陵等重要节点，发布“畅行回天”“艺术巡游”“文旅商圈”“古迹探访”等12条“爱上昌平骑妙之旅”文旅主题骑行线路。“文旅农融合”，北京农业嘉年华园区于9月开园运营，打造了中国农民丰收节、第十九届北京昌平苹果文化节等一批融合消费场景，推动昌平区休闲农业资源与八达岭奥莱、乐多港万达等消费地标形成联动，有效带动昌平区林果产品销售超1000余万元，促进文旅商农产业融合发展。

坚持“政府搭台、企业唱戏”，紧抓端午、中秋等重要促消费节点，举办不插电音乐会、汽车嘉年华等50余场促消费活动，营造活跃繁荣的消费氛围，累计吸引客流量超过4300万人次，重点商业企业累计销售额超过42亿元，拉动销售额同比平均增长5%左右。

强化政策引领，促进企业纳统。加大对“北京消费季”、市级首店3.0版等相关政策的宣传推广，做好企业自主活动线上平台申报、政策项目申报初审工作，有3批次13家企业申请市级支持资金共计582万元，拉动销售额超23亿元。印发《昌平区加快国际消费中心城市融合消费创新示范区若干促进措施》形成一图解读等政策宣贯材料，向全区各镇街开展有政策宣讲活动1次，分批向区内重点零售企业、大型商业综合体、重点商业企业开展政策宣讲活动3次。利用2022昌平春季购车嘉年华1000万元汽车消费券的引领带动作用，促成北京海联力通经贸有限公司、北京隆晟通达汽车销售服务有限公司2家公司实现异地纳税回迁，预计全年实现社零额纳统4亿元左右，区域税收贡献1000万元左右。

积极宣贯《关于2022年促进消费持续引导商业企业在京高质量发展的通知》，针对区内重点企业送服务、送政策上门。鹏龙昌鸿兴汽车销售（奔驰）、福源易众汽车销售（日产）、中庆沃达汽车销售（沃尔沃）、越联升汽车销售（吉普）4家重点企业实现“小升规”；北京石头世纪科技股份有限公司通过设立全资子公司——北京石头启迪科技有限公司实现“工设商”；吸引外省市企业华瑞国际能源（北京）有限公司在昌平落地，共计新增6家规模以上纳统企业，增量规模达约13亿元。

（曾彦兴）

【生活性服务业品质提升工作】年内，新增提升规范化生活性服务业便民网点26个，包括便利店13个、蔬菜零售7个、美容美发2个、早餐2个、末端配送2个，实现了便民网点功能全覆盖。其中回天地区新增生活性服务业便民商业网点10个，包含便利店5个、蔬菜零售4个、美容美发1个。健全“城市+农村”便民服务网络，通过连锁品牌企业搭载传统供销社资源的形式，采用线上线下相结合的运营模式，组织引导昌平新世纪商城新建外卖商品自提点115个。新水屯农副产品市场完成搬迁投入使用，运营正常，现有两万平方米市场用房已正常运转，涵盖了豆制品、熟食、鲜肉、水产、粮油、调料、酒水、干果、厨具、劳保用品等多种业态；编制完成《昌平物流基地规划综合实施方案（初稿）》。

（曾彦兴、焦　健）

【稳步推动商圈改造提升】年内，重点围绕昌平、龙域、龙德和龙泽四大商圈稳步推进改造提升工作。组织指导10个商业综合体进行升级改造，其中龙德广场完成5层改造总工程量的60%；八达岭奥莱对MAX MARA、Bally等10家商户完成升级；乐多港引进俄罗时光等餐饮品牌首店，打造夜经济新地标，引入8个新能源汽车品牌，形成新能源汽车消费聚集效应；悦荟万科分别在地下一层和五层打造了“彩悦街”和悦荟湾两大餐饮品牌集聚区；万优汇引进了新影联影院、三里屯IHOME品牌手作店等知名品牌。

（曾彦兴）

【保障居民生活必需品供应充足】2022年我区共有有效蔬菜直通车43辆，服务30个社区。疫情期间，我区蔬菜直通车企业进驻部分封管控区服务，按照15种蔬菜、5种水果的标准，以“控价格，保品质”为基础，做好生活必需品的供应。梳理形成“1+5+22+N”的供应保障机制，制定《昌平区生活必需品及防疫物资应急供应保障工作总体预案》，不断优化“四保二稳三严禁”“五有一要”等工作细则，联合北京快递协会等部门，累计协调12家企业183名快递小哥入驻封控社区（村）参与转运，形成北京首创的“东三旗服务模式”；协助办理重点保供企业人员“白名单”10753人，协助办理2389张“北京市商业企业重点物资运输车证”。

（曾彦兴、焦　健）

【疫情防控物资保障工作】全年累计配送口罩606.18万只、防护服80.48万件、医用手套249.49万双、靴套84.06万双、隔离面屏88.61万个、医用帽子76.53万个、隔离衣70.5万件、手消11.58万瓶、消毒片4.57万瓶、酒精5.92万瓶、门磁34.54万个、抗原检测试剂582.39万份、帐篷2138顶、遮阳棚1450个、遮阳伞1514把、一次性雨衣10.52万件、电动三轮车720辆次、红外无感测温仪2956套、蔬菜包46.93万份、一日三餐近万份等。

（张金水）

【粮食管理工作】年内，深入推进安全生产管理工作，按照“一规定两守则”要求，累计检查粮食企业117家次，其中会同区市场监管局开展粮食流通专项检查27次，出动检查人员118人次，开展“双随机”检查16家次。严格做好粮食熏蒸作业备案管理，累计备案14家次。对区级储备粮保管轮换储存情况进行了5次联合检查验收，通过北京市国家粮食交易中心平台公开竞价交易，顺利完成4000吨区储原粮临期小麦的轮换，实现价差盈利209.64328万元上缴区财政。组织华粮中心库申报了粮油仓储物流设施维修改造项目，88～90号平房仓屋面防水2965平方米，获得市粮食和物资储备局补贴资金10.59万元。密切关注粮油市场供需及价格情况，对区内10个粮油市场信息监测网点实行周监测，累计在区政府网站发布49篇信息，积极引导市场预期。

（张金水）

【粮食应急管理工作】深入实施国家粮食安全战略，建立健全粮食安全宣传教育长效机制，组织相关部门和辖区内粮食企业，利用科普橱窗、宣传栏等，张贴粮食安全宣传海报，结合“光盘行动”“节约一粒粮，我们在行动”等主题宣传教育活动，加强对世界粮食日、粮食安全的科普宣传；针对《昌平区粮食供给应急预案》中的应急响应准备期重点工作和应急响应执行期业务手续传递环节，组织区级储备粮企业开展粮食供给应急桌面演练；组织各镇、街及涉粮入统企业开展2022年度粮食应急供给培训，系统培训了粮食应急工作的重要意义、粮食应急工作依据、粮食应急保障企业管理办法、粮食应急保障企业信息审核和备案，并对粮食应急网点核查及授牌先进单位和优秀个人进行了表扬。

（闫　勋）

【商务行业安全管理工作】年内，坚持人民至上、生命至上，坚决落实“三管三必须”，大力推进主体责任落实，指导督促经营单位排查安全隐患，确保了商务行业安全稳定，为打赢北京冬奥会冬残奥会、全国“两会”、服贸会，特别是党的二十大安保攻坚战奉献了商务力量。全年局领导带队检查89家经营单位的疫情防控和安全生产工作，涉及大型商业综合体、商超、餐饮、粮食和冷库等不同行业业态类型。紧抓安全生产教育培训，召开5次商务行业安全生产工作部署培训视频会，组织112家商超餐饮企业1157人参加市商务局组织的《北京市安全生产条例》、消防安全、电动自行车安全线线上辅导培训；加强安全生产指导督促，累计指导督查企业2202家次，其中，安全生产大检查1138家次，城镇燃气安全排查719家次，有限空间作业督导105家次，外卖平台电动自行车督导8家，商务行业经营自建房检查22次，餐饮场所消防专项检查139家，加油站安全生产专项检查71家；加强部门镇街协作发力，按照精准、协作的模式，联合部门、镇街对规模以上重点商务企业安全生产工作检查28次，开展晚间专项指导3次，累计检查企业146家次。联合区消防救援支队联合检查4次，检查企业15家次。

（赖金坚）

【2022年中国国际服务贸易交易会】年内，2022中国国际服务贸易交易会昌平交易分团办公室设在区商务局。组织百济神州、品驰医疗、清华长庚、新雷能科技、汇佳学校等269家企业进行线上线下布展，其中：在国家会议中心和首钢园区线下布展企业45家，线上注册参展企业224家，企业注册率176%；组织参加“北京日”“总部经济高峰论坛”“投资北京会客厅”等专题活动，召开昌平区“两区”建设成果新闻发布会以及“2022全球PE论坛”，并以“三带汇聚　未来之城”为主题打造精品宣传展示区；协调中央、市属、区属各级主流媒体，对昌平“两区”建设成果及会展活动进行专题报道，并利用新媒体、广播电视、报纸等宣传平台，宣传报道昌平区参加2022服贸会相关情况共计152条，阅读浏览量累计50余万次。

会议期间，完成11个投资类成果预筹项目签约，项目交易金额约8.6亿美元，一年内拟执行的成交额5.26亿美元，同比增长了56%，其中：投资类项目数量在全市与海淀区并列第五名；项目数量同比增长了120%，项目数量增长率全市排名第二位；项目成交金额在全市排名第六位。同时，在服贸会“北京日”活动中，组织昌平签约“两区”重大项目3个，签约金额共计35.5亿人民币（约5.2亿美元），同比增长了10%。圆满完成2022年服贸会各项工作任务。

北京市交易团17区会期成交投资类项目金额达到94.9亿美元，其中，昌平交易分团会期投资类交易金额5.26亿美元（一年内执行金额）。截至2022年12月30日，昌平交易分团执行金额为3.36亿美元，执行率为64%，执行率远超全市平均水平。

（徐　丽）

【外资外贸工作】年内，实际利用外资36919万美元，同比增长145.67%；出口额1924477万元，同比增长15.6%。完成办理对外贸易经营者备案登记271家次，审批服务外包接包合同87个，接包执行266个。审核支持外贸企业提升国际化能力资金项目142个，受益企业53家。主动与欧盟中国商会、北京美森信息咨询有限公司等第三方机构建立合作，积极推进招商引资工作，助推中欧合作高质量发展。全区新设外商投资企业52家，其中新增1亿美元以上的重大项目1个，增资项目16个。持续优化营商环境，建立我区外商投资企业基础信息台账。提升跨境贸易便利化水平，充分释放RCEP等自贸协定政策红利，7家企业申办RCEP原产地证书50余份。加强与海关联系沟通，助推7家海关高级认证企业（AEO）落地。

（杨　玲）

名　录

单位名称：北京市昌平区商务局

局党组书记、局长：李俊杰

地　　址：北京市昌平区南环路55号

电　　话：010-69747123

邮　　编：102200

传　　真：010-69746220

（沈洪宁）

平谷区

概　况

平谷区商务局（平谷区粮食和物资储备局）（以下简称区商务局）是主要负责本区内外贸易、对外经济合作和粮食流通的区政府工作部门。 2022年平谷区社零额完成154.8亿元，同比下降3.1%，增速排全市第2名。

（徐迎新）

【疫情防控】一是防疫保供扎实有序，按照区委、区政府统一部署，做好全区防疫物资保障，根据全区18类28个主要应用场景物资使用标准，统筹采购调配发放防护服、口罩、消毒液、帐篷、棉大衣等防控物资。全年共发放医用外科口罩、N95口罩、防护服、棉帐篷、门磁等防疫物资16类，共计1463.24万件。二是市场供应量足价稳，组织东寺渠批发市场、华联、和美等重点商业企业抓好生活必需品市场供应，建立监测机制，快速响应市场需求，圆满完成大华山镇、黄松峪乡等社区村疫情封控期间的生活必需品物资供应保障任务。三是指导企业疫情防控工作，加强规上商超、餐饮等行业企业防控工作的督促指导力度，在落实佩戴口罩、扫码测温、通风消杀、防聚集等方面进行检查，发现问题及时进行劝阻提示或移交有关部门处理，出动人员1526人次，共检查企业763家次，发现问题301个，均已督促完成整改。

（徐迎新）

【便民服务】加快推进蔬菜零售、便利店、美容美发等8类便民网点建设，加快网点补建，全面提升平谷区生活性服务业便利化、连锁化、规范化水平。2022年，新建或规范提升便民商业网点21个，已完成全年任务。其中便利店（超市）13个、蔬菜零售3个、早餐2个、美容美发3个，不断提升市民购物便利度。完成北京天成开元平谷市场中心世纪隆市场的内部设施改造及内部改造工程，升级改造任务全部完成。

（徐迎新）

【大桃销售】2022年大桃销售顺畅，通过各乡镇统计，总销量约2.54亿斤，总销售额11亿元。一是研究制定《平谷区2022年大桃销售工作“1+N”方案》，聚焦11个主产乡镇、111个主产村，成立区、乡镇、村三级工作专班，细化分解销售渠道、销售任务、时间节点、责任单位“四个明确”。二是通过持续完善电商、实体商超、城市社区、批发市场、旅游沿线等十大销售渠道，利用直播带货、市场专区、社区团购、“鲜桃季”活动等销售模式，建立多维度、立体化销售体系，带动平谷大桃销售。三是重点加强防疫、宣传、品牌、营商、政策、金融、运输、消费监测等“八项服务”保障。四是“以桃为媒”，宣传“高大尚”平谷形象，坚持农旅融合发展，创新大桃文创活动，把“鲜桃季”活动作为聚合资源、展示形象、引领潮流的重要平台，提高平谷大桃知名度和影响力。五是积极对接线上平台，发展直播带货，强化物流基础，全方位、多元化带动大桃销售。2022年通过电商销售平谷大桃超过5200万斤，快递累计发送大桃441万单，约4400万余斤。

（徐迎新）

【粮食安全】落实粮食安全区长责任制考核工作，年内，区商务局深入推进粮食购销领域专项整治，扎实做好粮食储备流通、物资储备监督管理，不断完善区级粮食储备制度与政策体系，维护全区粮食流通正常秩序，在全市粮食安全责任制考核中排名郊区第二。做好生活必需品储备，随时保证应急状态下重要生活必需品调得动、用得上、补得齐。按照《平谷区区级救灾储备物资及生活必需品调拨机制（试行)》开展相关工作，做好应急物资储备。

（徐迎新）

【“两区”建设】2022年，“两区”建设项目入库173个，数量增长明显。一是出台企业帮扶政策。制定出台《北京市平谷区扩大对外开放提高外资外贸发展水平扶持办法》和2021年项目申报指南，5家企业享受政策扶持，总金额106.37万元。二是总结典型案例。上报市“两区”办5个典型案例，《适应农业科创产业发展的集建地入市供给新模式》《社会投资低风险工程“建筑师负责制+告知承诺制”审批新模式》两个案例入选全市“两区”建设第二批市级改革创新实践案例。三是开展宣传推介。组织召开2022年“两区”建设政策解读宣讲会和平谷区“两区”建设工作新闻发布会，《平谷马坊物流基地打造“一带一路”北京起点》等6篇信息被市级“两区”建设舆情简报、信息简报采纳，《利用资本市场做优做强！北京平谷打造“农业中关村”》等3篇信息被开放北京公众号采纳。

（徐迎新）

【国际消费中心城市建设】一是印发《平谷培育建设国际消费中心城市2022年工作要点》及“五个清单”等文件，统筹各专项工作组制定分方案，定期召开专题会议，分析消费形势，推动工作落实。二是开展2022平谷消费季活动，部门联动，办好各项节事、赛事、农事，聚焦露营等新兴业态，以活动带消费，累计发放消费券近854.6万元，拉动零售额近亿元，消费提升率较好。三是走访调研企业，细致做好“小升规”，耐心做好“工设商”，统筹做好“集纳零”，系统研究“分生总”，积极开展“四转化”工作，精准服务企业，确保经济发展成果“颗粒归仓”。四是研究制定《北京市平谷区商务局商圈高质量发展工作方案》，华联购物中心桃仙子户外网红街项目落地。五是按照市区方案，明确工作任务，确定兴谷街道作为平谷区试点区域，开展综合监管工作，提高监管效能、创新监管方式、激发市场活力，完成餐饮事中综合监管试点等级评定各项工作。

（徐迎新）

【疫情防控和安全生产检查】推动企业落实安全生产主体责任，每季度组织召开商超、餐饮、外卖和粮食等重点商贸企业安全生产专题培训会，督促指导企业开展应急演练。全体机关人员分为10组，对重点商超、餐饮、连锁便利店菜店、快递、家政企业开展督导检查，要求企业严格落实安全生产、疫情防控主体责任。

（徐迎新）

【对外经济贸易】2022年平谷区实际利用外资完成8340万美元，同比增长63%，创近年新高，超额完成市区两级全年任务指标。2022年全区进出口总额35.9亿元，同比增长20.9%；其中出口额11.2亿元，同比增长35.3%，进口额24.7亿元，同比增长15.3%。

（徐迎新）

【行政审批】全面落实“四减一增”(减时限、减要件、减环节、减费用，增加透明度)。进一步优化政务服务事项办理条件、办理时限，全面清理“有关材料”等兜底条款，精心开展政务服务事项标准化梳理工作。对办理事项做到统一审批管理标准和服务规范，进一步提升平谷区的营商环境。2022年共办理审批备案事项558件（其中对外贸易经营者备案137份，审核外商企业年度信息报告256家，外商企业投资信息变更审核153家，办理邀请外国技术人员来华申请12份），做到政务服务企业群众满意度100%，业务按时办结率100%，全区外商投资企业零投诉。

（徐迎新）

【对外交流合作】年内，积极组织企业参加第五届中国国际进口博览会。一是做好现场组织工作。督促已在系统中报名成功的企业踊跃参加此次进博会，积极促进企业签订采购意向合同。二是做好信息传达工作。及时通过微信群向企业报送进博会最新情况，保证信息传达及时畅通，为企业出行及观展提供参考，确保参会采购商全面了解进博会各项工作。三是做好采购意向跟踪。针对前期采购意向摸底情况，进一步落实企业具体采购商品需求，做好统计服务工作。11月5—9日，平谷分团达成2笔意向成交。四是提供第五届中国国际进口博览会对外开放成就展北京展示专区展示内容。收集马坊镇（马坊物流基地管委会）、农业科技园区管委会两个园区宣传视频并上报。

（徐迎新）

名　录

单位名称：北京市平谷区商务局
局　　长：马玉兰
地　　址：北京市平谷区府前西街17号
邮　　编：101200
电　　话：69962955
传　　真：69962554

（徐迎新）

怀柔区

概 况

北京市怀柔区商务局（简称怀柔区商务局），是负责本区内外贸易、对外经济合作和粮食流通工作的区政府工作部门。

2022年，怀柔区商务局坚持以习近平新时代中国特色社会主义思想为指导，坚决落实区委、区政府决策部署，突出政治引领，将党建和业务工作深度融合，统筹疫情防控和商务高质量发展，着力发展新业态、培育新模式、开辟新赛道，在服务和融入新发展格局中奋力展现商务作为、贡献商务力量。经济指标争先进位、量质齐升，增长率全市排名靠前。社会消费品零售总额连续9个月全市第一。1—12月，怀柔区实现社会消费品零售总额230.3亿元，同比增长1%，全市唯一正增长，并持续9个月位列全市第一。实际利用外资超额完成年度任务。1—12月，实现入资1.6亿美元，提前超额完成全年市级指标任务。进出口总额两位数增长。1—12月，实现进出口总额98.5亿元，同比增长27.8%；其中出口28.8亿元，同比增长31.3%；进口69.7亿元，同比增长26.4%。2022年市级下达的外贸出口任务为23亿元，已超额完成。会展综合收入基本持平。1—12月，实现会展综合收入7.9亿元；其中会展直接收入1.1亿元；举办会议1934个，接待会议人数167713人次。“两区”建设取得新突破。制定印发了127项《2022年怀柔区“两区”建设任务清单》，已完成80项。统筹2022年“两区”建设项目库录入项目85个，项目投资总额204亿元，其中，已经落地达到出库标准的项目11个，投资总额约33亿元；在推项目74个，投资总额约171亿元。项目数量已提前完成年度指标，外资投资额完成情况居全市五个生态涵养区之首。深化便民服务。已建设和提升便利蜂便利店、万亩园生鲜超市等20个基本便民商业网点，超额完成全年任务的133%，保持八项基本便民商业服务功能社区全覆盖。优化应对措施，快速稳妥做好行业防控工作。生活必需品保供稳价体系经受住实战考验。持续开展市场运行监测、统筹协调调度，批发、零售、配送三大环节供应稳定，建立区域保供“白名单”，启用北京市内临时通行证和北京市重点物资运输车辆通行证，发布《怀柔区防疫保供餐饮企业服务名单》，有效保障了区内生活必需品市场运行平稳。同时，做好应急需求保障。累计为全区隔离点及有需求的单位配送生活必需品物资105次。构筑快递行业疫情防控屏障。成立怀柔区邮政快递行业疫情防控专班，每日动态监督全区11家快递企业800余名员工核酸检测。持续开展国内重点地区快件核酸监测抽样工作。牵头制定全市首个《国际快件“双闭环”处置管理方案》，及时高效处置5起国际邮件阳性事件。“1+16”行业主管、属地双发力，不间断开展对快递企业及网点从业人员的督查检查。民用防疫物资和应急应季物资储备调运及时。累计为区内各属地、隔离点位、委办局、封管控考点保障物资430余次，共计33余万件。做实做细常态化疫情防控工作。对重点商超、餐饮企业开展多轮次、全覆盖疫情防控督导检查工作，共出动2320余人次，督导1160余家次。重点推进京办核酸比对登记簿及怀柔e企通上账工作。

（张　蕊）

【全力做好冬奥及春节前市场保供工作】加强区内13家规模以上商场、超市和市场的5大类22种生活必需品供应情况监测，引导重点商超、餐饮企业在做好疫情防控的同时，开展新春主题的特色促消费活动，营造浓厚的迎春贺岁节庆氛围。

（张　蕊）

【副市长杨晋柏来怀调研】1月27日，副市长杨晋柏带领市商务局、市消防总队到怀柔区调研雁栖湖国际会展中心展销会工作情况，检查生活必需品供应及疫情防控、节前公共安全相关工作及怀柔区老城区商圈发展情况，副区长韦小萍陪同调研。

（张　蕊）

【冬奥“雁栖湖展销会”“怀柔板块”惊喜亮相】2月2日至7日，冬奥“雁栖湖展销会”“怀柔板块”惊喜亮相。此次活动中，怀柔区商务局负责“雁栖湖展销会”6大板块中“怀柔板块”的组织筹备工作。通过遴选参展企业、组织申报材料、开展食品检测、指导现场布展、安排现场制售等系列相关工作，如期保障展销会顺利举办。慕田峪长城、金田麦、红螺食品、和合局、老栗树、一轻食品、莱恩堡国际酒庄等7家怀柔企业参加了怀柔板块展卖活动。

（张　蕊）

【加强国际邮件快件疫情防控工作】成立了怀柔区国际快件新冠疫情防控专班。商务、市场监管、交通运输、邮政管理等行业主管部门根据职责分工，加大监管力度，督促指导有关企业和经营者做好各项防控工作。

（张　蕊）

【怀柔区2022消费季开启】3月1日，由商务部、中央广播电视总台、北京市政府共同主办的“2022年（春季）全国消费促进月 北京消费季”在北京环球城市大道正式启动。怀柔区2022消费季同步开启。怀柔区2022年消费季将覆盖“五一”、端午、国庆、中秋等多个重要消费节点，涉及零售、餐饮、民宿、文化、旅游、通信、体育、金融多个领域，紧紧围绕北京市消费季主题和8大板块，开展百余项促销活动贯穿全年。

（张　蕊）

【德勤（中国）大学项目正式开工建设】3月7日，德勤（中国）大学项目正式开工建设。此次是德勤大学项目首次进驻中国，亦是全球第七所德勤大学。项目建成后，主要面向德勤亚太区31个国家/地区的143个办事处的高管层和同事，未来将延伸至全球其他129个国家/区域的德勤成员所的高管层的培训，投入使用后每年将满足超过14000名学员在校学习交流需求。

（张　蕊）

【“两区”大讲堂培训课开班】3月10日，北京市“两区”办、怀柔区与德勤（中国）大学联合举办的“两区”大讲堂培训课程顺利举办，本次课程也是德勤（中国）大学落户怀柔后提前办学系列活动的第二期，全市60余个部门和16区近600学名员参加培训。

（张　蕊）

【2022年怀柔区商务行业诚信教育实践活动】3月15日，怀柔区商务局在星东天地广场举办了以“3·15消费者权益日”为主题的2022年怀柔区商务行业诚信教育实践活动。

（张　蕊）

【《2022年怀柔区“两区”建设任务清单》制定下发】在延续2021年“两区”任务64项基础上，新增“两区”任务63项，其中包括政策任务类16项，项目任务类95项，空间资源类16项，共计127项。从“产业+园区”两个维度明确“3+7+N”工作思路，即围绕怀柔科学城、中国影都、国际会都3大功能区主体作用，推出园区三年行动方案、完善园区招商引资激励机制、推进功能提升行动、打造园区服务体系、完善招商推介体系、开展品质升级行动、实施形象提升工程等7项工程打造重点园区，带动园区效能提升，落地多个重点任务、促进多个重点产业领域扩大开放。

（张　蕊）

【组织政策线上培训】组织71家企业参加“对RCEP的几点思考”“进出口业务实操”“俄乌局势对国际贸易的影响”等政策线上培训共5场次，及时向区内企业宣讲国内外最新政经形势，帮助企业有针对性地调整经营策略，指导企业用足用好相关政策。

（张　蕊）

【做好生活必需品保供稳价工作】万星、农发地、运通盛世等主要农产品批发市场，发挥供应主渠道作用，组织市场商户，加强产销对接和调运力度，确保区域源头市场货源充足。大星发、京客隆、首联益家、佰鲜园等重点连锁超市，大幅提高蔬菜等自采量，增加货源供给。按照日常备货量3倍进货，同时门店按照3倍货量上货，及时补货，避免出现“空货架”现象，保障门店末端供应稳定。大星发超市履行社会责任，推出10种“保供菜”，稳定价格，有力保障生活必需品市场平稳。

（张　蕊）

【成立党员保供先锋队】5月，怀柔区商务局党支部成立党员保供先锋队，全力做好生活必需品保供稳价和民用防疫物资供应保障工作。

（张　蕊）

【积极做好餐饮企业暂停堂食工作】“五一”假期后，北京市餐饮经营单位继续暂停堂食服务。怀柔区商务局积极引导区内餐饮企业“暂停堂食、转为外卖服务”，全力做好餐饮服务保障。一是严格落实防控措施，二是外卖打通“最后一公里”，三是发动全行业力量。联合怀柔区饮食服务协会，发布《怀柔区防疫保供餐饮企业服务名单》，共集结32家企业，可为有订餐需求的机构或单位及时提供供餐服务。

（张　蕊）

【区快递专办迅速落实快递业摸排核查工作】5月13日，压实“四方责任”，立即现场开展对快递企业及网点从业人员的疫情防控专项督察检查工作，确保区内所有快递从业人员和网点干净、安全。872名快递从业人员均已完成核酸及抗原检测。同时对环境及快件样本进行核酸检测，检测结果均为阴性。5月14日至5月18日，对怀柔韵达快递全体人员连续开展5轮核酸检测（单管检测），以及抗原检测。同时，对韵达分拣中心40个环境进行采样，加强人物同防。副区长季学伟以“四不两直”方式督导检查区内快递行业疫情防控工作，怀柔区商务局相关领导陪同。检查组对京东怀柔营业部、怀柔邮政局、申通一部、圆通公司4家网点的疫情防控落实情况进行了督导检查。

（张　蕊）

【保障封控小区物资需求】5月26日，主动向前一步对接怡安园小区管理方；指导大星发线上推出4档“安心菜包”、万达物美多点推出多款“安心套餐”，满足百姓不同需求。居民从小程序、多点App一键下单，商品安心到家；做好配送“最后一米”。引导封控区内万达物美“多点”员工（非居家隔离人员）就地转化为志愿者，在严格落实防疫措施前提下，助力商品配送到家门口，解决物资配送“最后一米”。同时，对接龙山街道，引导属地指导社区设置“临时交接点”，确保各企业配送商品能够有序安全存放。

（张 蕊）

【开展节能宣传周活动】怀柔区有3家门店参与活动，分别是物美京北大世界、博达信诚、大中电器怀柔店。

（张 蕊）

【做好汛期救灾物资保障工作】制定了《北京市怀柔区商务局2022年防汛抗旱应急物资供应保障工作实施方案》，以桌面推演的形势模拟防汛救灾物资保障，结合模拟中出现的问题对方案进行完善，确保工作流程准确高效。

（张 蕊）

【做好夏粮收购工作】发放了《2022年粮食收购工作通知》和“致广大售粮农民朋友的一封信”，将收购粮食政策宣传到各级村委会，并公布收购信息，确保粮食收购工作有序开展。同时，会同区市场监管局对区内粮食收购企业开展联合专项执法检查。

（张 蕊）

【圆满完成2021年外商投资信息年度报告工作】共有356家外商投资企业参加了此次年报，参报率达到100%。

（张 蕊）

【举办2022年北京消费季·“乐购怀柔 畅游影都”专题直播促消费活动】8月12日，怀柔区商务局举办2022年北京消费季·“乐购怀柔 畅游影都”专题直播促消费活动。此次直播活动一大亮点是将与北京国际电影节红毯环节同步开始，随后观众跟随主播视角由台前步行至嘉宾候场宴会厅，沉浸式探秘红毯背后的全流程。同时，宴会厅内将邀请怀柔区知名景区、特色农产品企业负责人做客直播间，推介区内优质旅游资源、地理标志食品等。

（张 蕊）

【高标准参与服贸会】8月31日至9月5日，全方位为区内企业搭建服贸会线上平台。本届服贸会怀柔区交易团线上注册各类人员351人、线上注册参展企业133家、线上展台搭建企业72家。统筹有效签约项目12个，拟执行金额7571.56万美元，按时保质完成市级任务指标。

（张 蕊）

【赴四子王旗对接支援合作工作】按照区支援合作工作整体部署，怀柔区商务局一行赴内蒙古自治区乌兰察布市四子王旗对接支援合作工作。此次对接，双方围绕如何将“名特优”农畜产品推进市场、延伸产品加工链条、参与怀柔会议会展活动等方面开展深入交流。对接工作中，实地走访了京蒙消费协作响应中心、京邦农牧业有限公司帮扶车间、农民土豆种植地、百万牛羊屠宰加工项目。调研了四子王旗融媒体中心，了解四子王旗“名特优”农畜产品消费帮扶宣传推介项目进展情况。此外，区内重点企业北京华熙海御科技有限公司，助力消费帮扶工作，对“北京市消费扶贫双创中心怀柔分中心（四子王旗特产馆）”进行了现金捐赠。

（张 蕊）

【怀柔区“蔬菜直通车”开到居民家门口】怀柔区首批8辆流动“蔬菜直通车”开进了龙山御景、栖美园、青春苑西区等30余个小区门口，居民不出小区就能采购物资。为有效阻断病毒传播途径，保障市民疫情期间生活物资的采购需求，怀柔区商务局主动向前统筹协调，选取有保障经验的区级保供企业对接属地，同步建立线上微信群和线下配送队，让百姓线上下单“买得到”、商品送到门口“取得到”。

（张 蕊）

名　录

单位名称：北京市怀柔区商务局

党组书记、局长：王鹏

地　　址：怀柔区迎宾中路21号

邮　　编：101400

电　　话：69645258

传　　真：69647234

（张　蕊）

密云区

概　况

密云区商务局（密云区粮食和物资储备局）（以下简称区商务局）主要负责贯彻落实党和国家关于内外贸易、外商投资、对外经济合作、粮食和物资储备的方针政策、决策部署和市、区相关工作要求，研究本区内外贸易、对外经济合作及跨境通关的发展战略，在履行职责过程中坚持和加强党对内外贸易、外商投资、对外经济合作、粮食和物资储备的集中统一领导。2022年全年实现社零额162.8亿元，总额在生态涵养区中居第二位；同比增速-3.9%（全市-7.2%），增速在全市居第四位。其中11—12月连续两月社零额增速居全市首位。

（罗　宇）

【粮食安全】落实粮食安全责任制党政同责考核工作，完成区级储备原粮小麦轮入轮出计划，维护全区粮食流通正常秩序。全区粮食播种面积16.1万亩（其中大豆5039亩），超额完成市级下达任务指标。健全粮食应急供应体系，按照“合理布点、全面覆盖、平时自营、急时应急”的原则，完善并报送26家应急供应网点信息，实现我区人口全覆盖。密切跟踪辖区粮油市场动态，在重大节日、重要时段前开展保供稳市工作，按时报送相关报表及信息。认真开展粮食流通行政执法检查，对辖区入统粮食企业开展“双随机一公开”执法检查率达到100%。与区市场监管局联合开展粮食流通领域部门联合双随机检查，共检查13户次。

（魏　硕）

【电子商务】年内，区域内17家重点农业电商企业网上销售额5.5亿元，区商务局依据《北京市密云区促进农业电子商务发展办法（试行）》，对符合政策支持的10家农业电商企业提供资金支持257.498万元，鼓励企业充分运用各自销售渠道，通过线上线下销售模式，解决农产品滞销问题。

（陈晓爽）

【疫情防控物资保障】年内，区商务局加强应急物资储备，主要储备帐篷、棉被、棉大衣、折叠床、场地照明灯、口罩、医用防护服、84消毒液、医用酒精、免洗手消毒液，测温仪、门磁报警器、遮阳挡雨棚、电暖器等三十余个品种。全年为各镇街、集中隔离点等30家单位发放一次性民用口罩15.9万只，N95口罩39万支、医用防护服49060套（含手套、脚套、头套、面屏），医用隔离衣42577套，门磁报警器33000台、84消毒液12.28吨、酒精8.7吨、棉大衣1223件、帐篷273顶、电暖器158台、专用环保纸箱9.7万只等各类防疫物资，确保全区各条战线防疫物资充足。

（张　强）

【生活性服务网点建设】年内，区商务局按照“七有”“五性”工作要求，持续推动便民商业网点建设，织密便民商业服务网络，提升居民生活品质。全年共完成精准补建便民商业服务网点12家，其中便利店（社区超市）3家，蔬菜零售店9家，居民日常生活消费更加便利，幸福指数有效提升。

（贾淑瑜）

【两区建设】年内，完善健全密云区“两区”建设工作机制，成立工作专班，设立8个专项工作组，建立了“三级调度”机制。保持高频调度，密云区政府主要领导、主管副区长召开“两区”建设调度会，定期督导工作进展。在全市“两区”建设格局中发出密云声音，《以创建碳中和示范区为引领 推动区域高质量发展》入选北京市“两区”建设第二批改革创新实践案例，在全市复制推广。北京市“两区”办以密云区、平谷区、延庆区为产业发展重点区域，启动开展低空经济政策“会诊”。

（胡婷婷）

【打造“两区全球超链接”】5月20日，区“两区”办面向德国开展“两区云推介”，精准对接通航产业、文旅产业、葡萄酒产业，德国特色酒店管理集团、法兰克福通航中心、德国舒马赫家族运动中心等30家企业参与线上推介活动，宣传“两区”建设新成果、新机遇，扩大密云国际朋友圈，不断深化国际合作。

（胡婷婷）

【助力企业“请进来”“走出去”】借助服贸会、进博会平台，增强企业在密发展信心。2022年服贸会共达成成果7项，其中成交项目类3个、投资类3个、首发创新类1个，项目数量、金额均超过上届。集中签约“国电投矿山新能源+生态修复”“中旅自驾露营MALL”2个项目。促成5家总部型企业落户密云。第五届进博会密云分团各企业通过实地洽谈或“云对接”“云签约”“云成交”等方式积极参与进博会，参会家数、人数，采购成果均赶超上届，累计意向成交额同比增长31.83%。

（胡婷婷）

【对外经济贸易】年内全区实际利用外资3787万美元，同比增长3.3%；完成年度目标的126.23%；完成进出口总额8.7亿美元，同比下降46.1%。

（胡婷婷）

名　录

单位名称：北京市密云区商务局
党组书记、局长：杨光辉
地　　址：北京市密云区檀西路21号
邮　　编：101500
电　　话：89089310
传　　真：89089320

（罗　宇）

延庆区

概　况

北京市延庆区商务局（北京市延庆区粮食和物资储备局）于2019年3月正式挂牌成立，负责贯彻落实市委关于内外贸易、外商投资、对外经济合作、粮食和物资储备工作的方针政策、决策部署和区委有关工作要求，在履行职责过程中坚持和加强党对内外贸易、外商投资、对外经济合作的集中统一领导。年内，受新冠疫情影响，全区总消费实现210.8亿元，同比增长0.4%，社零额实现104.1亿元，同比增速-4.5%；聚焦冬奥盛会，圆满完成赛时餐饮服务保障和“冬奥村”保障任务；高标准、高频次推动“两区”建设更加深入；坚持政策引领，全力以赴稳外资、稳外贸；持续开展促消费工作，助力企业健康发展；有序开展商业设施建设，提升行业管理服务水平；围绕平安建设，切实维护商务行业安全稳定；落实粮食安全管理责任，粮食安全保障能力稳步提升；围绕展会发展，完成服贸会组织参展工作；全力做好疫情期间各项防控工作，实现新冠疫情防控和经济社会发展同步推进。

（郭向芳）

内贸流通

【社零额情况】2022年，全区社零额实现104.1亿元，同比增速-4.5%，总消费完成210.8亿元，同比增长0.4%。

（赵智超）

【多措并举促进消费】年内，围绕“长城、世园、冬奥”三张金名片，统筹开展促消费系列活动，推出“点亮北京·消夏延庆”“八达岭文旅集团Nice·夏之旅”“全民健身绿色生活”等50余项系列主题活动。出台发布《北京市延庆区商务局商业促消费措施》，预计兑现奖励资金397万元。发布实施《北京市延庆区餐饮企业房租补贴实施细则》，共计为245家餐饮企业减免5月房租335.2万元，补贴资金100.3万元。持续深化国际消费中心城市建设。完成市级任务3项，持续推进1项，有序推进38项区级任务。推出“商业消费券活动”。聚焦“餐饮、零售、百货”三大版块，面向广大消费者推出“延庆商业消费券”发放活动，共计22.2万张，总价值840万元。

（赵智超）

【商业设施建设】年内，推动完成环球新意立体停车场建设工作，目前已建成并投入使用。引导八达岭长城文化特色商业街区获评市级特色消费街区称号；制定优化商圈布局“一圈一策”工作方案，分别研究制定《金锣湾商圈高质量发展方案》《延庆万达商圈高质量发展方案》并组织实施。“首店经济”实现零的突破，新增白窑coffee和祖母的魔法厨房两家实体首店。

（赵智超）

【全力以赴抗击新冠疫情】年内，向全区各部门、各街乡镇发放口罩、消毒液等防疫物资270万余件。实施生活必需品日监测预警制度，建立区域供应网点帮扶机制，制定应对不同场景的保供措施，确保全区生活必需品市场供应充足、渠道稳定、价格平稳。依托6个疫情防控专项监督服务组，对重点监测的47家商业服务业单位开展“每日巡查”，累计出动检查人员1800余人次，检查重点商业服务业单位2500余家次，发现并整改问题300余起。牵头延庆区邮政快递行业疫情防控专班，从严落实快递行业疫情管控工作，完成检查42轮次，共出动检查人员8787人次，检查点位8004个，发现并整改问题552个。发挥行业部门资源优势，积极做好农林产品销售问题，帮助销售本地蔬菜500余吨。升级改造日上市场百货厅，缓解自产自销商户销售压力。

（郭向芳）

【冬奥会服务保障】为42个供餐服务点位，约1.6万涉奥人员提供保障用餐224.24万人次，克服极端天气、交通运输等困难，实现餐饮保障“零断供”；建立温馨、舒适的冬奥村赛时服务保障环境，坚守防疫底线，实现所有保障人员“零感染”。

（刘　越）

【粮食流通和物资储备】年内，修订完善延庆区储备粮管理办法，健全储备粮购销轮换制度，印发实施《北京市延庆区粮食安全责任制实施方案》，形成长效机制。完成区级储备玉米5000吨和区级储备小麦3000吨的轮换工作。认真落实收购政策，全年重点涉粮企业收购玉米0.9万吨。持续推进粮食购销领域专项整治工作，取得持久成效。

（席小芳）

对外开放

【“两区”建设深入推进】年内新增“两区”建设成员单位26家，建立32部门18街乡镇7企业的沟通工作群及任务台账，开展集中走访对接13次，空间资源对接3次，主动下沉进行政策会诊4次，梳理政策诉求清单18项，动态更新政策清单17项、空间资源清单37项、目标企业清单36项；编发“两区”建设工作简报27期，多条信息被《延庆信息》采纳、3条信息被市“两区”办《信息简报》采纳；2022年新增入库项目184个（含外资项目6个），已落地137个，完成招商引资新增项目数任务指标311.8%。推动延庆区《数字化服务新模式赋能全域旅游》案例入选北京市“两区”建设改革创新实践案例。

（周俊杰）

【外贸外资指标情况】2022年，延庆区进出口企业完成直接进出口总额10.6亿元，同比下降15.1%。其中直接出口总额人民币4.6亿元，同比下降53.5%，直接进口总额人民币6亿元，同比增长135.3%。新增外商投资企业23家，合同外资14202万美元，实际利用外资1172万美元。

（吴广云）

【中国国际服务贸易交易会】完成2022年中国国际服务贸易交易会组织工作，搭建延庆区交易分团线上展位40家；完成2022年成果项目预筹项目2个，执行合同成交额4141.2万美元；推荐2家优秀企业参加服贸会峰会开幕式，组织专业观众630人。因疫情原因，第五届中国国际进口博览会延庆交易团（含前期区内注册企业）未现场参展。

（刘　越）

行业发展

【生活性服务业品质提升】年内，提前完成20个网点建设任务。其中蔬菜零售店1个、超市便利店6个、早餐店7个、美容美发店5个、末端配送站1个。“七有、五性”考核中，基本便民商业服务功能社区服务水平得分为95.3分，生态涵养区排名第2，其中基本便民服务功能社区覆盖率得分为100分。

（赵智超）

区域商务协同

【商务领域京津冀协同发展】年内，围绕彻底解决“两不愁，三保障”问题，认真落实“四不摘”要求，通过实地调研摸清市场供需情况，制定工作方案，召开研讨会，广泛动员发动，多措并举开展消费帮扶工作，全年累计销售受援地农副产品5318.27万元，超额完成年度任务指标。

（王清波）

商务环境建设

【安全生产】年内，围绕燃气安全、反恐防暴等方面，组织开展“护航冬奥”安全联合检查、商务行业危险化学品安全风险集中治理等工作，累计检查企业66家次，出动检查人员164人次，发现并整改安全隐患32项。扎实开展安全宣教工作，利用“5·12全国防灾减灾日”“安全生产月”等时间节点，积极组织企业开展应急演练，全年，我区商务行业未发生安全生产事故、舆情等负面事件。

（王 佳）

名 录

单位名称：北京市延庆区商务局
党组书记、局长：刘涛
地　　址：北京市延庆区新城街2号
邮　　编：102100
电　　话：010-69101551
传　　真：010-69144243

（郭向芳）

第六部分

统　计　资　料

一、商业流通

表 1－1　社会消费品零售额

项　　目	2022 年（亿元）	同比增长（%）
社会消费品零售总额	13 794.2	-7.2
其中：限上批零业网上零售额	5 485.6	0.4
按商品用途分		
吃类商品	2 832.4	-4.4
穿类商品	657.0	-18.6
用类商品	9 723.6	-7.4
烧类商品	581.2	-2.3
按地区分		
城镇	13 162.8	-7.3
乡村	631.4	-6
按消费形态分		
餐饮收入	961.6	-15.2
商品零售	12 832.6	-6.6

数据来源：北京市统计局

（薛辛培）

表 1－2　社会消费品零售额（按功能区组分）

项　　目	2022 年（亿元）	同比增长（%）
全　　市	13 794.2	-7.2
东城区	1 227.9	-5.8
西城区	987.3	-9.4
朝阳区	3 179.8	-10.5
海淀区	2 716.5	-7.0
丰台区	1 328.8	-6.3
石景山区	393.0	-10.7
门头沟区	108.8	-3.7

（续）

项　　目	2022 年（亿元）	同比增长（%）
房山区	349.1	-6.6
通州区	539.6	-4.2
顺义区	576.7	-5.3
昌平区	683.6	-3.9
大兴区	640.1	-4.9
怀柔区	230.3	1.0
平谷区	154.8	-3.1
密云区	162.8	-3.9
延庆区	104.1	-4.5
北京经济技术开发区	410.7	-4.8

数据来源：北京市统计局

（薛辛培）

二、对外贸易

表 2－1　海关进出口商品类别及构成

表 2－1－1　北京地区海关出口商品类别及构成

金额单位：万美元

类　　别	2022 年		2021 年		比重增（减）%
	金　　额	比重（%）	金　　额	比重（%）	
总　　值	**8 817 061**	**100.0**	**9 464 147**	**100.0**	—
机电产品	4 062 754	46.1	4 165 636	44.0	2.1
高新技术产品	2 590 707	29.4	4 035 896	42.6	-13.3

注：数据摘自北京海关统计月报

（杜雨潇）

表 2－1－2　北京地区海关进口商品类别及构成

金额单位：万美元

类　　别	2022 年		2021 年		比重增（减）%
	金　　额	比重（%）	金　　额	比重（%）	
总　值	**45 832 851**	**100.0**	**37 638 277**	**100.0**	—
机电产品	7 809 752	17.0	7 900 852	21.0	-4.0
高新技术产品	4 031 300	8.8	3 602 964	9.6	-0.8

注：数据摘自北京海关统计月报

（杜雨潇）

表2-2 海关进出口商品分类金额

表2-2-1 海关出口商品分类金额

金额单位：万美元

商品名称	2022年	同比（±%）
总 值	**8 817 061**	**-6.9**
第1章 活动物	1 247	0.2
第2章 肉及食用杂碎	81	126.4
第3章 鱼、甲壳动物、软体动物及其他水生无脊椎动物	16	-3.3
第4章 乳品；蛋品；天然蜂蜜；其他食用动物产品	555	-26.8
第5章 其他动物产品	1 829	-5.0
第6章 活树及其他活植物；鳞茎、根及类似品；插花及装饰用簇叶	87	-31.1
第7章 食用蔬菜、根及块茎	1 818	3.0
第8章 食用水果及坚果；甜瓜或柑橘属水果的果皮	2 111	68.7
第9章 咖啡、茶、马黛茶及调味香料	1 201	3.1
第10章 谷物	86 900	-3.1
第11章 制粉工业产品；麦芽；淀粉；菊粉；面筋	664	101.8
第12章 含油子仁及果实；杂项子仁及果仁；工业用或药用植物；稻草、秸秆及饲料	11 620	45.8
第13章 虫胶；树胶、树脂及其他植物液、汁	4 205	13.1
第14章 编结用植物材料；其他植物产品	487	196.3
第15章 动、植物或微生物油、脂及其分解产品；精制的食用油脂；动、植物蜡	2 740	-60.1
第16章 肉、鱼、甲壳动物、软体动物及其他水生无脊椎动物、昆虫的制品	4 167	8.6
第17章 糖及糖食	1 276	-4.4
第18章 可可及可可制品	3 279	-18.8
第19章 谷物、粮食粉、淀粉或乳的制品；糕饼点心	6 733	7.7
第20章 蔬菜、水果、坚果或植物其他部分的制品	19 235	2.2
第21章 杂项食品	5 142	3.3
第22章 饮料、酒及醋	2 691	28.8
第23章 食品工业的残渣及废料；配制的动物饲料	1 755	109.0
第24章 烟草、烟草及烟草代用品的制品；非经燃烧吸用的产品，不论是否含有尼古丁；其他供人体摄入尼古丁的含尼古丁的产品	158	—
第25章 盐；硫磺；泥土及石料；石膏料、石灰及水泥	7 353	108.8
第26章 矿砂、矿渣及矿灰	457	84.6

（续）

商品名称	2022 年	同比（±%）
第 27 章　矿物燃料、矿物油及其蒸馏产品；沥青物质；矿物蜡	3 149 308	41.1
第 28 章　无机化学品；贵金属、稀土金属、放射性元素及其同位素的有机及无机化合物	72 581	56.4
第 29 章　有机化学品	149 790	14.8
第 30 章　药品	109 533	-93.1
第 31 章　肥料	40 765	-48.6
第 32 章　鞣料浸膏及染料浸膏；鞣酸及其衍生物；染料、颜料及其他着色料；油漆及清漆；油灰及其他类似胶粘剂；墨水、油墨	5 310	2.2
第 33 章　精油及香膏；芳香料制品及化妆盥洗品	2 713	-13.7
第 34 章　肥皂、有机表面活性剂、洗涤剂、润滑剂、人造蜡、调制蜡、光洁剂、蜡烛及类似品、塑型用膏、“牙科用蜡”及牙科用熟石膏制剂	6 766	36.7
第 35 章　蛋白类物质；改性淀粉；胶；酶	4 812	-20.8
第 36 章　炸药；烟火制品；引火合金；易燃材料制品	1 666	42.3
第 37 章　照相及电影用品	2 758	55.2
第 38 章　杂项化学产品	135 706	111.1
第 39 章　塑料及其制品	81 719	12.1
第 40 章　橡胶及其制品	29 972	-27.8
第 41 章　生皮（毛皮除外）及皮革	6	1 119.1
第 42 章　皮革制品；鞍具及挽具；旅行用品、手提包及类似容器；动物肠线（蚕胶丝除外）制品	4 176	-7.1
第 43 章　毛皮、人造毛皮及其制品	1 003	166.5
第 44 章　木及木制品；木炭	5 203	1.8
第 45 章　软木及软木制品	4	-60.5
第 46 章　稻草、秸秆、针茅或其他编结材料制品；篮筐及柳条编结品	2 101	-7.2
第 47 章　木浆及其他纤维状纤维素浆；回收（废碎）纸及纸板	1 871	162.6
第 48 章　纸及纸板；纸浆、纸或纸板制品	6 997	32.9
第 49 章　书籍、报纸、印刷图画及其他印刷品；手稿、打字稿及设计图纸	6 618	-31.5
第 50 章　蚕丝	490	244.7
第 51 章　羊毛、动物细毛或粗毛；马毛纱线及其机织物	2 104	-15.9
第 52 章　棉花	5 054	-22.1
第 53 章　其他植物纺织纤维；纸纱线及其机织物	170	59.8

（续）

商品名称	2022 年	同比（±%）
第 54 章　化学纤维长丝；化学纤维纺织材料制扁条及类似品	9 956	16.3
第 55 章　化学纤维短纤	5 683	6.7
第 56 章　絮胎、毡呢及无纺织物；特种纱线；线、绳、索、缆及其制品	15 269	1.9
第 57 章　地毯及纺织材料的其他铺地制品	12 233	-0.5
第 58 章　特种机织物；簇绒织物；花边；装饰毯；装饰带；刺绣品	1 238	-18.4
第 59 章　浸渍、涂布、包覆或层压的纺织物；工业用纺织制品	5 834	4.4
第 60 章　针织物及钩编织物	2 261	-0.9
第 61 章　针织或钩编的服装及衣着附件	35 126	10.0
第 62 章　非针织或非钩编的服装及衣着附件	46 758	-5.6
第 63 章　其他纺织制成品；成套物品；旧衣着及旧纺织品；碎织物	17 044	-46.0
第 64 章　鞋靴、护腿和类似品及其零件	17 303	24.7
第 65 章　帽类及其零件	9 204	82.9
第 66 章　雨伞、阳伞、手杖、鞭子、马鞭及其零件	144	41.5
第 67 章　已加工羽毛、羽绒及其制品；人造花；人发制品	943	190.5
第 68 章　石料、石膏、水泥、石棉、云母及类似材料的制品	13 644	-0.3
第 69 章　陶瓷产品	29 795	48.4
第 70 章　玻璃及其制品	20 876	0.9
第 71 章　天然或养殖珍珠、宝石或半宝石、贵金属、包贵金属及其制品；仿首饰；硬币	77 026	-58.8
第 72 章　钢铁	205 921	20.4
第 73 章　钢铁制品	245 479	13.6
第 74 章　铜及其制品	7 371	-4.1
第 75 章　镍及其制品	1 449	-46.2
第 76 章　铝及其制品	47 170	28.5
第 78 章　铅及其制品	142	-31.0
第 79 章　锌及其制品	227	146.2
第 80 章　锡及其制品	75	1.5
第 81 章　其他贱金属、金属陶瓷及其制品	18 559	36.7
第 82 章　贱金属工具、器具、利口器、餐匙、餐叉及其零件	10 776	1.6
第 83 章　贱金属杂项制品	15 665	25.5
第 84 章　核反应堆、锅炉、机器、机械器具及零件	886 311	9.3

（续）

商品名称	2022 年	同比（±%）
第 85 章　电机、电气设备及其零件；录音机及放声机、电视图像、声音的录制和重放设备及其零件、附件	2 169 367	-1.8
第 86 章　铁道及电车道机车、车辆及其零件；铁道及电车道轨道固定装置及其零件；附件；各种机械（包括电动机械）交通信号设备	46 845	14.2
第 87 章　车辆及其零件、附件，但铁道及电车道车辆除外	350 786	20.3
第 88 章　航空器、航天器及其零件	39 750	-12.4
第 89 章　船舶及浮动结构体	47 247	-73.5
第 90 章　光学、照相、电影、计量、检验、医疗或外科用仪器及设备、精密仪器及设备；上述物品的零件、附件	288 749	-21.4
第 91 章　钟表及其零件	2 049	-69.2
第 92 章　乐器及其零件、附件	4 868	20.1
第 93 章　武器、弹药及其零件、附件	354	32.3
第 94 章　家具；寝具、褥垫、弹簧床垫、软坐垫及类似的填充制品；未列名灯具及照明装置；发光标志、发光铭牌及类似品；活动房屋	36 596	-1.2
第 95 章　玩具、游戏品、运动用品及其零件、附件	18 893	12.6
第 96 章　杂项制品	10 351	-20.1
第 97 章　艺术品、收藏品及古物	13 066	-59.3
第 98 章　特殊交易品及未分类商品	31 656	-28.6

注：摘自北京海关统计月报

（杜雨潇）

表 2-2-2　海关进口商品分类金额

金额单位：万美元

商品名称	2022 年	同比（±%）
总　　值	**45 832 851**	**21.8**
第 1 章　活动物	40 306	-22.7
第 2 章　肉及食用杂碎	160 685	18.7
第 3 章　鱼、甲壳动物、软体动物及其他水生无脊椎动物	116 203	-4.1
第 4 章　乳品；蛋品；天然蜂蜜；其他食用动物产品	48 629	-33.7
第 5 章　其他动物产品	12 645	53.2
第 6 章　活树及其他活植物；鳞茎、根及类似品；插花及装饰用簇叶	1 795	-4.9
第 7 章　食用蔬菜、根及块茎	19 875	10.4
第 8 章　食用水果及坚果；甜瓜或柑橘属水果的果皮	20 284	-22.3
第 9 章　咖啡、茶、马黛茶及调味香料	7 870	-24.6

（续）

商品名称	2022 年	同比（±%）
第 10 章　谷物	1 048 944	6.9
第 11 章　制粉工业产品；麦芽；淀粉；菊粉；面筋	24 238	-17.0
第 12 章　含油子仁及果实；杂项子仁及果仁；工业用或药用植物；稻草、秸秆及饲料	585 840	-31.5
第 13 章　虫胶；树胶、树脂及其他植物液、汁	3 410	7.8
第 14 章　编结用植物材料；其他植物产品	1 327	-29.6
第 15 章　动、植物或微生物油、脂及其分解产品；精制的食用油脂；动、植物蜡	127 716	-32.1
第 16 章　肉、鱼、甲壳动物、软体动物及其他水生无脊椎动物、昆虫的制品	946	-44.6
第 17 章　糖及糖食	65 351	7.0
第 18 章　可可及可可制品	7 313	-18.2
第 19 章　谷物、粮食粉、淀粉或乳的制品；糕饼点心	7 077	-27.7
第 20 章　蔬菜、水果、坚果或植物其他部分的制品	9 670	-2.8
第 21 章　杂项食品	14 681	-23.6
第 22 章　饮料、酒及醋	27 235	-28.4
第 23 章　食品工业的残渣及废料；配制的动物饲料	104 191	29.6
第 24 章　烟草、烟草及烟草代用品的制品；非经燃烧吸用的产品，不论是否含有尼古丁；其他供人体摄入尼古丁的含尼古丁的产品	141 960	14.6
第 25 章　盐；硫磺；泥土及石料；石膏料、石灰及水泥	56 048	37.6
第 26 章　矿砂、矿渣及矿灰	1 453 511	-40.2
第 27 章　矿物燃料、矿物油及其蒸馏产品；沥青物质；矿物蜡	25 266 986	37.7
第 28 章　无机化学品；贵金属、稀土金属、放射性元素及其同位素的有机及无机化合物	232 295	32.1
第 29 章　有机化学品	198 676	-20.9
第 30 章　药品	1 302 520	-4.8
第 31 章　肥料	306 724	73.1
第 32 章　鞣料浸膏及染料浸膏；鞣酸及其衍生物；染料、颜料及其他着色料；油漆及清漆；油灰及其他类似胶粘剂；墨水、油墨	17 850	-22.6
第 33 章　精油及香膏；芳香料制品及化妆盥洗品	69 640	13.3
第 34 章　肥皂、有机表面活性剂、洗涤剂、润滑剂、人造蜡、调制蜡、光洁剂、蜡烛及类似品、塑型用膏、“牙科用蜡”及牙科用熟石膏制剂	16 723	1.5
第 35 章　蛋白类物质；改性淀粉；胶；酶	32 521	9.9
第 36 章　炸药；烟火制品；引火合金；易燃材料制品	2 009	2.6
第 37 章　照相及电影用品	12 018	-8.8
第 38 章　杂项化学产品	181 950	14.4

（续）

商品名称	2022 年	同比（±%）
第 39 章　塑料及其制品	171 434	-21.4
第 40 章　橡胶及其制品	47 446	-7.2
第 41 章　生皮（毛皮除外）及皮革	2 561	-35.4
第 42 章　皮革制品；鞍具及挽具；旅行用品、手提包及类似容器；动物肠线（蚕胶丝除外）制品	11 275	-21.7
第 43 章　毛皮、人造毛皮及其制品	7 468	-55.1
第 44 章　木及木制品；木炭	150 290	-28.8
第 45 章　软木及软木制品	429	-46.3
第 46 章　稻草、秸秆、针茅或其他编结材料制品；篮筐及柳条编结品	7	-21.1
第 47 章　木浆及其他纤维状纤维素浆；回收（废碎）纸及纸板	92 228	-14.9
第 48 章　纸及纸板；纸浆、纸或纸板制品	37 314	-40.3
第 49 章　书籍、报纸、印刷图画及其他印刷品；手稿、打字稿及设计图纸	64 063	-20.8
第 50 章　蚕丝	351	209.8
第 51 章　羊毛、动物细毛或粗毛；马毛纱线及其机织物	13 468	-60.7
第 52 章　棉花	317 019	68.1
第 53 章　其他植物纺织纤维；纸纱线及其机织物	11 095	-37.7
第 54 章　化学纤维长丝；化学纤维纺织材料制扁条及类似品	6 506	-9.1
第 55 章　化学纤维短纤	7 517	-27.0
第 56 章　絮胎、毡呢及无纺织物；特种纱线；线、绳、索、缆及其制品	3 458	-41.2
第 57 章　地毯及纺织材料的其他铺地制品	816	-31.9
第 58 章　特种机织物；簇绒织物；花边；装饰毯；装饰带；刺绣品	361	-31.8
第 59 章　浸渍、涂布、包覆或层压的纺织物；工业用纺织制品	4 063	-5.5
第 60 章　针织物及钩编织物	441	-11.6
第 61 章　针织或钩编的服装及衣着附件	10 366	-13.4
第 62 章　非针织或非钩编的服装及衣着附件	14 327	-9.5
第 63 章　其他纺织制成品；成套物品；旧衣着及旧纺织品；碎织物	1 502	-23.9
第 64 章　鞋靴、护腿和类似品及其零件	16 449	8.1
第 65 章　帽类及其零件	2 056	2.5
第 66 章　雨伞、阳伞、手杖、鞭子、马鞭及其零件	181	-36.3
第 67 章　已加工羽毛、羽绒及其制品；人造花；人发制品	145	-62.7
第 68 章　石料、石膏、水泥、石棉、云母及类似材料的制品	5 963	-3.7
第 69 章　陶瓷产品	11 540	-10.2

（续）

商品名称	2022年	同比（±%）
第70章 玻璃及其制品	23 400	-15.6
第71章 天然或养殖珍珠、宝石或半宝石、贵金属、包贵金属及其制品；仿首饰；硬币	4 418 986	202.3
第72章 钢铁	154 480	-26.0
第73章 钢铁制品	76 682	11.9
第74章 铜及其制品	420 240	-40.5
第75章 镍及其制品	90 047	71.1
第76章 铝及其制品	54 192	73.6
第78章 铅及其制品	320	44.1
第79章 锌及其制品	871	-97.1
第80章 锡及其制品	20 408	789.6
第81章 其他贱金属、金属陶瓷及其制品	7 977	4.0
第82章 贱金属工具、器具、利口器、餐匙、餐叉及其零件	10 975	-10.6
第83章 贱金属杂项制品	18 528	-18.8
第84章 核反应堆、锅炉、机器、机械器具及零件	1 346 701	-1.3
第85章 电机、电气设备及其零件；录音机及放声机、电视图像、声音的录制和重放设备及其零件、附件	1 737 243	18.8
第86章 铁道及电车道机车、车辆及其零件；铁道及电车道轨道固定装置及其零件；附件；各种机械（包括电动机械）交通信号设备	7 483	-22.4
第87章 车辆及其零件、附件，但铁道及电车道车辆除外	3 284 605	-9.4
第88章 航空器、航天器及其零件	67 929	6.3
第89章 船舶及浮动结构体	18 520	59.6
第90章 光学、照相、电影、计量、检验、医疗或外科用仪器及设备、精密仪器及设备；上述物品的零件、附件	1 210 921	-0.4
第91章 钟表及其零件	6 755	-57.5
第92章 乐器及其零件、附件	3 206	-14.8
第93章 武器、弹药及其零件、附件	262	-58.0
第94章 家具；寝具、褥垫、弹簧床垫、软坐垫及类似的填充制品；未列名灯具及照明装置；发光标志、发光铭牌及类似品；活动房屋	24 859	-16.8
第95章 玩具、游戏品、运动用品及其零件、附件	13 878	-25.7
第96章 杂项制品	4 468	-47.2
第97章 艺术品、收藏品及古物	13 166	-72.8
第98章 特殊交易品及未分类商品	35 947	-36.4

注：摘自北京海关统计月报

（杜雨潇）

表2－3　按洲别（地区）分海关进出口贸易额

表2－3－1　北京出口到各洲情况一览表

金额单位：万美元

	出　　口	同比（±%）	占总出口比重（%）
亚洲	5 158 387	-6.8	58.5
非洲	594 414	-16.2	6.7
欧洲	1 496 598	-0.1	17.0
拉丁美洲	698 622	-27.6	7.9
北美洲	560 589	12.9	6.4
大洋洲	308 450	15.3	3.5

注：摘自北京海关统计月报

（杜雨潇）

表2－3－2　北京从各洲进口情况一览表

金额单位：万美元

	进　　口	同比（±%）	占总进口比重（%）
亚洲	19 653 939	31.9	42.9
非洲	4 283 304	22.6	9.3
欧洲	10 190 723	18.2	22.2
拉丁美洲	3 433 663	17.8	7.5
北美洲	5 450 246	17.2	11.9
大洋洲	2 793 065	-7.0	6.1

注：摘自北京海关统计月报

（杜雨潇）

表2－4　按国别（地区）分海关进出口贸易额

金额单位：万美元

国别（地区）	进出口	出　　口	进　　口
合　　计	**54 649 912**	**8 817 061**	**45 832 851**
美国	4 100 503	513 497	3 587 006
沙特阿拉伯	3 250 623	71 187	3 179 436
伊拉克	2 855 092	39 382	2 815 710
俄罗斯联邦	2 850 484	301 574	2 548 910
德国	2 707 311	162 511	2 544 799
澳大利亚	2 679 473	240 185	2 439 288
阿曼	2 427 490	15 601	2 411 889
巴西	2 074 739	93 055	1 981 683

（续）

国别（地区）	进出口	出　口	进　口
日本	2 031 218	381 896	1 649 322
瑞士	1 993 983	11 863	1 982 120
加拿大	1 909 903	46 869	1 863 034
阿联酋	1 854 000	278 008	1 575 992
安哥拉	1 806 969	15 833	1 791 136
科威特	1 716 555	6 623	1 709 932
中国香港	1 050 407	931 108	119 299
土库曼斯坦	1 034 716	9 103	1 025 613
新加坡	1 013 772	774 920	238 851
南非	892 399	54 891	837 507
印度尼西亚	810 772	191 205	619 567
卡塔尔	797 522	10 943	786 579
马来西亚	735 084	253 845	481 239
哈萨克斯坦	684 069	61 494	622 575
英国	630 845	87 025	543 820
韩国	607 833	260 129	347 704
中国台湾	604 737	164 273	440 464
哥伦比亚	570 365	67 527	502 838
越南	542 055	224 496	317 560
法国	439 127	87 852	351 275
爱尔兰	431 101	3 865	427 237
泰国	361 706	146 452	215 254
意大利	355 006	106 639	248 367
菲律宾	345 642	272 323	73 319
荷兰	337 419	181 511	155 909
刚果（布）	325 945	2 734	323 211
孟加拉国	304 178	298 235	5 943
墨西哥	301 355	176 207	125 148
利比亚	293 988	655	293 334
巴布亚新几内亚	271 783	12 582	259 202
秘鲁	264 214	49 212	215 003
印度	261 295	159 233	102 062

（续）

国别（地区）	进出口	出　口	进　口
比利时	246 200	144 296	101 905
挪威	243 089	7 459	235 630
加蓬	238 810	971	237 839
中国	236 471	0	236 471
奥地利	230 958	46 275	184 682
巴基斯坦	227 956	167 601	60 355
厄瓜多尔	213 821	26 010	187 811
乌兹别克斯坦	182 870	25 210	157 660
加纳	177 705	6 912	170 793
智利	165 129	62 942	102 188
西班牙	158 042	78 425	79 617
匈牙利	147 021	19 236	127 785
土耳其	135 830	108 207	27 622
巴拿马	132 343	118 394	13 949
伊朗	132 309	50 986	81 323
圭亚那	127 531	680	126 851
瑞典	124 455	18 498	105 958
波兰	116 004	54 015	61 989
以色列	111 452	21 809	89 643
乌克兰	106 633	5 745	100 888
乍得	104 947	7 674	97 273
阿尔及利亚	104 078	36 824	67 254
阿根廷	102 588	12 788	89 800
埃及	100 392	58 888	41 503
新西兰	99 276	17 645	81 630
津巴布韦	92 819	16 487	76 332
赤道几内亚	84 347	3 992	80 354
白俄罗斯	79 853	11 884	67 969
尼日利亚	76 394	39 473	36 921
柬埔寨	73 651	40 372	33 279
缅甸	70 768	34 258	36 510
丹麦	70 319	12 434	57 885
刚果（金）	70 098	44 709	25 389

（续）

国别（地区）	进出口	出　口	进　口
捷克	69 737	18 792	50 946
芬兰	69 513	6 376	63 137
老挝	69 186	25 448	43 737
也门	62 246	523	61 722
利比里亚	61 867	61 856	11
蒙古	49 129	17 021	32 108
纳米比亚	47 045	2 790	44 254
塞尔维亚	45 032	22 058	22 974
罗马尼亚	42 268	6 439	35 829
斯洛伐克	39 135	10 758	28 377
文莱	37 673	31 610	6 063
约旦	36 466	11 018	25 449
喀麦隆	34 311	6 667	27 643
马绍尔群岛	30 715	30 715	0.01
尼日尔	30 684	26 589	4 095
埃塞俄比亚	28 606	23 976	4 631
国别（地区）不详	27 912	0.1	27 912
科特迪瓦	27 247	14 370	12 877
坦桑尼亚	26 294	16 955	9 339
肯尼亚	26 259	25 971	288
乌拉圭	26 255	6 050	20 205
南苏丹共和国	26 052	2 356	23 697
葡萄牙	25 835	14 893	10 942
贝宁	25 809	13 090	12 720
委内瑞拉	25 250	17 769	7 481
莫桑比克	25 222	19 602	5 620
赞比亚	25 021	10 846	14 175
中国澳门	23 083	22 783	300
希腊	22 694	14 568	8 126
保加利亚	20 048	10 760	9 288
多民族玻利维亚国	17 777	14 273	3 504
古巴	17 710	4 454	13 256
哥斯达黎加	17 232	3 884	13 348

（续）

国别（地区）	进出口	出　口	进　口
几内亚	16 454	3 891	12 563
塞浦路斯	16 364	15 679	685
阿塞拜疆	15 682	2 313	13 368
特立尼达和多巴哥	14 715	434	14 281
摩洛哥	14 115	13 029	1 086
东帝汶	13 730	1 659	12 070
所罗门群岛	13 565	2 879	10 686
克罗地亚	12 921	12 117	805
苏丹	12 832	3 544	9 288
斯里兰卡	12 704	9 134	3 570
多米尼加共和国	12 631	4 095	8 536
马耳他	12 382	11 717	666
塞内加尔	11 176	6 278	4 898
萨尔瓦多	9 787	4 577	5 210
斯洛文尼亚	9 307	3 809	5 498
立陶宛	9 110	8 167	943
塞拉利昂	9 062	7 110	1 952
危地马拉	8 655	8 283	372
巴哈马	8 482	8 481	0.3
巴林	7 838	1 351	6 487
吉尔吉斯斯坦	7 023	6 964	59
乌干达	6 664	6 274	390
马拉维	6 025	5 448	577
突尼斯	5 982	4 609	1 373
卢旺达	5 953	5 871	81
尼泊尔	5 911	5 641	270
毛里塔尼亚	5 559	1 559	4 000
马里	5 408	2 441	2 967
厄立特里亚	4 829	4 826	3
波多黎各	4 624	3 836	788
爱沙尼亚	4 488	657	3 831
布基纳法索	4 164	2 208	1 956
格鲁吉亚	4 062	3 883	180

（续）

国别（地区）	进出口	出　口	进　口
多哥	3 913	2 835	1 077
拉丁美洲其他国家（地区）	3 752	3 751	1
拉脱维亚	3 640	1 617	2 023
黎巴嫩	3 257	3 024	233
巴拉圭	3 224	3 193	32
马尔代夫	2 831	2 831	0.2
阿尔巴尼亚	2 743	740	2 003
塔吉克斯坦	2 650	2 649	0.2
马达加斯加	2 202	1 933	270
列支敦士登	2 144	90	2 053
博茨瓦纳	2 139	913	1 226
洪都拉斯	2 112	2 029	83
北马其顿共和国	2 064	1 691	373
安提瓜和巴布达	2 060	2 060	0.1
新喀里多尼亚	1 979	36	1 943
吉布提	1 853	1 853	0.1
亚美尼亚	1 763	1 690	74
卢森堡	1 672	961	711
斐济	1 477	1 167	311
几内亚比绍	1 451	1 451	0.03
巴巴多斯	1 430	1 429	1
叙利亚	1 423	1 423	0.1
毛里求斯	1 346	749	597
尼加拉瓜	1 322	895	427
摩尔多瓦	1 229	308	920
牙买加	1 128	1 022	106
波黑	1 034	843	191
苏里南	974	226	748
瓦努阿图	844	844	0.1
冰岛	664	99	565
中非	655	130	526
阿富汗	608	600	8
科摩罗	577	577	0.02

（续）

国别（地区）	进出口	出　口	进　口
冈比亚	545	545	0.1
布隆迪	520	520	0.1
萨摩亚	498	498	0.2
索马里	434	433	0.8
伯利兹	391	391	0.1
莱索托	355	91	264
基里巴斯	346	346	0.01
图瓦卢	337	337	0
汤加	322	322	0.1
海地	270	264	6
帕劳	249	249	0.3
百慕大	220	220	0.01
法属波利尼西亚	214	214	0.03
格陵兰	207	0.05	207
瑙鲁	196	194	2
英属维尔京群岛	144	144	0.1
密克罗尼西亚联邦	140	139	1
黑山	90	18	72
不丹	84	84	0.3
圣其茨和尼维斯	80	80	0.1
佛得角	75	74	0.2
欧洲其他国家（地区）	72	72	0.1
库克群岛	69	69	0.01
格林纳达	67	66	1
直布罗陀	48	48	0.05
圣马力诺	45	4	41
开曼群岛	44	44	1
留尼汪	42	32	11
斯威士兰	37	35	2
塞舌尔	34	34	0.8
巴勒斯坦	33	33	0.001
摩纳哥	23	0.2	23
大洋洲其他国家（地区）	22	22	1

（续）

国别（地区）	进出口	出　口	进　口
阿鲁巴	21	21	0.01
圣卢西亚	20	20	0.003
法罗群岛	18	0.4	17
库腊索岛	17	17	0.001
朝鲜	14	11	3
瓦利斯和富图纳	9	9	0
圣多美和普林西比	8	8	0
多米尼克	7	4	3
安道尔	7	5	2
瓜德罗普	5	5	0.02
马提尼克	5	5	0.02
加那利群岛	3	3	0.004
法属圭亚那	3	3	0.2
北美洲其他国家（地区）	2	2	0.03
荷属安地列斯	2	1	0.1
圣马丁岛	1	1	0
蒙特塞拉特	1	0.4	0.4
非洲其他国家（地区）	1	0.2	0.5
特克斯和凯科斯群岛	0.4	0.4	0.01
马约特	0.2	0.2	0
圣文森特和格林纳丁斯	0.2	0.2	0
梵蒂冈城国	0.01	0.002	0.01
博内尔	0.01	0.01	0
西撒哈拉	0.01	0	0.01
亚洲其他国家（地区）	0	0	0
圣皮埃尔和密克隆	0	0	0.0

注：摘自北京海关统计月报，按进出口额排序。

（杜雨潇）

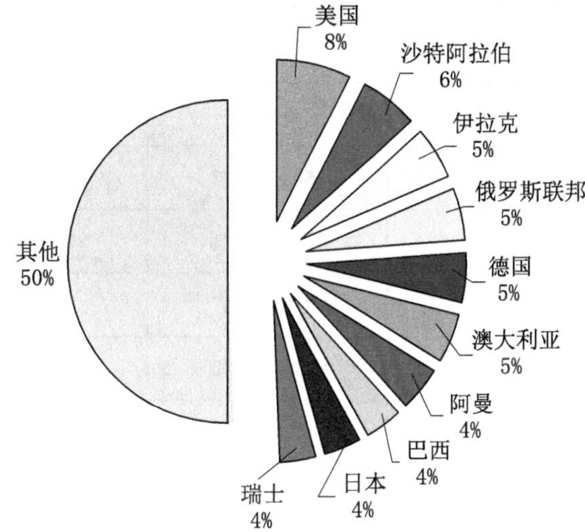

图 2-1　2022 年北京货物贸易前十位贸易伙伴

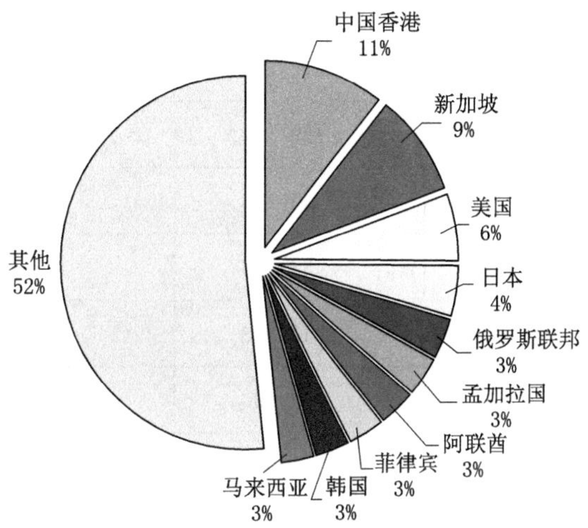

图 2-2　2022 年北京货物贸易前十位出口市场

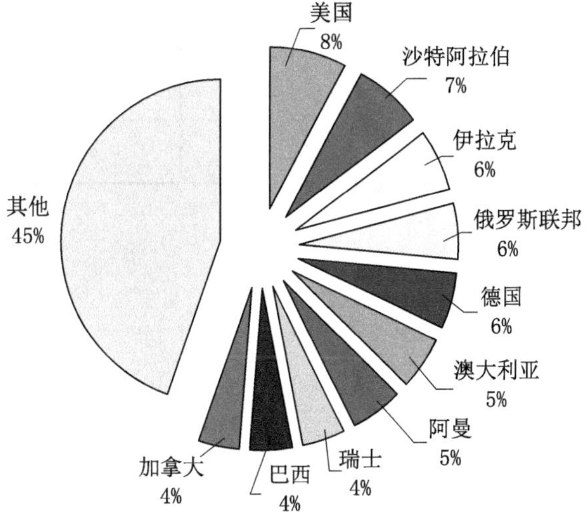

图 2-3　2022 年北京货物贸易前十位进口市场

表2－5 2022年海关进出口贸易额（分贸易方式）

金额单位：万美元

贸易方式	进出口	出口	进口
合　计	**54 649 912**	**8 817 061**	**45 832 851**
一般贸易	47 856 621	7 163 899	40 692 722
保税物流	3 858 627	704 703	3 153 924
保税监管场所进出境货物	2 551 625	661 647	1 889 978
海关特殊监管区域物流货物	1 307 001	43 055	1 263 946
加工贸易	2 191 486	384 826	1 806 660
来料加工装配贸易	1 733 385	81 439	1 651 947
进料加工贸易	458 101	303 387	154 714
对外承包工程出口货物	478 234	478 234	0
其他贸易	159 117	39 721	119 396
国家间、国际组织无偿援助和赠送的物资	43 178	43 171	7
免税品	38 405	0	38 405
租赁贸易	18 128	623	17 505
出料加工贸易	1 990	871	1 119
其他捐赠物资	1 075	1 000	75
外商投资企业作为投资进口的设备、物品	1 045	0	1 045
特殊监管区域进口设备	973	0	973
加工贸易进口设备	773	0	773
免税外汇商品	215	0	215
边境小额贸易	12	12	0

注：摘自北京海关统计月报

（杜雨潇）

表2－6　2022年1—12月北京各区进出口额表

金额单位：亿美元

序号	区（功能区）	进出口			出口			进口		
		总额	同比（%）	占比（%）	总额	同比（%）	占比（%）	总额	同比（%）	占比（%）
	总计	**5 465.0**	**16.0**	**100.0**	**881.7**	**-6.9**	**100.0**	**4 583.3**	**21.8**	**100.0**
1	朝阳区	2 712.6	21.2	49.6	222.3	28.1	25.2	2 490.3	20.6	54.3
2	西城区	1 229.0	61.1	22.5	172.1	21.9	19.5	1 056.9	70.0	23.1
3	海淀区	477.2	-2.7	8.7	218.5	-3.8	24.8	258.7	-1.8	5.6
4	北京经济技术开发区	259.1	-17.9	4.7	72.4	-43.3	8.2	186.6	-0.5	4.1
5	东城区	204.5	-0.3	3.7	25.1	-21.3	2.9	179.4	3.5	3.9
6	顺义区	198.8	-0.8	3.6	33.8	12.8	3.8	165.0	-3.2	3.6
	其中：北京天竺综合保税区	130.9	-1.3	2.4	6.9	-3.4	0.8	124.0	-1.2	2.7
7	丰台区	197.7	-5.1	3.6	55.4	4.5	6.3	142.3	-8.3	3.1
8	昌平区	66.5	-24.6	1.2	28.9	12.2	3.3	37.6	-39.8	0.8
9	大兴区	44.6	-62.5	0.8	15.3	-84.5	1.7	29.3	41.9	0.6
10	通州区	29.6	7.5	0.5	13.4	15.0	1.5	16.2	2.0	0.4
11	怀柔区	14.8	23.6	0.3	4.3	26.9	0.5	10.4	22.3	0.2
12	石景山区	12.5	-6.0	0.2	5.4	-2.1	0.6	7.2	-8.7	0.2
13	房山区	11.2	-0.6	0.2	4.8	5.1	0.5	6.4	-4.5	0.1
14	密云区	8.7	-46.1	0.2	4.0	-39.0	0.5	4.7	-51.0	0.1
15	门头沟区	6.7	20.9	0.1	3.8	22.0	0.4	2.9	19.5	0.1
16	平谷区	5.4	17.2	0.1	1.7	30.9	0.2	3.7	11.9	0.1
17	延庆区	1.5	-22.0	0.03	0.7	-57.4	0.1	0.9	116.7	0.02
18	其他	5.9	53 767.8	0.1	0.1	2 516.2	0.02	5.8	106 363.8	0.1

注：1. 各区外贸统计口径按企业实际注册地（税务登记地）统计。

2. 顺义区数值含北京天竺综合保税区；东城区和西城区均指各自合并后的新区；大兴区数值不含北京经济技术开发区；其他中含归属地不清及海关数据调整因素。

3. 进出口额是出口额与进口额之和；排序以进出口额为准。

4. 同比是指本年与上年相比的增长（下降）率，即（本年值－上年值）×100÷上年值。

5. 占比是指各区值占总计值（全市值）的比重，用百分数表示。

（刘忠坤）

表2-7 2022年北京进出口进度表

金额单位：亿美元

时 间	北 京			
	当月进出口		累计进出口	
	金额	同比（±%）	金额	同比（±%）
1月	—	—	—	—
2月	—	—	822.0	24.5
3月	430.8	10.1	1 255.4	19.4
4月	475.7	26.2	1 733.0	21.3
5月	462.1	27.7	2 195.8	22.7
6月	414.3	-0.6	2 610.7	18.3
7月	455.5	11.9	3 070.4	17.5
8月	488.6	18.5	3 561.0	17.7
9月	490.6	14.9	4 053.2	17.4
10月	443.4	16.6	4 496.6	17.3
11月	485.2	9.4	4 983.9	16.5
12月	481.6	11.2	5 465.0	16.0

注: 数据摘自北京海关统计月报。自2020年起，海关总署对1月、2月进出口数据合并发布，无1月和2月的月度数据。

（杜雨潇）

表2-8 全国各省市进出口贸易总额

（按经营单位所在地分）

金额单位：亿美元

地 区	进出口额	出口额	进口额	同比（%）		
				进出口	出 口	进 口
总 值	**63 096.0**	**35 936.0**	**27 160.0**	**4.4**	**7.0**	**1.1**
广东	12 470.4	7 999.6	4 470.8	-2.5	2.3	-10.2
江苏	8 177.5	5 225.9	2 951.6	1.7	4.3	-2.5
浙江	7 034.4	5 158.0	1 876.5	9.8	10.7	7.3
上海	6 272.4	2 563.7	3 708.7	-0.2	5.4	-3.7
北京	5 465.0	881.7	4 583.3	16.0	-6.9	21.8
山东	4 994.3	3 047.7	1 946.6	10.2	12.4	6.9
福建	2 975.0	1 820.4	1 154.6	4.3	8.8	-2.1
四川	1 511.7	931.5	580.2	2.7	5.7	-1.7

（续）

地　　区	进出口额	出口额	进口额	同比（%）		
				进出口	出　　口	进　　口
天津	1 279.0	787.6	491.4	1.2	2.0	-0.1
河南	1 267.6	571.8	695.7	-4.4	-4.6	-4.2
重庆	1 228.3	790.9	437.4	-0.8	-1.1	-0.2
辽宁	1 187.5	538.2	649.4	-0.6	5.0	-4.8
安徽	1 131.3	714.2	417.1	5.7	12.7	-4.4
湖南	1 054.3	769.9	284.4	16.0	20.9	4.5
广西	1 006.7	763.8	242.9	30.7	34.5	20.0
河北	980.5	546.8	433.7	6.9	20.3	-6.3
湖北	927.3	632.2	295.1	11.6	16.4	2.6
江西	843.2	510.5	332.6	0.6	8.9	-10.0
陕西	726.4	452.2	274.2	-1.0	14.3	-18.8
云南	500.4	241.4	259.0	2.8	-11.7	21.4
山西	396.9	81.3	315.6	28.6	17.4	31.9
黑龙江	366.8	311.1	55.7	51.0	57.9	21.2
新疆	300.9	107.4	193.4	32.3	112.0	9.4
吉林	277.3	181.8	95.5	-19.1	-13.1	-28.5
海南	233.8	75.2	158.6	0.5	37.3	-10.8
内蒙古	227.7	94.3	133.4	19.0	27.5	13.6
贵州	119.1	77.8	41.2	17.6	3.2	59.5
甘肃	88.3	19.1	69.2	16.1	27.2	13.3
宁夏	38.6	29.6	9.0	19.7	13.0	48.4
西藏	6.9	6.5	0.4	10.8	85.1	-84.0
青海	6.5	4.0	2.5	31.5	50.5	9.5

数据来源：商务部

（杜雨潇）

表2-9 历年进出口总额一览表

（1993—2022年）

单位：万美元

年 度	进出口总额	出口额	进口额
1993	2 826 683	672 105	2 154 578
1994	2 927 427	834 206	2 093 221
1995	3 703 513	1 024 977	2 678 536
“九五”时期	**17 417 315**	**5 010 231**	**12 407 084**
1996	2 931 833	811 975	2 119 858
1997	3 038 852	961 103	2 077 749
1998	3 050 609	1 051 293	1 999 316
1999	3 433 844	989 059	2 444 785
2000	4 962 177	1 196 801	3 765 376
“十五”时期	**39 273 900**	**9 269 879**	**30 004 021**
2001	5 154 131	1 178 687	3 975 444
2002	5 250 870	1 261 464	3 989 406
2003	6 846 262	1 685 173	5 161 089
2004	9 465 509	2 057 493	7 408 016
2005	12 557 128	3 087 062	9 470 066
“十一五”时期	**113 900 296**	**24 818 619**	**89 081 677**
2006	15 817 225	3 797 921	12 019 304
2007	19 294 630	4 892 328	14 402 302
2008	27 171 187	5 745 424	21 425 763
2009	21 476 276	4 836 261	16 640 014
2010	30 140 978	5 546 685	24 594 293
“十二五”时期	**196 175 679**	**29 893 938**	**166 281 740**
2011	38 949 480	5 902 502	33 046 978
2012	40 791 626	5 965 038	34 826 588
2013	42 910 333	6 324 622	36 585 711
2014	41 565 180	6 234 540	35 330 640
2015	31 959 059	5 467 235	26 491 824
“十三五”时期	**176 926 236**	**32 650 921**	**144 275 316**
2016	28 199 559	5 183 778	23 015 781
2017	32 372 058	5 850 305	26 521 753
2018	41 242 626	7 417 025	33 825 601
2019	41 608 020	7 498 368	34 109 652
2020	33 503 973	6 701 444	26 802 529
“十四五”时期	**101 752 336**	**18 281 208**	**83 471 128**
2021	47 102 424	9 464 147	37 638 277
2022	54 649 912	8 817 061	45 832 851

（汪云云）

表 2-10 1995—2022 年北京进出口额在全国各地区的排名

年份	进口	出口
1995	2	3
1996	2	7
1997	2	7
1998	2	5
1999	2	7
2000	2	7
2001	2	7
2002	3	7
2003	4	7
2004	4	8
2005	4	7
2006	3	7
2007	3	7
2008	2	6
2009	2	7
2010	2	7
2011	2	7
2012	2	7
2013	2	8
2014	2	8
2015	2	8
2016	3	7
2017	3	7
2018	2	7
2019	2	7
2020	3	8
2021	3	7
2022	1	8

（杜雨潇）

表2－11 北京市2022年主要进出口商品情况表

表2－11－1 北京市2022年主要出口商品情况表

商品名称	金额（万美元）	增幅（%）	占出口总额比重（%）
成品油	2 896 775	39.7	32.9
手机	1 049 592	-20.3	11.9
集成电路	375 613	19.3	4.3
钢材	283 780	20.1	3.2
电工器材	270 769	22.3	3.1
汽车零配件	213 018	5.9	2.4
农产品	162 907	0.0	1.8
汽车（包括底盘）	154 310	36.3	1.8
通用机械设备	144 957	-4.7	1.6
医药材及药品	137 332	-91.5	1.6
计量检测分析自控仪器及器具	125 572	8.0	1.4
自动数据处理设备及其零部件	125 331	34.1	1.4
医疗仪器及器械	107 258	3.3	1.2
基本有机化学品	95 660	7.2	1.1
平板显示模组	95 657	6.8	1.1
合　　计	**6 238 531**	**-9.6**	**70.8**

（杜雨潇）

表2－11－2 北京市2022年主要进口商品情况表

商品名称	金额（万美元）	增幅（%）	占进口总额比重（%）
原油	20 400 735	43.1	44.5
天然气	3 997 879	27.2	8.7
农产品	2 930 846	-4.1	6.4
汽车（包括底盘）	2 809 006	-10.7	6.1
金属矿及矿砂	1 453 671	-40.2	3.2
医药材及药品	1 321 648	-5.1	2.9
集成电路	635 858	82.4	1.4
计量检测分析自控仪器及器具	601 516	1.1	1.3
汽车零配件	559 615	-2.2	1.2
煤及褐煤	436 040	-3.4	1.0
成品油	412 700	-8.3	0.9
未锻轧铜及铜材	414 719	-40.7	0.9

（续）

商品名称	金额（万美元）	增幅（%）	占进口总额比重（%）
纺织原料	324 090	66.1	0.7
电工器材	322 573	-0.3	0.7
文化产品	317 597	-34.8	0.7
合 计	**36 938 492**	**17.1**	**80.6**

（杜雨潇）

表 2－12 北京市 2022 年主要进出口市场情况表

表 2－12－1 北京市 2022 年主要出口市场情况表

排名	国家（地区）	出口金额（万美元）	增幅（%）	占出口总额比重（%）
1	中国香港	931 108	-3.5	10.6
2	新加坡	774 920	48.9	8.8
3	美国	513 497	15.4	5.8
4	日本	381 896	7.5	4.3
5	俄罗斯	301 574	37.4	3.4
6	孟加拉国	298 235	8.7	3.4
7	阿联酋	278 008	8.7	3.2
8	菲律宾	272 323	-39.8	3.1
9	韩国	260 129	-0.7	3.0
10	马来西亚	253 845	18.7	2.9
11	澳大利亚	240 185	17.1	2.7
12	越南	224 496	0.9	2.5
13	印度尼西亚	191 205	-47.0	2.2
14	荷兰	181 511	145.1	2.1
15	墨西哥	176 207	3.2	2.0
	合 计	**5 279 139**	**17.3**	**59.9**

（杜雨潇）

表 2－12－2 北京市 2022 年主要进口市场情况表

排名	国家（地区）	进口金额（万美元）	增幅（%）	占进口总额比重（%）
1	美国	3 587 006	-14.8	7.8
2	沙特阿拉伯	3 179 436	35.9	6.9
3	伊拉克	2 815 710	39.6	6.1
4	俄罗斯联邦	2 548 910	37.9	5.6
5	德国	2 544 799	-2.8	5.6

（续）

排名	国家（地区）	进口金额（万美元）	增幅（%）	占进口总额比重（%）
6	澳大利亚	2 439 288	-10.4	5.3
7	阿曼	2 411 889	65.0	5.3
8	瑞士	1 982 120	168.9	4.3
9	巴西	1 981 683	35.0	4.3
10	加拿大	1 863 034	325.9	4.1
11	安哥拉	1 791 136	24.7	3.9
12	科威特	1 709 932	48.2	3.7
13	日本	1 649 322	0.4	3.6
14	阿联酋	1 575 992	104.8	3.4
15	土库曼斯坦	1 025 613	51.0	2.2
	合　计	**33 105 870**	**112.1**	**72.2**

（杜雨潇）

三、服务贸易

表 3－1　北京地区历年服务贸易进出口情况统计表

单位：亿美元

年　度	出　口	进　口	进出口额	顺（逆）差
2003	82.45	79.78	162.24	2.67
2004	121.12	114.58	235.70	6.54
2005	165.81	134.92	300.74	30.89
2006	198.54	194.68	393.23	3.86
2007	252.81	250.25	503.06	2.55
2008	341.69	350.23	691.92	-8.53
2009	331.60	332.50	644.10	-20.90
2010	388.22	410.10	798.32	-21.88
2011	414.99	480.38	895.37	-65.39
2012	445.11	555.09	1 000.20	-109.98
2013	426.89	596.44	1 023.33	-169.55
2014	435.05	671.09	1 106.14	-236.04
2015	490.67	812.11	1 302.78	-321.44
2016	532.13	976.47	1 508.60	-444.35
2017	437.2	997.1	1 434.3	-559.9
2018	562.75	1 043.43	1 606.2	-480.68
2019	539.3	1 004.1	1 543.4	-464.9
2020	506.7	711.5	1 218.2	-204.8
2021	631.8	753.2	1 385.1	-121.4
2022	642.6	830.3	1 472.9	-187.7

（马晓惠）

表 3－2 北京市 2022 年服务外包（离岸）外包类别情况

外包类别	2021 年执行金额（万美元）	2022 年执行金额（万美元）	同比增幅（%）
服务外包（离岸）合计	787 073.93	859 345.86	9.2
其中：			
信息技术外包	461 162.33	512 883.21	4.9
业务流程外包	47 797.03	62 107.44	29.9
知识流程外包	278 114.57	284 355.21	13.6
其他服务产品	—	—	—

（许 鑫）

表 3－3 北京市历年服务外包（离岸）情况

年 度	合同数（份）	执行金额（万美元）	同比增幅（%）
总 计	**46 095**	**6 081 051.62**	
2013	4 586	482 575.57	35.6
2014	3 950	532 693.4	10.4
2015	3 450	449 931.48	-15.5
2016	2 842	490 592.22	9
2017	3 025	456 555.49	-6.9
2018	2 823	487 200.86	6.7
2019	5 811	757 216.29	26.4
2020	6 971	777 866.52	2.7
2021	5 928	787 073.93	1.2
2022	6 709	859 345.86	9.2

备注：自 2019 年商务部调整统计口径，2019 年至 2022 年用调整后口径数据。

（许 鑫）

表3－4　2022年技术进出口合同登记情况

表3－4－1　技术出口合同登记情况

一、按合同类型分

出口方式（合同类别）	合同数（个）	合同金额（万美元）	技术费（万美元）
合　计	**558**	**517 509.79**	**456 009.05**
A：专利技术的许可或转让（包括专利申请权的转让）	48	27 086.89	27 086.89
B：专有技术的许可或转让	17	70 251.98	70 251.98
C：技术咨询、技术服务	453	357 252.30	295 751.56
D：计算机软件的出口	23	49 228.17	49 228.17
E：A、B内容之一相关联的商标许可	0	0.00	0.00
F：涉及A、B、C内容之一的合资生产、合作生产等	0	2 214.24	2 214.24
H：其他方式的技术出口	0	0.00	0.00

（赵亚东）

二、按企业性质分

企业性质	合同份数（个）	合同金额（万美元）	技术费（万美元）
合　计	**558**	**517 509.79**	**456 009.05**
国有企业	48	67 300.79	12 581.03
集体企业	0	0.00	0.00
外商投资企业	301	371 764.18	371 764.18
民营企业	188	73 841.76	67 060.78
其他	21	4 603.05	4 603.05

（赵亚东）

三、按国民经济行业分

行　业	合同份数（个）	合同金额（万美元）	技术费（万美元）
合　计	**558**	**517 509.79**	**456 009.05**
制造业	70	146 301.25	146 301.25
科学研究、技术服务和地质勘查业	129	131 742.46	131 742.46
信息传输、计算机服务和软件业	226	157 888.09	157 888.09
建筑业	5	3 266.05	332.17
电力、燃气及水的生产和供应业	5	49 910.08	2 084.45
居民服务和其他服务业	1	3 098.53	3 098.53
采矿业	61	16 811.27	6 070.03
其他行业	7	6 772.76	6 772.76
租赁和商务服务业	54	1 716.22	1 716.22
农、林、牧、渔业	0	3.08	3.08

（赵亚东）

四、按国别（地区）分

国别地区	合同数（个）	合同金额	技术费
合　计	**558**	**517 509.79**	**456 009.05**
塞浦路斯	1	19.5	19.5
阿联酋	12	9 803.802	9 803.802
土耳其	2	218.5	218.5
韩国	9	250.715 9	250.715 9
巴基斯坦	3	34.099	34.099
孟加拉国	2	38 434.23	1 648.603 2
印度	1	474.573 9	474.573 9
以色列	1	317.2	317.2
日本	74	9 222.574 2	9 222.574 2
蒙古	2	13.5	13.5
斯里兰卡	1	90.779 7	90.779 7
泰国	4	12 425.466 8	1 385.466 8
新加坡	27	38 566.375 1	38 566.375 1
越南	1	1 951.46	202.7
印度尼西亚	5	6 421.834 3	6 421.834 3
老挝	1	141.748 8	141.748 8
马来西亚	10	1 846.212	1 846.212
柬埔寨	2	231.603 5	231.603 5
菲律宾	1	219.525 9	219.525 9
中国台湾	6	474.602 1	474.602 1
中国香港	127	50 592.418 5	50 592.418 5
刚果（金）	11	516.541 4	516.541 4
肯尼亚	1	256.487 7	43.245 3
塞拉利昂	1	0.793	0.793
赞比亚	3	26	26
津巴布韦	1	36.478	36.478
几内亚	1	1 056	84.126 2
吉尔吉斯斯坦	1	10.65	10.65
挪威	1	20.515 6	20.515 6
瑞士	14	8 993.373 2	8 993.373 2
哈萨克斯坦	2	4 105.469	225.469
俄罗斯	2	6 835.219 9	54.241 2

（续）

国别地区	合同数（个）	合同金额	技术费
塔吉克斯坦	1	217.282	217.282
比利时	3	145.295 6	145.295 6
英国	9	51 975.593 4	51 975.593 4
德国	25	12 056.216 3	12 056.216 3
法国	5	25 653.419 6	25 653.419 6
爱尔兰	3	8 431.466 7	8 431.466 7
意大利	3	0.877 5	0.877 5
卢森堡	4	7 378.715 8	7 378.715 8
荷兰	5	0.457 5	0.457 5
西班牙	1	0.1	0.1
保加利亚	1	31	31
芬兰	1	42 400	42 400
巴西	4	16.296 5	16.296 5
开曼群岛	13	26 630.349 6	26 630.349 6
墨西哥	2	18.867 1	18.867 1
秘鲁	1	70.5	70.5
英属维尔京	4	794.621	794.621
智利	3	84.672 8	4.414
美国	126	147 130.862 4	147 130.862 4
加拿大	9	844.662 4	844.662 4
澳大利亚	3	15.174 8	15.174 8
新西兰	2	5.110 6	5.110 6

（赵亚东）

表3-4-2 技术进口合同登记情况

一、按合同类型分

引进方式（合同类别）	合同份数（个）	合同金额（万美元）	技术费（万美元）
合　　计	**442**	**323 911.59**	**321 941.41**
A：专利技术的许可或转让（包括专利申请权的转让）	19	87 468.43	87 468.43
B：专有技术的许可或转让	97	89 624.28	89 624.28
C：技术咨询、技术服务	277	73 708.95	73 567.91
D：计算机软件的进口	17	59 528.44	59 528.44
E：A、B内容之一相关联的商标许可	1	147.91	147.91
F：涉及A、B、C内容之一的合资生产、合作生产等	0	0.00	0.00
G：为实施A至G项内容而进口的成套设备、关键设备、生产线等	5	1 940.60	114.45
H：其他方式的技术出口	26	11 492.97	11 489.97

（赵亚东）

二、按企业性质分

企业性质	合同份数（个）	合同金额（万美元）	技术费（万美元）
合　　计	**442**	**323 911.59**	**321 941.41**
国有企业	65	93 148.84	91 181.65
集体企业	0	0.00	0.00
外商投资企业	291	100 101.96	100 101.96
民营企业	64	72 038.75	72 038.75
其他	22	58 622.05	58 619.05

（赵亚东）

三、按国民经济行业分

行　　业	合同份数（个）	合同金额（万美元）	技术费（万美元）
合　　计	**442**	**323 911.59**	**321 941.41**
制造业	137	176 949.49	174 982.55
信息传输、计算机服务和软件业	116	64 725.40	64 725.15
科学研究、技术服务和地质勘查业	93	17 341.67	17 341.67
电力、燃气及水的生产和供应业	2	150.15	150.15
交通运输、仓储和邮政业	0	17 040.04	17 040.04
金融业	8	18 411.68	18 411.68
居民服务和其他服务业	65	1 797.74	1 797.74
批发和零售业	1	317.01	317.01
租赁和商务服务业	2	93.37	93.37

（续）

行　　业	合同份数（个）	合同金额（万美元）	技术费（万美元）
农、林、牧、渔业	0	228.05	228.05
建筑业	0	120.22	120.22
采矿业	16	26 546.93	26 546.93
水利、环境和公共设施管理业	0	32.49	32.49
住宿和餐饮业	0	48.53	48.53
其他行业	2	108.83	105.83

（赵亚东）

四、按国别（地区）分

国别地区	合同数（个）	合同金额	技术费
合　　计	**442**	**323 911.59**	**321 941.41**
亚洲	309	61 374.3	60 948.3
阿联酋	4	18 829	18 829
韩国	114	19 053.086	18 627.086
印度	1	86.6	86.6
以色列	1	20	20
日本	60	15 522.540 9	15 522.540 9
新加坡	8	324.764 4	324.764 4
中国台湾	39	1 570.695 3	1 570.695 3
中国香港	82	5 967.614 8	5 967.614 8
非洲	1	35	35
安哥拉	1	35	35
欧洲	60	53 079.72	51 538.53
瑞士	5	19 827.461 1	19 827.461 1
俄罗斯	1	5.313	5.313
比利时	2	177.612	28.201 4
丹麦	2	5 426.236 6	5 426.236 6
英国	6	987.873 2	987.873 2
德国	22	15 437.415 7	14 488.185 9
法国	5	1 529.446 1	1 086.897 7
爱尔兰	2	3 124.882 9	3 124.882 9
意大利	4	1 193.732 3	1 193.732 3
荷兰	6	4 557.984 8	4 557.984 8
西班牙	1	8.273 1	8.273 1
奥地利	1	3.567 6	3.567 6
芬兰	1	542.283 4	542.283 4

（续）

国别地区	合同数（个）	合同金额	技术费
瑞典	2	257.636 6	257.636 6
南美洲	1	24 000	24 000
英属维尔京	1	24 000	24 000
北美洲	66	185 148.36	185 145.36
美国	57	184 565.629 9	184 565.629 9
加拿大	9	582.728 3	579.728 3
大洋洲	5	274.21	274.21
澳大利亚	5	274.209 6	274.209 6

（赵亚东）

四、利用外资

表 4－1 2022 年 1—12 月外商投资分产业结构表

金额单位：万美元

产业名称	实际利用外资
总　　计	**1 740 768**
第一产业	37
第二产业	52 445
第三产业	1 688 286

（巨振乐）

表 4－2 2022 年 1—12 月外商投资分行业结构表

金额单位：万美元

行业名称	实际利用外资
总　　计	**1 740 768**
农、林、牧、渔业	37
制造业	43 662
电力、热力、燃气及水生产和供应业	2 341
建筑业	6 442
批发和零售业	57 485
交通运输、仓储和邮政业	5 580
住宿和餐饮业	5 500
信息传输、软件和信息技术服务业	394 366
金融业	133 554
房地产业	17 795
租赁和商务服务业	369 097
科学研究和技术服务业	698 192
居民服务、修理和其他服务业	5 565
文化、体育和娱乐业	1 152

（巨振乐）

表 4-3 2022 年 1—12 月外商投资主要国别和地区结构表

金额单位：万美元

国别（地区）	实际利用外资
中国香港地区	1 591 663
新加坡	31 718
瑞典	26 792
韩国	24 384
丹麦	17 447
爱沙尼亚	10 101
英国	9 670
开曼群岛	7 599
日本	7 544
美国	4 230

（巨振乐）

五、对外经济

表5－1　1979—2022年对外投资一览表

金额单位：万美元

年度	企业数（个）	中方协议投资额	中方实际投资额
1979	1	22	
1980	4	181.8	
1981	2	25.8	
1982	3	20.8	
1983	2	166.5	
1984	3	210.07	
1985	5	190.3	
1986	4	56.6	
1987	6	213.72	
1988	12	720.7	
1989	6	671	
1990	11	396.9	
1991	23	3 623.18	
1992	34	819.45	
1993	47	12 562.49	
1994	30	486.68	
1995	25	2 510.86	
1996	22	1 656.7	
1997	20	715.46	
1998	21	550.73	
1999	13	394.58	
2000	20	2 502.29	
2001	20	912.3	
2002	25	5 086.04	
2003	38	63 249.61	
2004	52	20 371.08	15 739
2005	52	24 216.24	11 306
2006	76	31 654.53	5 612
2007	87	36 642.53	15 295
2008	103	42 491.15	47 299
2009	140	49 958.39	45 185
2010	266	177 084.38	76 614

(续)

年度	企业数（个）	中方协议投资额	中方实际投资额
2011	237	209 700.08	117 503
2012	277	202 133.22	168 855
2013	393	—	413 010
2014	375	—	727 353
2015	—	—	1 228 033
2016	—	—	1 557 362
2017	—	—	665 126
2018	—	—	647 042
2019	—	—	826 601
2020	—	—	598 518
2021	—	—	704 790
2022	398	—	692 943

表 5－2 2022 年 1—12 月我国对外承包工程和劳务合作业务分国别（地区）统计表

单位：份，万美元，人

国家（地区）名称	对外承包工程					对外劳务合作				累计派出各类劳务人员数量	期末在外各类劳务人员数量	雇用项目所在国人员数量
	新签合同份数	新签合同额	完成营业额	派出人数	期末在外人数	新签劳务人员合同工资总额	劳务人员实际收入总额	派出人数	期末在外人数			
甲	(1)	(2)	(3)	(4)	(5)	(6)	(7)	(8)	(9)	(10)	(11)	(12)
合　计	**299**	**1 011 412.3724**	**532 289.9858**	**1 693**	**8 190**	**23 054.0284**	**50 356.8932**	**15 435**	**27 511**	**17 128**	**35 701**	**22 633**
亚洲	106	483 423.9189	252 019.3418	1 199	3 751	22 177.7374	44 789.7834	13 644	25 048	14 843	28 799	6 947
巴林	0	0	0	0	0	0	0	0	0	0	0	3
孟加拉国	5	21 765.147	14 822.447	124	327	50.594	63.021	19	57	143	384	1 361
缅甸	0	0	711.45	2	53	0	0	0	0	2	53	53
柬埔寨	7	75 436.28	2 196.62	3	29	0	15.7785	0	15	3	44	21
塞浦路斯	0	0	0	0	0	23.8647	84.6968	180	73	180	73	0
中国香港	8	22 309.36	36 555.3481	127	958	1 323.1993	11 767.7905	3 393	3 003	3 520	3 961	377
印度	3	2 992.41	2 821.84	0	0	21.9591	31.7648	186	55	186	55	28
印度尼西亚	3	12 673.73	3 929.85	277	292	14.48	14	19	9	296	301	0
伊朗	0	0	24.22	2	0	0	0	0	0	2	0	0
伊拉克	9	13 614.177	21 026.9991	131	303	0	0	0	0	131	303	209
以色列	6	41 830.81	10 661.99	26	278	3.8	26.2525	16	10	42	288	72
日本	0	0	0	0	0	1 384.437	1 425.4931	832	2 685	832	2 685	0
科威特	1	21.19	234.238	94	101	0	0	0	0	94	101	0
老挝	3	464.91	651.9338	44	119	0	0	0	0	44	119	184

（续）

国家（地区）名称	对外承包工程					对外劳务合作				累计派出各类劳务人员数量	期末在外各类劳务人员数量	雇用项目所在国人员数量
	新签合同份数	新签合同额	完成营业额	派出人数	期末在外人数	新签劳务人员合同工资总额	劳务人员实际收入总额	派出人数	期末在外人数			
中国澳门	9	4 020.178	3 304.568	56	91	18 462.4112	23 957.6092	5 931	16 148	5 987	16 239	15
马来西亚	6	62 746.5965	14 401.981	17	238	1.62	45.5179	2	7	19	245	343
马尔代夫	4	4 079.817	3 803.817	5	189	0	0	0	0	5	189	108
蒙古	2	3 670.48	3 254.387	32	43	0	0	0	0	32	43	167
阿曼	2	20 526.55	54 668.44	28	42	0	0	0	0	28	42	136
巴基斯坦	0	0	10 583.24	72	315	0	0	0	0	72	315	517
菲律宾	3	54 707.966	2.306	0	2	0.5462	2.8722	7	7	7	9	0
卡塔尔	0	0	59	0	4	4.0659	176.2398	32	148	32	152	0
沙特阿拉伯	1	3 431.22	854.3	0	0	1.992	9.161	2	8	2	8	7
新加坡	5	41.9636	29.8536	0	0	557.9362	4 173.5848	1 922	1 657	1 922	1 657	0
韩国	0	0	0	0	0	9.7157	297.4011	27	69	27	69	0
斯里兰卡	5	12 919.58	7 024.818	0	6	9.96	34.014	5	10	5	16	146
泰国	1	28 396	2 033.22	0	96	0	0.24	0	1	0	97	1 751
土耳其	3	13 201.3	12 993.8	0	0	11.4872	13.2612	81	26	81	26	20
阿拉伯联合酋长国	0	0	0	0	0	9.2267	348.4519	55	283	55	283	0
越南	1	25 148.659	11 117.399	52	36	0	0	0	0	52	36	56
中国台湾	3	3 474.596	2 613.6374	0	0	279.4702	2 291.7981	931	771	931	771	25
东帝汶	1	40	0	0	0	0	0	0	0	0	0	0
哈萨克斯坦	2	15 029.69	4 126.69	89	211	6.972	10.835	4	6	93	217	1 267

（续）

国家（地区）名称	对外承包工程					对外劳务合作				累计派出各类劳务人员数量	期末在外各类劳务人员数量	雇用项目所在国人员数量
	新签合同份数	新签合同额	完成营业额	派出人数	期末在外人数	新签劳务人员合同工资总额	劳务人员实际收入总额	派出人数	期末在外人数			
乌兹别克斯坦	13	40 881.3088	27 510.9488	18	18	0	0	0	0	18	18	81
非洲	133	374 333.9578	179 164.2663	269	3 494	261.5751	1 228.8576	292	468	561	3 962	14 005
阿尔及利亚	7	11 597.8116	7 729.786	0	565	0	0	0	0	0	565	578
安哥拉	2	188.216	10 899.95	31	141	0	0	0	0	31	141	192
贝宁	2	11 042.63	0	0	1	0.3582	0.3582	2	2	2	3	0
喀麦隆	1	154.88	3 706.58	1	230	0	0	0	0	1	230	207
乍得	6	19 311.52	5 976.0868	0	257	2.1819	2.2638	4	4	4	261	716
刚果（布）	2	34 991.32	10 507.4622	0	170	0	0	0	0	0	170	298
吉布提	6	3 381.69	504.15	0	8	0	4.814	0	3	0	11	12
埃及	2	13 176	347.6	20	12	0	0	0	0	20	12	9
赤道几内亚	1	4 128	0	0	0	0	39.6	0	37	0	37	0
埃塞俄比亚	3	6 824.95	8 872.34	4	399	8.964	18	6	26	10	425	675
加纳	6	9 482.4	80	0	0	0	0	0	0	0	0	0
几内亚	13	40 698.7261	3 550.52	0	20	0.996	2.988	1	3	1	23	1
科特迪瓦	15	109 372.4267	226.2644	0	1	9.956	11.205	8	11	8	12	0
肯尼亚	3	1 945.0306	3 277.4431	17	20	0	23.157	0	19	17	39	154
利比里亚	1	795	650	0	6	104.7313	899.0032	211	137	211	143	3
毛里塔尼亚	2	1 015.79	225.42	2	10	0	0	0	0	2	10	110
毛里求斯	0	10 244.47	6 936.53	13	39	0	0	0	0	13	39	33
莫桑比克	0	0	587	0	2	0	0	0	0	0	2	2

（续）

国家（地区）名称	对外承包工程					对外劳务合作				累计派出各类劳务人员数量	期末在外各类劳务人员数量	雇用项目所在国人员数量
	新签合同份数	新签合同额	完成营业额	派出人数	期末在外人数	新签劳务人员合同工资总额	劳务人员实际收入总额	派出人数	期末在外人数			
尼日尔	2	2 343.8	2 050.02	4	91	1.3137	0.9314	8	8	12	99	447
尼日利亚	16	35 784.49	44 735.17	62	478	25.896	68.861	6	99	68	577	5 007
卢旺达	1	702	1 125.86	2	26	0	0	0	0	2	26	210
圣多美和普林西比	2	57.82	4.85	0	0	0	0	0	0	0	0	0
塞内加尔	2	33 608.27	2 124.95	0	46	0.996	4.903	1	4	1	50	10
塞拉利昂	2	18.32	986.39	1	3	0	0	0	0	1	3	6
南非	3	597.03	567.96	0	5	0	0	0	0	0	5	58
苏丹	4	1 081.96	0	0	0	0	0	0	0	0	0	0
坦桑尼亚	2	4 323.6539	3 731.7688	16	39	82.664	62.951	30	71	46	110	228
突尼斯	1	348	108	0	1	0	0	0	0	0	1	0
乌干达	1	860	360	4	3	6.99	52.608	7	10	11	13	54
布基纳法索	2	1 469.11	3 811.14	0	148	0	0	0	0	0	148	79
赞比亚	4	4 866.45	23 379.58	35	290	4.98	30.272	2	21	37	311	3 160
津巴布韦	1	33.76	38.38	3	0	0	0	0	0	3	0	0
莱索托	1	2 276	52.35	2	2	0	0	0	0	2	2	20
南苏丹	0	0	212	2	0	0	0	0	0	2	0	0
刚果（金）	17	7 612.4329	31 798.715	50	481	11.548	6.942	6	13	56	494	1 736
欧洲	14	54 036.568	84 843.4379	162	688	390.7405	2 588.2467	875	1 204	1 037	1 892	1 041
比利时	0	0	0	0	0	0	0	0	1	0	1	0

（续）

国家（地区）名称	对外承包工程					对外劳务合作				累计派出各类劳务人员数量	期末在外各类劳务人员数量	雇用项目所在国人员数量
	新签合同份数	新签合同额	完成营业额	派出人数	期末在外人数	新签劳务人员合同工资总额	劳务人员实际收入总额	派出人数	期末在外人数			
丹麦	0	0	0	0	0	0	0	0	11	0	11	0
英国	2	18 702.323	2 281.924	4	9	48.3989	251.0198	131	103	135	112	77
德国	0	0	0	0	0	185.1545	1 262.9251	280	749	280	749	0
法国	0	0	0	0	0	34.9611	166.938	82	40	82	40	0
意大利	0	0	0	0	0	1.6707	7.0964	8	4	8	4	0
荷兰	0	0	0	0	0	22.7961	131.9964	59	23	59	23	0
希腊	4	31.738	2.66	0	0	60.7582	507.9328	162	128	162	128	0
西班牙	0	0	0	0	0	0	6.5274	0	6	0	6	0
阿尔巴尼亚	0	0	0	0	0	16.6083	116.4186	30	13	30	13	0
直布罗陀	0	2 978.87	2 362.96	3	3	0	0	0	0	3	3	4
匈牙利	1	8 681.52	2 215.2	14	16	0	0	0	0	14	16	3
马耳他	0	0	0	0	0	3.8	19.8066	6	2	6	2	0
摩纳哥	0	0	0	0	0	0.9	1.8	1	1	1	1	0
挪威	0	0	0	0	0	12.9461	96.3372	98	108	98	108	0
瑞士	0	0	0	0	0	2.6	16.98	16	14	16	14	0
爱沙尼亚	0	0	0	0	0	0.1466	2.4684	2	0	2	0	0
格鲁吉亚	1	806.72	310.08	19	19	0	0	0	0	19	19	65
白俄罗斯	0	0	6 863.6	0	356	0	0	0	0	0	356	366
俄罗斯联邦	6	22 835.397	62 759.4039	0	67	0	0	0	0	0	67	0
克罗地亚	0	0	0	0	0	0	0	0	1	0	1	0

（续）

国家（地区）名称	对外承包工程					对外劳务合作				累计派出各类劳务人员数量	期末在外各类劳务人员数量	雇用项目所在国人员数量
	新签合同份数	新签合同额	完成营业额	派出人数	期末在外人数	新签劳务人员合同工资总额	劳务人员实际收入总额	派出人数	期末在外人数			
塞尔维亚	0	0	8 047.61	122	218	0	0	0	0	122	218	526
拉丁美洲	32	77 371.79	14 686.47	58	240	118.7711	855.7258	299	586	357	826	608
安提瓜和巴布达	0	0	0	0	0	1.5309	1.5309	11	0	11	0	0
巴哈马	0	0	0	0	0	0	6.27	0	17	0	17	0
玻利维亚	0	0	7.27	0	0	0	0	0	0	0	0	0
巴西	2	50.62	0	0	0	0	0	0	0	0	0	0
智利	1	20 835.08	2 369.77	0	0	0	0	0	0	0	0	0
哥伦比亚	25	2 831.49	1 311.44	3	8	0	0	0	0	3	8	41
厄瓜多尔	0	0	30	0	0	0	0	0	0	0	0	0
格林纳达	0	0	0	0	149	0	0	0	0	0	149	13
牙买加	0	0	0	0	0	21.3	83.64	12	350	12	350	0
墨西哥	3	42 440	7 084	55	69	0	0	0	0	55	69	497
巴拿马	0	0	0	0	0	95.9402	764.2849	276	219	276	219	0
秘鲁	1	311	301.15	0	0	0	0	0	0	0	0	8
萨尔瓦多	0	0	0	0	0	0	0	0	0	0	0	2
特立尼达和多巴哥	0	10 903.6	3 582.84	0	14	0	0	0	0	0	14	47
北美洲	0	11 030	641.7	0	1	25.2455	164.1159	124	46	124	47	0
加拿大	0	0	0	0	0	5.7322	30.0356	54	18	54	18	0
美国	0	11 030	641.7	0	1	18.7433	132.0803	67	25	67	26	0

（续）

国家（地区）名称	对外承包工程					对外劳务合作				累计派出各类劳务人员数量	期末在外各类劳务人员数量	雇用项目所在国人员数量
	新签合同份数	新签合同额	完成营业额	派出人数	期末在外人数	新签劳务人员合同工资总额	劳务人员实际收入总额	派出人数	期末在外人数			
百慕大群岛	0	0	0	0	0	0.77	2	3	3	3	3	0
大洋洲	10	10 098.6277	934.7698	5	16	19.1252	197.3595	46	73	51	89	32
澳大利亚	5	7 775.0262	465.5898	1	6	0	0	0	0	1	6	2
斐济	0	0	1.32	0	0	0	0	0	0	0	0	0
新西兰	0	1 453	404.18	0	1	0	0	0	0	0	1	24
巴布亚新几内亚	4	442.6015	54.48	4	4	0	0	0	0	4	4	6
所罗门群岛	1	428	9.2	0	5	3.984	8.312	2	7	2	12	0
马绍尔群岛共和国	0	0	0	0	0	15.1412	189.0475	44	66	44	66	0
洲别不详	4	1 117.51	0	0	0	60.8336	532.8043	155	86	155	86	0
其他国家	4	1 117.51	0	0	0	60.8336	532.8043	155	86	155	86	0

（罗　群）

六、口岸通关

表 6-1 北京口岸运营情况

项　目	2016 年	2017 年	2018 年	2019 年	2020 年	2021 年	2022 年
北京首都国际机场航空口岸							
旅客吞吐量（人次）	94 393 521	95 786 060	100 810 443	100 005 979	34 514 639	32 638 573	12 706 978
其中：进港（人次）	47 126 166	47 801 780	50 374 303	50 018 520	17 260 335	16 271 793	6 182 717
出港（人次）	47 267 355	47 984 280	50 436 140	49 987 459	17 254 304	16 366 780	6 524 261
出入境人员（人次）	24 252 213	24 700 290	26 850 046	26 547 920	2 925 692	530 560	584 136
其中：出入境外籍人员（人次）	6 998 138	6 789 454	7 151 171	6 962 885	552 838	45 202	99 983
其中：旅客过境（人次）	1 050 409	1 236 130	1 262 416	1 476 013	133 848	0	0
货邮运量（吨）	1 942 791	2 021 228.0	2 053 555.1	1 951 857.2	1 209 864.5	1 400 777.9	988 094.8
其中：国际货邮（吨）	909 390	1 032 754.3	1 053 904.8	993 641.9	589 571.9	672 456.4	477 828.1
国内货邮（吨）	1 033 401	988 473.7	999 650.3	958 215.3	620 292.7	728 321.5	510 266.7
飞机起降（架次）	606 086	597 246	613 118	594 286	291 497	298 179	157 662
其中：进港（架次）	303 066	298 622	306 493	297 138	145 739	149 101	78 840
出港（架次）	303 020	298 624	306 625	297 148	145 758	149 078	78 822
进出境飞机起降（架次）	139 973	145 266	150 539	149 475	42 684	33 960	25 018
北京大兴国际机场航空口岸							
旅客吞吐量（人次）				3 075 565	16 091 442	25 049 224	10 277 623
其中：进港（人次）				1 540 347	8 079 404	12 502 657	4 992 411
出港（人次）				1 535 218	8 012 038	12 546 567	5 285 212
出入境人员（人次）				91 779	83 589	667	204
其中：出入境外籍人员（人次）				17 083	16 297	24	0

（续）

项　　目	2016 年	2017 年	2018 年	2019 年	2020 年	2021 年	2022 年
其中：旅客过境（人次）				209	153	0	0
货邮运量（吨）				7 483.8	76 959.9	185 707.3	127 497.1
其中：国际货邮（吨）				1 589.8	1 382.5	1 697.9	123.2
国内货邮（吨）				5 894.0	75 577.4	184 009.4	127 373.9
飞机起降（架次）				20 528	129 966	211 264	105 922
其中：进港（架次）				10 260	65 006	105 621	52 957
出港（架次）				10 268	64 960	105 643	52 965
进出境飞机起降（架次）				832	662	90	8
北京西站铁路口岸							
进出境人员（人次）	53 787	47 666	44 864	30 618	2 082	0	0
其中：出入境外籍人员（人次）	3 388	3 262	2 817	1 348	82	0	0
北京口岸合计							
出入境人员合计（人次）	24 306 000	24 747 956	26 894 910	26 670 317	3 011 363	531 227	584 340
其中：出入境外籍人员（人次）	7 001 526	6 792 716	7 153 988	6 981 316	569 217	45 226	99 983

注：灰色标注的地方为有调整的数据。

（田　颖）

第七部分

大　事　记

大 事 记

一季度

1月1日，授权海淀区、昌平区、朝阳区、顺义区、通州区、大兴区和北京经济技术开发区商务主管部门行使自贸试验区内企业3亿美元以下非金融类境外投资管理的权限，及境外投资备案报告、境外投资月报、年报统计业务。

同日，《北京首都国际机场货运区服务质量标准（暂行版)》试行。

1月25日，印发《北京市商务局关于鼓励企业创新开展“2022北京消费季”促消费活动的通知》，对积极参与消费季活动并在北京地区注册且具有独立法人资格，从事商贸流通业经营、服务、管理的企业给予支持。前三季度共计支持281家企业，其中260家零售与餐饮企业共实现社零额532.5亿元。

1月29日，市商务局印发《关于进一步推进跨境电子商务创新发展的若干措施》。

1月29日至2月20日，组织北京市连锁经营协会发动本市重点连锁超市开展10种当家菜“两不涨”（价格农历日同比不上涨、日环比不上涨）活动，活动期间带动全市蔬菜零售端价格连续下行，稳定市场信心，确保市民度过欢乐祥和的春节。

2月2日至8日，在雁栖湖国际会展中心举办展销会，开创闭环管理下接待外宾购物服务的新模式。

2月10日，印发《关于做好外资研发中心采购进口设备免税资格审核有关工作的通知》。

2月11日，市委常委、副市长殷勇带队走访科技部，与科技部副部长就北京“两区”建设中的科技创新工作展开座谈交流。殷勇介绍了2021年本市经济社会发展及北京“两区”建设总体情况，感谢科技部给予本市工作的支持和指导，听取了科技部对本市服务保障工作的意见及建议。科技部对北京“两区”建设和科技创新取得的成效给予充分肯定，表态将继续支持北京“两区”和科技创新工作，进一步促进北京高质量发展。

2月23日，召开北京培育建设国际消费中心城市领导小组办公室第二次会议，会议强调：各区要深入研究分析本区域消费运行形势，用好市场化力量促进提升，紧抓企业服务，深挖各区消费热点特色，紧盯目标、依法合规、应统尽统。

2月26日，市委书记蔡奇到朝阳区、海淀区调研重点工程、重点企业，调研时强调，经济运行要加强投资、生产、消费三个环节调度，放大消费主引擎作用，做好冬奥促消费文章，谋划开展消费季活动。

2至3月，市商务局作为北京2022年冬奥会和冬残奥会物资保障组的牵头单位，圆满完成北京2022年冬奥会和冬残奥会物资保障工作。

3月1日，由商务部、中央广播电视总台、北京市政府共同主办的“2022年（春季）全国消费促进月北京消费季”在环球主题公园城市大道正式启动，中共中央政治局委员、北京市委书记蔡奇，商务部部长王文涛，中宣部副部长、中央广播电视总台台长兼总编辑慎海雄，北京市委副书记、市长陈吉宁等出席活动。

3月3日，在北京、挪威、芬兰、丹麦、德国等国家和地区同步举办以北京“两区”与“双奥”之城为主题的冰雪产业专场推介会。

3月10日，市商务局会同市公安局、市城市管理委、市规划自然资源委等9部门联合印发实施《促进首店首发经济高质量发展若干措施》，对符合条件的品牌首店、旗舰店、创新概念店的品牌方和引进方，以及新品发布活动给予资金支持。

3月12日，商务部等部委公布新认定的国家特色服务出口基地名单，北京市中医药、人力资源、地理信息、知识产权、语言等5个领域8家国家特色服务出口基地全部成功获评。至此，北京共有数字、文化、中医药、人力资源等7类14家国家特色服务出口基地，获评领域齐全，数量居全国首位。

3月17日，市商务局召开应对贸易风险工作线上培训会。针对俄乌冲突对国际经贸领域造成的影响，就应对贸易风险的各项政策进行宣讲。

3月22日，制定出台《北京市提高商业服务业服务质量促进北京培育建设国际消费中心城市实施方案（2022—2025年）》，进一步明确服务质量提升工作的“指导思想、工作目标、重点任务、保障措施”。

3月31日，北京市第十五届人民代表大会常务委员会第三十八次会议通过《中国（北京）自由贸易试验区条例》，5月1日起正式实施。

同日，“跨国公司总部认定”和“外资研发总部认定”实现“全程网办”，办理结果开通“电子证照”功能，实现企业“零跑腿”即可办成事。

同日，“技术进出口合同登记、变更—变更总价类（进口）”和“技术进出口合同登记、变更—变更总价类（出口）”两事项实行告知承诺审批，简化办事程序，提高办事效率，实现“最多跑一次”，进一步便利企业群众办事。

二季度

4月1日起，开展“商业服务业服务质量提升”系列活动。

4月6日，发布实施《北京市商务局关于实施促进绿色节能消费政策的通知》，面向在京消费者发放绿色节能消费券，累计核销消费券111万张，带动电脑、自行车、电冰箱、洗衣机、扫地机器人等46类绿色智能商品销售量超150万台，销售额近50亿元，拉动杠杆为1：25。

4月11日，市委书记、市“两区”工作领导小组组长蔡奇主持召开市“两区”工作领导小组第四次全体会议。

4月12日，经市“两区”工作领导小组会议审议，我局出台《把握RCEP机遇 助推“两区”高水平发展行动方案》，参考RCEP协定规则，形成一揽子政策举措，助力我市形成参与国际经济合作和竞争的新优势。

4月13日，由市商务局、国家发展改革委国际合作中心、北京市人民对外友好协会共同主办的“北京—东盟投资合作日”在京成功举行。

4月25日，北京大兴国际机场综合保税区实现首批货物通关，进入实质运营阶段。

4月29日，发布《北京市“十四五”时期会展业发展规划》，推动北京市会展业高质量发展，打造国际会展之都，有力服务首都“四个中心”功能定位。

4月起，为统筹外卖骑手防疫和生活物资配送，建立保供人员“白名单”机制。

4月29日，发布《北京市“十四五”时期会展业发展规划》。

5月13日，《关于促进国家服务业扩大开

放综合示范区建设的决定》经市政府常务会审议通过。

5月18日，由北京市商务局、中国工商银行北京市分行主办，西麦克展览公司、世界贸易网点联盟北京中心、北京国际经济贸易发展协会承办的“北京市外贸进出口线上展洽会（南美专场）”在京开幕。中国工商银行、中国驻阿根廷大使馆、阿根廷生产发展部、巴西中国商贸发展合作商会、秘鲁出口商协会以及企业代表在线上出席了开幕仪式。

5月20日，在北京和德国柏林、法兰克福、科隆、杜塞尔多夫等多城市同步举办中德通用航空及文旅服务产业对接会。

5月25日，北京市第十五届人民代表大会常务委员会第三十九次会议通过《北京市人民代表大会常务委员会关于促进国家服务业扩大开放综合示范区建设的决定》，自公布之日起施行。

5月31日，市商务局与中国信保联合开展了小微客户服务节活动，围绕“强小微、优服务”相关政策及产品和服务进行宣讲，相关政府部门、中国银行等合作机构及“小巨人”企业客户代表在线观看参加。

同日，举办京津冀对接韩国自贸区“两区”专场推介活动。

6月8日，市商务局联合市经济和信息化局制定出台《北京市数字消费能级提升工作方案》。

6月10日，天竺综合保税区完成规划调整（二期）1.820平方公里现场验收。

6月14日，市商务局印发《跨境贸易便利化全环节改革行动方案》。

6月17日，市商务局会同市发展改革委、市公安局等11个部门研究编印《北京市成品油流通综合监管指导意见（试行）》。

6月18日，市商务局会同市市场监督管理局印发《北京市商务领域行政执法协作方案（试行）》。

6月20日，市商务局以市场防疫组督查组名义向各区下发了《关于建立全市生活服务业从业人员台账及管理有关工作的通知》，畅通市、区、街道乡镇、企业沟通渠道，建立全市生活服务业16类业态、15余万家企业门店、80余万名从业人基础信息台账。

同日，在北京、阿姆斯特丹同步举办以“相伴五十年　携手向未来”为主题的北京“两区”建设全球超链接之对接荷兰高端服务业专场推介会。

6月26日，市商务局、市财政局等7部门联合制定了《北京市关于鼓励汽车更新换代消费的方案》，规定6月1日至12月31日期间，报废或转出本市注册登记在本人名下1年以上的乘用车，并在本市汽车销售企业新购新能源小客车，可以享受8000～10000元补贴资金。

6月28日，联合京津冀成渝地区政府部门及有关单位，共同举办中国·匈牙利创新合作大会。

同日，在北京、特拉维夫两地同步举办“两区”建设之对接以色列医疗健康产业专场活动。

6月29日，市商务局、中国人民银行营业管理部、北京外汇管理部、市金融监管局、市人才局、市财政局、市科委、中关村管委会联合印发《北京市促进离岸贸易创新发展的若干措施》，围绕六个方面提出14条措施，填补了此前本市关于离岸贸易的政策空白。

6月30日，北京自贸试验区“京贸兴”新型国际贸易公共服务平台试运行上线。该平台接入75家船公司海运物流数据、90家航空公司空运物流数据、140个国家海关报关数据、全球

99%船舶数据、全球99%合规性数据，有利于提高银行对企业离岸贸易背景的核验能力，促进跨境资金结算便利。

三季度

7月4日，印发实施《北京市促进夜间经济繁荣发展的若干措施》。

7月4日至20日，蔡奇书记、陈吉宁市长连续主持召开市委财经委会议、市政府常务会、市委常委会研究北京培育建设国际消费中心城市一周年工作进展及下一步工作安排。

7月5日，北京博锐开放政策研究院正式登记设立，该研究院由北京市商务局（市“两区”办）举办，是落实市领导关于“推动设立新型研究机构”指示精神和市委组织部“两区”“三平台”建设干部人才工作部署的重要举措。

同日，市商务局等12部门联合印发《加快建设一刻钟便民生活圈 促进生活服务业转型升级的若干措施》。

7月5日，北京市获批汽车平行进口试点，5家单位获批国家商务部汽车平行进口试点企业资质。

7月6日，北京市举办促进离岸贸易创新发展措施新闻发布会暨新型国际贸易公共服务平台启动仪式。在新闻发布会上，市商务局发布《北京市促进离岸贸易创新发展的若干措施》，大兴区政府介绍“京贸兴”新型国际贸易公共服务平台。

同日，北京市外商投资监测预测预警工作机制设立。

7月9日，市委书记蔡奇围绕落实市党代会精神、抓好下半年工作、迎接党的二十大到北京大兴国际机场临空经济区调查研究，要求锚定建设世界级消费新地标目标，引进国际顶尖市场主体，做好国际消费枢纽和国际会展中心两个项目规划设计，提前布局轨道交通等配套设施。

7月11日，市商务局印发《中国（北京）自由贸易试验区投资自由便利专项提升方案》。

7月13日，在北京、特拉维夫两地同步举办“两区”建设“全球超链接”对接以色列农业科技服务专场推介会。

7月13日，北京市人民政府新闻办公室举行“北京培育建设国际消费中心城市一周年”首场新闻发布会。

7月15日，市商务局会同中国工商银行北京分行成功举办“创一流服务、助外贸发展”金融服务外贸企业线上推介会，向北京地区外贸企业宣传推广“稳外贸”支持政策及工行金融支持保障措施。

同日，《北京市商务局等11部门印发〈关于加快二手车流通促进汽车消费升级的若干措施〉的通知》正式对外发布。

同日，在亮马河国际风情水岸启动“2022北京消费季·夜京城”活动，杨晋柏副市长出席启动活动。夜京城活动联动全市20余个重点商圈、近万家品牌商户，推出“京夜有戏·夜赏”“京夜有料·夜味”“京夜有趣·夜娱”“京夜有动·夜动”“京夜有范·夜购”五大版块，约500余项特色活动，参与企业总销售额约114亿元。

7月15日、19日、20日，市政府常务会、市委财经委会、市委常委会连续研究部署国际消费中心城市建设有关工作，会议强调要深化供给侧结构性改革，供给与需求两端发力，充分释放消费潜力，为稳增长做贡献，更好满足人民群众对美好生活需要。

7月18日至8月28日，通过美团等6个平台发放北京餐饮消费券。

7月20日至21日，全国人大常委会副委

员长万鄂湘率全国人大常委会执法检查组在京开展外商投资法执法检查。

7月22日，召开北京培育建设国际消费中心城市领导小组办公室第三次会议，会议强调：在全面盘点上半年工作基础上提升促消费工作能力水平，有序精彩开展“北京消费季”主题活动，市区联动做好头部企业服务等工作。

7月25日至30日，第二届中国国际消费品博览会在海南省海口市成功举办。北京市搭建200平方米展示区，以“约惠北京，乐享生活”为主题，汇集“名、优、特、新”消费精品，集中展示北京消费名片的独特魅力。

7月26日，联合北京经济技术开发区管委会，共同举办北京奥地利绿色经济（新能源汽车）产业合作对接会。

7月27日至29日，商务部自贸区港司主要领导来京调研自贸试验区建设情况。

7月28日，市政协召开议政性主席会议，围绕“积极对接国际高水平自由贸易协定规则，推动‘两区’建设取得新进展”专题协商议政。

7月31日，南航执飞大兴—杜尚别国际货运航班，标志大兴机场国际货运出港航班顺利实现复航首飞。

8月22日，市委书记蔡奇主持召开市“两区”工作领导小组专题会议。

8月29日，市“两区”办对外发布“两区”建设第二批市级改革创新实践案例。

8月29日，市“两区”办对外发布“两区”建设第二批市级改革创新实践案例，形成“创建小微金融服务顾问队伍助力小微企业健康发展”“数字化服务新模式赋能全域旅游”等31项在我市部分区域和个别行业探索创新的典型案例向全市复制推广。

8月31日至9月5日，由商务部和北京市人民政府共同主办的2022年中国国际服务贸易交易会在京举行，主题为“服务合作促发展，绿色创新迎未来”。党中央、国务院高度重视，国务院分管副总理主持召开组委会全体会议，市委主要领导主持召开执委会全体会议，高位推动服贸会成功举办。本届服贸会举办了15.2万平方米的展览展示和128场专题论坛、65场推介洽谈等活动，线下参展企业2400余家，线上参展企业7800余家，累计入场27万余人，数量均超过上届。

8月31日晚，2022年中国国际服务贸易交易会全球服务贸易峰会在京举行。国家主席习近平向大会专门发来贺信，指出“服贸会是中国扩大开放、深化合作、引领创新的重要平台，为促进全球服务业和服务贸易发展作出了积极贡献”。国务院副总理韩正出席峰会并发表主旨演讲，国务院副总理胡春华宣读贺信，时任北京市委书记蔡奇主持峰会，巴西、伊朗、印度尼西亚、新加坡、乌兹别克斯坦等5国政要，以及世贸组织、经合组织、联合国贸发会议等3个国际组织主要负责人通过视频方式致辞，就多边及双边合作表达了强烈意愿，24位外国部长级嘉宾和政府代表线上出席。

8月31日，市商务局联合香港贸易发展局、通州区人民政府和商务部中国国际电子商务中心共同举办第七届“一带一路”高峰论坛的配套活动：北京专场暨北京双向投资促进系列活动——走进副中心。

9月1日，2022年中国国际服务贸易交易会中国服务贸易成就展正式亮相，全面回顾了党的十八大以来中国服务贸易十年发展历程和贡献，通过中国自主研发的机械协作、航空运输、清洁能源等领域的近20项优秀实物案例，生动展示了最新创新成果。

同日，2022年中国国际服务贸易交易会“北京日”暨“两区”建设两周年主题活动在国家会议中心举办。

9月1日至3日，“2022中国电子商务大会”在北京国家会议中心成功举办。

9月1日至5日，由市商务局和市交通委共同主办的2022年服贸会“供应链及商务服务”专题展在北京首钢园5号馆成功举办，主题为“供应服务保障，高端商务领航”。

9月2日，北京市“两区”工作领导小组办公室在国家会议中心举办北京“两区”建设与企业全球化论坛。

9月4日，由市商务局与商务部中国国际经济合作学会共同主办的中国国际经济合作“走出去”高峰论坛于服贸会期间在北京国家会议中心成功举办，市商务局对外发布《2020—2021北京市对外投资合作发展报告》。

9月5日，首届生活服务业发展大会在首钢园成功举办，市商务局发布北京市一刻钟便民生活圈动态地图2.0，中国连锁经营协会发布《中国生活服务业数字化报告（2022）》等4份分析报告。

9月6日，由市商务局、朝阳区政府、朝阳区商务局、中国服装设计师协会联合举办的“2022全球首发节·2023春夏中国国际时装周”启动活动在751D·PARK开幕。

9月9日，“两区”建设科技创新领域专场新闻发布会举办。北京连续三年蝉联全球科研城市首位；研发投入强度、研发人员数量居全球主要科技创新中心前列，新经济增加值占地区生产总值的比重超过三分之一，以创新经济为标志的创新高地迅速崛起。实施高新技术企业“报备即批准”政策试点，较常规审批流程大幅压缩80%以上；率先开展技术转让企业所得税优惠政策试点，免征额由500万元提高至2000万元。

9月14日，“两区”建设生物医药全产业链开放专场新闻发布会举办。第三方人类遗传资源保藏平台获批。2022年上半年，北京市有17个创新药品和医疗器械产品获批，数量居全国之首。

9月16日，“两区”建设国际人才服务保障全环节改革专场新闻发布会举行。截至9月，北京市共推动1.1万套国际人才公寓、23所国际学校、8家国际医院、18个外国人服务站点建设，努力构建开放包容的国际化环境。

9月16日至19日，第19届中国—东盟博览会在广西壮族自治区南宁市成功举办，北京市搭建北京展示区，重点展示宣传“两区”建设成果、北京国际消费中心城市建设、中国国际服务贸易交易会等内容。

9月20日，“两区”建设文化旅游和数字经济领域专场新闻发布会举办。国际影视摄制服务中心挂牌运营，中国（北京）高新视听产业园获国家广电总局批复成立。

9月21日，“两区”建设金融领域专场发布会举行。“两区”建设两年来，金融领域102项任务已落地96项，落地率94.12%，出台配套政策76项，股权投资和创业投资份额转让、知识产权保险等创新实践在全国复制推广。

9月23日，召开北京培育建设国际消费中心城市领导小组办公室第四次会议，会议强调：各区、各部门要及时追踪、评估、完善市场消费政策，加强重点企业的走访对接，协调解决企业问题诉求，紧抓重要节日节点，抢抓“金九银十”消费旺季。

9月26日，部委走进“两区”（石景山专场）沙龙活动成功举办。

9月27日，商务部国际司主要领导来京调研数字经济和数字贸易发展情况。

9月29日，“两区”建设贸易投资便利化专场新闻发布会举办。两年来，“两区”方案涉及的各项任务已基本完成，累计实施近70项突破性、引领性政策，落地140余个标志性项目和功能性平台。

同日，“化肥进口关税配额审批初审”实现“全程网办”，企业可以实时上网查询办理进度，大幅降低了企业“脚底成本”和人力成本。

9月，市商务局会同9部门积极推进餐饮业“6+4”事中监管创新改革工作，研究制定《关于创新和加强北京市餐饮行业事中综合监管实施方案》《北京市餐饮行业事中监管综合检查单》《北京市餐饮业合规经营手册》。

四季度

10月12日，在北京和曼谷两地同步举办以“拥抱数字经济，共享开放未来”的“两区”建设“全球超链接”泰国专场推介会。

10月14日，在北京、巴黎两地同步举办北京“两区”开放政策专场推介会。

10月15日，生态环境部办公厅印发自由贸易试验区加强生态环境保护推动高质量发展案例，“探索建立碳资产综合监测管理模式”等4个中国（北京）自由贸易试验区案例入选。

10月15日至31日，组织重点连锁超市开展10种当家菜“两不涨”（价格同比不上涨、日环比不上涨）活动，活动期间各商超企业备货量充足，无缺货断货现象，带动了零售端蔬菜价格整体稳中有降。

10月25日，“北京市外贸进出口线上展洽会（西亚东南亚专场）”在京举行。北京市商务局、中国工商银行、中国国际医药卫生有限公司、中国驻迪拜总领馆经商处、马中国际贸工连线总会署、马来西亚榴莲产业联合会相关负责人以及企业代表出席开幕仪式。

10月26日，在北京、墨西哥两地同步举办北京“两区”建设全球超链接之墨西哥科技创新专场推介会。

10月28日，在北京和马德里、巴塞罗那、萨拉戈萨省等西班牙主要城市举办以“展望携手50年，开放合作新机遇”为主题的2022北京“两区”开放场景西班牙专场推介会。

10月，圆满完成党的二十大会议住地食品原材料供应和清洗布草服务保障工作。

11月1日，“农产品进口关税配额审批初审”实现通关作业无纸化。自实施之日起，企业凭电子配额证向海关办理进口手续，已签发电子配额证的，国家发展改革委、商务部不再签发纸质配额证。

11月3日，北京首都国际机场临空经济区（北京天竺综合保税区）获批成为国家进口贸易促进创新示范区，成为本市首个国家进口贸易促进创新示范区。

同日，在北京和尼日利亚第一大自贸港拉各斯港同步举办以“相约北京共赢未来”为主题的2022北京“两区”开放场景尼日利亚专场演示会。

11月5日至10日，第五届中国国际进口博览会在上海市顺利举办。首次设立中国对外开放成就展北京展示专区，继续利用人文交流平台设置老字号展示区。常态化设置进博会北京市交易团，下设21个交易分团［4个行业领域交易分团，17区（经开区）交易分团］，积极组织企业参展参会，共注册2947家单位、7570人，展期达成意向订单117笔，签约金额约22.7亿美元。

11月7日，《北京市商圈改造提升行动计划（2022—2025年）》印发。

11月9日，市区商务部门紧急重新启动保供人员“白名单”制度，后又扩展到交通、卫生、国资等多个领域。“白名单”人员最高达到13万余人。

11月11日，市商务局与香港贸易发展局、昌平区人民政府、商务部中国国际电子商务中心以线上线下结合的方式成功举办第二届亚洲医疗健康高峰论坛北京专场暨北京双向投资促进系列活动——“走进昌平”。

11月12日，商务部印发国家服务业扩大开放综合试点示范建设最佳实践案例，我市“北京完善生物医药产业全链条创新服务体系”“构建京津冀通关物流数据共享平台”等14项举措纳入其中。

11月16日，市商务局会同市发展改革委等8部门印发《落实新增产业禁限目录地下空间从事餐饮商业性经营实施细则》。

11月18日，在北京和香港同步举办以“京港携手共赢未来”为主题的2022北京“两区”开放场景香港专场演示会。

11月21日，市商务局、人民银行营业管理部、北京外汇管理部与北京银保监局联合印发《“两区”建设国际收支便利化全环节改革工作方案》，提出17条改革措施。

11月21日至25日，“两区”建设与开放型经济新体制专题培训班顺利举办。

11月22日，在北京和以色列同步举办以“开放北京合作创新”为主题的“两区”开放场景以色列专场演示活动。

11月23日，印发《北京市商业消费空间布局专项规划》。

11月24日，在北京和新加坡同步举办以“数字经济赢先机 绿色发展向未来”为主题的“两区”开放场景新加坡专场演示活动。

11月29日，市“两区”办印发《中国（北京）自由贸易试验区和国家服务业扩大开放综合示范区工作推进评估指标体系（试行）》。

11月30日，《北京市促进商业步行街高质量发展的指导意见》印发。

同日，大兴国际机场临空经济区国际会展消费项目，启动城市设计国际方案征集，并召开项目介绍会。

12月9日，本市成立天竺综合保税区规划调整及二期围网验收工作专班，每日调度天竺综合保税区二期围网建设验收备案以及规划面积核减批复事项。

12月12日，市“两区”办印发实施《北京市“两区”重点园区（组团）发展提升专项行动评价办法（试行）》。

12月13日，北京市在商务部组织并征求中央组织部、发展改革委等44家相关部委意见的服务业扩大开放综合试点示范评估中获得90.3分，在北京、上海、天津、重庆和海南等5个参评省市中排名第一。

12月14日，由商务部市场运行和消费促进司、北京市商务局指导，北京市商业联合会北京商报社主办的2022年度（第十六届）北京商业高峰论坛暨北京国际消费中心城市论坛成功举办。

12月15日，第二十五届京港洽谈会“两区”主题活动在北京和香港同步线上成功举办。

12月22日，联合北京技术科学院共同举办海外科技创新机构（组织）创新合作沙龙。

12月26日至27日，海关总署组织上海、广州、南京、黄埔、拱北等地5个海关的10名专家分成两个专业组，采用远程视频方式对大兴国际机场进境食用水生动物、进境植物种苗指定监管场地进行终验，并出具验收通过意见。

12月27日，天竺综合保税区获得海关总署对二期围网验收的批复。

12月30日，根据市商务局、市公安交通管理局、市住房城乡建设委、市城市管理委、市市场监管局等5部门联合印发的《关于加强社区蔬菜直通车管理的指导意见》，全市334辆规范化社区蔬菜直通车纳入2022年目录制管理。

12月，市商务局联合市人力社保局、市发展改革委开展员工制企业征集工作，鼓励支持家政服务企业实行员工制管理，首批14家企业入选2022年度北京市员工制家政服务企业。

第八部分

附　录

北京市商务局（北京市人民政府口岸办公室）组织序列

（截至 2022 年 12 月 31 日）

序　号	内设机构
1	办公室
2	综合处（研究室）
3	法制与公平贸易处（世贸组织事务处）
4	综合协调处
5	制度创新处
6	运行指导处
7	统计信息处
8	督查评估处
9	规划建设处
10	流通发展处
11	服务质量促进处（流通秩序处）
12	消费促进处（北京国际消费中心城市建设协调处）
13	生活服务业处
14	储备调控处
15	市场建设处（京津冀商务发展协同处）
16	电子商务处（跨境电商促进处）
17	物流发展处
18	商务服务业发展处
19	商务环境协调推进处（总部经济发展处）
20	外贸运行处（北京市机电产品进出口办公室）
21	贸易发展处
22	会展处
23	服务贸易处
24	外资发展处
25	外资管理处（对港澳台经济合作处）
26	对外经济合作处
27	安全管理处

（续）

序　号	内设机构
28	口岸综合业务处
29	航空港处
30	陆港口岸管理处
31	电子口岸处
32	新闻宣传处
33	财务处
34	人事处
35	机关党委（党建工作处）
36	机关纪委
37	工会
38	离退休干部处
序　　号	**北京市商务局所属事业单位**
1	北京市国际服务贸易事务中心（北京市会展业发展促进中心）
2	北京市商务局综合事务中心
3	北京市流通经济研究中心（北京国际消费中心城市研究中心）
4	世界贸易网点联盟北京中心
5	北京市商务举报投诉中心
6	北京市商务局行政审批服务中心
7	北京市商务局应急储备保障中心
8	北京市对外贸易学校（北京市商务局教育中心）
9	首都联合职工大学
10	北京博锐开放政策研究院（登记类）
11	外贸建外大楼管理处

说明：2022 年 7 月，按照登记类事业单位法人设立北京博锐开放政策研究院。

北京市商务局（北京市人民政府口岸办公室）领导成员

（截至2022年12月31日）

丁 勇 党组书记（2022年5月任职）、局长（2022年7月任职），中国（北京）自由贸易试验区（国家服务业扩大开放综合示范区）工作领导小组办公室副主任（兼）（2022年5月任职）

王少峰 党组书记（2022年3月任职，2022年5月免职）、局长（2022年3月任职，2022年7月免职），中国（北京）自由贸易试验区（国家服务业扩大开放综合示范区）工作领导小组办公室副主任（兼）（2022年3月任职，2022年5月免职）

闫立刚 党组书记、局长，中国（北京）自由贸易试验区（国家服务业扩大开放综合示范区）工作领导小组办公室副主任（兼）（2022年3月免职）

孙 尧 党组副书记、副局长，机关党委书记、机关工会主席；北京市投资促进服务中心（正局级）党组书记、主任

李燕凌 党组成员、副局长（正局长级）（2022年7月任职）

柯永果 党组成员；北京市粮食和物资储备局（副局级）党组书记、局长、一级巡视员

郭文杰 党组成员、副局长

路金启 党组成员、驻局纪检监察组组长（2022年12月免职）

刘梅英 党组成员，中国（北京）自由贸易试验区（国家服务业扩大开放综合示范区）工作领导小组办公室专职副主任

赵卫东 党组成员、副局长

赵旗舟 党组成员，北京市国际服务贸易事务中心（北京市会展业发展促进中心）（副局级）党委书记、主任

缪增位 副局长（2022年11月结束挂职）

周宏友 中国（北京）自由贸易试验区（国家服务业扩大开放综合示范区）工作领导小组办公室副主任（2022年9月挂职）

王洪存 一级巡视员（2022年4月免职）

张 钢 二级巡视员

丁剑华 二级巡视员

赵立宗 二级巡视员

北京市商务领域社团名录

序号	单位名称	单位地址	脱钩情况
1	北京市餐饮行业协会	西城区月坛西街东里21号院8号楼5门一层	已完成
2	北京市进出口企业协会	朝阳区和平里小黄庄北街2号C座	已完成
3	北京数字贸易协会	海淀区东北旺北京中关村软件园孵化器1号楼B座三层1311室	已完成
4	北京市国际技术贸易协会	海淀区东北旺中关村软件园信息中心（一号楼C座二层）	已完成
5	北京礼品流通协会	朝阳区林萃桥北200米路东	已完成
6	北京国际经济技术合作协会	西城区广莲路1号建工大厦1201室	已完成
7	北京品牌协会	朝阳区朝阳公园西里南区6号	已完成
8	北京市印章行业协会	西城区新明胡同2号楼	已完成
9	北京市洗染行业协会	建国门内大街甲18号	已完成
10	北京市美发美容行业协会	西城区珠市口西大街120号太丰惠中大厦1137室	已完成
11	北京肉类食品协会	西城区广安门外广华轩6号楼	已完成
12	北京蜂产品协会	北京经济技术开发区同济中路7号兴盛工业园3栋	已完成
13	北京焙烤食品糖制品协会	西城区广安门外广华轩6号楼	已完成
14	北京市调味品协会	西城区北礼士路8号	已完成
15	北京市化工商业协会	丰台区永外宋家庄顺八条1号	已完成
16	北京家政服务协会	西城区莲花池东路丙1号	已完成
17	北京市豆制品协会	西城区枣林前街19号	已完成
18	北京农业生产资料协会	丰台区西四环南路30号院8-1供销农资大厦12层	已完成
19	北京文化用品行业协会	东城区永外管村19号4层413室	已完成
20	北京孕婴童用品行业协会	朝阳区曙光西里甲6号院8号楼时间国际708室	已完成
21	北京市石油流通行业协会	朝阳区康家沟145号锦裕写字楼A楼二层233号	已完成
22	北京市摄影行业协会	西城区大酱坊胡同甲26号	已完成
23	北京市国际货运代理行业协会	朝阳区博大路3号院自主城3号楼1022	已完成
24	北京中外企业人力资源协会	朝阳区朝阳门南大街14号C307室	已完成
25	北京市眼镜行业协会	东城区天坛路57号院内东楼4层401	已完成
26	北京拍卖行业协会	西城区莲花池东路丙1号天宁寺综合办公楼三层312室	已完成
27	北京物流与供应链管理协会	西城区莲花池东路丙1号	已完成
28	北京市商业企业管理协会	东城区魏家胡同20号	已完成
29	北京市商业联合会	西城区莲花池东路丙1号	已完成

（续）

30	北京商务服务业联合会	石景山区石景山路22号万商大厦1318	已完成
31	北京服务贸易协会	西城区南礼士路头条3号南楼325房间	已完成
32	北京市连锁经营协会	海淀区昆明湖南路11号院3号楼2层0009号	已完成
33	北京国际会议展览业协会	西城区南礼士路头条3号	已完成
34	北京电子商务协会	西城区莲花池东路丙1号312室	已完成
35	北京口岸协会	顺义区首都机场货运路2号联检楼3016号	已完成
36	北京国际经济贸易发展协会	丰台区芳星园三区16-17号楼207室	已完成
37	北京国际经贸标准化促进会	北京市朝阳区高碑店乡半壁店村惠河南街1008B四惠大厦2层西区2015到2017房间	已完成
38	北京国际贸易与投资促进会	北京市朝阳区建国路89号院华贸公寓3号楼509室	已完成
39	北京市茶业协会	西城区北礼士路甲98号	暂不脱钩
40	北京国际经济管理技术促进会	北京朝阳区阜通东大街6号院5号楼7层805	暂不脱钩
41	北京市国际生态经济协会	东城区建国门内大街18号恒基中心一座1404	暂不脱钩
42	北京供销合作经济组织协会	西城区陶然亭路儒福里40号	暂不脱钩
43	北京老字号协会	西城区西绒线胡同51号北门四川饭店内	暂不脱钩
44	北京商业经济学会	东城区礼士胡同41号	暂不脱钩
45	北京市商业文化研究会	东城区东四南大街礼士胡同41号	暂不脱钩
46	北京京商流通战略研究院	东城区礼士胡同41号303、305房间	暂不脱钩
47	北京市单用途商业预付卡协会	北京市通州区光华路甲1号院 A2 楼五层 504、505室	暂不脱钩